T0394276

Printed in the United States
by Baker & Taylor Publisher Services

حلب الشهباء في عيون الشعراء

المجلّد 4

حلب الشهباء في عيون الشعراء

المجلد الرابع

فهارس الأعلام والأماكن والموضوعات

تأليف
حسن قجّة

بريل

صور الغلاف الأمامي:

1. لوحة حلب بريشة الاسكتلندي Alexander Drummond عام 1754م
2. لوحة حلب بريشة الهولندي Cornelis de Bruijn عام 1682م
3. الواجهة الرئيسية لقلعة حلب مع الجسر الحجري وجزء من السور (أرشيف جمعية العاديّات الآثارية في حلب، رقم Ad.AC.N.591)
4. قلعة حلب مع الجسر الحجري وجزء من السور والساحة الملأى بالنخيل أمامها (أرشيف جمعية العاديّات الآثارية في حلب، رقم Ad.AC.N.090)

صورة الغلاف الخلفي:

إطلالة من السور الغربي لقلعة حلب، على مدخل الأسواق التاريخية والمشفى الوطني القديم وجامع الخسروية وخان الشونة (أرشيف جمعية العاديّات الآثارية في حلب، رقم Ad.AC.N.423)

محتويات الفصول

الفصل الأول: بيانات وإحصاءات عامة 1

1 بيانات المجلدات 1

2 حول مجلّد الفهارس العامة 2

جدول (1) البيانات الإحصائية للأعلام والأماكن 3

جدول (2) تفاصيل ورود الأعلام في المجلدات الثلاثة 3

جدول (3) تفاصيل ورود الأماكن في المجلدات الثلاثة 4

3 هيكليّة الكتب 5

جدول (4) التصنيف الزمني للعصور 6

جدول (5) بيانات المجلّد الأول بالأرقام 7

جدول (6) بيانات المجلّد الثاني بالأرقام 8

جدول (7) بيانات المجلّد الثالث بالأرقام 9

جدول (8) تصنيف مصادر الموسوعة 10

4 أعداد الشعراء وفق بلادهم 11

جدول (9) الشعراء العرب وفق بلادهم 11

جدول (10) الشعراء العالميين وفق بلادهم 12

الفصل الثاني: قوائم شعراء الموسوعة (الأسماء/ العصور/ المجلدات/ أعداد القصائد) 15

جدول (11) قائمة بشعراء المجلد الأول (حلب في الشعر القديم) 15

جدول (12) قائمة بالشعراء العالميين في المجلد الأول 36

جدول (13) قائمة بشعراء المجلد الثاني (حلب في الشعر المعاصر) 37

جدول (14) قائمة بالشعراء العالميين في المجلد الثاني 52

جدول (15) قائمة بشعراء المجلد الثالث (حلب في شعر الرثاء المعاصر) 53

جدول (16) قائمة بالشعراء العالميين في المجلد الثالث 73

الفصل الثالث: فهارس الأعلام 84

1 فهرس أعلام الشعراء في الموسوعة 84

2 فهرس الأعلام التي وردت باللغة العربية 110

3 فهرس الأعلام التي وردت بالأحرف اللاتينية 137

جدول (17) بيان كتابة الحروف العربية غير المستخدمة باللاتينية 137

الفصل الرابع: فهارس الأماكن 154

1 فهرس الدول والمدن والمناطق الطبيعية (باللغة العربية) 154

2 فهرس الدول والمدن والمناطق الطبيعية (بالأحرف اللاتينية) 171

3 فهرس الأماكن الواقعة ضمن مدينة حلب 174

الفصل الخامس: فهرس القوافي 180

جدول (18) إحصاءات القوافي وفق الأحرف الأبجدية 180

فهرس القوافي وفق الترتيب الأبجديّ 181

الفصل السادس: فهارس الموضوعات 232

1 فهرس موضوعات المجلد الأول: (حلب في الشعر القديم) 232

2 فهرس موضوعات المجلد الثاني: (حلب في الشعر المعاصر والحديث) 278

3 فهرس موضوعات المجلد الثالث: (حلب في شعر الرثاء المعاصر) 306

نبذة عن مؤلّف الموسوعة: د. حسن قجّة 346

الفصل الأول

بيانات وإحصاءات عامة

1 بيانات المجلّدات:

العنوان العام: حلب الشهباء في عيون الشعراء

عدد الشعراء: 1576 وعدد النصوص: 2279

1. المجلد الأول: حلب في الشعر القديم
(بين القرن السابع ومطلع القرن العشرين)
عدد الشعراء: 500 وعدد النصوص: 937

2. المجلد الثاني: حلب في الشعر المعاصر والحديث
(بين مطلع القرن العشرين ومطلع القرن 21)
عدد الشعراء: 369 وعدد النصوص: 530

3. المجلد الثالث: حلب في شعر الرثاء المعاصر
(بين عامي 2011 و2020)
عدد الشعراء: 707 وعدد النصوص: 812

4. المجلد الرابع: مجلد الفهارس العامة
(إحصاءات/ أعلام/ أماكن/ موضوعات/ قوافي)

 | DOI:10.1163/9789004504905_002

2 الفهارس العامة لموسوعة حلب الشهباء في عيون الشعراء:

كما هو الحال في الموسوعات التي تضمّ مجلدات عدة وتحفل بالتفاصيل الكثيرة، فقد خُصّص مجلّدٌ مستقلّ لفهرسة الأعلام والأماكن والموضوعات في الكتب الثلاثة لهذه الموسوعة، متضمّناً ما يلي:

الفصل الأول/ إحصاءات وبيانات عامة

الفصل الثاني/ قوائم شعراء الموسوعة
(الأسماء/ العصور/ المجلدات/ أعداد القصائد)

الفصل الثالث/ فهارس الأعلام
- فهرس أعلام الشعراء في الموسوعة
- فهرس الأعلام التي وردت باللغة العربية
- فهرس الأعلام التي وردت بالأحرف اللاتينية

الفصل الرابع/ فهارس الأماكن
- فهرس الدول والمدن والبلدات والمناطق الطبيعية (باللغة العربية)
- فهرس الدول والمدن والبلدات والمناطق الطبيعية (بالأحرف اللاتينية)
- فهرس الأماكن الواقعة ضمن مدينة حلب

الفصل الخامس/ فهرس القوافي
(فهرس قوافي الشعر القديم وفق الترتيب الأبجديّ)

الفصل السادس/ فهارس الموضوعات:

حيث تم نسخ كافة فهارس الموسوعة من مجلداتها الأصلية إلى هذا المجلد، لتمكين القارئ من رؤية شاملة لفهارس الموضوعات في الموسوعة بأكلها، مع أرقام الصفحات التفصيلية، متضمنةً:

- تصنيف الفصول وعناوينها
- عناوين القصائد وأسماء شعرائها
- محتويات الفصول التمهيدية والختامية

جدول (1) البيانات الإحصائية للأعلام والأماكن

العدد الإجمالي للأعلام في الموسوعة	**4127**
– شعراء الموسوعة	1273
– الأعلام التي وردت باللغة العربية	1702
– الأعلام التي وردت بالأحرف اللاتينية	1152
العدد الإجمالي للأماكن في الموسوعة	**1478**
– بلدان ومدن ومناطق طبيعية (باللغة العربية)	934
– بلدان ومدن ومناطق طبيعية (بالأحرف اللاتينية)	259
– الأماكن الواقعة ضمن حلب	285

جدول (2) تفاصيل ورود الأعلام في المجلدات الثلاثة

	المجلّد الأول	المجلّد الثاني	المجلّد الثالث	الموسوعة بأكلها
شعراء الموسوعة	453	341	479	1273
أعلام (باللغة العربية)	850	659	193	1702
أعلام (بالأحرف اللاتينية)	158	646	348	1152
مجموع الأعلام =	1461	1646	1020	**4127**

جدول (3) تفاصيل ورود الأماكن في المجلدات الثلاثة

	المجلّد الأول	المجلّد الثاني	المجلّد الثالث	الموسوعة بأكملها
بلدان ومدن (باللغة العربية)	316	307	311	934
أماكن (بالأحرف اللاتينية)	41	75	143	259
الأماكن ضمن حلب	143	107	35	285
مجموع الأماكن =	500	489	487	1478

وقد بلغ العدد الكلي لذكر الأعلام والأماكن (مع كافة مرات التكرار)= 22.900 مرة

3 هيكليّة الكتب:

- يبلغ العدد الإجمالي لفصول المجلدات الثلاثة للموسوعة 26 فصلًا (بواقع 11 فصلًا في المجلد الأول، 9 فصول في المجلد الثاني، و6 فصول في المجلد الثالث).
- يتضمن كل كتاب فصلًا تمهيديًّا في بدايته، فيه شرح لمنهجية تأليف الكتاب وتحريره، ولمحة سريعة عن المرحلة الزمنية التي يغطيها، تاريخيًا وأدبيًا.
- يتناول الفصلُ الأول من كل كتاب مواضيعَ النصوص الشعرية الواردة فيه بدراسةٍ تحليلية تشتمل على مئات الأمثلة.
- وتهدف مقدمات الفصول إلى منح القارئ تصوّرًا عامًا عن البيئة التي تحيط بحلب في كل عصر، مما سينعكس في النصوص التي كُتبت عنها حينذاك. تتطرق المقدمات بصورةٍ موجزةٍ إلى أهم الأحداث التاريخية التي شهدتها حلب في تلك المراحل، وإلى تأثير عددٍ من العوامل المصاحبة لها على مدينة حلب وسكّانها. كما تتطرق إلى المناخ الفكري واالثقافي والأدبي في كل عصر، وخصوصيّة الشعر فيه من أغراض وموضوعات وخصائص فنّية.
- ويبدأ سردُ القصائد الشعرية مع الفصل الثاني من كل كتاب، حتى الفصل الأخير. حيث تمّ تصنيفها في تلك الفصول وترتيب تسلسلها فيها وفقاً لمجموعة معطيات: (العصور التي شهدتها حلب، نمط الصياغة الشعرية للقصائد، واللغات الأصلية للقصائد).
- تمّ ترتيب النصوص الشعرية ضمن كل فصلٍ من فصول الكتاب بمراعاة التسلسل الزمني لكتابتها قدر الإمكان، وبخاصةٍ في العصور التي امتدّت لفتراتٍ أطول من سواها، علمًا بوجود شعراء مخضرمين توزّعت حياتهم بين عصرين. مع الحرص أن تكون قصائد كل شاعر من الشعراء متتابعةً لا يفصلها عن بعضها قصائد لشاعر آخر، توخّيًا لتوضيح علاقة الشعراء مع مدينة حلب.
- ونظرًا للارتباط الزمني المباشر بين قصائد المجلّدين (حلب في الشعر المعاصر) و(حلب في شعر الرثاء المعاصر) فمن الطبيعي أن نجد نصوصًا لبعض الشعراء في كلا الكتابين.
- خُصّص الفصل الشعريّ الأخير من كل مجلدٍ للقصائد المكتوبة في أساسها بغير العربية، وقد نُقِل بعضها من مصدره كما هو -مترجَمًا إلى اللغة العربية- بينما ترجَمَ مؤلفُ الكتاب القصائدَ الأخرى من اللغة الانكليزية (التي كُتبت بها بعض النصوص في مصدرها، وتُرجم إليها البعض الآخر من لغاته الأصلية).

- تحتوي الفصول الختامية للمجلدات على: (معجم تراجم الشعراء/ نبذة عن المؤلف/ قوائم المراجع والمصادر/ وفهرس القوافي).

جدول (4) التصنيف الزمني للعصور التي شهدتها حلب (وفق مراحل الحكم والدول)

المراحل	الفترة التقريبية	التاريخ الهجري		التاريخ الميلادي	
		من	إلى	من	إلى
قبل الإسلام	100 عام	–	1	522	622
العصر الإسلامي/ الأموي	130 عاماً	1	132	622	750
العصر العباسي الأول	200 عام	132	333	750	944
العصر الحمداني	80 عاماً	333	415	944	1020
العصر المرداسي/ السلجوقي	100 عام	415	521	1020	1127
العصر الزنكي/ الأيوبي	125 عاماً	521	648	1127	1250
العصر المملوكي	265 عاماً	648	922	1250	1516
العصر العثماني	400 عام	922	1336	1516	1918
العصر الحديث		1336		1918	

جدول (5) بيانات المجلّد الأول بالأرقام

الفصل	كتاب (حلب في الشعر القديم)	عدد الشعراء	عدد النصوص
التمهيدي	المقدمة/ المنهجيّة/ مدخل تاريخي وأدبي		
الأول	مواضيع النصوص: دراسة تحليلية		
الثاني	شعراء العصر الجاهلي/ الإسلامي/ الأموي	20	22
الثالث	شعراء العصر العباسي الأول	15	46
الرابع	شعراء العصر الحمداني	44	144
الخامس	شعراء العصر المرداسي/ السلجوقي	34	76
السادس	شعراء العصر الزنكي/ الأيوبي	96	160
السابع	شعراء العصر المملوكي	97	184
الثامن	شعراء العصر العثماني	142	249
التاسع	على صفحات الحجر	38	38
العاشر	قصائد مترجمة من لغات أخرى	14	18
الختامي	معجم التراجم/ المراجع والمصادر/ فهرس القوافي		
	العدد الإجمالي:	500 شاعراً	937 نصاً

جدول (6) بيانات المجلّد الثاني بالأرقام

الفصل	كتاب: حلب في الشعر المعاصر	عدد الشعراء	عدد النصوص
التمهيدي	المقدمة/ المنهجيّة/ الحياة الأدبية والفكرية المعاصرة في حلب		
الأول	مواضيع النصوص: دراسة تحليلية		
الثاني	النصف الأول من القرن العشرين	66	106
الثالث	النصف الثاني من القرن العشرين (قصائد الشعر العمودي)	70	107
الرابع	النصف الثاني من القرن العشرين (قصائد التفعيلة والقصائد النثرية)	36	58
الخامس	مطلع القرن الـ21 (شعر عمودي)	118	165
السادس	مطلع القرن الـ21 (شعر تفعيلة وقصائد نثرية)	35	42
السابع	نصوصٌ نثريّة بنفحةٍ شعريّة	25	31
الثامن	قصائد مترجمة من لغات أخرى	19	21
الختامي	معجم التراجم/ المراجع والمصادر		
	العدد الإجمالي:	369 شاعراً	530 نصّاً

جدول (7) بيانات المجلّد الثالث بالأرقام

الفصل	كتاب: حلب في شعر الرثاء المعاصر	عدد الشعراء	عدد النصوص
التمهيدي	المقدمة/ المنهجيّة/ لمحة عن شعر رثاء المدن		
الأول	مواضيع النصوص: دراسة تحليلية		
الثاني	قصائد عربيّة (قصائد الشعر العمودي)	298	349
الثالث	قصائد عربيّة (قصائد التفعيلة والقصائد النثرية)	135	161
الرابع	نصوصٌ نثريّة بنفحةٍ شعريّة	30	37
الخامس	قصائد عالميّة	244	265
الختامي	معجم التراجم/ المراجع والمصادر		
	العدد الإجمالي:	707 شعراء	812 نصّاً

جدول (8) تصنيف مراجع الموسوعة ومصادرها

طبيعة المراجع/المصادر	الكتاب الأول	الكتاب الثاني	الكتاب الثالث
الدواوين الشعرية	59	116	47
كتب التاريخ والدراسات والنقد	207	89	45
مراجع الأعلام والتراجم	43	29	24
الكتب المترجمة	12		
جرائد وصحف عربية	17	48	72
مجلات عربية	44	100	42
كتب أجنبية	28	11	15
صحف ومجلات أجنبية	7	6	55
مواقع وصحف الكترونية عربية		49	101
مواقع وصحف الكترونية أجنبية			85
أمسيات ومهرجانات		45	18
مقاطع تلفزيونية ومصوّرة			22
مجموع المراجع في كل كتاب:	417	493	526
المجموع الكلي لمراجع الموسوعة كاملةً:	1436		

4 أعداد الشعراء وفقًا لبلادهم:

جدول (9) أعداد الشعراء العرب في الموسوعة وفقاً لبلادهم

	بلاد الشعراء	عدد الشعراء
1	سورية (شعراء حلب)	219
2	سورية (بقية المدن)	196
3	فلسطين	75
4	مصر	67
5	العراق	49
6	السعودية	31
7	اليمن	30
8	الأردن	27
9	لبنان	25
10	المغرب	22
11	الجزائر	12
12	تونس	10
13	السودان	5
14	الكويت	5
15	موريتانيا	5
16	الإمارات	3
17	قطر	1
18	البحرين	1
19	ليبيا	1
20	الصومال	1
21	شعراء عرب آخرون	31

جدول (10) أعداد الشعراء العالميين في الموسوعة وفقًا لبلادهم

	بلاد الشعراء	عدد الشعراء
1	الولايات المتحدة	73
2	انكلترا	36
3	الهند	11
4	إيرلندا	10
5	استراليا	10
6	فرنسا	8
7	هولندا	8
8	إيطاليا	7
9	بولندا	7
10	البرتغال	5
11	الفيليبين	5
12	كندا	5
13	إيران	4
14	باكستان	4
15	تركيا	4
16	ألمانيا	4
17	كينيا	4
18	نيجيريا	4
19	أسبانيا	3
20	الدنمارك	3
21	الأرجنتين	2
22	جنوب أفريقيا	2
23	نيبال	2
24	أندونيسيا	2

	بلاد الشعراء	عدد الشعراء
25	اسكتلندا	2
26	أرمينيا	2
27	روسيا	2
28	المكسيك	1
29	البرازيل	1
30	تشيلي	1
31	جامايكا	1
32	كوستاريكا	1
33	الصين	1
34	اليابان	1
35	سيريلانكا	1
36	زامبيا	1
37	زيمبابوي	1
38	غانا	1
39	سيراليون	1
40	ساو تومي	1
41	تشاد	1
42	نيوزلندا	1
43	جزر هاواي	1
44	النرويج	1
45	السويد	1
46	النمسا	1
47	المجر	1
48	اليونان	1
49	مالطة	1

	بلاد الشعراء	عدد الشعراء
50	كوسوفو	1
51	أوكرانيا	1
52	التشيك	1
53	شعراء عالميون آخرون	20

الفصل الثاني

قوائم شعراء الموسوعة

(الأسماء/ العصور/ المجلدات/ أعداد القصائد)

جدول (11) قائمة بأسماء الشعراء العرب وأعداد نصوصهم
في الكتاب الأول (حلب في الشعر القديم)
وفق الترتيب الزمني للعصور التي عاش فيها الشعراء

تسلسل كلّي	الفترة	تسلسل العصر	اسم الشاعر	عدد قصائده
1	قبل الإسلام	1	امرؤ القيس	1
2	قبل الإسلام	2	عمرو بن كلثوم	1
3	قبل الإسلام	3	قسّ بن ساعدة الإيادي	2
4	صدر الإسلام	4	كعب بن جعيل	1
5	صدر الإسلام	5	عمرو بن الأهتم	1
6	صدر الإسلام	6	النابغة الجعدي	1
7	صدر الإسلام	7	ابن الأعرابي	1
8	صدر الإسلام	8	الحارث بن الدؤلي	1
9	صدر الإسلام	9	زياد بن حنظلة	1
10	الأموي	10	الأحـــوص	1
11	الأموي	11	عدي بن الرقاع العاملي	1
12	الأموي	12	كثّير الخزاعي	1
13	الأموي	13	شاعر غير معروف	1
14	الأموي	14	جرير الخطفي	1

 | DOI:10.1163/9789004504905_003

تسلسل كلّي	الفترة	تسلسل العصر	اسم الشاعر	عدد قصائده
15	الأموي	15	حاجب بن ذبيان المازني	1
16	الأموي	16	عكرشة العبسي	1
17	الأموي	17	الأخطل التغلبي	2
18	الأموي	18	الصِّمّة القشيري	1
19	الأموي	19	عبد الله بن قيس الرقيات	1
20	الأموي	20	عمير القُطامي	1
21	العباسي	1	الفضل بن صالح	1
22	العباسي	2	علي بن الجهم	1
23	العباسي	3	إسحاق الموصلي	2
24	العباسي	4	بشار بن برد	1
25	العباسي	5	الأصمعي	1
26	العباسي	6	صالح الهاشمي الحلبي	1
27	العباسي	7	أبو عبد الرحمن القرشي	1
28	العباسي	8	الـوالـه	1
29	العباسي	9	عمران الحلبي	1
30	العباسي	10	محمد بن عاصم الموقفي	2
31	العباسي	11	أبو القاسم الزجّاجي	1
32	العباسي	12	صرّدرّ بن صربعر	1
33	العباسي	13	الأحنف العكبري	1
34	العباسي	14	البحتري	30
35	العباسي	15	طاهر بن محمد الهاشمي	1
36	الحمداني	1	أبو فراس الحمداني	11
37	الحمداني	2	كشاجم	5

تسلسل كلّي	الفترة	تسلسل العصر	اسم الشاعر	عدد قصائده
38	الحمداني	3	أبو العباس النامي	2
39	الحمداني	4	التلّعفري	1
40	الحمداني	5	أبو العباس الصفري	3
41	الحمداني	6	شاعر مجهول	1
42	الحمداني	7	الناشئ الأصغر	1
43	الحمداني	8	الخالديان	2
44	الحمداني	9	أبو بكر الخالدي	2
45	الحمداني	10	أبو الفرج الببغاء	2
46	الحمداني	11	سليمان النصيبي	1
47	الحمداني	12	أبو القاسم الواساني	2
48	الحمداني	13	أبو عبد الله بن مقلة	1
49	الحمداني	14	ابن الزيعي	1
50	الحمداني	15	ابن أبي العصام	2
51	الحمداني	16	شاعر مجهول	1
52	الحمداني	17	أبو عمرو الطرسوسي	1
53	الحمداني	18	أبو بكر المصيصي	1
54	الحمداني	19	أبو القاسم بن مبارك	1
55	الحمداني	20	أبو القاسم الزاهي	1
56	الحمداني	21	ابن وكيع التينسي	2
57	الحمداني	22	ابن نباتة السعدي	3
58	الحمداني	23	الوأواء الدمشقي	1
59	الحمداني	24	الخليع الشامي	1
60	الحمداني	25	صالح بن مؤنس	1
61	الحمداني	26	أبو الحسن العقيلي	1

تسلسل كلّي	الفترة	تسلسل العصر	اسم الشاعر	عدد قصائده
62	الحمداني	27	عبيد الله بن أبي الجوع	1
63	الحمداني	28	أبو حصين بن القاضي	1
64	الحمداني	29	أبو السداد الجزري	1
65	الحمداني	30	أبو الصقر الزهري	1
66	الحمداني	31	أبو القاسم الشيظمي	1
67	الحمداني	32	أبو الحسين الوامق	1
68	الحمداني	33	ابن عبد الرحمن الهاشمي	2
69	الحمداني	34	الحسن بن مُحَمَّد الشهواجي	1
70	الحمداني	35	أحمد بن محمد العقيلي	1
71	الحمداني	36	الناشئ الأحصّي	2
72	الحمداني	37	عبد المحسن الصوري	2
73	الحمداني	38	المنتجب العاني	2
74	الحمداني	39	حسين بن حمدان الخصيبي	1
75	الحمداني	40	السريّ الرفّاء	9
76	الحمداني	41	الصنوبري	45
77	الحمداني	42	سيف الدولة الحمداني	1
78	الحمداني	43	ابن جنّي	1
79	الحمداني	44	أبو الطيب المتنبي	20
80	المرداسي	1	أبو العلاء المعري	15
81	المرداسي	2	ابن أبي حصينة	10
82	المرداسي	3	الوزير أبو القاسم المغربي	5
83	المرداسي	4	المفضّل بن سعيد العزيزي	1
84	المرداسي	5	ابن سنان الخفاجي	6

تسلسل كلّي	الفترة	تسلسل العصر	اسم الشاعر	عدد قصائده
85	المرداسي	6	ابن حيّوس	4
86	المرداسي	7	أبو الفضل المعري	1
87	المرداسي	8	الشريف الرضي	2
88	المرداسي	9	إبراهيم بن الحسن البليغ	2
89	المرداسي	10	علي الفُكيك	1
90	المرداسي	11	حُميد بن منقذ مكين الدولة	1
91	المرداسي	12	زائدة بن نعمة	2
92	المرداسي	13	أبو بكر أشكهباط	1
93	المرداسي	14	أبو نصر المنازي	1
94	المرداسي	15	منصور بن تميم بن زنكل	1
95	المرداسي	16	منصور بن مسلم النحوي	2
96	المرداسي	17	هبة الله بن أحمد	1
97	المرداسي	18	أبو المكارم بن عبد الملك	2
98	المرداسي	19	صاعد بن عيسى	1
99	المرداسي	20	أبو عبد الله بن عطية	1
100	المرداسي	21	أبو الفضل الربعي الحلبي	1
101	السلجوقي	22	أبو طالب الواعظ	2
102	السلجوقي	23	أبو الحسن علي بن مرشد	1
103	السلجوقي	24	أبو الفضل القمي	1
104	السلجوقي	25	أبو منصور بن بابا الحلبي	1
105	السلجوقي	26	أبو محمد الأموي	1
106	السلجوقي	27	ابن جناح	1
107	السلجوقي	28	أبو القاسم بن عبدان	2

تسلسل كلّي	الفترة	تسلسل العصر	اسم الشاعر	عدد قصائده
108	السلجوقي	29	الحسن بن المعلّم	1
109	السلجوقي	30	أبو العلاء الطبراني	1
110	السلجوقي	31	أبو الفتح البالسي	1
111	السلجوقي	32	شاعر غير معروف	1
112	السلجوقي	33	أبو الحسن الفرّاء	1
113	السلجوقي	34	ابن مسعر التنوخي	1
114	الزنكي	1	عيسى بن سعدان الحلبي	6
115	الزنكي	2	كمال الدين الشهرزوري	1
116	الزنكي	3	محيي الدين الشهرزوري	1
117	الزنكي	4	ابن قسيم الحموي	1
118	الزنكي	5	ابن عساكر	1
119	الزنكي	6	سعيد بن محمد الحريري	1
120	الزنكي	7	الحسن الجويني	1
121	الزنكي	8	ابن العظيمي	2
122	الزنكي	9	الحسن بن أبي جرادة	1
123	الزنكي	10	ابن القيسراني	12
124	الزنكي	11	ابن منير الطرابلسي	6
125	الزنكي	12	غير معروف	1
126	الزنكي	13	غير معروف	1
127	الأيوبي	14	محيي الدين بن الزكي	1
128	الأيوبي	15	العماد الأصفهاني	2
129	الأيوبي	16	ابن سناء الملك	1
130	الأيوبي	17	أبو الحسن بن الساعاتي	1

تسلسل كلّي	الفترة	تسلسل العصر	اسم الشاعر	عدد قصائده
131	الأيوبي	18	ابن حميد الحلبي	1
132	الأيوبي	19	ابن الفراش الدمشقي	1
133	الأيوبي	20	يوسف البزاعي	1
134	الأيوبي	21	ابن أبي طي النجار	1
135	الأيوبي	22	القاضي الفاضل	3
136	الأيوبي	23	ابن علوان الأسدي	2
137	الأيوبي	24	رمضان بن صاعد	1
138	الأيوبي	25	فتيان الشاغوري	3
139	الأيوبي	26	ابن المفرج النابلسي	1
140	الأيوبي	27	عز الدين ابن شداد	2
142	الأيوبي	28	ابن أبي المنصور	1
141	الأيوبي	29	علي بن يوسف القفطي	1
143	الأيوبي	30	الحسين بن هبة الله	1
144	الأيوبي	31	ابن سُنَيْنير	1
145	الأيوبي	32	حمدان بن يوسف البابي	1
146	الأيوبي	33	علي التنوخي	1
147	الأيوبي	34	ساطع بن أبي حصين	1
148	الأيوبي	35	تاج العلى	1
149	الأيوبي	36	سالم بن سعادة	1
150	الأيوبي	37	محمد بن هاشم الخطيب	1
151	الأيوبي	38	ابن مماتي	5
152	الأيوبي	39	ابن أبي الحجاج	1
153	الأيوبي	40	ابن العارف	1
154	الأيوبي	41	البهاء السنجاري	1

تسلسل كلّي	الفترة	تسلسل العصر	اسم الشاعر	عدد قصائده
155	الأيوبي	42	مزيد الحلي	1
156	الأيوبي	43	راجح الحلّي	6
157	الأيوبي	44	تاج الملوك	1
158	الأيوبي	45	رشيد الدين النابلسي	1
159	الأيوبي	46	محيي الدين بن عربي	1
160	الأيوبي	47	سعد الدين بن عربي	2
161	الأيوبي	48	جعفر بن محمود	1
162	الأيوبي	49	أبو حفص الشافعي	1
163	الأيوبي	50	جمال الدين بن مطروح	1
164	الأيوبي	51	كمال الدين بن العديم	7
165	الأيوبي	52	عبد الرحمن بن العديم	1
166	الأيوبي	53	ابن سعيد المغربي	3
167	الأيوبي	54	ابن خروف القرطبي	1
168	الأيوبي	55	الحسن بن أسد الفارقي	1
169	الأيوبي	56	القاسم الواسطي	1
170	الأيوبي	57	ابن عنين	3
171	الأيوبي	58	محمد الخضري الحلبي	2
172	الأيوبي	59	التاج الكندي	1
173	الأيوبي	60	ابن الخيمي	1
174	الأيوبي	61	ابن الفارض	1
175	الأيوبي	62	السهروردي	1
176	الأيوبي	63	عمر بن اسماعيل الفارقي	1
177	الأيوبي	64	ابن نفادة	1
178	الأيوبي	65	ابن النبيه	2

تسلسل كلّي	الفترة	تسلسل العصر	اسم الشاعر	عدد قصائده
179	الأيوبي	66	الشيباني التلعفري	1
180	الأيوبي	67	شُميم الحلّي	1
181	الأيوبي	68	أبو الحسن النَصْوري	1
182	الأيوبي	69	موفق الدين الكاتب	1
183	الأيوبي	70	ركن الدين بن قرطايا	1
184	الأيوبي	71	ابن الحلاوي	1
185	الأيوبي	72	محمد بن حرب الخطيب	1
186	الأيوبي	73	العرقلة الكلبي	1
187	الأيوبي	74	الملك الناصر الأيوبي	8
188	الأيوبي	75	كمال الدين بن العجمي	2
189	الأيوبي	76	شرف الدين الأنصاري	2
190	الأيوبي	77	نور الدين الإسعردي	2
191	الأيوبي	78	ابن قزل المشدّ	1
192	الأيوبي	79	سليمان بن بليمان	1
193	الأيوبي	80	صفي الدين قنابر	1
194	الأيوبي	81	السيف الشطرنجي	1
195	الأيوبي	82	محمد بن نباتة الفارقي	1
196	الأيوبي	83	ابن دنينير	1
197	الأيوبي	84	يوسف الشواء	1
198	الأيوبي	85	ابن المرصّص	1
199	الأيوبي	86	محمد بن حمير الهمداني	1
200	الأيوبي	87	محمد بن صغير القيسراني	1
201	الأيوبي	88	داوود بن رسلان	1
202	الأيوبي	89	أحمد بن عبد الله بن طاهر	1

تسلسل كلّي	الفترة	تسلسل العصر	اسم الشاعر	عدد قصائده
203	الأيوبي	90	أبو محمد بن سنان	1
204	الأيوبي	91	شاعر غير معروف	1
205	الأيوبي	92	ابن خلكان	1
206	الأيوبي	93	ابن المقرّب العيوني	1
207	الأيوبي	94	أبو الربيع سليمان الموحدي	1
208	الأيوبي	95	الأبله البغدادي	1
209	الأيوبي	96	أبو الفوارس البزاعي	4
210	المملوكي	1	ابن الوردي	29
211	المملوكي	2	شهاب الدين بن فضل الله	1
212	المملوكي	3	ابن جابر الأندلسي	3
213	المملوكي	4	أبو جعفر الألبيري	1
214	المملوكي	5	شمس الدين بن العفيف	3
215	المملوكي	6	السراج المحار	2
216	المملوكي	7	أبو المحاسن بن نوفل	1
217	المملوكي	8	محاسن الشهاب الحلبي	1
218	المملوكي	9	ابن حجر العسقلاني	1
219	المملوكي	10	ابن التيتي الآمدي	2
220	المملوكي	11	ابن مشرق المارديني	1
221	المملوكي	12	محب الدين بن الشحنة	2
222	المملوكي	13	عبد الرحمن بن الشحنة	2
223	المملوكي	14	عبد الباسط بن الشحنة	1
224	المملوكي	15	ابراهيم بن يوسف الحنبلي	1
225	المملوكي	16	بوران بنت الشحنة	1

تسلسل كلّي	الفترة	تسلسل العصر	اسم الشاعر	عدد قصائده
226	المملوكي	17	خاطر الحلبي	1
227	المملوكي	18	يوسف بن الحنبلي	2
228	المملوكي	19	ابن قصيبة الغزالي	2
229	المملوكي	20	شاعر غير معروف	1
230	المملوكي	21	ابن الزيرباج	1
231	المملوكي	22	صدر الدين النويري	1
232	المملوكي	23	شاعر غير معروف	1
233	المملوكي	24	عبيد الله المالكي	2
234	المملوكي	25	شاعر غير معروف	1
235	المملوكي	26	شهاب الدين العزازيّ	2
236	المملوكي	27	ابن الوكيل	1
237	المملوكي	28	صفي الدين الحلي	4
238	المملوكي	29	ابن الصاحب	2
239	المملوكي	30	عماد الدين أبو زيد تاج	1
240	المملوكي	31	شاعر غير معروف	1
241	المملوكي	32	جابر التنوخي	1
242	المملوكي	33	ابن الخراط	1
243	المملوكي	34	علي بن العلاء الموصلي	5
244	المملوكي	35	بدر الدين السيوفي	1
245	المملوكي	36	ابراهيم بن والي	1
246	المملوكي	37	رضي الدين بن الحنبلي	8
247	المملوكي	38	عمر بن المهاجر	2
248	المملوكي	39	عمر بن خليفة بن الزكي	2
249	المملوكي	40	علي بن محمد العبيي	1

تسلسل كلّي	الفترة	تسلسل العصر	اسم الشاعر	عدد قصائده
250	المملوكي	41	الحسين بن علي التميمي	1
251	المملوكي	42	شاعر غير معروف	1
252	المملوكي	43	شهاب الدين بن الصوا	1
253	المملوكي	44	ابن القطان العشاري	1
254	المملوكي	45	علي بن عبد الله البيري	1
255	المملوكي	46	حميد الضرير	1
256	المملوكي	47	محمد بن الخضر المعري	1
257	المملوكي	48	ابن منصور الأنطاكي	1
258	المملوكي	49	بهاء الدين بن النحاس	2
259	المملوكي	50	تقي الدين بن حجة	1
260	المملوكي	51	أبو الثناء الحلبي	2
261	المملوكي	52	شرف الدين بن أبي الثناء	1
262	المملوكي	53	عبد الله بن السفاح	1
263	المملوكي	54	برهان الدين الحلبي	1
264	المملوكي	55	ابن أبي العشائر	1
265	المملوكي	56	عمر بن إبراهيم الرهاوي	2
266	المملوكي	57	شرف الدين الحسيني	1
267	المملوكي	58	علي الدباغ الخطيب	1
268	المملوكي	59	شاعر غير معروف	1
269	المملوكي	60	شاعر غير معروف	1
270	المملوكي	61	شاعر غير معروف	1
271	المملوكي	62	بدر الدين بن حبيب	9
272	المملوكي	63	لسان الدين ابن الشحنة	1
273	المملوكي	64	محمد بن ابراهيم الدمشقي	1

تسلسل كلّي	الفترة	تسلسل العصر	اسم الشاعر	عدد قصائده
274	المملوكي	65	تقي الدين المطلبي	1
275	المملوكي	66	سليمان بن داود المصري	1
276	المملوكي	67	أبو الفضل بن العجمي	1
277	المملوكي	68	أبو القاسم بن حبيب	1
278	المملوكي	69	شهاب الدين البُردي	1
279	المملوكي	70	شهاب الدين الحسيني	1
280	المملوكي	71	ابراهيم بن الشهاب محمود	1
281	المملوكي	72	الحسين بن سليمان الطائي	1
282	المملوكي	73	المهذب العامري الحموي	1
283	المملوكي	74	أحمد الأريحاوي	1
284	المملوكي	75	ابن نوفل الحلبي	1
285	المملوكي	76	كمال الدين التادفي	2
286	المملوكي	77	شهاب الدين الوادي آشي	1
287	المملوكي	78	شمس الدين الدمشقي	1
288	المملوكي	79	ابن المرحل	1
289	المملوكي	80	محيي الدين المحيوي	1
290	المملوكي	81	محمد بن عبد الله الأزهري	3
291	المملوكي	82	علاء الدين الدمشقي	2
292	المملوكي	83	شهاب الدين المرعشي	1
293	المملوكي	84	أحمد بن بكر سراج الدين	1
294	المملوكي	85	أبو اللطف محمد المالكي	1
295	المملوكي	86	أبو بكر بن الترجمان	1
296	المملوكي	87	ابن مليك الحموي	1
297	المملوكي	88	برهان الدين بن زقاعة	1

تسلسل كلّي	الفترة	تسلسل العصر	اسم الشاعر	عدد قصائده
298	المملوكي	89	سراج الدين الوراق	1
299	المملوكي	90	أحمد بن ماجد العماني	1
300	المملوكي	91	شاعر غير معروف	1
301	المملوكي	92	ابن نباتة المصري	16
302	المملوكي	93	شاعر غير معروف	1
303	المملوكي	94	شاعر غير معروف	1
304	المملوكي	95	شاعر غير معروف	1
305	المملوكي	96	شاعر غير معروف	1
306	المملوكي	97	شاعر غير معروف	1
307	العثماني	1	سرور بن سنين	3
308	العثماني	2	أحمد بن محمد الكواكبي	2
309	العثماني	3	حجيج بن قاسم الوحيدي	1
310	العثماني	4	أبو بكر العطار الجلّومي	1
311	العثماني	5	أحمد العناياتي	1
312	العثماني	6	فتح الله البيلوني	1
313	العثماني	7	دنيا بنت أبي بكر	1
314	العثماني	8	كبريت	3
315	العثماني	9	مصطفى البابي	5
316	العثماني	10	أبو سعيد بن العزّي	1
317	العثماني	11	حسين الجزري	7
318	العثماني	12	شهاب الدين الخفاجي	2
319	العثماني	13	نجم الدين الحلفاوي	1
320	العثماني	14	شاعر غير معروف	1

تسلسل كلّي	الفترة	تسلسل العصر	اسم الشاعر	عدد قصائده
321	العثماني	15	حسام زادة الرومي	1
322	العثماني	16	علي بن عنبر الحلوي	1
323	العثماني	17	علي بن الأوجلي	2
324	العثماني	18	أبو بكر الحنفي	1
325	العثماني	19	أبو الوفا العُرْضي	2
326	العثماني	20	محمد بن عمر العُرْضي	6
327	العثماني	21	خالد بن محمد العُرْضي	2
328	العثماني	22	خضر العرضي	1
329	العثماني	23	زين العابدين البكري	1
330	العثماني	24	سليمان الخفسرجيّ	1
331	العثماني	25	عبد الغني النابلسي	1
332	العثماني	26	شمس الدين القمريّ	1
333	العثماني	27	أسعد البتروني	1
334	العثماني	28	موسى الرامحمداني	3
335	العثماني	29	يوسف البديعي	2
336	العثماني	30	يوسف الأنصاري	1
337	العثماني	31	محمد القاسمي	3
338	العثماني	32	فتح الله ابن النحاس	5
339	العثماني	33	محمود بن عبد الله الموصلي	1
340	العثماني	34	ابن النقيب	3
341	العثماني	35	الأمين المحبي	2
342	العثماني	36	عبد الله بن محمد حجازي	1
343	العثماني	37	مصطفى الزيباري	1
344	العثماني	38	عبد الله الزيباري	1

تسلسل كلّي	الفترة	تسلسل العصر	اسم الشاعر	عدد قصائده
345	العثماني	39	الأمير منجك باشا	2
346	العثماني	40	عبد الرحمن بن عابدي	1
347	العثماني	41	نيقولاوس الصائغ	1
348	العثماني	42	إلياس يوسف إدّه	1
349	العثماني	43	شاعر غير معروف	1
350	العثماني	44	شاعر غير معروف	1
351	العثماني	45	أحمد الوراق الحلبي	1
352	العثماني	46	قاسم البكرجي	1
353	العثماني	47	سليمان بن خالد النحوي	1
354	العثماني	48	محمد عيّاد	1
355	العثماني	49	يوسف الحسيني النقيب	2
356	العثماني	50	حسن التفتنازي	1
357	العثماني	51	شاعر غير معروف	1
358	العثماني	52	ابن بيري البتروني	3
359	العثماني	53	عبد الرحمن البتروني	1
360	العثماني	54	نور الدين الحسيني	1
361	العثماني	55	أحمد العصائبي	2
362	العثماني	56	عمر اللبقي	2
363	العثماني	57	أبو بكر الكوراني	2
364	العثماني	58	عبد الله العطائي الصحاف	4
365	العثماني	59	محمد عبد الله الميقاتي	1
366	العثماني	60	محمد بن علي الجمالي	2
367	العثماني	61	علي الدباغ الميقاتي	2
368	العثماني	62	نعمة بن توما الحلبي	1

تسلسل كلّي	الفترة	تسلسل العصر	اسم الشاعر	عدد قصائده
369	العثماني	63	المهمنداري الحلبي المفتي	1
370	العثماني	64	جرمانوس فرحات	3
371	العثماني	65	يحي العقاد الحلبي	1
372	العثماني	66	ابراهيم الحكيم الحلبي	3
373	العثماني	67	الأمير الصنعاني	2
374	العثماني	68	أبو المعالي الطالوي	1
375	العثماني	69	فتح الله القادري الموصلي	1
376	العثماني	70	خليل البصير	1
377	العثماني/ قرن 19	71	محمد الصابوني	1
378	العثماني/ قرن 19	72	عبد الحميد العمري	1
379	العثماني/ قرن 19	73	محمد آغا الميري	1
380	العثماني/ قرن 19	74	سعيد القدسي	1
381	العثماني/ قرن 19	75	أبو الوفا الرفاعي	2
382	العثماني/ قرن 19	76	محمد أفندي الخسرفي	1
383	العثماني/ قرن 19	77	فاضل الإسطنبولي	1
384	العثماني/ قرن 19	78	محمد الوراق	1
385	العثماني/ قرن 19	79	يوسف الدادة	1
386	العثماني/ قرن 19	80	نصر الله الطرابلسي	1
387	العثماني/ قرن 19	81	أمين الجندي	1
388	العثماني/ قرن 19	82	المفتي فتح الله	2
389	العثماني/ قرن 19	83	محمد بن عيسى آل خليفة	1
390	العثماني/ قرن 19	84	عبد الرحمن المؤقت	1
391	العثماني/ قرن 19	85	شهيد الدرعزاني	1

تسلسل كلّي	الفترة	تسلسل العصر	اسم الشاعر	عدد قصائده
392	العثماني/ قرن 19	86	عبد الغفار الأخرس	1
393	العثماني/ قرن 19	87	أحمد فارس الشدياق	1
394	العثماني/ قرن 19	88	عمر الخفاف	1
395	العثماني/ قرن 19	89	عبد الله اليوسفي الحلبي	1
396	العثماني/ قرن 19	90	أوغسطين عازار	1
397	العثماني/ قرن 19	91	مسعود الكواكبي	1
398	العثماني/ قرن 19	92	رزق الله حسون	2
399	العثماني/ قرن 19	93	فرنسيس المراش	5
400	العثماني/ قرن 19	94	أحمد العمري	1
401	العثماني/ قرن 19	95	الياس صالح	1
402	العثماني/ قرن 19	96	جبرائيل الدلال	3
403	العثماني/ قرن 19	97	عبد القادر الحسبي	2
404	العثماني/ قرن 19	98	هبة الله الأفندي	1
405	العثماني/ قرن 19	99	جرمانوس الشمالي	11
406	العثماني/ قرن 19	100	عطا الله المدرس	2
407	العثماني/ قرن 19	101	صدّيق الجابري	1
408	العثماني/ قرن 19	102	مصطفى الأنطاكي	1
409	العثماني/ قرن 19	103	ميخائيل الصقال	2
410	العثماني/ قرن 19	104	عبد الحميد الرافعي	1
411	العثماني/ قرن 19	105	صالح التميمي	1
412	العثماني/ قرن 19	106	عمر الأنسي	1
413	العثماني/ قرن 19	107	عبد الرحمن السويدي	1
414	العثماني/ قرن 19	108	محمد الديري	1
415	العثماني/ قرن 19	109	بطرس كرامة	1

تسلسل كلّي	الفترة	تسلسل العصر	اسم الشاعر	عدد قصائده
416	العثماني/ قرن 19	110	أحمد الحجار	1
417	العثماني/ قرن 19	111	ناصيف اليازجي	2
418	العثماني/ قرن 19	112	خليل الخوري	2
419	العثماني/ قرن 19	113	أبو الهدى الصيادي	5
420	العثماني/ قرن 19	114	عبد الفتاح الطرابيشي	3
421	العثماني/ قرن 19	115	أحمد بن الشهيد	2
422	العثماني/ قرن 19	116	مريانا مرّاش	3
423	العثماني/ قرن 19	117	عبد المسيح أنطاكي	4
424	العثماني/ قرن 19	118	أحمد أزهري شهيد زادة	1
425	العثماني/ قرن 19	119	سيد شهاب أفندي	1
426	العثماني/ قرن 19	120	محمد طاهر العياشي	1
427	العثماني/ قرن 19	121	جرجس شلحت	1
428	العثماني/ قرن 19	122	شاعر غير معروف	1
429	العثماني/ قرن 19	123	قسطاكي الحمصي	8
430	العثماني/ قرن 19	124	ابراهيم اليازجي	2
431	العثماني/ قرن 19	125	فكتور خياط	1
432	العثماني/ قرن 19	126	جرجي الكندرجي الحلبي	3
433	العثماني/ قرن 19	127	نقولا الترك	1
434	العثماني/ قرن 19	128	عطاء الله الصادقي	1
435	العثماني/ قرن 19	129	ابراهيم الكيالي	2
436	العثماني/ قرن 19	130	أحمد شهيد الترمانيني	1
437	العثماني/ قرن 19	131	محمد شيخان السالمي	1
438	العثماني/ قرن 19	132	محمد سعيد الغانم	1
439	العثماني/ قرن 19	133	السيدة حصلب	1

تسلسل كلّي	الفترة	تسلسل العصر	اسم الشاعر	عدد قصائده
440	العثماني/ قرن 19	134	شاعر غير معروف	1
441	العثماني/ قرن 19	135	كامل الغزي	6
442	العثماني/ قرن 19	136	بشير الغزي	3
443	العثماني/ قرن 19	137	جواد الشبيبي	1
444	العثماني/ قرن 19	138	جعفر الحلي	1
445	العثماني/ قرن 19	139	نقولا النقاش	1
446	العثماني/ قرن 19	140	محمد عثمان جلال	1
447	العثماني/ قرن 19	141	حسن بن علي قجّة	1
448	العثماني/ قرن 19	142	شاعر غير معروف	1
449	نقوش في أبنية حلب	1	غير معروف	1
450	نقوش في أبنية حلب	2	غير معروف	1
451	نقوش في أبنية حلب	3	غير معروف	1
452	نقوش في أبنية حلب	4	غير معروف	1
453	نقوش في أبنية حلب	5	غير معروف	1
454	نقوش في أبنية حلب	6	غير معروف	1
455	نقوش في أبنية حلب	7	غير معروف	1
456	نقوش في أبنية حلب	8	غير معروف	1
457	نقوش في أبنية حلب	9	غير معروف	1
458	نقوش في أبنية حلب	10	غير معروف	1
459	نقوش في أبنية حلب	11	غير معروف	1
460	نقوش في أبنية حلب	12	غير معروف	1
461	نقوش في أبنية حلب	13	غير معروف	1
462	نقوش في أبنية حلب	14	غير معروف	1

تسلسل كلّي	الفترة	تسلسل العصر	اسم الشاعر	عدد قصائده
463	نقوش في أبنية حلب	15	غير معروف	1
464	نقوش في أبنية حلب	16	غير معروف	1
465	نقوش في أبنية حلب	17	غير معروف	1
466	نقوش في أبنية حلب	18	غير معروف	1
467	نقوش في أبنية حلب	19	غير معروف	1
468	نقوش في أبنية حلب	20	غير معروف	1
469	نقوش في أبنية حلب	21	غير معروف	1
470	نقوش في أبنية حلب	22	غير معروف	1
471	نقوش في أبنية حلب	23	غير معروف	1
472	نقوش في أبنية حلب	24	غير معروف	1
473	نقوش في أبنية حلب	25	غير معروف	1
474	نقوش في أبنية حلب	26	غير معروف	1
475	نقوش في أبنية حلب	27	غير معروف	1
476	نقوش في أبنية حلب	28	غير معروف	1
477	نقوش في أبنية حلب	29	غير معروف	1
478	نقوش في أبنية حلب	30	غير معروف	1
479	نقوش في أبنية حلب	31	غير معروف	1
480	نقوش في أبنية حلب	32	غير معروف	1
481	نقوش في أبنية حلب	33	غير معروف	1
482	نقوش في أبنية حلب	34	غير معروف	1
483	نقوش في أبنية حلب	35	غير معروف	1
484	نقوش في أبنية حلب	36	غير معروف	1
485	نقوش في أبنية حلب	37	غير معروف	1
486	نقوش في أبنية حلب	38	غير معروف	1

جدول (12) قائمة بأسماء الشعراء العالميين وأعداد نصوصهم في المجلد الأول (حلب في الشعر القديم)

تسلسل كلّي	الفترة	تسلسل الفصل	اسم الشاعر	بلده	عدد قصائده
487	شعر عالمي قديم	1	عمر الخيام		1
488	شعر عالمي قديم	2	جلال الدين الرومي		1
489	شعر عالمي قديم	3	سعدي الشيرازي	فارسي	3
490	شعر عالمي قديم	4	نور الدين الجامي	فارسي	1
491	شعر عالمي قديم	5	ويليام شكسبير	بريطانيا	2
492	شعر عالمي قديم	6	نابي يوسف	عثماني	2
493	شعر عالمي قديم	7	كريستوف مارتن فيلاند	ألماني	1
494	شعر عالمي قديم	8	ألفونس دي لامارتين	فرنسي	1
495	شعر عالمي قديم	9	ريتشارد هاريس براهام	بريطاني	1
496	شعر عالمي قديم	10	بنجامين هال كينيدي	بريطاني	1
497	شعر عالمي قديم	11	والت ويتمان	أمريكي	1
498	شعر عالمي قديم	12	روبرت براونينغ	بريطاني	1
499	شعر عالمي قديم	13	جيمس إيلوري فليكر	بريطاني	1
500	شعر عالمي قديم	14	كلينتون سكولارد	أمريكي	1

جدول (13) قائمة بأسماء الشعراء وأعداد نصوصهم
في المجلد الثاني (حلب في الشعر المعاصر والحديث)

تسلسل كلّي	الفترة	تسلسل العصر	اسم الشاعر	عدد قصائده
501	القرن 20 / النصف الأول	1	بشارة الخوري	2
502	القرن 20 / النصف الأول	2	جبران خليل جبران	6
503	القرن 20 / النصف الأول	3	عمر أبو ريشة	7
504	القرن 20 / النصف الأول	4	شارل خوري	1
505	القرن 20 / النصف الأول	5	بدوي الجبل	5
506	القرن 20 / النصف الأول	6	خليل مطران	1
507	القرن 20 / النصف الأول	7	نصر سمعان	1
508	القرن 20 / النصف الأول	8	إيليا أبو ماضي	2
509	القرن 20 / النصف الأول	9	معروف الرصافي	6
510	القرن 20 / النصف الأول	10	فوزي الرفاعي	1
511	القرن 20 / النصف الأول	11	أحمد شوقي	2
512	القرن 20 / النصف الأول	12	أديب التقي	1
513	القرن 20 / النصف الأول	13	شاعر حلبي	1
514	القرن 20 / النصف الأول	14	شاعر حلبي	1
515	القرن 20 / النصف الأول	15	أسعد خليل داغر	1
516	القرن 20 / النصف الأول	16	أحمد خوجة	1
517	القرن 20 / النصف الأول	17	مصطفى الكيالي	1
518	القرن 20 / النصف الأول	18	جورجي خياط	1
519	القرن 20 / النصف الأول	19	يوسف فضل الله سلامة	1
520	القرن 20 / النصف الأول	20	جرجي شاهين عطية	1
521	القرن 20 / النصف الأول	21	قسطندي داود	1
522	القرن 20 / النصف الأول	22	أسعد طراد	1

تسلسل كلّي	الفترة	تسلسل العصر	اسم الشاعر	عدد قصائده
523	القرن 20 / النصف الأول	23	ابراهيم ناجي	1
524	القرن 20 / النصف الأول	24	محمد مهدي الجواهري	2
525	القرن 20 / النصف الأول	25	بترا كي انخياط	3
526	القرن 20 / النصف الأول	26	شبلي الملاط	1
527	القرن 20 / النصف الأول	27	زكي قنصل	2
528	القرن 20 / النصف الأول	28	الياس قنصل	1
529	القرن 20 / النصف الأول	29	رشيد أيوب	1
530	القرن 20 / النصف الأول	30	سليمان الظاهر	1
531	القرن 20 / النصف الأول	31	شكيب أرسلان	2
532	القرن 20 / النصف الأول	32	خليل مردم بك	1
533	القرن 20 / النصف الأول	33	وديع ديب	1
534	القرن 20 / النصف الأول	34	محمد خير الدين إسبير	1
535	القرن 20 / النصف الأول	35	نيفون سابا	1
536	القرن 20 / النصف الأول	36	ابراهيم الأسود	5
537	القرن 20 / النصف الأول	37	قيصر المعلوف	1
538	القرن 20 / النصف الأول	38	حافظ ابراهيم	1
539	القرن 20 / النصف الأول	39	شفيق جبري	2
540	القرن 20 / النصف الأول	40	خليل هنداوي	1
541	القرن 20 / النصف الأول	41	علي محمود طه	1
542	القرن 20 / النصف الأول	42	صالح المارعي الحلبي	1
543	القرن 20 / النصف الأول	43	أحمد عز الدين البيانوني	1
544	القرن 20 / النصف الأول	44	جميل بطرس حلوة	1
545	القرن 20 / النصف الأول	45	محمود حسن اسماعيل	1
546	القرن 20 / النصف الأول	46	حليم دموس	1

تسلسل كلّي	الفترة	تسلسل العصر	اسم الشاعر	عدد قصائده
547	القرن 20 / النصف الأول	47	عادل الغضبان	5
548	القرن 20 / النصف الأول	48	محمد علي الحوماني	1
549	القرن 20 / النصف الأول	49	بدر الدين الحامد	1
550	القرن 20 / النصف الأول	50	جميل صدقي الزهاوي	1
551	القرن 20 / النصف الأول	51	أنور إمام	1
552	القرن 20 / النصف الأول	52	أحمد الصافي النجفي	1
553	القرن 20 / النصف الأول	53	محمد جميل العقاد	1
554	القرن 20 / النصف الأول	54	مصطفى الماحي	1
555	القرن 20 / النصف الأول	55	عمر أبو قوس	2
556	القرن 20 / النصف الأول	56	محمد عبد الغني حسن	1
557	القرن 20 / النصف الأول	57	هند هارون	1
558	القرن 20 / النصف الأول	58	طاهر النعسان	1
559	القرن 20 / النصف الأول	59	باسيل الفرّاء	1
560	القرن 20 / النصف الأول	60	سامي الكيالي	1
561	القرن 20 / النصف الأول	61	ممدوح مولود	1
562	القرن 20 / النصف الأول	62	محمد راغب الطباخ	1
563	القرن 20 / النصف الأول	63	عبد الله عتر	1
564	القرن 20 / النصف الأول	64	مفدي زكريا	1
565	القرن 20 / النصف الأول	65	محمد عارف الرفاعي	2
566	القرن 20 / النصف الأول	66	الياس فرحات	2
567	القرن 20 / النصف الثاني	1	سليمان العيسى	8
568	القرن 20 / النصف الثاني	2	عبد الله يوركي حلاق	12
569	القرن 20 / النصف الثاني	3	جلال قضيماتي	3

تسلسل كلّي	الفترة	تسلسل العصر	اسم الشاعر	عدد قصائده
570	القرن 20 / النصف الثاني	4	زكي المحاسني	1
571	القرن 20 / النصف الثاني	5	محمود غنيم	1
572	القرن 20 / النصف الثاني	6	حنا الطباع	1
573	القرن 20 / النصف الثاني	7	نزار الكيالي	2
574	القرن 20 / النصف الثاني	8	علي الناصر	1
575	القرن 20 / النصف الثاني	9	علي الزيبق	2
576	القرن 20 / النصف الثاني	10	محمد كمال	3
577	القرن 20 / النصف الثاني	11	عائشة دباغ	2
578	القرن 20 / النصف الثاني	12	قدري مايو	2
579	القرن 20 / النصف الثاني	13	نبيل سالم	1
580	القرن 20 / النصف الثاني	14	محمد خطيب عيّان	1
581	القرن 20 / النصف الثاني	15	سعد زغلول الكواكبي	1
582	القرن 20 / النصف الثاني	16	مصطفى كامل ضمامة	1
583	القرن 20 / النصف الثاني	17	فاضل ضياء الدين	1
584	القرن 20 / النصف الثاني	18	أنطوان شعراوي	2
585	القرن 20 / النصف الثاني	19	أحمد علي حسن	1
586	القرن 20 / النصف الثاني	20	محيي الدين حاج عيسى	2
587	القرن 20 / النصف الثاني	21	محمد الحريري	1
588	القرن 20 / النصف الثاني	22	داود تركي	1
589	القرن 20 / النصف الثاني	23	عدنان النحوي	1
590	القرن 20 / النصف الثاني	24	محمد منلا غزّيل	1
591	القرن 20 / النصف الثاني	25	عبد الرحيم الحصني	1
592	القرن 20 / النصف الثاني	26	حسن السوسي	1
593	القرن 20 / النصف الثاني	27	فواز جحو	1

تسلسل كلّي	الفترة	تسلسل العصر	اسم الشاعر	عدد قصائده
594	القرن 20 / النصف الثاني	28	زهير أحمد المزّوِق	1
595	القرن 20 / النصف الثاني	29	لطفي الياسيني	1
596	القرن 20 / النصف الثاني	30	عبد العليم الرحمون	1
597	القرن 20 / النصف الثاني	31	ظريف صباغ	1
598	القرن 20 / النصف الثاني	32	ماجد الملاذي	1
599	القرن 20 / النصف الثاني	33	عدنان مردم بك	1
600	القرن 20 / النصف الثاني	34	نجم الدين الصالح	1
601	القرن 20 / النصف الثاني	35	جميل حداد	1
602	القرن 20 / النصف الثاني	36	محمد سعيد نخرو	4
603	القرن 20 / النصف الثاني	37	عمر بهاء الدين الأميري	1
604	القرن 20 / النصف الثاني	38	وجيه البارودي	1
605	القرن 20 / النصف الثاني	39	علي الأحمد	1
606	القرن 20 / النصف الثاني	40	هاشم ضاي	1
607	القرن 20 / النصف الثاني	41	محمد محمود الحسين	1
608	القرن 20 / النصف الثاني	42	أبو الهدى فؤاد الأسعد	1
609	القرن 20 / النصف الثاني	43	صالح سروجي	1
610	القرن 20 / النصف الثاني	44	أحمد البراء الأميري	1
611	القرن 20 / النصف الثاني	45	سحر كيلاني	1
612	القرن 20 / النصف الثاني	46	محمد مضر سخيطة	2
613	القرن 20 / النصف الثاني	47	أنور خليل	1
614	القرن 20 / النصف الثاني	48	مصطفى التل (عرار)	1
615	القرن 20 / النصف الثاني	49	جورج شدياق	3
616	القرن 20 / النصف الثاني	50	ضياء الدين صابوني	1
617	القرن 20 / النصف الثاني	51	محمد نديم خديجة	3

تسلسل كلّي	الفترة	تسلسل العصر	اسم الشاعر	عدد قصائده
618	القرن 20 / النصف الثاني	52	عبد الله البردوني	1
619	القرن 20 / النصف الثاني	53	محمد جواد الغبان	1
620	القرن 20 / النصف الثاني	54	أجود مجبل	1
621	القرن 20 / النصف الثاني	55	مصطفى الشليح	1
622	القرن 20 / النصف الثاني	56	صلاح داود	1
623	القرن 20 / النصف الثاني	57	حمد خليفة أبو شهاب	1
624	القرن 20 / النصف الثاني	58	صلاح الكبيسي	1
625	القرن 20 / النصف الثاني	59	أكرم جميل قنبس	1
626	القرن 20 / النصف الثاني	60	عبد الرحمن بارود	1
627	القرن 20 / النصف الثاني	61	حسن السبتي	1
628	القرن 20 / النصف الثاني	62	علي الجارم	1
629	القرن 20 / النصف الثاني	63	المتوكل طه	1
630	القرن 20 / النصف الثاني	64	جوزيف ريّال	1
631	القرن 20 / النصف الثاني	65	فاروق جويدة	1
632	القرن 20 / النصف الثاني	66	عبد الفتاح قلعه جي	1
633	القرن 20 / النصف الثاني	67	منصور الرحباني	1
634	القرن 20 / النصف الثاني	68	محمد خليفة بن حاضر	1
635	القرن 20 / النصف الثاني	69	صباح الدين كريدي	2
636	القرن 20 / النصف الثاني	70	عبد الرحمن السماعيل	1
637	القرن 20 / النصف الثاني	71	خير الدين الأسدي	3
638	القرن 20 / النصف الثاني	72	نزار قباني	3
639	القرن 20 / النصف الثاني	73	أدونيس	3
640	القرن 20 / النصف الثاني	74	محمود درويش	5

تسلسل كلّي	الفترة	تسلسل العصر	اسم الشاعر	عدد قصائده
641	القرن 20 / النصف الثاني	75	محمود مفلح	1
642	القرن 20 / النصف الثاني	76	سميح القاسم	2
643	القرن 20 / النصف الثاني	77	سليمان العيسى	1
644	القرن 20 / النصف الثاني	78	حسين علي محمد	1
645	القرن 20 / النصف الثاني	79	فاروق شوشة	1
646	القرن 20 / النصف الثاني	80	توفيق اليازجي	1
647	القرن 20 / النصف الثاني	81	مصطفى النجار	5
648	القرن 20 / النصف الثاني	82	ندى الدانا	2
649	القرن 20 / النصف الثاني	83	سمير طحان	3
650	القرن 20 / النصف الثاني	84	محمود كلزي	1
651	القرن 20 / النصف الثاني	85	عبد القادر أبو رحمة	1
652	القرن 20 / النصف الثاني	86	عبد الإله عبد القادر	1
653	القرن 20 / النصف الثاني	87	أمل دنقل	2
654	القرن 20 / النصف الثاني	88	عبد الوهاب البيّاتي	1
655	القرن 20 / النصف الثاني	89	سعدي يوسف	1
656	القرن 20 / النصف الثاني	90	مظفر النوّاب	2
657	القرن 20 / النصف الثاني	91	مهدي محمد علي	1
658	القرن 20 / النصف الثاني	92	مؤيد الشيباني	1
659	القرن 20 / النصف الثاني	93	أحمد عنتر مصطفى	1
660	القرن 20 / النصف الثاني	94	موسى حوامدة	1
661	القرن 20 / النصف الثاني	95	عز الدين المناصرة	1
662	القرن 20 / النصف الثاني	96	أحمد منير قجّة	1
663	القرن 20 / النصف الثاني	97	محمد الماغوط	1
664	القرن 20 / النصف الثاني	98	أورخان ميسر	2

تسلسل كلّي	الفترة	تسلسل العصر	اسم الشاعر	عدد قصائده
665	القرن 20 / النصف الثاني	99	فاتح المدرس	1
666	القرن 20 / النصف الثاني	100	رياض صالح الحسين	1
667	القرن 20 / النصف الثاني	101	عبد القادر الحصني	1
668	القرن 20 / النصف الثاني	102	كيفورك تميزيان	1
669	القرن 20 / النصف الثاني	103	فيليب توتونجي	1
670	القرن 20 / النصف الثاني	104	كمال سلطان	1
671	القرن 20 / النصف الثاني	105	بسام لولو	2
672	القرن 20 / النصف الثاني	106	ممدوح عدوان	1
673	مطلع القرن 21	1	محمد فجّة	8
674	مطلع القرن 21	2	هارون هاشم رشيد	1
675	مطلع القرن 21	3	سميح القاسم	1
676	مطلع القرن 21	4	الطاهر الهمامي	4
677	مطلع القرن 21	5	خالد الخنين	1
678	مطلع القرن 21	6	نبيلة الخطيب	1
679	مطلع القرن 21	7	محمود علي السعيد	2
680	مطلع القرن 21	8	عبدالله الصالح العثيمين	2
681	مطلع القرن 21	9	عبد العزيز التويجري	1
682	مطلع القرن 21	10	عبد العزيز المانع	1
683	مطلع القرن 21	11	حسن اسماعيل	1
684	مطلع القرن 21	12	حسن شهاب الدين	1
685	مطلع القرن 21	13	وليد محمود الصراف	1
686	مطلع القرن 21	14	أمان الدين حتحات	1
687	مطلع القرن 21	15	عبد الرزاق عبد الواحد	1

تسلسل كلّي	الفترة	تسلسل العصر	اسم الشاعر	عدد قصائده
688	مطلع القرن 21	16	محمود الدليمي	1
689	مطلع القرن 21	17	ماجد علي مقبل باشا	1
690	مطلع القرن 21	18	نذير طيار	1
691	مطلع القرن 21	19	عبد الرحيم محمود	1
692	مطلع القرن 21	20	بهيجة مصري إدلبي	6
693	مطلع القرن 21	21	عبد المنعم الحاج جاسم	1
694	مطلع القرن 21	22	أحمد ديبة	4
695	مطلع القرن 21	23	محمد الزينو السلوم	3
696	مطلع القرن 21	24	أحمد دوغان	2
697	مطلع القرن 21	25	محمد بشير دحدوح	1
698	مطلع القرن 21	26	سليم عبد القادر	1
699	مطلع القرن 21	27	عبد الحكيم الأنيس	2
700	مطلع القرن 21	28	قاسم المشهداني	1
720	مطلع القرن 21	29	محمد سيد الجاسم	3
701	مطلع القرن 21	30	عادل بكرو	2
702	مطلع القرن 21	31	عبد الرزاق معروف	2
703	مطلع القرن 21	32	أحمد بدر الدين الآغا	2
704	مطلع القرن 21	33	بكري شيخ أمين	1
705	مطلع القرن 21	34	محمد حسام الدين دويدري	1
706	مطلع القرن 21	35	محمود كحيل	1
707	مطلع القرن 21	36	نزار بني المرجة	1
708	مطلع القرن 21	37	مهى زاهد	1
709	مطلع القرن 21	38	رفعت زيتون	1
710	مطلع القرن 21	39	لمى الفقيه	1

تسلسل كلّي	الفترة	تسلسل العصر	اسم الشاعر	عدد قصائده
711	مطلع القرن 21	40	أحمد منير سلانكلي	1
712	مطلع القرن 21	41	ابراهيم الصغير	1
713	مطلع القرن 21	42	خالد معدل	1
714	مطلع القرن 21	43	واصف باقي	1
715	مطلع القرن 21	44	محمد حسن عبد المحسن	1
716	مطلع القرن 21	45	مصطفى عكرمة	1
717	مطلع القرن 21	46	ملحم خطيب	1
718	مطلع القرن 21	47	عبد الغفور داوود	1
719	مطلع القرن 21	48	مجيب السوسي	1
721	مطلع القرن 21	49	عمر فاروق خطيب	1
722	مطلع القرن 21	50	سعيد فارس السعيد	1
723	مطلع القرن 21	51	زهير ناعورة	1
724	مطلع القرن 21	52	عمر خلوف	1
725	مطلع القرن 21	53	ابراهيم الهاشم	1
726	مطلع القرن 21	54	عدنان الدربي	1
727	مطلع القرن 21	55	عصام مرجانة	1
728	مطلع القرن 21	56	محمد بكري والي	1
729	مطلع القرن 21	57	محمد وفاء الدين المؤقت	2
730	مطلع القرن 21	58	محمد هلال نخرو	1
731	مطلع القرن 21	59	عبد الغفور عاصي	1
732	مطلع القرن 21	60	محمد ماجد الخطاب	1
733	مطلع القرن 21	61	عبود كنجو	2
734	مطلع القرن 21	62	رياض حلاق	3
735	مطلع القرن 21	63	محمد صالح الألوسي	1

تسلسل كلّي	الفترة	تسلسل العصر	اسم الشاعر	عدد قصائده
736	مطلع القرن 21	64	المأمون قباني	1
737	مطلع القرن 21	65	فيحاء العاشق	2
738	مطلع القرن 21	66	أحمد الهويس	2
739	مطلع القرن 21	67	أديل برشيني	2
740	مطلع القرن 21	68	أحمد علي بابللي	3
741	مطلع القرن 21	69	مطانيوس مخّول	1
742	مطلع القرن 21	70	محمد خليفة	1
743	مطلع القرن 21	71	نخري قدورة	1
744	مطلع القرن 21	72	زكريا الصالح	1
745	مطلع القرن 21	73	أحمد فوزي الهيب	3
746	مطلع القرن 21	74	عمر حماد هلال	1
747	مطلع القرن 21	75	نسيبة قصاب	1
748	مطلع القرن 21	76	فراس ديري	1
749	مطلع القرن 21	77	عبد الرزاق التاجر	2
750	مطلع القرن 21	78	محمد الحسناوي	1
751	مطلع القرن 21	79	طارق محمد الحمادي	1
752	مطلع القرن 21	80	هاني درويش	1
753	مطلع القرن 21	81	رياض سليمان	1
754	مطلع القرن 21	82	محمد عدنان علي	1
755	مطلع القرن 21	83	عبد المضحي ناصر	1
756	مطلع القرن 21	84	محمود السيد الدغيم	1
757	مطلع القرن 21	85	محمد سروجي	1
758	مطلع القرن 21	86	عبد الرزاق حسين	1
759	مطلع القرن 21	87	محمد ولد سيدي محمود	1

تسلسل كلّي	الفترة	تسلسل العصر	اسم الشاعر	عدد قصائده
760	مطلع القرن 21	88	عثمان قدري مكانسي	1
761	مطلع القرن 21	89	أحمد جمعة الفرّا	1
762	مطلع القرن 21	90	خليل محمود كركوكلي	1
763	مطلع القرن 21	91	محمد نجيب المراد	1
764	مطلع القرن 21	92	محمد صبحي المعمار	2
765	مطلع القرن 21	93	الياس هداية	1
766	مطلع القرن 21	94	جاك شمّاس	1
767	مطلع القرن 21	95	محمد نور ربيع العلي	1
768	مطلع القرن 21	96	محمود خياطة	1
769	مطلع القرن 21	97	صفوان ماجدي	1
770	مطلع القرن 21	98	عبد الرحمن دركزللي	1
771	مطلع القرن 21	99	محمد رياض حمشو	1
772	مطلع القرن 21	100	ابتسام الصمادي	3
773	مطلع القرن 21	101	علي الزينة	1
774	مطلع القرن 21	102	عز الدين سليمان	1
775	مطلع القرن 21	103	محمد علاء الدين	1
776	مطلع القرن 21	104	عمار القحطاني	1
777	مطلع القرن 21	105	محمد الكبيسي	1
778	مطلع القرن 21	106	محمد أكرم الخطيب	1
779	مطلع القرن 21	107	عصام ترشحاني	1
780	مطلع القرن 21	108	عمر سليمان علي	1
781	مطلع القرن 21	109	عبد القادر الأسود	1
782	مطلع القرن 21	110	محمود أبو الهدى الحسيني	1
783	مطلع القرن 21	111	عبد الله عيسى السلامة	1

تسلسل كلّي	الفترة	تسلسل العصر	اسم الشاعر	عدد قصائده
784	مطلع القرن 21	112	أحمد تيسير كعيد	2
785	مطلع القرن 21	113	رمضان الأحمد	1
786	مطلع القرن 21	114	بشير العبيدي	1
787	مطلع القرن 21	115	عامر الدبك	1
788	مطلع القرن 21	116	كمال جمّة	2
789	مطلع القرن 21	117	محمود محمد أسد	2
790	مطلع القرن 21	118	تميم البرغوثي	1
791	مطلع القرن 21	119	عامر الدبك	1
792	مطلع القرن 21	120	كمال جمّة	1
793	مطلع القرن 21	121	محمود محمد أسد	4
794	مطلع القرن 21	122	أحمد دوغان	1
795	مطلع القرن 21	123	زكريا مصاص	2
796	مطلع القرن 21	124	يوسف طافش	1
797	مطلع القرن 21	125	حسن ابراهيم الحسن	2
798	مطلع القرن 21	126	صهيب عنجريني	1
799	مطلع القرن 21	127	ابراهيم محمد كسّار	1
800	مطلع القرن 21	128	محمد السموري	1
801	مطلع القرن 21	129	غفران طحان	1
802	مطلع القرن 21	130	مصعب الرمادي	1
803	مطلع القرن 21	131	إهاب السيد عمر	1
804	مطلع القرن 21	132	لميس حجة	1
805	مطلع القرن 21	133	صالح الرحّال	1
806	مطلع القرن 21	134	غسان زقطان	1

تسلسل كلّي	الفترة	تسلسل العصر	اسم الشاعر	عدد قصائده
807	مطلع القرن 21	135	عبد الكريم الدالي	1
808	مطلع القرن 21	136	هناء صقور	1
809	مطلع القرن 21	137	يوسف أبو لوز	1
810	مطلع القرن 21	138	راتب سكر	1
811	مطلع القرن 21	139	محمد منار الكيالي	1
812	مطلع القرن 21	140	تميم البرغوثي	1
813	مطلع القرن 21	141	ليلى أورفه لي	1
814	مطلع القرن 21	142	الياس شامي	1
815	مطلع القرن 21	143	هاشم شفيق	1
816	مطلع القرن 21	144	الياس أفرام	2
817	مطلع القرن 21	145	رغدة حسن	1
818	مطلع القرن 21	146	مصطفى الحاج حسين	1
819	مطلع القرن 21	147	مروّح الكبرا	1
820	مطلع القرن 21	148	أحمد حسين حميدان	1
821	مطلع القرن 21	149	جاكلين سلام حنا	1
822	مطلع القرن 21	150	حميد سعيد	1
823	مطلع القرن 21	151	بيانكا ماضية	1
824	مطلع القرن 21	152	جورج كدر	1
825	مطلع القرن 21	153	حسن لجّة	2
826	مطلع القرن 21	1	هنري زغيب	1
827	مطلع القرن 21	2	غادة السمان	1
828	مطلع القرن 21	3	فيض الله الغادري	1
829	مطلع القرن 21	4	بشير العبيدي	1

تسلسل كلّي	الفترة	تسلسل العصر	اسم الشاعر	عدد قصائده
830	مطلع القرن 21	5	هاشم منقذ الأميري	1
831	مطلع القرن 21	6	عصام قصبجي	1
832	مطلع القرن 21	7	بغداد عبد المنعم	4
833	مطلع القرن 21	8	غسان نبهان	1
834	مطلع القرن 21	9	محمود عادل بادنجكي	1
835	مطلع القرن 21	10	محمد صبحي السيد يحيي	1
836	مطلع القرن 21	11	ميادة مكانسي	2
837	مطلع القرن 21	12	نجم الدين سمّان	2
838	مطلع القرن 21	13	أشرف أبو اليزيد	1
839	مطلع القرن 21	14	مروان علي	1
840	مطلع القرن 21	15	ياسر الأحمد	1
841	مطلع القرن 21	16	فارس الذهبي	1
842	مطلع القرن 21	17	أنس الدغيم	1
843	مطلع القرن 21	18	أمينة خشفة	1
844	مطلع القرن 21	19	أحمد بوشناق	1
845	مطلع القرن 21	20	فايز مقدسي	1
846	مطلع القرن 21	21	سمير عدنان المطرود	1
847	مطلع القرن 21	22	عزّت عمر	2
848	مطلع القرن 21	23	أمجد ناصر	1
849	مطلع القرن 21	24	محمود عكام	1
850	مطلع القرن 21	25	محمد جمال طحّان	1

جدول (14) قائمة بأسماء الشعراء العالميين وأعداد نصوصهم
في المجلد الثاني (حلب في الشعر المعاصر والحديث)

تسلسل كلّي	الفترة	تسلسل الفصل	اسم الشاعر	بلده	عدد قصائده
851	القرن العشرون	1	محمد إقبال	باكستان	1
852	القرن العشرون	2	فلاديمير نابوكوف	روسيا	1
853	القرن العشرون	3	ناظم حكمت	تركيا	2
854	القرن العشرون	4	أوغينيو مونتالي	إيطاليا	1
855	القرن العشرون	5	أنترانيك دزاروغيان	أرمينيا	1
856	القرن العشرون	6	أليك ديرونت هوب	أستراليا	1
857	القرن العشرون	7	جاين أوين	أستراليا	1
858	القرن العشرون	8	أليك شوات	أستراليا	1
859	القرن العشرون	9	بيتر بورتر	انكلترا	1
860	مطلع القرن 21	10	سيلفيا سوتون	المكسيك	1
861	مطلع القرن 21	11	روبرت بيري	هولندا	1
862	مطلع القرن 21	12	ماجد نفيسي	إيران	1
863	مطلع القرن 21	13	ساشا ستينسن	أمريكا	1
864	مطلع القرن 21	14	ياكي سيتون	الأرجنتين	1
865	مطلع القرن 21	15	أنجيه ملينكو	أمريكا	1
866	مطلع القرن 21	16	بيآته ريغيرت	ألمانيا	1
867	مطلع القرن 21	17	أوليفييه سالمون	فرنسا	2
868	مطلع القرن 21	18	أنتوني دي ناردو	كندا	1
869	مطلع القرن 21	19	لوتشيا كوبرتينو	إيطاليا	1

جدول (15) قائمة بأسماء الشعراء العرب المعاصرين وأعداد نصوصهم في الكتاب الثالث (حلب في شعر الرثاء المعاصر)

تسلسل كلّي	الفترة	تسلسل الفصل	اسم الشاعر	عدد قصائده
870	بين عامي 2011 و2020	1	محمد حسام الدين دويدري	1
871	بين عامي 2011 و2020	2	رضوان صابر	2
872	بين عامي 2011 و2020	3	بدر رستم	1
873	بين عامي 2011 و2020	4	عصام علوش	1
874	بين عامي 2011 و2020	5	الغربي المسلمي	1
875	بين عامي 2011 و2020	6	جواد يونس	2
876	بين عامي 2011 و2020	7	محمد قجّة	1
877	بين عامي 2011 و2020	8	محمود السيد الدغيم	1
878	بين عامي 2011 و2020	9	عبد الرزاق حسين	1
879	بين عامي 2011 و2020	10	رنا رضوان	1
880	بين عامي 2011 و2020	11	أحمد فراج العجمي	1
881	بين عامي 2011 و2020	12	اسماعيل عمر منصور	1
882	بين عامي 2011 و2020	13	حسن حوارنة	1
883	بين عامي 2011 و2020	14	محمد دوبا	1
884	بين عامي 2011 و2020	15	عبد المضحي ناصر	1
885	بين عامي 2011 و2020	16	بشار رضا حسن	1
886	بين عامي 2011 و2020	17	بلقاسم عقبي	1
887	بين عامي 2011 و2020	18	عبد الرحيم جداية	1
888	بين عامي 2011 و2020	19	حكمت العزة	1
889	بين عامي 2011 و2020	20	عبير الديب	1
890	بين عامي 2011 و2020	21	ناصر الحاج حامد	1
891	بين عامي 2011 و2020	22	وطن نمراوي	1

تسلسل كلّي	الفترة	تسلسل الفصل	اسم الشاعر	عدد قصائده
892	بين عامي 2011 و2020	23	علي حمد طاهري	1
893	بين عامي 2011 و2020	24	بسام الرمّال	1
894	بين عامي 2011 و2020	25	كمال لجّة	1
895	بين عامي 2011 و2020	26	عدنان الفرزعي	1
896	بين عامي 2011 و2020	27	مبروك عطيّة	1
897	بين عامي 2011 و2020	28	مبارك بن شافي الهاجري	1
898	بين عامي 2011 و2020	29	محمد نجيب المراد	1
899	بين عامي 2011 و2020	30	أبو جواد محمد الأهدل	2
900	بين عامي 2011 و2020	31	إيمان محمد ديب	1
901	بين عامي 2011 و2020	32	عبد الغني الحداد	2
902	بين عامي 2011 و2020	33	محمد سنان المقداد	1
903	بين عامي 2011 و2020	34	مصطفى عكرمة	3
904	بين عامي 2011 و2020	35	نجم العيساوي	2
905	بين عامي 2011 و2020	36	سالم الضوّي	1
906	بين عامي 2011 و2020	37	علي حسين الجاسم	1
907	بين عامي 2011 و2020	38	إنعام عريف	1
908	بين عامي 2011 و2020	39	أمين عمر	1
909	بين عامي 2011 و2020	40	محمد فريد الرياحي	1
910	بين عامي 2011 و2020	41	محمد نجيب نبهان	2
911	بين عامي 2011 و2020	42	حامد العلي	3
912	بين عامي 2011 و2020	43	عالي المالكي	2
913	بين عامي 2011 و2020	44	ليلى عريقات	2
914	بين عامي 2011 و2020	45	محمد النعيمي	2
915	بين عامي 2011 و2020	46	منذر غنّام	2

تسلسل كلّي	الفترة	تسلسل الفصل	اسم الشاعر	عدد قصائده
916	بين عامي 2011 و2020	47	خديجة وليد قاسم	2
917	بين عامي 2011 و2020	48	علي محمد زينو	2
918	بين عامي 2011 و2020	49	طارق بن زياد حجي	2
919	بين عامي 2011 و2020	50	باسم عطا الله العبدلي	2
920	بين عامي 2011 و2020	51	محمد الخليلي	2
921	بين عامي 2011 و2020	52	عمار تباب	2
922	بين عامي 2011 و2020	53	الشيخ ولد بللعمش	2
923	بين عامي 2011 و2020	54	عبد الله العنزي	2
924	بين عامي 2011 و2020	55	محمد طكو	2
925	بين عامي 2011 و2020	56	عبد السميع الأحمد	3
926	بين عامي 2011 و2020	57	ريم سليمان الخشّ	3
927	بين عامي 2011 و2020	58	أروى نحاس	4
928	بين عامي 2011 و2020	59	يحيى الحاج يحيى	2
929	بين عامي 2011 و2020	60	ياسين عبد الله السعدي	2
930	بين عامي 2011 و2020	61	حسان قمحية	2
931	بين عامي 2011 و2020	62	عبد الله ضراب	2
932	بين عامي 2011 و2020	63	عبد الرحمن العشماوي	4
933	بين عامي 2011 و2020	64	الطيب الشنهوري	5
934	بين عامي 2011 و2020	65	همس الياسمين	1
935	بين عامي 2011 و2020	66	حنان شبيب	1
936	بين عامي 2011 و2020	67	بديعة السعد	2
937	بين عامي 2011 و2020	68	مؤيد الشامان	1
938	بين عامي 2011 و2020	69	رشيد عبد القادر	1
939	بين عامي 2011 و2020	70	محمد ولد إمام	1

تسلسل كلّي	الفترة	تسلسل الفصل	اسم الشاعر	عدد قصائده
940	بين عامي 2011 و2020	71	محمد ولد إدوم	1
941	بين عامي 2011 و2020	72	عبد الله جدي	1
942	بين عامي 2011 و2020	73	علاوة بيطام	1
943	بين عامي 2011 و2020	74	بهاء الدين أبو جزر	1
944	بين عامي 2011 و2020	75	هلال العيسى	1
945	بين عامي 2011 و2020	76	محمد ذيب سليمان	1
946	بين عامي 2011 و2020	77	اسماعيل حمد	1
947	بين عامي 2011 و2020	78	داود قبغ	1
948	بين عامي 2011 و2020	79	محمود عثمان	1
949	بين عامي 2011 و2020	80	تغريد بدندي	1
950	بين عامي 2011 و2020	81	حسين خالد مقدادي	1
951	بين عامي 2011 و2020	82	هبة الفقي	1
952	بين عامي 2011 و2020	83	عبد السلام دغمش	1
953	بين عامي 2011 و2020	84	أحمد عموري	1
954	بين عامي 2011 و2020	85	وائل حمزة	1
955	بين عامي 2011 و2020	86	عمر الشهباني	1
956	بين عامي 2011 و2020	87	محمود عبده فريحات	1
957	بين عامي 2011 و2020	88	محمد غسان دهان	1
958	بين عامي 2011 و2020	89	أمين الخطيب	1
959	بين عامي 2011 و2020	90	عبيدة طرّاب	1
960	بين عامي 2011 و2020	91	مصعب علي أشكر	1
961	بين عامي 2011 و2020	92	عبد المجيد العمري	1
962	بين عامي 2011 و2020	93	أميرة محمد صبياني	1
963	بين عامي 2011 و2020	94	مثنى ابراهيم دهام	1

تسلسل كلّي	الفترة	تسلسل الفصل	اسم الشاعر	عدد قصائده
964	بين عامي 2011 و2020	95	إيمان طعمة الشمري	1
965	بين عامي 2011 و2020	96	أبو الفضل شمسي باشا	1
966	بين عامي 2011 و2020	97	محمد الحمادي	1
967	بين عامي 2011 و2020	98	رأفت عبيد أبو سلمى	1
968	بين عامي 2011 و2020	99	عبد الكريم أبو عرام	1
969	بين عامي 2011 و2020	100	عثمان قدري مكانسي	1
970	بين عامي 2011 و2020	101	مصطفى الزايد	1
971	بين عامي 2011 و2020	102	معتصم الحريري	1
972	بين عامي 2011 و2020	103	بسمة الفراية	1
973	بين عامي 2011 و2020	104	محمد عدنان علبي	1
974	بين عامي 2011 و2020	105	توفيق آل ناصر	1
975	بين عامي 2011 و2020	106	حسن الكوفحي	1
976	بين عامي 2011 و2020	107	محمد الحمد	1
977	بين عامي 2011 و2020	108	ابراهيم منصور	1
978	بين عامي 2011 و2020	109	عبد الله نجيب سالم	1
979	بين عامي 2011 و2020	110	غفران سويد	1
980	بين عامي 2011 و2020	111	منال محمد	1
981	بين عامي 2011 و2020	112	أحمد تيسير كعيد	1
982	بين عامي 2011 و2020	113	صلاح حلبوني	1
983	بين عامي 2011 و2020	114	زهير محمود حموي	1
984	بين عامي 2011 و2020	115	أحمد شعبان	1
985	بين عامي 2011 و2020	116	ابراهيم عبد الكريم	1
986	بين عامي 2011 و2020	117	فلاح العنزي	1
987	بين عامي 2011 و2020	118	محمد وليد الحسن	1

تسلسل كلّي	الفترة	تسلسل الفصل	اسم الشاعر	عدد قصائده
988	بين عامي 2011 و2020	119	حسن الأفندي	1
989	بين عامي 2011 و2020	120	أنس الدغيم	1
990	بين عامي 2011 و2020	121	طلال الخضر	1
991	بين عامي 2011 و2020	122	محمد خليفة	1
992	بين عامي 2011 و2020	123	محمد عبد الله البريكي	1
993	بين عامي 2011 و2020	124	سليمان الأحمد	1
994	بين عامي 2011 و2020	125	ابراهيم الهاشم	1
995	بين عامي 2011 و2020	126	رفعت ديب	1
996	بين عامي 2011 و2020	127	محمد ناصر	1
997	بين عامي 2011 و2020	128	عبد الرحمن دركزللي	1
998	بين عامي 2011 و2020	129	نور الدين اللبّاد	1
999	بين عامي 2011 و2020	130	سعيد يعقوب	1
1000	بين عامي 2011 و2020	131	فوزات زكي الشيخة	1
1001	بين عامي 2011 و2020	132	معتز أبو هشهش	1
1002	بين عامي 2011 و2020	133	محمد ربيع جاد الله	1
1003	بين عامي 2011 و2020	134	مجاهد العبيدي	1
1004	بين عامي 2011 و2020	135	نادر سعد العمري	1
1005	بين عامي 2011 و2020	136	عبد الرزاق الأشقر	1
1006	بين عامي 2011 و2020	137	لميس الرحبي	1
1007	بين عامي 2011 و2020	138	جميلة الرجوي	1
1008	بين عامي 2011 و2020	139	معتز علي القطب	1
1009	بين عامي 2011 و2020	140	محمد الغباشي	1
1010	بين عامي 2011 و2020	141	سلطان إبراهيم	1
1011	بين عامي 2011 و2020	142	أحمد حسن المقدسي	1

تسلسل كلّي	الفترة	تسلسل الفصل	اسم الشاعر	عدد قصائده
1012	بين عامي 2011 و2020	143	وائل الأسود	1
1013	بين عامي 2011 و2020	144	رداد الثمالي	1
1014	بين عامي 2011 و2020	145	منير الفراص	1
1015	بين عامي 2011 و2020	146	سعود الشريم	1
1016	بين عامي 2011 و2020	147	محمد قصاص	1
1017	بين عامي 2011 و2020	148	صلاح دكاك	1
1018	بين عامي 2011 و2020	149	شفيق ربابعة	1
1019	بين عامي 2011 و2020	150	خليفة بن عربي	1
1020	بين عامي 2011 و2020	151	أحمد عبد الرحمن جنيدو	1
1021	بين عامي 2011 و2020	152	أحمد راشد بن سعيد	1
1022	بين عامي 2011 و2020	153	نادين خالد	1
1023	بين عامي 2011 و2020	154	منى الحسن	1
1024	بين عامي 2011 و2020	155	عبد الستار حسن	1
1025	بين عامي 2011 و2020	156	عبد الصمد الزوين	1
1026	بين عامي 2011 و2020	157	صدام الجعمي	1
1027	بين عامي 2011 و2020	158	أديب عدي	1
1028	بين عامي 2011 و2020	159	عمرين محمد عريشي	1
1029	بين عامي 2011 و2020	160	هناء محمد	1
1030	بين عامي 2011 و2020	161	عبد الرحيم بدر	1
1031	بين عامي 2011 و2020	162	أنمار فؤاد منسي	1
1032	بين عامي 2011 و2020	163	عمر السيد أحمد	1
1033	بين عامي 2011 و2020	164	عبد العزيز الجاسر	1
1034	بين عامي 2011 و2020	165	عبد الرزاق العباد البدر	1
1035	بين عامي 2011 و2020	166	عبد الرحيم محمود	1

تسلسل كلّي	الفترة	تسلسل الفصل	اسم الشاعر	عدد قصائده
1036	بين عامي 2011 و2020	167	محمد عدنان الكمال	1
1037	بين عامي 2011 و2020	168	جلال عدي	1
1038	بين عامي 2011 و2020	169	أسامة سالم	1
1039	بين عامي 2011 و2020	170	وليد الرشيد الحراكي	1
1040	بين عامي 2011 و2020	171	مأمون إدريس	1
1041	بين عامي 2011 و2020	172	صباح الحكيم	1
1042	بين عامي 2011 و2020	173	علي حتر	1
1043	بين عامي 2011 و2020	174	داوود العرامين	1
1044	بين عامي 2011 و2020	175	سيدي ولد الأمجاد	1
1045	بين عامي 2011 و2020	176	عبد السلام حامد	1
1046	بين عامي 2011 و2020	177	مذكر الشلوي	1
1047	بين عامي 2011 و2020	178	عبد الله شلبي	1
1048	بين عامي 2011 و2020	179	عبد العزيز فريج	1
1049	بين عامي 2011 و2020	180	خالد شرادقة	1
1050	بين عامي 2011 و2020	181	جمال حمد	1
1051	بين عامي 2011 و2020	182	أحمد الأعرج	1
1052	بين عامي 2011 و2020	183	موسى جبران الفيفي	1
1053	بين عامي 2011 و2020	184	ريم السالم	1
1054	بين عامي 2011 و2020	185	عبد العزيز بشارات	2
1055	بين عامي 2011 و2020	186	خالد قاسم	1
1056	بين عامي 2011 و2020	187	محمد ربيع	1
1057	بين عامي 2011 و2020	188	وليد صالح	1
1058	بين عامي 2011 و2020	189	سامح أبو هنود	1
1059	بين عامي 2011 و2020	190	تحسين الكعبي	1

تسلسل كلّي	الفترة	تسلسل الفصل	اسم الشاعر	عدد قصائده
1060	بين عامي 2011 و2020	191	فارس العبيدي	1
1061	بين عامي 2011 و2020	192	ثروت صادق	1
1062	بين عامي 2011 و2020	193	ضمد كاظم الوسمي	1
1063	بين عامي 2011 و2020	194	صلاح العشماوي	1
1064	بين عامي 2011 و2020	195	أحمد دواية	1
1065	بين عامي 2011 و2020	196	ثناء شلش	1
1066	بين عامي 2011 و2020	197	إسلام يوسف	1
1067	بين عامي 2011 و2020	198	ابراهيم الكبيسي	1
1068	بين عامي 2011 و2020	199	عمر خضراوي	1
1069	بين عامي 2011 و2020	200	ابراهيم بقندور	1
1070	بين عامي 2011 و2020	201	عبد القادر التكريتي	1
1071	بين عامي 2011 و2020	202	لطيفة الشابي	1
1072	بين عامي 2011 و2020	203	وسام الشافي	1
1073	بين عامي 2011 و2020	204	نجاة الماجد	1
1074	بين عامي 2011 و2020	205	بو يحيي محمد	1
1075	بين عامي 2011 و2020	206	عبد الفتاح لعاج	1
1076	بين عامي 2011 و2020	207	محمد أبو راس	1
1077	بين عامي 2011 و2020	208	فاطمة صابر	1
1078	بين عامي 2011 و2020	209	سيد عبده أبو أمجد	1
1079	بين عامي 2011 و2020	210	عيسى دعموق	2
1080	بين عامي 2011 و2020	211	عماد الكبيسي	2
1081	بين عامي 2011 و2020	212	سعود أبو معيلش	2
1082	بين عامي 2011 و2020	213	مصطفى راشد المعيني	2
1083	بين عامي 2011 و2020	214	محمد يحي قشقارة	2

تسلسل كلّي	الفترة	تسلسل الفصل	اسم الشاعر	عدد قصائده
1084	بين عامي 2011 و2020	215	محمد جرادات	2
1085	بين عامي 2011 و2020	216	أحمد القسوات	1
1086	بين عامي 2011 و2020	217	حسام الوارفي	1
1087	بين عامي 2011 و2020	218	بسام القحطاني	1
1088	بين عامي 2011 و2020	219	عبدالرحمن عبّود	1
1089	بين عامي 2011 و2020	220	شاكر الحسيني	1
1090	بين عامي 2011 و2020	221	شكري شرف حيدرة	1
1091	بين عامي 2011 و2020	222	رولا شاهين	1
1092	بين عامي 2011 و2020	223	عمرو خيري الصّاوي	1
1093	بين عامي 2011 و2020	224	عدنان الحمّادي	1
1094	بين عامي 2011 و2020	225	أماني محمّد	1
1095	بين عامي 2011 و2020	226	سليم القدور	1
1096	بين عامي 2011 و2020	227	علي الصّاغر	1
1097	بين عامي 2011 و2020	228	عبدالوهاب العدواني	1
1098	بين عامي 2011 و2020	229	منصور الخليدي	1
1099	بين عامي 2011 و2020	230	قائد الحشرجي	1
1100	بين عامي 2011 و2020	231	غالية أبو ستّه	1
1101	بين عامي 2011 و2020	232	رياض المصري	1
1102	بين عامي 2011 و2020	233	عبد القادر عبد اللطيف	1
1103	بين عامي 2011 و2020	234	عبد النّور محمّد	1
1104	بين عامي 2011 و2020	235	ريما الدّغرة البرغوثي	1
1105	بين عامي 2011 و2020	236	محمد أسامة	1
1106	بين عامي 2011 و2020	237	أحمد عبد الحليم قطيش	1
1107	بين عامي 2011 و2020	238	عبدالمجيد الفريح	1

تسلسل كلّي	الفترة	تسلسل الفصل	اسم الشاعر	عدد قصائده
1108	بين عامي 2011 و2020	239	إيهاب السّامعي	1
1109	بين عامي 2011 و2020	240	خيري خالد	1
1110	بين عامي 2011 و2020	241	محمّد العلّاوي	1
1111	بين عامي 2011 و2020	242	عماد ابراهيم النّابي	1
1112	بين عامي 2011 و2020	243	أحمد مراد	1
1113	بين عامي 2011 و2020	244	أسامة المحّمد	1
1114	بين عامي 2011 و2020	245	أحمد عبد الحميد	1
1115	بين عامي 2011 و2020	246	محمد عليوي فياض	1
1116	بين عامي 2011 و2020	247	محمد علي النّاصر	1
1117	بين عامي 2011 و2020	248	ابتسام أحمد	1
1118	بين عامي 2011 و2020	249	خالد سامح	1
1119	بين عامي 2011 و2020	250	هيثم الرّصاص	2
1120	بين عامي 2011 و2020	251	نبيل النفيش	1
1121	بين عامي 2011 و2020	252	ماحي عمر	1
1122	بين عامي 2011 و2020	253	السيد مراد سلامة	1
1123	بين عامي 2011 و2020	254	يزن نور الدين	1
1124	بين عامي 2011 و2020	255	ابراهيم الشويخ	1
1125	بين عامي 2011 و2020	256	فاضل الكبيسي	1
1126	بين عامي 2011 و2020	257	شحدة البهباني	1
1127	بين عامي 2011 و2020	258	عبد الله ملندي	1
1128	بين عامي 2011 و2020	259	عبد الرحمن الضيخ	1
1129	بين عامي 2011 و2020	260	محمد انخلف	1
1130	بين عامي 2011 و2020	261	حسن ضامر ظافر	1
1131	بين عامي 2011 و2020	262	عيسى شويخ	1

تسلسل كلّي	الفترة	تسلسل الفصل	اسم الشاعر	عدد قصائده
1132	بين عامي 2011 و2020	263	محمّد زهير أحمد	1
1133	بين عامي 2011 و2020	264	شادي الظّاهر	1
1134	بين عامي 2011 و2020	265	أليسار حمدي	1
1135	بين عامي 2011 و2020	266	زين العابدين الضبيبي	1
1136	بين عامي 2011 و2020	267	مها الحاج حسن	1
1137	بين عامي 2011 و2020	268	يسرى هزّاع	1
1138	بين عامي 2011 و2020	269	أحمد بخيت	1
1139	بين عامي 2011 و2020	270	زاحم محمود خورشيد	1
1140	بين عامي 2011 و2020	271	زهدي حنتولي	1
1141	بين عامي 2011 و2020	272	كرم محمد مصطفى	1
1142	بين عامي 2011 و2020	273	محمد لطفي الدرعمي	1
1143	بين عامي 2011 و2020	274	عادل سالم	1
1144	بين عامي 2011 و2020	275	عبد العزيز بن أحمد	1
1145	بين عامي 2011 و2020	276	عبد العزيز خوجة	1
1146	بين عامي 2011 و2020	277	حمد طواشي	1
1147	بين عامي 2011 و2020	278	محمود مفلح	1
1148	بين عامي 2011 و2020	279	براء بربور	1
1149	بين عامي 2011 و2020	280	عمر العلاونة	1
1150	بين عامي 2011 و2020	281	أيمن شيخ الزور	1
1151	بين عامي 2011 و2020	282	نجيب بن علي	1
1152	بين عامي 2011 و2020	283	محمد سعيد محمد	1
1153	بين عامي 2011 و2020	284	ساسي فرفاش	1
1154	بين عامي 2011 و2020	285	أنس الحجار	1
1155	بين عامي 2011 و2020	286	يوسف أبو ريدة	1

تسلسل كلّي	الفترة	تسلسل الفصل	اسم الشاعر	عدد قصائده
1156	بين عامي 2011 و2020	287	صبري اسماعيل	1
1157	بين عامي 2011 و2020	288	ابراهيم دغيم	1
1158	بين عامي 2011 و2020	289	بليغ حسن العامري	1
1159	بين عامي 2011 و2020	290	فوزي الشيخ	1
1160	بين عامي 2011 و2020	291	شرف أحمد عبد الناصر	1
1161	بين عامي 2011 و2020	292	عادل درهم الرعاشي	1
1162	بين عامي 2011 و2020	293	عامر السعيدي	1
1163	بين عامي 2011 و2020	294	ماجدة ندا	2
1164	بين عامي 2011 و2020	295	عادل ناصيف	1
1165	بين عامي 2011 و2020	296	عارف حجاوي	1
1166	بين عامي 2011 و2020	297	ياسمين دمشقي	1
1167	بين عامي 2011 و2020	298	شاعر غير معروف	1
1168	بين عامي 2011 و2020	299	محمد ابراهيم أبو سنة	1
1169	بين عامي 2011 و2020	300	أدونيس	3
1170	بين عامي 2011 و2020	301	سعدي يوسف	2
1171	بين عامي 2011 و2020	302	حسان عزت	1
1172	بين عامي 2011 و2020	303	عباس حيروقة	1
1173	بين عامي 2011 و2020	304	نجاة عبد الصمد	1
1174	بين عامي 2011 و2020	305	سمير طحان	1
1175	بين عامي 2011 و2020	306	يحيي ملازم	1
1176	بين عامي 2011 و2020	307	فؤاد محمد فؤاد	1
1177	بين عامي 2011 و2020	308	صهيب عنجريني	1
1178	بين عامي 2011 و2020	309	مصطفى الحاج حسين	7

تسلسل كلّي	الفترة	تسلسل الفصل	اسم الشاعر	عدد قصائده
1179	بين عامي 2011 و2020	310	حسن ابراهيم الحسن	2
1180	بين عامي 2011 و2020	311	عصام ترشحاني	1
1181	بين عامي 2011 و2020	312	حسن عاصي الشيخ	1
1182	بين عامي 2011 و2020	313	زينة هاشم بيك	1
1183	بين عامي 2011 و2020	314	عدنان حسين عبد الله	1
1184	بين عامي 2011 و2020	315	وداد نبي	2
1185	بين عامي 2011 و2020	316	سميحة خليفة	1
1186	بين عامي 2011 و2020	317	حسن برما	1
1187	بين عامي 2011 و2020	318	عبد المجيد شعبان	1
1188	بين عامي 2011 و2020	319	دعاء كيروان	1
1189	بين عامي 2011 و2020	320	زهير ناصر	1
1190	بين عامي 2011 و2020	321	فاطمة شاوتي	2
1191	بين عامي 2011 و2020	322	عصام ناصر	1
1192	بين عامي 2011 و2020	323	صلاح الطميزي	1
1193	بين عامي 2011 و2020	324	نعمى سليمان	1
1194	بين عامي 2011 و2020	325	حسين أحمد المحمد	1
1195	بين عامي 2011 و2020	326	متصرف الشيخ بانن	1
1196	بين عامي 2011 و2020	327	ياسر رحيمي	1
1197	بين عامي 2011 و2020	328	مهجة قحف	1
1198	بين عامي 2011 و2020	329	عبد السلام حلوم	2
1199	بين عامي 2011 و2020	330	جيهان بسيسو	1
1200	بين عامي 2011 و2020	331	ماريانا سواس	1
1201	بين عامي 2011 و2020	332	عبد الرحيم جداية	1
1202	بين عامي 2011 و2020	333	غالية خوجة	1

تسلسل كلّي	الفترة	تسلسل الفصل	اسم الشاعر	عدد قصائده
1203	بين عامي 2011 و2020	334	أحمد صالح سلوم	1
1204	بين عامي 2011 و2020	335	عبود سمعو	2
1205	بين عامي 2011 و2020	336	أديب البردويل	1
1206	بين عامي 2011 و2020	337	محمد سليمان الشاذلي	1
1207	بين عامي 2011 و2020	338	يوسف غانم	1
1208	بين عامي 2011 و2020	339	معتز دغيم	1
1209	بين عامي 2011 و2020	340	فواز قادري	1
1210	بين عامي 2011 و2020	341	يوسف بو يحيى	1
1211	بين عامي 2011 و2020	342	فواز العاسمي	1
1212	بين عامي 2011 و2020	343	نادر القاسم	3
1213	بين عامي 2011 و2020	344	فاروق شريف	2
1214	بين عامي 2011 و2020	345	موسى صالح كسواني	2
1215	بين عامي 2011 و2020	346	نورس يكن	2
1216	بين عامي 2011 و2020	347	جميلة عطوي	1
1217	بين عامي 2011 و2020	348	أسامة شاش	1
1218	بين عامي 2011 و2020	349	رضوان صابر	1
1219	بين عامي 2011 و2020	350	ثناء حاج صالح	2
1220	بين عامي 2011 و2020	351	كريم عبد السلام	1
1221	بين عامي 2011 و2020	352	ريما محفوض	1
1222	بين عامي 2011 و2020	353	محمد حازم	1
1223	بين عامي 2011 و2020	354	أحمد كامل القريناوي	1
1224	بين عامي 2011 و2020	355	رمضان الإدريسي	1
1225	بين عامي 2011 و2020	356	أمل سعيد العربي	2
1226	بين عامي 2011 و2020	357	فريد غانم	1

تسلسل كلّي	الفترة	تسلسل الفصل	اسم الشاعر	عدد قصائده
1227	بين عامي 2011 و2020	358	محمد فياض	1
1228	بين عامي 2011 و2020	359	عيسى حبيب	1
1229	بين عامي 2011 و2020	360	ثريا نبوي	2
1230	بين عامي 2011 و2020	361	هزار الطباخ	2
1231	بين عامي 2011 و2020	362	ساندرا أكوبيان استانبولية	1
1232	بين عامي 2011 و2020	363	معن القطامين	1
1233	بين عامي 2011 و2020	364	خميس رضا حمد	1
1234	بين عامي 2011 و2020	365	خالد أمين	1
1235	بين عامي 2011 و2020	366	سعيد بلفقير	1
1236	بين عامي 2011 و2020	367	شريف صعب	1
1237	بين عامي 2011 و2020	368	روان أبو نبعة	1
1238	بين عامي 2011 و2020	369	مصطفى حزوري	2
1239	بين عامي 2011 و2020	370	أليسار حمدي	1
1240	بين عامي 2011 و2020	371	نرجس عمران	1
1241	بين عامي 2011 و2020	372	فريال حقي	1
1242	بين عامي 2011 و2020	373	الطاهر الصوني	1
1243	بين عامي 2011 و2020	374	جيهان السنباطي	1
1244	بين عامي 2011 و2020	375	وفاء شويح	1
1245	بين عامي 2011 و2020	376	أمين جياد	1
1246	بين عامي 2011 و2020	377	علي الخولي	1
1247	بين عامي 2011 و2020	378	رسمية رفيق طه	1
1248	بين عامي 2011 و2020	379	عفاف يحيي الشبّ	1
1249	بين عامي 2011 و2020	380	يسرى الرفاعي	1
1250	بين عامي 2011 و2020	381	محمد علي فرحات	1

تسلسل كلّي	الفترة	تسلسل الفصل	اسم الشاعر	عدد قصائده
1251	بين عامي 2011 و2020	382	نوري الجراح	1
1252	بين عامي 2011 و2020	383	ميس الريم قرفول	1
1253	بين عامي 2011 و2020	384	مها الشعار	1
1254	بين عامي 2011 و2020	385	جمال مرسي	1
1255	بين عامي 2011 و2020	386	عبد الحميد السيد يحيى	1
1256	بين عامي 2011 و2020	387	لين الأبيض	1
1257	بين عامي 2011 و2020	388	محمد الزهراوي	1
1258	بين عامي 2011 و2020	389	خليل الوافي	1
1259	بين عامي 2011 و2020	390	علي ميرزا محمود	1
1260	بين عامي 2011 و2020	391	نزيه حسون	1
1261	بين عامي 2011 و2020	392	ليلى لطوف	1
1262	بين عامي 2011 و2020	393	خالد أبو العلا	1
1263	بين عامي 2011 و2020	394	مصطفى عبده السعدني	1
1264	بين عامي 2011 و2020	395	أحمد العراقي	1
1265	بين عامي 2011 و2020	396	سهيلة أفرام	1
1266	بين عامي 2011 و2020	397	عمار نقاز	1
1267	بين عامي 2011 و2020	398	مها الكاتب	1
1268	بين عامي 2011 و2020	399	طريف يوسف آغا	1
1269	بين عامي 2011 و2020	400	محمد حميدي	1
1270	بين عامي 2011 و2020	401	جمال الدين العماري	1
1271	بين عامي 2011 و2020	402	جمال قارصلي	1
1272	بين عامي 2011 و2020	403	أزهر دخان	1
1273	بين عامي 2011 و2020	404	غباري المصطفى	1
1274	بين عامي 2011 و2020	405	منتصر فاعور	1

تسلسل كلّي	الفترة	تسلسل الفصل	اسم الشاعر	عدد قصائده
1275	بين عامي 2011 و2020	406	ناصيف الابراهيمي	1
1276	بين عامي 2011 و2020	407	عبد الله الشريف	1
1277	بين عامي 2011 و2020	408	محمد محمود عبد الله	1
1278	بين عامي 2011 و2020	409	ابراهيم أحمساني	1
1279	بين عامي 2011 و2020	410	جمال عبد المؤمن	1
1280	بين عامي 2011 و2020	411	ناصر توفيق	1
1281	بين عامي 2011 و2020	412	شريطي نور الدين	1
1282	بين عامي 2011 و2020	413	كفاح الغصين	1
1283	بين عامي 2011 و2020	414	فيصل سليم التلاوي	1
1284	بين عامي 2011 و2020	415	موسى الشايب المناصره	1
1285	بين عامي 2011 و2020	416	هشام الفقي	1
1286	بين عامي 2011 و2020	417	هاني مصبح	1
1287	بين عامي 2011 و2020	418	قدري مصطفى الفندي	1
1288	بين عامي 2011 و2020	419	أحمد عبد المجيد	1
1289	بين عامي 2011 و2020	420	ماهر علي جبارين	1
1290	بين عامي 2011 و2020	421	بشير الشريع	1
1291	بين عامي 2011 و2020	422	محمد بلحاج	1
1292	بين عامي 2011 و2020	423	مروان علي	2
1293	بين عامي 2011 و2020	424	أنور الشعر	1
1294	بين عامي 2011 و2020	425	ياسر كركوكلي	1
1295	بين عامي 2011 و2020	426	محمد بكرية	1
1296	بين عامي 2011 و2020	427	أسماء عزايزة	1
1297	بين عامي 2011 و2020	428	أحمد مصطفى	1
1298	بين عامي 2011 و2020	429	محمود سنكري	1

تسلسل كلّي	الفترة	تسلسل الفصل	اسم الشاعر	عدد قصائده
1299	بين عامي 2011 و2020	430	عبد السميع الأحمد	1
1300	بين عامي 2011 و2020	431	مهدي الصالح	1
1301	بين عامي 2011 و2020	432	محمد خليفة	1
1302	بين عامي 2011 و2020	433	ليلى مقدسي	2
1303	بين عامي 2011 و2020	434	حسن قجّة	1
1304	بين عامي 2011 و2020	435	زاهي وهبه	1
1305	بين عامي 2011 و2020	436	ميسون شقير	1
1306	بين عامي 2011 و2020	437	شوقي بغدادي	1
1307	بين عامي 2011 و2020	438	ناهيا كنج	1
1308	بين عامي 2011 و2020	439	نصير شمة	1
1309	بين عامي 2011 و2020	440	عبد الفتاح قلعه جي	1
1310	بين عامي 2011 و2020	441	بهية كحيل	1
1311	بين عامي 2011 و2020	442	عبد المحسن خانجي	1
1312	بين عامي 2011 و2020	443	علي كيخيا	1
1313	بين عامي 2011 و2020	444	وسام الخطيب	2
1314	بين عامي 2011 و2020	445	بيانكا ماضيّة	1
1315	بين عامي 2011 و2020	446	ريحان يونان	1
1316	بين عامي 2011 و2020	447	نذير جعفر	1
1317	بين عامي 2011 و2020	448	عبد الرزاق دياب	3
1318	بين عامي 2011 و2020	449	رياض الدليمي	1
1319	بين عامي 2011 و2020	450	علي حسن الحمد	1
1320	بين عامي 2011 و2020	451	مرزوق الحلبي	2
1321	بين عامي 2011 و2020	452	إكرام حنين	1

تسلسل كلّي	الفترة	تسلسل الفصل	اسم الشاعر	عدد قصائده
1322	بين عامي 2011 و2020	453	محمود عبد المنعم	1
1323	بين عامي 2011 و2020	454	رائد وحش	1
1324	بين عامي 2011 و2020	455	حسام هلالي	1
1325	بين عامي 2011 و2020	456	جان بصمه جي	2
1326	بين عامي 2011 و2020	457	أسمهان الطاهر	1
1327	بين عامي 2011 و2020	458	صالح الصرفندي	1
1328	بين عامي 2011 و2020	459	روان محمد	1
1329	بين عامي 2011 و2020	460	محمد صبحي السيد يحيى	2
1330	بين عامي 2011 و2020	461	هشام لاشين	1
1331	بين عامي 2011 و2020	462	زياد سبسبي	2
1332	بين عامي 2011 و2020	463	عمرو الديب	1

جدول (16) قائمة بأسماء الشعراء العالميين المعاصرين الذين كتبوا في رثاء حلب (مع أعداد نصوصهم)

تسلسل كلّي	الفترة	تسلسل الفصل	اسم الشاعر	بلده	عدد قصائده
1333	بين 2011 و 2020	1	بيبين كهاتشيوادا	نيبال	1
1334	بين 2011 و 2020	2	روهان تشيتري	نيبال	1
1335	بين 2011 و 2020	3	بيترا كامولا	أندونيسيا	1
1336	بين 2011 و 2020	4	ديزيانا رحمة	أندونيسيا	1
1337	بين 2011 و 2020	5	روبرت فيلفيس	الفيليبين	1
1338	بين 2011 و 2020	6	كارولين غابيس	الفيليبين	1
1339	بين 2011 و 2020	7	إليزابيث كاستيللو	الفيليبين	1
1340	بين 2011 و 2020	8	إنغا	الفيليبين	1
1341	بين 2011 و 2020	9	جوناثان ب. أكابو	الفيليبين	1
1342	بين 2011 و 2020	10	س. توسكار	اليابان	1
1343	بين 2011 و 2020	11	سيثوراج بونراج	الهند	1
1344	بين 2011 و 2020	12	بارتندو شوبام	الهند	1
1345	بين 2011 و 2020	13	مانفي شارما	الهند	1
1346	بين 2011 و 2020	14	إنعام فاطمة	الهند	1
1347	بين 2011 و 2020	15	آكريتي كونتال	الهند	1
1348	بين 2011 و 2020	16	سوكريتا كومار	الهند	1
1349	بين 2011 و 2020	17	أكانكشا فارما	الهند	1
1350	بين 2011 و 2020	18	ريشيم راجان	الهند	1
1351	بين 2011 و 2020	19	أبو الكلام آزاد	الهند	2
1352	بين 2011 و 2020	20	ماهيثا كاسيريدي	الهند	1
1353	بين 2011 و 2020	21	فيجاي سيشادري	الهند	1
1354	بين 2011 و 2020	22	حارس خالق	باكستان	1

تسلسل كلّي	الفترة	تسلسل الفصل	اسم الشاعر	بلده	عدد قصائده
1355	بين 2011 و 2020	23	عثمان أرشَد	باكستان	1
1356	بين 2011 و 2020	24	صامد خان	باكستان	1
1357	بين 2011 و 2020	25	تشنغتشو	الصين	1
1358	بين 2011 و 2020	26	ديلانثا غوناواردانا	سيريلانكا	2
1359	بين 2011 و 2020	27	أليس مليكة أولغيزير	تركيا	1
1360	بين 2011 و 2020	28	حُلية يلماز	تركيا	1
1361	بين 2011 و 2020	29	ناسي فيشارا كي	إيران	1
1362	بين 2011 و 2020	30	كماند كوجوري	إيران	1
1363	بين 2011 و 2020	31	ميمي خلفاتي	إيران	1
1364	بين 2011 و 2020	32	شاهه مانكيريان	أرمينيا	1
1365	بين 2011 و 2020	33	كوندا تشاماتيتي	زامبيا	1
1366	بين 2011 و 2020	34	مبيزو تشيراشا	زيمبابوي	1
1367	بين 2011 و 2020	35	كيورا كبيري	كينيا	1
1368	بين 2011 و 2020	36	جوزيف أورتوا	كينيا	1
1369	بين 2011 و 2020	37	ديزينا ب.ك	كينيا	1
1370	بين 2011 و 2020	38	زبيدة إبراهيم	كينيا	1
1371	بين 2011 و 2020	39	أوتشي أوتشيمي	نيجيريا	1
1372	بين 2011 و 2020	40	ديفين إيديونغ	نيجيريا	1
1373	بين 2011 و 2020	41	جون شيزوبا فنسنت	نيجيريا	2
1374	بين 2011 و 2020	42	كلينتون أوبا	نيجيريا	1
1375	بين 2011 و 2020	43	كوفي أحمد	غانا	1
1376	بين 2011 و 2020	44	كاي ميشيل نيومان	ج.أفريقيا	1
1377	بين 2011 و 2020	45	برنارد ماير	ج.أفريقيا	1

تسلسل كلّي	الفترة	تسلسل الفصل	اسم الشاعر	بلده	عدد قصائده
1378	بين 2011 و 2020	46	إسماعيل كامارا	سيراليون	1
1379	بين 2011 و 2020	47	كونسيسو ليما	ساو تومي	1
1380	بين 2011 و 2020	48	ماحي عمر	تشاد	1
1381	بين 2011 و 2020	49	هناء علي	الصومال	1
1382	بين 2011 و 2020	50	غراهام كيرشاو	أستراليا	1
1383	بين 2011 و 2020	51	مارك هالّام	أستراليا	1
1384	بين 2011 و 2020	52	جون باسانت	أستراليا	1
1385	بين 2011 و 2020	53	ميريديث واتيسون	أستراليا	1
1386	بين 2011 و 2020	54	سكوت باتريك ميتشيل	أستراليا	1
1387	بين 2011 و 2020	55	جانيل طوق	أستراليا	1
1388	بين 2011 و 2020	56	تيسّا لوني	أستراليا	1
1389	بين 2011 و 2020	57	مارشال غيبي	نيوزلندا	1
1390	بين 2011 و 2020	58	كارين ستايسي بانم	هاواي	1
1391	بين 2011 و 2020	59	إيشيون هتشينسون	جامايكا	1
1392	بين 2011 و 2020	60	ميليسا دوران	كوستاريكا	1
1393	بين 2011 و 2020	61	أناندا ليما	البرازيل	1
1394	بين 2011 و 2020	62	سو ليتلتون	الأرجنتين	1
1395	بين 2011 و 2020	63	نامايا	تشيلي	1
1396	بين 2011 و 2020	64	يان أوسكار هانسن	النرويج	2
1397	بين 2011 و 2020	65	آرلين كوروين	السويد	1
1398	بين 2011 و 2020	66	ستيفان باين	الدنمارك	1
1399	بين 2011 و 2020	67	إيزابيلا أولسون	الدنمارك	1

تسلسل كلّي	الفترة	تسلسل الفصل	اسم الشاعر	بلده	عدد قصائده
1400	بين 2011 و 2020	68	ريللا	الدنمارك	1
1401	بين 2011 و 2020	69	فالتر هولبيلينغ	النمسا	1
1402	بين 2011 و 2020	70	زيتا إيجو	المجر	1
1403	بين 2011 و 2020	71	صوفيا كيوروغلو	اليونان	1
1404	بين 2011 و 2020	72	بول كالوس	مالطة	1
1405	بين 2011 و 2020	73	نخر الدين شيهو	كوسوفو	1
1406	بين 2011 و 2020	74	لورا لوث	أوكرانيا	1
1407	بين 2011 و 2020	75	ماريو ريغلي	إيطاليا	1
1408	بين 2011 و 2020	76	ساندرو مينيسيني	إيطاليا	1
1409	بين 2011 و 2020	77	فالنتينا ميلوني	إيطاليا	2
1410	بين 2011 و 2020	78	دومينيكو لومباردي	إيطاليا	1
1411	بين 2011 و 2020	79	توني غرانيل	أسبانيا	1
1412	بين 2011 و 2020	80	دافيد أريستي	أسبانيا	1
1413	بين 2011 و 2020	81	روبين وولي	أسبانيا	1
1414	بين 2011 و 2020	82	ماجو دوترا	البرتغال	1
1415	بين 2011 و 2020	83	مانويلا باروسو	البرتغال	1
1416	بين 2011 و 2020	84	أنطونيو غاسبار كونيا	البرتغال	1
1417	بين 2011 و 2020	85	جوزيه إيفي	البرتغال	1
1418	بين 2011 و 2020	86	أنالويزا أمارال	البرتغال	1
1419	بين 2011 و 2020	87	هونزا ديبيتانزل	التشيك	1
1420	بين 2011 و 2020	88	أوريل بروتوبوبيسكو	فرنسا	1
1421	بين 2011 و 2020	89	فرانسواز سوليس	فرنسا	1
1422	بين 2011 و 2020	90	لُو غراي	فرنسا	1
1423	بين 2011 و 2020	91	جان بول لا بيس	فرنسا	1

تسلسل كلّي	الفترة	تسلسل الفصل	اسم الشاعر	بلده	عدد قصائده
1424	بين 2011 و 2020	92	غابر بيليتش	فرنسا	1
1425	بين 2011 و 2020	93	سيبستيان سميرو	فرنسا	1
1426	بين 2011 و 2020	94	هينك فان زاودن	هولندا	1
1427	بين 2011 و 2020	95	داكويريا	هولندا	1
1428	بين 2011 و 2020	96	رود خروتفيلد	هولندا	1
1429	بين 2011 و 2020	97	ماريون فان ديرفيخت	هولندا	1
1430	بين 2011 و 2020	98	هانز سيريمانز	هولندا	1
1431	بين 2011 و 2020	99	مادراسون رايتر	هولندا	1
1432	بين 2011 و 2020	100	كين دي فيليمز	هولندا	1
1433	بين 2011 و 2020	101	آرت ويلغوس	بولندا	1
1434	بين 2011 و 2020	102	بيوتر ماتيفيسكي	بولندا	1
1435	بين 2011 و 2020	103	فويتشخ بونوفيتش	بولندا	1
1436	بين 2011 و 2020	104	جيرزي كرونهولد	بولندا	1
1437	بين 2011 و 2020	105	ماثيوس أزيدور	بولندا	1
1438	بين 2011 و 2020	106	ماريك سكالسكي	بولندا	1
1439	بين 2011 و 2020	107	يوانا روزاك	بولندا	1
1440	بين 2011 و 2020	108	بيتر كارلان	ألمانيا	1
1441	بين 2011 و 2020	109	إيمون ماك-غينيس	إيرلندا	1
1442	بين 2011 و 2020	110	جون هيرليهي	إيرلندا	2
1443	بين 2011 و 2020	111	جيسيكا ترainor	إيرلندا	1
1444	بين 2011 و 2020	112	مات موني	إيرلندا	1
1445	بين 2011 و 2020	113	فينبر رايت	إيرلندا	1
1446	بين 2011 و 2020	114	دانييل أوهارا	إيرلندا	1
1447	بين 2011 و 2020	115	إيفا ماريا كالاغان	إيرلندا	1

تسلسل كلّي	الفترة	تسلسل الفصل	اسم الشاعر	بلده	عدد قصائده
1448	بين 2011 و 2020	116	باولا غلين	إيرلندا	1
1449	بين 2011 و 2020	117	أليكس ويلان	إيرلندا	1
1450	بين 2011 و 2020	118	مرغريت دويل	إيرلندا	1
1451	بين 2011 و 2020	119	روسكو لاين	اسكتلندا	1
1452	بين 2011 و 2020	120	آلون روبرت	اسكتلندا	1
1453	بين 2011 و 2020	121	توني كيرك	انكلترا	2
1454	بين 2011 و 2020	122	جون ماكولا	انكلترا	1
1455	بين 2011 و 2020	123	غاري غيبينز	انكلترا	1
1456	بين 2011 و 2020	124	سونيا بنسكين ميشير	انكلترا	1
1457	بين 2011 و 2020	125	ياسمين بلندي	انكلترا	1
1458	بين 2011 و 2020	126	توني سترينغفيلو	انكلترا	1
1459	بين 2011 و 2020	127	كونور كيلي	انكلترا	1
1460	بين 2011 و 2020	128	بيتر بالاكيان	انكلترا	1
1461	بين 2011 و 2020	129	أوليفيا كينت	انكلترا	1
1462	بين 2011 و 2020	130	ستيفان هانكوك	انكلترا	1
1463	بين 2011 و 2020	131	دان أوبرين	انكلترا	1
1464	بين 2011 و 2020	132	مارثا إدواردز	انكلترا	1
1465	بين 2011 و 2020	133	برونوين غريفيثس	انكلترا	1
1466	بين 2011 و 2020	134	فينسنت كوستر	انكلترا	1
1467	بين 2011 و 2020	135	كريس بيرن	انكلترا	1
1468	بين 2011 و 2020	136	مايكل وولف	انكلترا	1
1469	بين 2011 و 2020	137	كريستوفر فيرني	انكلترا	1
1470	بين 2011 و 2020	138	آنيا ترافاسوس	انكلترا	1
1471	بين 2011 و 2020	139	إيلينا هورنبي	انكلترا	1

تسلسل كلّي	الفترة	تسلسل الفصل	اسم الشاعر	بلده	عدد قصائده
1472	بين 2011 و 2020	140	بيتر بالكوس	انكلترا	1
1473	بين 2011 و 2020	141	روي بيت	انكلترا	1
1474	بين 2011 و 2020	142	سارة راسل	انكلترا	1
1475	بين 2011 و 2020	143	صفية بوردي كوفي	انكلترا	1
1476	بين 2011 و 2020	144	شونا روبرتسون	انكلترا	1
1477	بين 2011 و 2020	145	فيليب غروس	انكلترا	1
1478	بين 2011 و 2020	146	آرون هيوز	انكلترا	1
1479	بين 2011 و 2020	147	ديفيد أندرسون	انكلترا	1
1480	بين 2011 و 2020	148	داريل آشتون	انكلترا	1
1481	بين 2011 و 2020	149	ليزلي رايدر	انكلترا	1
1482	بين 2011 و 2020	150	تشيلسي جين	كندا	1
1483	بين 2011 و 2020	151	آمي ستراوس فريدمان	كندا	1
1484	بين 2011 و 2020	152	جون ديريك هاميلتون	كندا	1
1485	بين 2011 و 2020	153	براندون مارلون	كندا	1
1486	بين 2011 و 2020	154	جاك مارشال	أمريكا	1
1487	بين 2011 و 2020	155	ديفيد آلباه	أمريكا	1
1488	بين 2011 و 2020	156	تشارد دي نيورد	أمريكا	1
1489	بين 2011 و 2020	157	جيمس آتور	أمريكا	1
1490	بين 2011 و 2020	158	فرانسيس سميث	أمريكا	1
1491	بين 2011 و 2020	159	داناي ويلكين	أمريكا	1
1492	بين 2011 و 2020	160	كورت كارمان	أمريكا	1
1493	بين 2011 و 2020	161	دارا براون	أمريكا	1
1494	بين 2011 و 2020	162	داوغ بوتر	أمريكا	1

تسلسل كلّي	الفترة	تسلسل الفصل	اسم الشاعر	بلده	عدد قصائده
1495	بين 2011 و 2020	163	جيمس بول	أمريكا	1
1496	بين 2011 و 2020	164	إريكا سورينسن	أمريكا	1
1497	بين 2011 و 2020	165	كيفين إيلي	أمريكا	2
1498	بين 2011 و 2020	166	جون بو دوم	أمريكا	2
1499	بين 2011 و 2020	167	بيرسون بولت	أمريكا	2
1500	بين 2011 و 2020	168	روبرت تريزيس	أمريكا	2
1501	بين 2011 و 2020	169	سكوت مينر	أمريكا	2
1502	بين 2011 و 2020	170	دون بيكوورث	أمريكا	6
1503	بين 2011 و 2020	171	لين ليفشين	أمريكا	5
1504	بين 2011 و 2020	172	مايكل ماركيز	أمريكا	1
1505	بين 2011 و 2020	173	ستيفان يوكوم	أمريكا	1
1506	بين 2011 و 2020	174	ويليام س. بيتر	أمريكا	1
1507	بين 2011 و 2020	175	إد روبرتس	أمريكا	1
1508	بين 2011 و 2020	176	أ.ف. ليفاين	أمريكا	1
1509	بين 2011 و 2020	177	جوديث ديم دوبري	أمريكا	1
1510	بين 2011 و 2020	178	غايل ويستون شازور	أمريكا	1
1511	بين 2011 و 2020	179	جين وولز	أمريكا	1
1512	بين 2011 و 2020	180	لونيس ويكس بادلي	أمريكا	1
1513	بين 2011 و 2020	181	هاوي غوود	أمريكا	1
1514	بين 2011 و 2020	182	لورا فيرغريف	أمريكا	1
1515	بين 2011 و 2020	183	ميغان ميرشانت	أمريكا	1
1516	بين 2011 و 2020	184	هنري شيران	أمريكا	1
1517	بين 2011 و 2020	185	روبرت ميلبي	أمريكا	1
1518	بين 2011 و 2020	186	نينا زاركا	أمريكا	1

تسلسل كلّي	الفترة	تسلسل الفصل	اسم الشاعر	بلده	عدد قصائده
1519	بين 2011 و 2020	187	إيماري دي جيورجيو	أمريكا	1
1520	بين 2011 و 2020	188	إليزابيث برادفيلد	أمريكا	1
1521	بين 2011 و 2020	189	سكوت ف. همنغواي	أمريكا	1
1522	بين 2011 و 2020	190	ماثيو آنيش	أمريكا	1
1523	بين 2011 و 2020	191	ليديا هيرش	أمريكا	1
1524	بين 2011 و 2020	192	ليلي غيبونس	أمريكا	1
1525	بين 2011 و 2020	193	أنايس سارة أياشي	أمريكا	1
1526	بين 2011 و 2020	194	ساندرا م. هايت	أمريكا	1
1527	بين 2011 و 2020	195	ماريا نيدل	أمريكا	1
1528	بين 2011 و 2020	196	جون بارالي	أمريكا	1
1529	بين 2011 و 2020	197	سهام كرامي	أمريكا	1
1530	بين 2011 و 2020	198	ناتاشا تريذيوي	أمريكا	1
1531	بين 2011 و 2020	199	دانييل بونهورست	أمريكا	1
1532	بين 2011 و 2020	200	جون فريمان	أمريكا	1
1533	بين 2011 و 2020	201	رُوث إيلورا	أمريكا	1
1534	بين 2011 و 2020	202	ديفون بالويت	أمريكا	1
1535	بين 2011 و 2020	203	دايف ويل	أمريكا	1
1536	بين 2011 و 2020	204	ماري آن مورفيد	أمريكا	1
1537	بين 2011 و 2020	205	ساندي إيفانز	أمريكا	1
1538	بين 2011 و 2020	206	دينيس بروس	أمريكا	1
1539	بين 2011 و 2020	207	ألسي رينغيفو	أمريكا	1
1540	بين 2011 و 2020	208	شريف عبد الرشيد	أمريكا	1
1541	بين 2011 و 2020	209	ريتشارد أوسلر	أمريكا	1
1542	بين 2011 و 2020	210	مولي سبنسر	أمريكا	1

تسلسل كلّي	الفترة	تسلسل الفصل	اسم الشاعر	بلده	عدد قصائده
1543	بين 2011 و 2020	211	جون هيوي	أمريكا	1
1544	بين 2011 و 2020	212	كايل كوين	أمريكا	1
1545	بين 2011 و 2020	213	بولا بوهينس	أمريكا	1
1546	بين 2011 و 2020	214	إيفان بيتي	أمريكا	1
1547	بين 2011 و 2020	215	جين هيرشفيلد	أمريكا	1
1548	بين 2011 و 2020	216	جي دي سميث	أمريكا	1
1549	بين 2011 و 2020	217	كولن هالوران	أمريكا	1
1550	بين 2011 و 2020	218	تشانسي غانيت	أمريكا	1
1551	بين 2011 و 2020	219	هلا عليان	أمريكا	1
1552	بين 2011 و 2020	220	جنيفر فرانكلين	أمريكا	1
1553	بين 2011 و 2020	221	جون تومبسون	أمريكا	1
1554	بين 2011 و 2020	222	آنا أنينو	أمريكا	1
1555	بين 2011 و 2020	223	أليس كون	أمريكا	1
1556	بين 2011 و 2020	224	كارولين فورتشه	أمريكا	1
1557	بين 2011 و 2020	225	راوي القصص	لقب مستعار	1
1558	بين 2011 و 2020	226	رجل السوناتا	لقب مستعار	1
1559	بين 2011 و 2020	227	حالات الحب الإغريقية	لقب مستعار	1
1560	بين 2011 و 2020	228	س.ج.ر. ألف	لقب مستعار	1
1561	بين 2011 و 2020	229	ما لن أبوح به	لقب مستعار	1
1562	بين 2011 و 2020	230	وودي (الخشبي)	لقب مستعار	1
1563	بين 2011 و 2020	231	طائر الطنان	لقب مستعار	1
1564	بين 2011 و 2020	232	رؤية شاعر	لقب مستعار	1

تسلسل كلّي	الفترة	تسلسل الفصل	اسم الشاعر	بلده	عدد قصائده
1565	بين 2011 و 2020	233	السين. ب	لقب مستعار	1
1566	بين 2011 و 2020	234	سكوتي	لقب مستعار	1
1567	بين 2011 و 2020	235	الراعي الوحيد	لقب مستعار	1
1568	بين 2011 و 2020	236	إن واي إم	لقب مستعار	1
1569	بين 2011 و 2020	237	لو.. لو	لقب مستعار	1
1570	بين 2011 و 2020	238	حنّا	لقب مستعار	1
1571	بين 2011 و 2020	239	غايه	لقب مستعار	1
1572	بين 2011 و 2020	240	مات	لقب مستعار	1
1573	بين 2011 و 2020	241	غودو أوريفيس	لقب مستعار	1
1574	بين 2011 و 2020	242	الحفيد	لقب مستعار	1
1575	بين 2011 و 2020	243	الشبح الساكن	لقب مستعار	1
1576	بين 2011 و 2020	244	يالنيال	لقب مستعار	1

الفصل الثالث

فهارس الأعلام

1 فهرس أعلام الشعراء في الموسوعة

تتضمن هذه القائمة أسماء الشعراء الذين وردتْ لهم قصائد في مجلدات الموسوعة، حيث تشير أرقام الصفحات بجوار أسمائهم إلى المواضع التي ذُكرت فيها قصائدهم أو ذُكروا فيها بصفتهم شعراء لقصائد هذه الموسوعة، بينما نجد أن بعضهم قد تكررت أسماؤهم في قائمة الأعلام (التالية لهذه القائمة) حيث تمت الإشارة في تلك القائمة إلى مواضع ذكرهم بصفتهم الشخصية أو الفكرية أو التاريخية.

الأبله البغدادي ① 467، 707، 791
الأحنف العكبري ① 229، 265، 707، 773
الأحوص الأوسي ① 185، 193، 243، 248، 707، 773
الأخطل التغلبي ① 13، 192، 202، 242، 243، 251، 257، 707، 713، 788، 801
الأصمعي (عبد الملك بن قُريب) ① 13، 193، 203، 256، 261، 708، 788
الأمير الصنعاني ① 41، 220، 588، 589، 708، 780، 813
الأمين المحبّي ① 64، 170، 570، 571، 708، 789
ابتسام أحمد ③ 51، 373، 852
ابتسام الصمادي ② 196، 197، 218، 238، 265
إبراهيم أحمساني ③ 110، 619، 852
إبراهيم الأسود ② 32، 90، 247، 251، 316، 317، 318، 758، 771
إبراهيم الحكيم الحلبي ① 36، 43، 45، 48، 65، 82، 586، 587، 588، 686، 792، 793، 807
إبراهيم الشويخ ③ 60، 80، 120، 377، 852
إبراهيم الصغير ② 130، 211، 213، 214، 550، 758
إبراهيم الكبيسي ③ 348، 853
إبراهيم الكيالي ① 114، 138، 634، 686، 781، 804
إبراهيم الهاشم ② 41، 83، 94، 105، 242، 560، 759 ③ 312، 853
إبراهيم اليازجي ① 67، 630، 631، 686، 781، 813
إبراهيم بقندور ③ 123، 348، 852
إبراهيم بن الحسن البليغ ① 113، 190، 384، 385، 686، 775، 814
إبراهيم بن الشهاب محمود ① 522، 534، 686، 796
إبراهيم بن والي ① 504، 505، 690، 778
إبراهيم بن يوسف الحنبلي ① 61، 491، 492، 686، 782
إبراهيم دغيم ③ 66، 89، 126، 393، 852
إبراهيم عبد الكريم ③ 308، 853

 | DOI:10.1163/9789004504905_004

إبراهيم محمد كسّار ② 33، 630، 759
إبراهيم منصور ③ 49، 304، 853
إبراهيم ناجي ① 14، ② 8، 224، 245، 256، 294، 305، 759
ابن أبي الحجاج ① 86، 434، 687، 810
ابن أبي العشائر ① 62، 513، 687، 778
ابن أبي العصام ① 130، 301، 687، 782، 798
ابن أبي المنصور ① 90، 95، 425، 687، 791
ابن أبي حصينة ① 13، 32، 39، 40، 124، 147، 187، 196، 208، 363، 364، 365، 371، 372، 373، 374، 375، 687، 775، 785، 790، 794، 799، 806، 809
ابن أبي طي النجار ① 47، 421، 687، 802
ابن الأعرابي ① 191، 247، 256، 773
ابن التيتي الآمدي ① 59، 116، 489، 687، 778، 807
ابن الحلاوي ① 455، 688، 806
ابن الخراط ① 58، 502، 688، 784
ابن الخيمي ① 451، 688، 810، ③ 23
ابن الزيرباج ① 494، 688، 784
ابن الزيعي ① 129، 301، 688، 801
ابن الساعاتي ① 13، 32، 176، 420، 688، 802
ابن الشحنة (محبّ الدين) ① 34، 490، 738، 772، 778
ابن الصاحب ① 500، 688، 786، 803
ابن العارف ① 434، 689، 810
ابن العديم (كمال الدين عمر) ① 56، 125، 151، 188، 442، 443، 444، 445، 738، 791، 798، 800، 806، ③ 15
ابن العظيمي الحلبي ① 148، 409، 689، 785، 802
ابن الفارض ① 13، 231، 404، 451، 689، 806
ابن الفراش الدمشقي ① 421، 689، 776
ابن القطان العشاري ① 509، 689، 800
ابن القيسراني ① 13، 131، 148، 175، 188، 190، 197، 198، 210، 211، 224، 228، 404، 410، 411، 412، 413، 414، 415، 689، 775، 784، 790، 809، 812
ابن المرحل ① 536، 724، 807
ابن المرصّص ① 464، 690، 802
ابن المفرج النابلسي ① 90، 424، 439، 690، 812
ابن المُقَرّب العُيوني ① 216، 466، 690، 806
ابن النبيه ① 106، 114، 126، 149، 182، 214، 215، 452، 453، 690، 782، 791
ابن النحاس الحلبي ① 48، 61، 510، 543، 711، 803، 807
ابن النقيب ① 168، 238، 543، 569، 690، 801، 803، 807
ابن الوردي ① 13، 17، 47، 86، 96، 107، 117، 153، 154، 158، 169، 183، 216، 231، 236، 476، 477، 478، 479، 480، 481، 482، 483، 484، 485، 691، 777، 784، 786، 791، 795، 796، 797، 799، 802، 806، 810، 813
ابن الوكيل ① 61، 69، 498، 691، 782
ابن بيري البتروني ① 577، 691، 773، 792، 796
ابن جابر الأندلسي ① 13، 40، 474، 485، 691، 777، 791
ابن جناح ① 78، 131، 392، 688، 809
ابن جنّي (عثمان أبو الفتح) ① 13، 156، 344، 692، 774
ابن حبيب الحلبي ① 13، 41، 127، 154، 159، 178، 179، 217، 227، 515، 516، 517، 710، 783، 786، 791، 794، 803، 813
ابن حجر العسقلاني ① 489، 692، 802

ابن حميد الحلبي ① 176، 423، 692، 809
ابن حيّوس ① 13، 32، 124، 187، 363، 364، 382، 692، 772، 785، 806
ابن خروف القرطبي ① 449، 692، 776
ابن خلكان ① 466، 692، 777
ابن دنينير ① 215، 463، 693، 777
ابن سعيد المغربي ① 13، 34، 57، 106، 110، 111، 125، 198، 446، 447، 693، 776، 799، ③ 16
ابن سناء الملك ① 13، 68، 176، 212، 235، 404، 673، 776
ابن سنان الخفاجي ① 13، 52، 53، 104، 105، 124، 196، 209، 363، 365، 379، 380، 381، 693، 775، 785، 786، 790، 799، 809، 812
ابن سُنَيْنير ① 91، 184، 427، 694، 806
ابن شدّاد (عزّ الدين) ① 33، 47، 425، 730، 802، 812
ابن عبد الرحمن الهاشمي ① 130، 309، 310، 689، 774، 799
ابن عساكر ① 148، 211، 408، 694، 775
ابن علوان الأسدي ① 438، 439، 689، 776، 795
ابن عنّين ① 164، 172، 188، 214، 404، 448، 449، 694، 776، 802
ابن قزل المشدّ ① 462، 694، 791
ابن قسيم الحموي ① 148، 408، 694، 806
ابن قصيبة الغزالي ① 494، 694، 782
ابن ماجد العماني ① 201، 218، 529، 705، 803
ابن مسعر التنوخي ① 395، 690، 806
ابن مشرق المارديني ① 40، 490، 695، 813
ابن مليك الحموي ① 100، 527، 695، 807
ابن مماتي ① 85، 86، 433، 434، 695، 784، 795، 806، 809، 812
ابن منصور الأنطاكي ① 86، 510، 695، 803
ابن منير الطرابلسي ① 13، 78، 183، 197، 211، 212، 404، 415، 416، 417، 695، 782، 785، 790، 812، 814
ابن نباتة السعدي ① 146، 172، 186، 205، 223، 305، 306، 695، 796، 801
ابن نباتة المصري ① 13، 69، 70، 107، 149، 160، 168، 189، 200، 218، 226، 236، 474، 530، 531، 532، 533، 534، 535، 688، 695، 772، 779، 793، 795، 797، 800، 803، 807، 810
ابن نفادة ① 214، 452، 696، 776
ابن نوفل الحلبي ① 60، 107، 126، 497، 701، 803
ابن وكيع التينسي ① 303، 304، 691، 692، 789، 805
أبو الثناء الحلبي ① 511، 723، 778، 791
أبو الحسن العقيلي ① 74، 307، 696، 772
أبو الحسن الفرّاء ① 395، 696، 790
أبو الحسن النَصْوري ① 199، 215، 454، 696، 791
أبو الحسن علي بن مرشد ① 390، 696، 697، 802
أبو الحسين الوامق ① 96، 205، 312، 696، 809
أبو الربيع سليمان الموحدي ① 215، 467، 697، 777
أبو السداد الجزري ① 30، 309، 697، 774
أبو الصقر الزهري ① 130، 309، 697، 774
أبو العباس الصفري ① 51، 84، 112، 294، 698، 783، 789، 799

أبو العباس النامي ① 145، 172، 174، 186، 295، 698، 789، 805
أبو العلاء الكاتب الطبراني ① 230، 394، 698، 775
أبو الفتح البالسي ① 394، 699، 785
أبو الفرج الببغاء ① 74، 229، 298، 299، 699، 774، 809
أبو الفضل الربعي الحلبي ① 389، 699، 806
أبو الفضل القمي ① 391، 699، 785
أبو الفضل المعري ① 383، 699، 797
أبو الفضل بن العجمي ① 521، 699، 813
أبو الفضل شمسي باشا ③ 48، 62، 86، 298، 853
أبو الفوارس البزاعي ① 131، 188، 199، 467، 468، 469، 699، 802، 810، ③ 17
أبو القاسم الزاهي ① 74، 303، 700، 799
أبو القاسم الزجّاجي ① 29، 264، 718، 719، 784
أبو القاسم الشيظمي ① 195، 205، 307، 700، 805
أبو القاسم الواساني ① 68، 97، 163، 299، 300، 700، 785، 805
أبو القاسم الوزير المغربي ① 53، 99، 124، 376، 377، 700، 775
أبو القاسم عمر بن حبيب ① 101، 179، 581، 700، 784
أبو القاسم بن مبارك ① 130، 187، 304، 700، 798
أبو اللطف محمد المالكي ① 527، 700، 814
أبو المعالي الطالوي ① 590، 701، 814
أبو المكارم بن عبد الملك ① 54، 388، 389، 701، 785، 809
أبو الهدى الصيادي ① 13، 38، 44، 45، 97، 116، 119، 128، 201، 617، 618، 619، 701، 781، 787، 793، 795
أبو الهدى فؤاد الأسعد ② 32، 387، 759
أبو الوفا الرفاعي ① 13، 101، 119، 169، 183، 185، 543، 593، 594، 701، 804، 811
أبو الوفا العرضي ① 100، 133، 558، 701، 779، 814
أبو بكر الحنفي ① 558، 702، 779
أبو بكر العطار الجلّومي ① 118، 161، 548، 702، 807
أبو بكر الكوراني ① 580، 581، 702، 807
أبو بكر المصيصي ① 150، 195، 228، 302، 702، 809، ③ 14
أبو بكر بن الترجمان ① 527، 702، 792
أبو جعفر الألبيري الرعيني ① 246، 485، 486، 691، 703، 773، 777
أبو جواد محمد الأهدل ③ 138، 245، 246، 853
ابن أبي حصين القاضي ① 308، 696، 789
أبو حفص الشافعي ① 164، 442، 709، 776
أبو سعيد بن العزّي ① 42، 63، 97، 108، 111، 117، 118، 552، 703، 803
أبو طالب الواعظ ① 390، 697، 802
أبو عبد الرحمن القرشي ① 73، 83، 262، 698، 795
أبو عبد الله بن عطية ① 209، 389، 703، 775
أبو عمرو الطرسوسي ① 223، 228، 302، 703، 774
أبو فراس الحمداني ① 13، 17، 46، 47، 50، 51، 104، 121، 145، 173، 194، 204، 205، 223، 255، 282، 285، 286، 287، 288، 289، 310، 365، 696، 703، 704، 772، 773، 783، 789، 794، 796، 799، 805
أبو محمد الأموي ① 209، 391، 704، 790
أبو محمد بن سنان ① 466، 704، 786

أبو منصور بن بابا الحلبي ① 98، 391، 704، 775
أبو نصر المنازي ① 77، 387، 704، 806
أجود مجبل ② 179، 207، 396، 759
أحمد أزهري شهيد زادة ① 624، 704، 811
أحمد الأريحاوي ① 523، 706، 810
أحمد الأعرج ③ 340، 853
أحمد البراء الأميري ② 32، 93، 388، 759
أحمد الجار ① 615، 705، 804
أحمد الصافي النجفي ① 14، ② 8، 228، 294، 330، 760
أحمد العراقي ③ 81، 122، 603، 853
أحمد العصائبي ① 134، 579، 705، 773، 813
أحمد العمري ① 603، 705، 804
أحمد العناياتي ① 134، 161، 548، 705، 779
أحمد القسوات ③ 50، 358، 855
أحمد الوراق الحلبي ① 182، 575، 705، 773
أحمد الهويس ② 54، 219، 569، 570، 760
أحمد بخيت ③ 384، 854
أحمد بدر الدين الآغا ② 50، 157، 219، 541، 542، 760
أحمد بن الشهيد ① 93، 662، 706، 783، 797
أحمد بن بكر سراج الدين ① 162، 527، 705، 795
أحمد بن عبد الله بن طاهر ① 199، 465، 706، 800
أحمد بن محمد العقيلي ① 31، 310، 706، 809
أحمد بن محمد الكواكبي ① 95، 547، 706، 784، 813
أحمد بوشناق ② 44، 86، 132، 718، 760
أحمد تيسير كعيّد ② 28، 98، 599، 760، ③ 3، 306، 854
أحمد جمعة الفرّا ② 585، 760
أحمد حسن المقدسي ③ 133، 320، 854
أحمد حسين حميدان ② 33، 101، 217، 246، 250، 254، 663، 760
أحمد خوجة ② 302، 761
أحمد دواية ③ 347، 854
أحمد دوغان ② 32، 43، 94، 96، 158، 529، 531، 617، 761
أحمد ديبة ② 32، 39، 104، 116، 118، 138، 144، 157، 162، 175، 176، 183، 189، 190، 192، 195، 201، 208، 223، 265، 524، 526، 761
أحمد راشد بن سعيد ③ 325، 854
أحمد شعبان ③ 49، 307، 855
أحمد شهيد الترمانيني ① 66، 634، 706، 781
أحمد شوقي ① 14، ② 8، 294، 299، 761، ③ 28
أحمد صالح سلوم ③ 52، 63، 490، 855
أحمد عبد الحليم قطيش ③ 108، 368، 855
أحمد عبد الحميد ③ 372، 855
أحمد عبد الرحمن جنيدو ③ 39، 66، 325، 855
أحمد عبد المجيد ③ 631، 855
أحمد عز الدين البيانوني ② 32، 323، 761
أحمد علي بابلي ② 32، 143، 154، 166، 167، 221، 571، 572
أحمد علي حسن ② 59، 81، 123، 184، 189، 192، 196، 202، 205، 216، 217، 227، 264، 265، 357، 762
أحمد عموري ③ 293، 855
أحمد عنتر مصطفى ② 180، 186، 476، 762
أحمد فارس الشدياق ① 221، 225، 599، 706، 787
أحمد فراج العجمي ③ 84، 112، 148، 228، 855
أحمد فوزي الهيب ② 52، 97، 170، 575، 576، 762

أحمد كامل القريناوي ③ 136، 542، 856
أحمد مراد ③ 145، 371، 856
أحمد مصطفى ③ 640، 856
أحمد منير سلانكلي ② 84، 110، 130، 193، 549، 762
أحمد منير قجّة ② 480، 763
أدونيس ① 14، ② 7، 72، 85، 158، 163، 169، 170، 171، 184، 219، 220، 240، 244، 413، 425، 428، 763، ③ 2، 32، 75، 78، 143، 405، 406، 407، 856
أديب البردويل ③ 152، 494
أديب التقي ② 112، 234، 300، 763
أديب عدي ③ 328، 856
أديل برشيني ② 33، 570، 571، 763
أروى نحاس ③ 87، 118، 126، 275، 276، 856
أزهر دخان ③ 102، 613، 856
أسامة المحّمد ③ 154، 371، 857
أسامة سالم ③ 334، 857
أسامة شاش ③ 529، 857
اسحاق الموصلي ① 13، 260، 707، 783، 793
أسعد البتروني ① 42، 563، 707، 780
أسعد خليل داغر ② 241، 302، 763
أسعد طراد ② 231، 239، 305، 764
إسلام يوسف ③ 347، 857
أسماء عزايزة ③ 638، 857
إسماعيل حمد ③ 289، 857
إسماعيل عمر منصور ③ 79، 103، 123، 129، 229، 857
أسمهان الطاهر ③ 692، 858
أشرف أبو اليزيد ② 86، 142، 709، 764
أشكهباط ① 164، 386، 702، 775
إكرام حنين ③ 683، 858
أكرم جميل قنبس ② 242، 399، 764
إلياس أفرام ② 42، 45، 47، 75، 107، 141، 146، 159، 654، 657، 765
إلياس شامي ② 652، 765
إلياس صالح ① 603، 708، 804
إلياس فرحات ② 122، 181، 214، 241، 337، 765
إلياس قنصل ② 179، 204، 258، 311، 765
إلياس هداية ② 32، 138، 154، 587، 765
إلياس يوسف إدّه ① 574، 707، 792
أليسار حمدي ③ 109، 121، 157، 382، 572، 858
أمان الدين حتحات ② 68، 109، 515، 765
أماني محمّد ③ 362، 858
أمجد ناصر ② 44، 142، 187، 210، 249، 259، 726، 765
امرؤ القيس ① 13، 189، 191، 202، 244، 708، 788
أمل دنقل ① 14، ② 8، 88، 179، 185، 209، 212، 213، 216، 245، 469، 470، 766
أمل سعيد العربي ③ 101، 110، 546، 548، 858
أميرة محمد صبياني ③ 297، 858
أمين الجندي ① 150، 543، 597، 708، 804
أمين جياد ③ 136، 579، 858
أمين الخطيب ③ 119، 295، 859
أمين عمر ③ 255، 859
أمينة خشفة ② 57، 107، 128، 716، 766
أنس الحجار ③ 89، 391، 859
أنس الدغيم ② 99، 161، 191، 263، 715، 766، ③ 3، 76، 310، 859
أنطوان شعراوي ② 32، 373، 766
إنعام عريف ③ 112، 128، 255، 859
أنمار فؤاد منسي ③ 330، 859
أنور الشعر ③ 136، 149، 637، 859
أنور إمام ② 64، 189، 206، 329، 766

أنور خليل ② 239، 391، 766
إهاب السيد عمر ② 74، 637، 767
أورخان ميسّر ② 33، 482، 483، 767
أوغسطين عازار ① 600، 709، 795
إيليا أبو ماضي ① 14، ② 8، 239، 247، 252، 294، 767
إيمان طعمة الشمري ③ 298، 859
إيمان محمد ديب ③ 47، 147، 247، 859
أيمن شيخ الزور ③ 389، 860
إيهاب السّامعي ③ 369، 860

باسم عطا الله العبدلي ③ 267، 860
باسيل الفراء ② 32، 334، 767
بتراكي الخياط ② 32، 46، 106، 115، 121، 152، 307، 308، 309، 767
البحتري (الوليد أبو عبادة) ① 4، 13، 17، 46، 50، 71، 72، 98، 99، 103، 108، 109، 111، 115، 120، 172، 186، 193، 194، 196، 203، 204، 223، 225، 226، 227، 255، 257، 258، 259، 265، 266، 267، 268، 269، 270، 271، 272، 273، 274، 275، 276، 277، 405، 422، 510، 709، 726، 773، 782، 783، 784، 788، 789، 794، 796، 801، 805، 808، 812
بدر الدين الحامد ② 180، 234، 328، 768
بدر الدين السيوفي ① 504، 709، 778
بدر رستم ③ 54، 59، 68، 219، 860
بدوي الجبل ① 14، ② 7، 204، 211، 227، 228، 233، 289، 290، 291، 768
بديعة السعد ③ 80، 284، 85، 860
براء بربور ③ 388، 860
برهان الدين الحلبي ① 513، 710، 800
برهان الدين بن زقاعة ① 528، 710، 792
بسام الرمّال ③ 73، 74، 86، 240، 860
بسام القحطاني ③ 359، 860
بسام لولو ② 140، 229، 275، 490، 768
بسمة الفراية ③ 302، 860
بشار بن برد ① 13، 182، 203، 255، 257، 258، 260، 710، 752
بشار رضا حسن ③ 85، 94، 104، 111، 156، 233، 860
بشارة الخوري (الأخطل الصغير) ① 14، ② 8، 62، 78، 179، 257، 258، 269، 270، 276، 279، 294، 505، 768، ③ 166، 216
بشير الشريع ③ 633، 860
بشير العبيدي ② 71، 76، 85، 127، 168، 219، 600، 685، 768
بشير الغزي ① 102، 638، 710، 798، 811، 815
بطرس كرامة ① 37، 65، 614، 710، 813
بغداد عبد المنعم ② 61، 86، 133، 147، 151، 161، 172، 177، 251، 691، 693، 694، 696، 769
بكري شيخ أمين ② 52، 125، 543، 769
بلقاسم عقبي ③ 94، 104، 112، 129، 861
بليغ حسن العامري ③ 394، 861
البهاء السنجاري ① 79، 213، 435، 709، 812
بهاء الدين أبو جزر ③ 288، 861
بهيّة كحيل ③ 69، 75، 122، 660، 861
بهيجة مصري إدلبي ② 33، 41، 51، 98، 109، 118، 155، 179، 261، 270، 520، 521، 522، 769
بو يحيي محمد ③ 150، 350، 861
بوران بنت الشحنة ① 158، 492، 711، 810
بيانكا ماضية ② 131، 162، 669، 769، ③ 67، 71، 646، 667، 861

تاج العلى ① 110، 199، 213، 432، 711، 794
التاج الكندي ① 451، 711، 810
تاج الملوك ① 200، 224، 439، 711، 786
تحسين الكعبي ③ 345، 861
تغريد بدندي ③ 291، 861
تقي الدين المطلبي ① 95، 155، 518، 711، 813
تقي الدين بن حجة ① 511، 712، 778
التلّعفري (أبو الحسن علي) ① 163، 294، 712، 814
تميم البرغوثي ② 8، 197، 239، 606، 650، 769، ③ 30
توفيق آل ناصر ③ 303، 861
توفيق اليازجي ② 447، 770

ثروت صادق ③ 345، 862
ثريا نبوي ③ 67، 70، 101، 127، 136، 157، 553، 554، 862
ثناء حاج صالح ③ 100، 532، 535، 862
ثناء شلش ③ 347، 862

جابر التنوخي ① 502، 712، 772
جاك شمّاس ② 71، 588، 770
جاكلين سلام حنا ② 75، 139، 160، 174، 230، 236، 240، 252، 270، 272، 664، 770
جان بصمه جي ③ 690، 691، 862
جبران خليل جبران ① 14، ② 8، 121، 233، 237، 242، 249، 257، 279، 280، 281، 282، 770
جبرائيل الدلال ① 13، 66، 604، 605، 712، 784
جرجس شلحت ① 625، 712، 781
جرجي الكندرجي الحلبي ① 66، 119، 632، 633، 712، 808، 811
جرجي شاهين عطية ② 113، 235، 304، 771
جرمانوس الشمالي ① 37، 43، 82، 179، 180، 606، 607، 608، 609، 610، 713، 780، 787، 797، 804، 807، 811، 813، 814
جرمانوس فرحات ① 36، 65، 82، 119، 128، 162، 184، 220، 584، 585، 586، 713، 792، 797، 789
جرير الخطفي ① 13، 192، 242، 250، 713، 784
جعفر بن محمود ① 56، 441، 713، 776
جعفر الحلّي ① 221، 641، 713، 781
جلال الدين الرومي ① 14، 232، 661، 662، 663، 664
جلال عدي ③ 333، 862
جلال قضيماتي ② 32، 36، 37، 48، 52، 91، 104، 127، 350، 352، 353، 771
جمال الدين العماري ③ 611، 862
جمال الدين بن مطروح ① 56، 442، 713، 786، 798
جمال حمد ③ 139، 340، 862
جمال عبد المؤمن ③ 620، 862
جمال قارصلي ③ 612، 862
جمال مرسي ③ 137، 593، 863
الجمالي الحنبلي ① 492، 493، 748
جميل بطرس حلوة ② 103، 323، 771
جميل حداد ② 66، 382، 771
جميل صدقي الزهاوي ① 14، ② 8، 179، 237، 294، 328، 771
جميلة الرجوي ③ 125، 318، 863
جميلة عطوي ③ 58، 63، 528، 863
جواد الشبيبي ① 222، 226، 639، 714، 808
جواد يونس ③ 111، 128، 132، 142، 148، 158، 222، 223، 863

جورج شدياق ② 32، 93، 137، 138، 392، 772
جورج كدر ② 43، 671، 772
جورجي خياط ② 112، 303، 772
جوزيف ريّال ② 93، 402، 772
جيهان بسيسو ③ 134، 483، 863
جيهان السنباطي ③ 577، 863

حاجب بن ذبيان المازني ① 129، 185، 250، 714، 805
الحارث بن الدؤلي ① 171، 181، 193، 247، 714، 799
حافظ إبراهيم ① 14، ② 8، 252، 294، 319، 772
حامد العلي ③ 83، 105، 118، 258، 259، 863
حجيج بن قاسم الوحيدي ① 548، 714، 800
حسام هلالي ③ 689، 863
حسام زادة الرومي ① 556، 714، 803
حسام الوارفي ③ 108، 358، 864
حسان عزت ③ 58، 61، 69، 120، 143، 145، 153، 159، 164، 170، 410، 864
حسان قمحية ③ 47، 278، 864
حسن إبراهيم الحسن ② 121، 163، 180، 185، 263، 626، 628، 772، ③ 3، 77، 440، 441، 864
حسن إسماعيل ② 66، 245، 512، 773
حسن الأفندي ③ 309، 864
حسن التفتنازي ① 577، 714، 780
حسن السبتي ② 244، 400، 773
حسن السوسي ② 82، 123، 138، 375، 773
حسن برما ③ 97، 166، 456، 864
حسن الكوفحي ③ 303، 685
حسن بن علي قجّة ① 49، 640، 714، 788
حسن حوارنة ③ 230، 865
حسن شهاب الدين ② 59، 67، 513، 773
حسن ضامر ظافر ③ 380، 685
حسن عاصي الشيخ ③ 70، 74، 162، 444، 685
حسن قجّة ② 58، 102، 103، 142، 160، 187، 191، 194، 195، 196، 198، 199، 200، 202، 266، 268، 672، 676، 773، ③ 3، 842، 865، 910
الحسن الجويني ① 212، 409، 715، 775
الحسن الشهواجي ① 88، 310، 715، 805
الحسن بن أبي جرادة ① 410، 715، 809
الحسن بن أسد الفارقي ① 199، 449، 715، 810
الحسن بن المعلّم ① 54، 393، 715، 802
حسين الجزري ① 13، 35، 70، 127، 183، 218، 237، 553، 554، 555، 715، 772، 779، 787، 800، 813
حسين أحمد المحمد ③ 90، 475، 685
حسين خالد مقدادي ③ 114، 291، 685
حسين علي محمد ② 72، 191، 445، 773
حسين بن حمدان الخصيبي ① 164، 313، 716، 774
الحسين بن سليمان الطائي ① 522، 716، 792
الحسين بن علي التميمي ① 132، 508، 716، 783
حكمت العزة ③ 104، 112، 129، 144، 145، 148، 235، 685
حليم دموس ② 223، 324، 774
حمد خليفة أبو شهاب ② 398، 774
حمد طواشي ③ 387، 685
حمدان بن يوسف البابي ① 94، 99، 116، 198، 428، 716، 814
حُميد بن منقذ (مكين الدولة) ① 32، 358، 716، 790
حميد سعيد ② 211، 668، 774
حميد الضرير ① 159، 510، 716، 814

حنا الطباع ② 65، 356، 774
حنان شبيب ③ 49، 284، 685

خاطر الحلبي ① 492، 716، 778
خالد أبو العلا ③ 122، 601، 685
خالد الخنين ② 39، 124، 136، 182، 189، 206، 209، 505، 774 ③ 31
خالد أمين ③ 563، 866
خالد بن محمد العُرْضي ① 182، 183، 561، 717، 792
خالد سامح ③ 374، 866
خالد شرداقة ③ 339، 866
خالد قاسم ③ 343، 866
خالد معدل ② 32، 53، 109، 125، 551، 775
الخالديان (محمد أبو بكر الخالدي) ① 13، 74، 90، 93، 94، 146، 296، 297، 698، 702، 773، 812
الخالديان (سعيد أبو عثمان الخالدي) ① 13، 93، 94، 146، 296، 297، 703، 773، 812
خديجة وليد قاسم ③ 113، 264، 866
الخليع الشامي ① 307، 717، 809
خليفة بن عربي ③ 324، 866
خليل البصير ① 220، 545، 591، 717، 804
خليل الخوري ① 180، 616، 717، 787، 807
خليل الوافي ③ 121، 137، 597، 866
خليل محمود كركوكلي ② 106، 120، 585، 775
خليل مردم بك ② 7، 80، 314، 775، 792
خليل مطران ① 14 ② 97، 128، 135، 292، 294، 775 ③ 30
خليل هنداوي ② 152، 321، 775
خميس رضا الحمد ③ 143، 146، 149، 155، 561، 866

خير الدين الأسديّ ② 7، 33، 55، 272، 406، 407، 408، 776
خيري خالد ③ 51، 120، 369، 866

داود العرامين ③ 336، 867
داود تركي ② 228، 361، 776
داود قبغ ③ 106، 290، 867
داود بن رسلان ① 465، 717، 797
دعاء كيروان ③ 52، 460، 867
دهن الحصا (الحسين بن هبة الله) ① 427، 716، 802
دنيا بنت أبي بكر الماردينى ① 549، 717، 800

رائد وحش ③ 686، 867
راتب سكر ② 211، 267، 646
راجح الحلّي ① 13، 56، 106، 157، 176، 177، 178، 436، 437، 438، 717، 719، 772، 776، 785، 798، 812
راغب الطباخ ② 127، 335، 804
رأفت عبيد أبو سلمى ③ 107، 299، 867
رداد الثمالي ③ 321، 867
رزق الله حسّون ① 49، 601، 718، 807، 813
رسمية رفيق طه ③ 127، 581، 867
رشيد أيوب ② 247، 294، 312، 776
رشيد عبد القادر ③ 155، 286، 867
رضوان صابر ③ 53، 93، 103، 111، 217، 218، 530، 867
رضيّ الدين بن الحنبلي ① 159، 217، 504، 505، 506، 507، 718، 748، 778، 786، 803، 807
رغدة حسن ② 236، 659، 776
رفعت ديب ③ 312، 867
رفعت زيتون ② 61، 69، 137، 547، 776

ركن الدين بن قرطاي ① 55، 106، 215، 455، 718، 786
رمضان بن صاعد ① 176، 198، 213، 224، 228، 422، 718، 790
رمضان الأحمد ② 599، 777
رمضان مصباح الإدريسي ③ 101، 140، 545، 868
رنا رضوان ③ 79، 82، 85، 117، 227، 868
روان أبو نبعة ③ 566، 868
روان محمد ③ 67، 72، 92، 121، 144، 146، 150، 155، 695، 868
رولا شاهين ③ 51، 120، 124، 360، 868
رياض الديلمي ③ 74، 137، 161، 170، 678، 868
رياض المصري ③ 50، 81، 165، 365، 868
رياض حلاق ② 105، 114، 566، 567، 777
رياض سليمان ② 581، 777
رياض صالح الحسين ② 33، 226، 485، 777
ريحان يونان ③ 53، 67، 669، 868
ريم السالم ③ 341، 869
ريم سليمان الخشّ ③ 105، 273، 274، 869
ريما الدرّة البرغوثي ③ 96، 108، 367، 869
ريما محفوض ③ 139، 538، 869

زاحم محمود خورشيد ③ 384، 869
زاهي وهبه ③ 54، 61، 164، 647، 869
زائدة بن نعمة ① 174، 386، 718، 775، 802
زكريا الصالح ② 120، 154، 213، 575، 777
زكريا مصاص ② 33، 56، 74، 86، 140، 620، 622، 777
زكي المحاسني ② 7، 108، 189، 204، 234، 354، 777
زكي قنصل ② 7، 64، 80، 121، 135، 176، 224، 229، 310، 311، 778
زهدي حنتولي ③ 384، 869
زهير أحمد المزوّق ② 32، 82، 123، 155، 377، 778
زهير محمود حموي ③ 47، 80، 307، 870
زهير ناصر ③ 110، 115، 461، 870
زهير ناعورة ② 558، 778
زياد بن حنظلة ① 185، 190، 192، 248، 719، 773
زياد سبسبي ③ 93، 144، 146، 147، 702، 704، 870
زين العابدين البكري ① 562، 719، 780
زين العابدين الضبيبي ③ 115، 147، 382، 870
زينة هاشم بيك ③ 55، 167، 446، 870

ساسي فرفاش ③ 125، 391، 870
ساطع بن أبي حصين ① 79، 177، 403، 430، 719، 782
سالم بن سعادة الحمصي ① 432، 719، 785
سالم الضوّي ③ 105، 133، 142، 153، 253، 870
سامح أبو هنود ③ 344، 870
سامي الكيالي ② 48، 334، 778
ساندرا أكوبيان استانبولية ③ 63، 558، 871
سحر كيلاني ② 65، 389، 779
سراج الدين الوراق ① 217، 226، 528، 719، 779
السراج المحار ① 59، 92، 487، 488، 719، 778، 799
سرور بن سنين الحلبي ① 13، 62، 81، 107، 112، 114، 127، 543، 545، 546، 547، 719، 786، 797
السريّ الرفّاء ① 13، 75، 89، 90، 146، 173، 205، 206، 228، 314، 315، 316، 317، 318، 720، 774، 783، 789، 801، 805

سعد الدين بن عربي ① 13، 34، 40، 199، 213، 441، 720، 776، 813

سعد زغلول الكواكبي ② 111، 116، 372، 779

سعدي الشيرازي ① 14، 232، 661، 663، 665، 666، 667

سعدي يوسف ① 14، ② 8، 245، 472، 779، ③ 3، 69، 78، 408، 409، 871

سعود الشريم ③ 322، 871

سعود أبو معيلش ③ 50، 354، 871

سعيد القدسي ① 162، 692، 720، 787

سعيد بلفقير ③ 564، 871

سعيد بن محمد الحريري ① 68، 408، 720، 812

سعيد فارس السعيد ② 40، 125، 137، 144، 150، 169، 175، 212، 213، 215، 223، 557، 779

سعيد يعقوب ③ 62، 68، 107، 314، 871

سلطان إبراهيم ③ 320، 872

سليم القدور ③ 124، 362، 872

سليم عبد القادر ② 32، 95، 533، 779

سليمان الأحمد ③ 312، 872

سليمان الحفسرجيّ ① 562، 720، 810

سليمان الظاهر ② 179، 207، 216، 312، 780

سليمان العيسى ① 14، ② 7، 32، 90، 99، 115، 122، 128، 152، 175، 179، 185، 205، 210، 222، 228، 246، 338، 339، 340، 341، 342، 343، 780، ③ 30

سليمان النصيبي ① 299، 720، 789

سليمان بن بليمان ① 462، 720، 802

سليمان بن خالد النحوي ① 576، 721، 787

سليمان بن داود المصري ① 521، 721، 782

سميح القاسم ① 14، ② 8، 205، 274، 440، 441، 501، 780

سميحة خليفة ③ 455، 872

سمير طحان ② 33، 73، 169، 255، 271، 274، 459، 460، 461، 781، ③ 3، 52، 424، 872

سمير عدنان المطرود ② 77، 101، 160، 173، 721، 781

السهروردي (شهاب الدين) ① 451، 721، 791

سهيلة أفرام ③ 605، 872

سيد شهاب أفندي ① 625، 722، 783

سيد عبده أبو أمجد ③ 351، 872

السيد مراد سلامة ③ 376، 873

سيدي ولد الأمجاد ③ 95، 107، 337، 873

السيف الشطرنجي ① 158، 462، 722، 772

الشاب الظريف (ابن العفيف التلمساني) ① 13، 40، 169، 216، 474، 486، 487، 723، 777، 786

شادي الظّاهر ③ 51، 166، 381، 873

شارل خوري ② 32، 176، 288، 781

شاكر الحسيني ③ 359، 873

شبلي الملاط ② 22، 63، 79، 113، 309، 781

شحدة البهباني ③ 378، 873

شرف الدين الأنصاري ① 177، 178، 215، 460، 461، 722، 788، 789

شرف الدين الحسيني ① 178، 227، 514، 722، 810

شرف الدين بن أبي الثناء ① 61، 512، 722، 807

شرف أحمد عبد الناصر ③ 114، 395، 873

شريطي نور الدين ③ 60، 84، 151، 152، 157، 158، 623، 873

الشريف الرضي ① 13، 130، 171، 187، 188، 255، 363، 383، 384، 722، 783، 800

شريف صعب ③ 565، 873

شفيق جبري ① 14، ② 7، 108، 189، 204، 205، 227، 319، 320، 782

شفيق ربابعة ③ 125، 151، 324، 873
شكري شرف حيدرة ③ 163، 360، 874
شكيب أرسلان ① 14، ② 8، 217، 238، 313، 782
شمس الدين الدمشقي ① 117، 525، 792
شمس الدين القمريّ ① 102، 133، 563، 723، 803
شُميم الحلّي ① 452، 723، 776
شهاب الدين البُردي ① 62، 522، 723، 779
شهاب الدين الحسيني ① 522، 723، 779
شهاب الدين الخفاجي ① 13، 555، 556، 723، 773، 779
شهاب الدين العزازيّ ① 116، 127، 131، 149، 178، 189، 200، 216، 404، 496، 497، 724، 794، 820
شهاب الدين المرعشي ① 80، 526، 724، 786
شهاب الدين الوادي آشي ① 524، 724، 792
شهاب الدين بن الصوا ① 96، 111، 117، 509، 724، 786
شهاب الدين بن فضل الله ① 484، 485، 724، 777
شهيد الدرعزاني ① 598، 724، 807
شوقي بغدادي ③ 57، 144، 149، 159، 161، 652، 874
الشيباني التلعفري ① 33، 69، 116، 118، 177، 235، 454، 725، 806
الشيخ ولد بللعمش ③ 123، 269، 270، 874

صاعد بن عيسى بن سمّان ① 389، 725، 790
صالح التميمي ① 37، 613، 725، 780
صالح الرحّال ② 74، 640، 782
صالح الصرفندي ③ 103، 694، 874
صالح المارعي الحلبي ② 32، 222، 322، 782
صالح الهاشمي الحلبي ① 172، 186، 261، 725، 799
صالح بن مؤنس ① 84، 306، 725، 785
صالح سروجي ② 32، 93، 388، 783
صباح الحكيم ③ 335، 874
صباح الدين كريدي ② 32، 174، 191، 404، 409، 783
صبري إسماعيل ③ 89، 109، 393، 874
صدام الجعمي ③ 107، 130، 328، 875
صدر الدين النويري ① 216، 495، 725، 803
صدّيق الجابري ① 138، 611، 725، 782
صرّدرّ بن صرّبعر ① 264، 725، 788
صفوان ماجدي ② 589، 783
صفي الدين الحلي ① 13، 41، 117، 216، 217، 489، 499، 500، 531، 726، 778، 791، 800
صفي الدين قنابر ① 462، 726، 806
صلاح الطميزي ③ 471، 875
صلاح العشماوي ③ 133، 346، 875
صلاح الكبيسي ② 241، 399، 783
صلاح حلبوني ③ 306، 875
صلاح داود ② 179، 207، 213، 221، 238، 250، 259، 260، 397، 783
صلاح دكاك ③ 77، 87، 140، 323، 875
الصّمّة القشيري ① 13، 192، 251، 726، 796
الصنوبري (أبو بكر) ① 4، 13، 30، 75، 76، 77، 84، 85، 96، 98، 99، 100، 104، 109، 110، 111، 112، 113، 115، 118، 121، 122، 123، 130، 157، 167، 169، 181، 206، 207، 224، 225، 325، 324، 323، 322، 321، 320، 319، 255، 333، 332، 331، 330، 329، 328، 327، 326، 726، 340، 339، 338، 337، 336، 335، 334،

772، 774، 782، 783، 789، 790، 793، 794، 795، 796، 797، 799، 800، 809، 812
صهيب عنجريني ② 199، 263، 629، 784، ③ 3، 428، 875

ضمد كاظم الوسمي ③ 133، 346، 875

طارق بن زياد حجي ③ 266، 875
طارق محمد الحمادي ② 580، 784
طاهر النعسان ② 224، 333، 784
الطاهر الصوني ③ 576، 875
الطاهر الهمامي ① 14، ② 8، 63، 67، 94، 158، 168، 256، 260، 261، 267، 502، 503، 504، 784
طاهر بن محمد الهاشمي ① 277، 726، 801
طريف يوسف آغا ③ 609، 875
طلال الخضر ③ 133، 310، 876
الطيب الشنهوري ③ 281، 282، 876

ظريف صباغ ② 65، 188، 240، 379، 785

عادل الغضبان ② 7، 32، 48، 51، 121، 144، 193، 196، 325، 326، 327، 785
عادل بكرو ② 32، 50، 105، 119، 137، 175، 218، 241، 538، 539، 785
عادل درهم الرعاشي ③ 159، 396، 876
عادل سالم ③ 386، 876
عادل ناصيف ③ 398، 876
عارف حجّاوي ③ 120، 396، 876
عالي المالكي ③ 266، 877
عامر الدبك ② 33، 37، 179، 262، 264، 601، 607، 785
عامر السعيدي ③ 397، 877
عائشة الدباغ ② 108، 114، 157، 368، 785
عباس حيروقة ③ 90، 97، 109، 417، 877
عبد الإله عبد القادر ② 73، 139، 159، 164، 220، 467، 786
عبد الباسط بن الشحنة ① 60، 491، 726، 782
عبد الحكيم الأنيس ② 32، 39، 40، 49، 108، 214، 534، 786
عبد الحميد الرافعي ① 612، 727، 807
عبد الحميد السيد يحيى ③ 140، 594، 877
عبد الحميد العمري ① 592، 727، 780
عبد الرحمن البتروني ① 64، 578، 727، 780
عبد الرحمن السماعيل ② 37، 207، 405، 786
عبد الرحمن السويدي ① 621، 727، 781
عبد الرحمن الضيخ ③ 60، 81، 379، 878
عبد الرحمن العابدي ① 565، 727، 792
عبد الرحمن العشماوي ③ 71، 150، 279، 280، 281، 877
عبد الرحمن المؤقت ① 184، 598، 727، 807
عبد الرحمن بارود ② 248، 400، 786
عبد الرحمن بن الشحنة ① 490، 491، 727، 772، 810
عبد الرحمن بن العديم ① 446، 728، 789
عبد الرحمن دركزللي ② 126، 136، 590، 786، ③ 3، 80، 88، 313، 877
عبدالرحمن عبّود ③ 96، 359، 878
عبد الرحيم الحصني ② 38، 188، 220، 373، 787
عبد الرحيم بدر ③ 50، 330، 878
عبد الرحيم جداية ③ 55، 69، 111، 135، 146، 147، 154، 160، 234، 485، 878
عبد الرحيم محمود ② 246، 519، 787، ③ 3، 95، 332، 878
عبد الرزاق الأشقر ③ 89، 317، 879

عبد الرزاق التاجر ② 84، 120، 126، 136، 150، 578، 787
عبد الرزاق العباد البدر ③ 165، 332، 879
عبد الرزاق حسين ② 126، 234، 583، 787، ③ 3، 59، 105، 122، 156، 225، 878
عبد الرزاق دياب ③ 116، 671، 672، 675، 879
عبد الرزاق عبد الواحد ② 68، 515، 787
عبد الرزاق معروف ② 32، 51، 83، 197، 200، 268، 270، 540، 541، 787
عبد الستار حسن ③ 87، 107، 327، 879
عبد السلام حامد ③ 337، 879
عبد السلام حلوم ③ 72، 78، 81، 481، 482، 879
عبد السلام دغمش ③ 106، 292، 879
عبد السميع الأحمد ③ 66، 114، 118، 128، 272، 273، 642، 880
عبد الصمد الزوين ③ 327، 880
عبد العزيز التويجري ② 263، 511، 788
عبد العزيز الجاسر ③ 331، 880
عبد العزيز المانع ② 125، 246، 511، 788
عبد العزيز بشارات ③ 96، 342، 880
عبد العزيز بن أحمد ③ 109، 386، 880
عبد العزيز خوجة ③ 51، 152، 157، 387، 880
عبد العزيز فريج ③ 66، 88، 339، 880
عبد العليم الرحمون ② 32، 49، 124، 128، 143، 378، 788
عبد الغفار الأخرس ① 221، 599، 728، 807
عبد الغفور داوود ② 69، 96، 555، 788
عبد الغفور عاصي ② 169، 564، 789
عبد الغني الحداد ③ 117، 127، 153، 163، 248، 881
عبد الغني النابلسي ① 161، 562، 728، 811
عبد الفتاح الطرابيشي ① 92، 137، 621، 728، 782، 815
عبد الفتاح قلعه جي ② 67، 403، 789، ③ 3، 67، 71، 72، 73، 103، 657، 881
عبد الفتاح لعاج ③ 350، 881
عبد القادر أبو رحمة ② 33، 42، 132، 159، 163، 404، 789
عبد القادر الأسود ② 71، 83، 127، 206، 226، 596، 789
عبد القادر التكريتي ③ 49، 349، 881
عبد القادر الحسبي ① 605، 606، 728، 787، 801
عبد القادر الحصني ② 235، 486، 789
عبد القادر عبد اللطيف ③ 366، 881
عبد الكريم أبو عرام ③ 300، 881
عبد الكريم الدالي ② 642، 789
عبد الله البردوني ① 14، ② 8، 179، 183، 259، 395، 789
عبد الله الزيباري ① 572، 728، 811
عبد الله الشريف ③ 138، 617، 882
عبدالله العثيمين ② 82، 129، 509، 510، 790
عبد الله العطائي الصحاف ① 168، 581، 582، 728، 780، 787، 792
عبد الله العنزي ③ 105، 270، 271، 882
عبد الله اليوسفي الحلبي ① 135، 162، 600، 729، 804
عبد الله بن السفاح ① 165، 512، 729، 800
عبد الله بن محمد حجازي ① 571، 729، 811
عبد الله جدي ③ 118، 287، 881
عبد الله شلبي ③ 119، 338، 881
عبد الله ضراب ③ 279، 881
عبد الله عتر ② 32، 225، 335، 790
عبد الله عيسى السلامة ② 32، 97، 598، 790

عبد الله ملندي ③ 378، 882
عبد الله نجيب سالم ③ 305، 882
عبد الله يوركي حلاق ② 7، 32، 36، 38، 81، 91، 98، 111، 112، 114، 122، 136، 144، 145، 152، 225، 227، 251، 255، 271، 343، 344، 345، 346، 348، 349، 350، 790
عبد المجيد العمري ③ 132، 296، 882
عبد المجيد الفريج ③ 368، 882
عبد المجيد شعبان ③ 57، 62، 65، 70، 73، 169، 458، 882
عبد المحسن خانجي ③ 662، 882
عبد المحسن الصوري ① 312، 365، 729، 774، 794
عبد المسيح الأنطاكي ① 179، 623، 624، 729، 793، 798
عبد المضحي ناصر ② 50، 582، 791، ③ 3، 80، 117، 232، 882
عبد المنعم الحاج جاسم ② 173، 523، 791
عبد النّور محمّد ③ 134، 366، 883
عبد الوهاب البيّاتي ① 14، ② 8، 254، 471، 791، ③ 29
عبدالوهاب العدواني ③ 134، 363، 883
عبود سمعو ③ 491، 493، 883
عبود كنجو ② 33، 156، 235، 256، 565، 791
عبيد الله المالكي ① 100، 170، 200، 495، 730، 772، 803
عبيد الله بن أبي الجوع ① 87، 308، 730، 814
عبيد الله بن قيس الرقيات ① 193، 202، 243، 251، 729، 788
عبيدة طرّاب ③ 48، 128، 295، 883
عبير الديب ③ 46، 61، 68، 73، 82، 85، 164، 236، 883
عثمان قدري مكانسي ② 54، 584، 791، ③ 3، 83، 119، 130، 300، 883
عدنان الحمّادي ③ 361، 883
عدنان الدربي ② 119، 561، 792
عدنان الفرزعي ③ 104، 112، 241، 884
عدنان النحوي ② 361، 792
عدنان حسين عبد الله ③ 75، 156، 448، 883
عدنان مردم بك ② 192، 381، 792
عدي بن الرقاع العاملي ① 171، 193، 243، 249، 730، 812
العرقلة الكلبي ① 230، 456، 730، 776
عزّ الدين المناصرة ② 8، 243، 248، 479، 792
عزّ الدين سليمان ② 131، 593، 792
عزّت عمر ② 46، 102، 132، 142، 147، 150، 167، 187، 191، 193، 195، 196، 201، 266، 268، 723، 792
عصام ترشحاني ② 33، 126، 595، 793، ③ 3، 121، 443، 884
عصام علوش ③ 59، 61، 129، 220، 884
عصام قصبجي ② 43، 158، 689، 793
عصام مرجانة ② 104، 155، 162، 179، 561، 793
عصام ناصر ③ 90، 109، 130، 467، 884
عطاء الله المدرّس ① 169، 610، 611، 730، 782، 811
عطاء الله الصادقي ① 633، 730، 787
عفاف يحيي الشب ③ 55، 62، 121، 140، 161، 168، 552، 884
عكرشة العبسي ① 192، 248، 731، 788
علاء الدين الدمشقي الحنفي ① 80، 170، 526، 731، 792، 807
علاوة بيطام ③ 287، 884
علي الأحمد ② 92، 386، 793

علي بن محمد التنوخي ① 58، 428، 731، 776، ③ 11، 19
علي بن الأوجلي ① 170، 557، 731، 779، 796
علي بن الجهم ① 13، 255، 258، 259، 731، 796
علي بن العلاء الموصلي ① 231، 503، 504، 731، 778، 797، 798
علي بن عبد الله البيري ① 509، 732، 796
علي بن عنبر الحلوي ① 35، 557، 732، 779
علي بن محمد العبيي ① 80، 508، 732، 786
علي بن يوسف القفطي ① 426، 732، 809
علي الجارم ① 14، ② 2، 248، 401، 793
علي حتر ③ 119، 336، 884
علي حسن الحمد ③ 76، 137، 164، 679، 884
علي حسين الجاسم ③ 86، 254، 884
علي حمد طاهري ③ 104، 239، 885
علي الخولي ③ 580، 885
علي الدباغ الخطيب ① 227، 514، 731، 810
علي الدباغ الميقاتي ① 48، 583، 731، 792
علي الزيبق ② 32، 365، 794
علي الزينة ② 593، 794
علي الصّاغر ③ 158، 363، 885
علي الفُكيك ① 209، 385، 731، 806
علي كيخيا ③ 663، 885
علي محمد زينو ③ 54، 125، 143، 148، 265، 885
علي محمود طه ① 14، ② 8، 238، 321، 795، ③ 855
علي ميرزا محمود ③ 598، 885
علي الناصر ② 33، 304، 794
العماد الأصفهاني ① 13، 149، 175، 189، 403، 418، 419، 732، 784، 812
عماد إبراهيم النّابي ③ 370، 885
عماد الدين أبو زيد تاج ① 501، 732، 810
عماد الكبيسي ③ 47، 108، 352، 353، 885
عمار القحطاني ② 594، 795
عمار تباب ③ 268، 269، 885
عمار نقاز ③ 607، 885
عمر أبو ريشة ① 14، ② 7، 32، 78، 90، 175، 179، 180، 203، 205، 226، 227، 282، 283، 284، 285، 286، 287، 795
عمر أبو قوس ② 32، 112، 206، 331، 332، 796
عمر الأنسي ① 613، 733، 784
عمر الخفاف ① 48، 600، 733، 804
عمر اللبقي ① 70، 97، 155، 579، 580، 733، 783، 795
عمر بن إبراهيم الرهاوي ① 102، 179، 513، 733، 791، 800
عمر بن إسماعيل الفارقي ① 94، 452، 733، 782
عمر بن المهاجر ① 507، 733، 782
عمر بن خليفة بن الزكي ① 507، 733، 778
عمر السيد أحمد ③ 331، 886
عمر الشهباني ③ 132، 294، 886
عمر العلاونة ③ 130، 134، 389، 886
عمر بهاء الدين الأميري ② 7، 32، 248، 385، 796
عمر حماد هلال ② 577، 796
عمر خضراوي ③ 348، 886
عمر خلوف ② 41، 559، 796
عمر سليمان علي ② 183، 208، 595، 796
عمر فاروق خطيب ② 105، 137، 206، 223، 556، 796
عمران الحلبي ① 83، 263، 733، 772
عمرو بن الأهتم ① 180، 192، 246، 733، 808
عمرو بن كلثوم ① 13، 191، 202، 245، 734، 808
عمرو خيري الصّاوي ③ 361، 886

عمرو الديب ③ 145، 146، 150، 705، 886
عمرين عريشي ③ 154، 329، 886
عمير القُطامي ① 171، 186، 251، 734، 805
عيسى بن سعدان الحلبي ① 13، 55، 69، 78، 96، 105، 125، 147، 175، 182، 197، 209، 210، 404، 405، 406، 407، 734، 775، 799، 802، 806، 809
عيسى حبيب ③ 552، 886
عيسى دعموق ③ 107، 352، 886
عيسى شويخ ③ 380، 887

غادة السمان ② 148، 684، 796
غالية أبو ستّه ③ 365، 887
غالية خوجة ③ 84، 489، 887
غباري المصطفى ③ 116، 614، 887
الغربي المسلمي ③ 111، 116، 123، 142، 162، 221، 887
غسان زقطان ② 88، 641، 797
غسان نبهان ② 57، 697، 797
غفران سويد ③ 305، 887
غفران طحان ② 634، 797

فاتح المدرس ② 484، 797
فارس الذهبي ② 77، 133، 140، 148، 210، 231، 712، 798
فارس العبيدي ③ 345، 887
فاروق جويدة ① 14، ② 8، 231، 247، 402، 798
فاروق شريف ③ 56، 60، 73، 77، 91، 100، 127، 149، 513، 517، 888
فاروق شوشة ① 14، ② 8، 209، 214، 446، 798
فاضل الإسطنبولي ① 102، 184، 595، 734، 795
فاضل الكبيسي ③ 155، 377، 888
فاضل ضياء الدين ② 116، 372، 798
فاطمة شاوتي ③ 154، 463، 465، 888
فاطمة صابر ③ 351، 888
فايز مقدسي ② 33، 47، 139، 203، 230، 269، 273، 719، 721، 799
فتح الله البيلوني ① 549، 734، 800
فتح الله بن النحاس ① 64، 219، 566، 567، 568، 734، 780، 784، 787، 798، 803
فتح الله القادري الموصلي ① 220، 590، 734، 787
فتيان الشاغوري ① 33، 157، 177، 200، 213، 423، 424، 735، 772، 793، 802
فخري قدورة ② 96، 574، 799
فراس ديري ② 578، 799
فرنسيس المراش ① 43، 65، 601، 602، 604، 622، 735، 793، 804، 807، 813
فريال حقي ③ 102، 575، 888
فريد غانم ③ 550، 888
الفضل بن صالح العباسي ① 72، 259، 735، 812
فكتور خياط ① 631، 735، 787
فلاح العنزي ③ 114، 139، 308، 889
فواز العاسمي ③ 57، 99، 149، 158، 506، 889
فواز حجو ② 32، 55، 98، 157، 203، 376، 799
فواز قادري ③ 99، 110، 115، 501، 889
فوزات زكي الشيخة ③ 49، 83، 95، 130، 315، 889
فوزي الرفاعي ② 299، 799
فوزي الشيخ ③ 395، 889
فؤاد محمد فؤاد ③ 54، 97، 426، 888
فيحاء العاشق ② 33، 51، 59، 70، 154، 568، 799

فيصل سليم التلاوي ③ 144، 163، 625، 889
فيض الله الغادري ② 43، 685، 799
فيليب تونجي ② 99، 488، 800

قاسم البكرجي ① 575، 735، 787
القاسم الواسطي ① 230، 447، 735، 776
القاضي الفاضل ① 168، 212، 422، 736
قاسم المشهداني ② 535، 800
قائد الحشرجي ③ 97، 364، 889
قدري مايو ② 32، 49، 104، 115، 153، 167، 180، 195، 206، 264، 266، 270، 800
قدري مصطفى الفندي ③ 630، 889
قس بن ساعدة الإيادي ① 128، 245، 246، 736، 805
قسطاكي الحمصي ① 44، 49، 67، 87، 93، 95، 221، 626، 628، 629، 631، 736، 781، 787، 793، 807، 808، 815
قسطندي داود ② 113، 235، 304، 800
قيصر المعلوف ② 80، 182، 205، 318، 800

كامل الغزي ① 102، 114، 636، 637، 736، 787، 788، 793، 808، 811
كبريت (محمد بن عبد الله) ① 35، 264، 549، 550، 737، 792، 794
كثيّر الخزاعي ① 13، 128، 171، 249، 737، 812
كريم عبد السلام ③ 537، 889
كرم محمد مصطفى ③ 385، 889
كشاجم ① 13، 29، 73، 84، 87، 109، 115، 121، 129، 167، 181، 255، 282، 290، 291، 292، 293، 320، 720، 737، 785، 789، 794، 800، 812
كعب بن جعيل ① 191، 246، 737، 788
كفاح الغصين ③ 102، 624، 890
كمال الدين التادفي ① 62، 523، 737، 797
كمال الدين الشهرزوري ① 407، 737، 775
كمال الدين بن العجمي ① 57، 80، 107، 126، 569، 737، 776، 794 ③ 17
كمال سلطان ② 489، 801
كمال لجّة ② 33، 42، 53، 85، 98، 100، 146، 272، 273، 603، 618، 801 ③ 3، 86، 241، 890
كيفورك تميزيان ② 236، 252، 487، 801

لسان الدين بن الشحنة ① 517، 738، 782
لطفي الياسيني ② 232، 241، 377، 801
لطيفة الشابي ③ 349، 890
لمى الفقيه ② 40، 84، 105، 118، 154، 181، 208، 548، 802
لميس الرحبي ③ 150، 318، 890
لميس حجة ② 33، 133، 638، 802
ليلى أورفه لي ② 33، 75، 651، 802
ليلى عريقات ③ 113، 138، 144، 145، 150، 151، 261، 890
ليلى لطوف ③ 91، 600، 891
ليلى مقدسي ③ 66، 645، 646، 891
لين الأبيض ③ 595، 891

ماجد الملاذي ② 32، 92، 380، 802
ماجد علي مقبل باشا ② 83، 129، 149، 188، 192، 200، 517، 802
ماجد نفيسي ② 187، 210، 244، 254، 730، 731، 743
ماجدة ندا ③ 397، 398، 891
ماحي عمر ③ 375، 891
ماريانا سواس ③ 484، 891
مأمون إدريس ③ 87، 335، 891

المأمون قباني ② 33، 54، 130، 568، 802
ماهر علي جبارين ③ 53، 61، 148، 632، 891
مبارك بن شافي الهاجري ③ 152، 243، 891
مبروك عطيّة ③ 113، 132، 242، 892
المتنبي (أبو الطيب) ① 4، 13، 17، 52، 123، 146، 147، 173، 181، 190، 195، 207، 224، 229، 345، 346، 347، 348، 349، 350، 351، 352، 353، 354، 355، 356، 365، 697، 774، 777، 785، 788، 790، 801، 805، 809، 812
متصرف محمد الشيخ بانن ③ 98، 477، 892
المتوكل طه ② 238، 401، 764
مثنى إبراهيم دهام ③ 95، 119، 149، 297، 892
مجاهد العبيدي ③ 316، 892
مجيب السوسي ② 110، 119، 555، 802
محاسن الشهاب الحلبي ① 41، 47، 60، 80، 488، 738، 778
محمد آغا الميري ① 170، 592، 739، 780
محمد إبراهيم أبو سنة ③ 145، 402، 892
محمد أبو راس ③ 351، 892
محمد أسامة ③ 120، 126، 367، 892
محمد إقبال ① 14، ② 8، 199، 730، 731، 732
محمد أكرم الخطيب ② 594، 803
محمد بشير دحدوح ② 32، 39، 47، 68، 531، 806
محمد بكري والي ② 167، 256، 562، 806
محمد بكرية ③ 638، 892
محمد بلحاج ③ 634، 892
محمد بن إبراهيم الدمشقي ① 518، 739، 798
محمد بن الخضر المعري ① 168، 510، 739، 814
محمد بن حرب الخطيب ① 33، 106، 126، 456، 740، 776
محمد بن حمير الهمداني ① 167، 188، 464، 740، 777
محمد بن شيخان السالمي ① 635، 740، 781
محمد بن صغير القيسراني ① 126، 465، 740، 782
محمد بن عاصم الموقفي ① 50، 113، 129، 263، 264، 740، 788، 808
محمد بن عبد الله الأزهري ① 160، 165، 525، 740، 797، 798، 810، 814
محمد بن علي الجمالي ① 582، 583، 740، 773، 787
محمد بن عمر العُرْضي ① 63، 70، 88، 127، 219، 236، 237، 556، 560، 561، 740، 800، 803، 810
محمد بن عيسى آل خليفة ① 189، 221، 225، 598، 741، 780
محمد بن نباتة الفارقي ① 463، 741، 772
محمد بن هاشم الخطيب ① 55، 433، 741، 791
محمد جرادات ③ 88، 357، 893
محمد جمال طحّان ② 33، 728، 806
محمد جميل العقاد ② 32، 122، 330، 806
محمد جواد الغبان ② 60، 179، 207، 396، 803
محمد حازم ③ 146، 154، 157، 540، 893
محمد الحريري ② 7، 217، 228، 242، 360، 803، ③ 30
محمد حسام الدين دويدري ② 32، 39، 60، 95، 544، 806، ③ 3، 68، 78، 82، 117، 123، 129، 166، 216، 893
محمد حسن عبد المحسن ② 32، 53، 96، 157، 552، 803
محمد الحسناوي ② 32، 97، 182، 190، 207، 579، 804
محمد الحمادي ③ 153، 299، 893
محمد الحمد ③ 59، 70، 304، 893
محمد حميدي ③ 92، 610، 893

محمد خطيب عيّان ② 32، 115، 371، 806
محمد الخسرفي ① 595، 739، 811
محمد الخضري الحلبي ① 55، 79، 110، 111، 114، 125، 126، 214، 226، 450، 739، 791، 814
محمد الخلف ③ 88، 379، 893
محمد خليفة ② 41، 84، 110، 155، 162، 170، 182، 194، 218، 249، 265، 573، 807، ③ 3، 87، 311، 644، 893
محمد خليفة بن حاضر ② 403، 807
محمد الخليلي ③ 124، 267، 893
محمد خير الدين إسبير ② 32، 64، 129، 143، 148، 315، 804
محمد دوبا ③ 54، 68، 79، 82، 126، 148، 231، 893
محمد الديري ① 117، 614، 739، 780
محمد ذيب سليمان ③ 48، 106، 152، 289، 894
محمد ربيع ③ 343، 894
محمد ربيع جاد الله ③ 316، 894
محمد رياض حمشو ② 33، 590، 804
محمد الزهراوي ③ 137، 596، 894
محمّد زهير أحمد ③ 381، 894
محمد الزينو السلوم ② 32، 33، 52، 94، 110، 129، 148، 149، 527، 528، 529، 804
محمد سروجي ② 154، 173، 583، 807
محمد سعيد الغانم ① 635، 741، 813
محمد سعيد نخرو ② 32، 46، 153، 165، 170، 383، 384، 807، 812
محمد سعيد محمد ③ 84، 390، 894
محمد سليمان الشاذلي ③ 56، 98، 168، 495، 895
محمد السموري ② 46، 166، 172، 185، 194، 198، 217، 218، 220، 271، 631، 805
محمد سنان المقداد ③ 249، 895
محمد سيد الجاسم ② 32، 45، 52، 59، 60، 69، 104، 125، 145، 536، 537، 807
محمد الصابوني ① 545، 591، 739، 797
محمد صالح الألوسي ② 131، 567، 807
محمد صبحي السيد يحيي ② 56، 147، 150، 165، 703، 805، ③ 3، 76، 81، 85، 93، 696، 698، 894
محمد صبحي المعمار ② 135، 144، 145، 154، 166، 182، 208، 213، 215، 223، 227، 229، 586، 587، 807
محمد ضياء الدين الصابوني ② 32، 83، 124، 156، 184، 190، 208، 383
محمد طاهر العياشي ① 625، 741، 783
محمد طكو ③ 271، 272، 894
محمد عارف الرفاعي ② 32، 225، 336، 807
محمد عبد الغني حسن ② 113، 122، 332، 808
محمد عبد الله البريكي ③ 131، 311، 896
محمد عبد الله الميقاتي ① 134، 582، 741، 780
محمد عثمان جلال ① 545، 641، 741، 781
محمد عدنان الكمال ③ 50، 333، 895
محمد عدنان علبي ② 97، 581، 808، ③ 3، 80، 106، 302، 894
محمد علاء الدين ② 593، 808
محمّد العلّاوي ③ 88، 370، 895
محمد علي الحوماني ② 248، 327، 808
محمد علي النّاصر ③ 51، 373، 895
محمد علي فرحات ③ 588، 895
محمد عليوي فياض ③ 155، 372، 895
محمد عيّاد ① 161، 201، 219، 576، 742، 811
محمد الغباشي ③ 96، 319، 895
محمد غسان دهان ③ 122، 294، 896
محمد فريد الرياحي ③ 256، 896
محمد فياض ③ 551، 896

محمد القاسمي ① 64، 566، 739، 773، 780، 792

محمد نجّة ② 33، 38، 50، 117، 153، 168، 180، 193، 204، 212، 233، 492، 494، 495، 496، 497، 498، 499، 809، ③ 3، 65، 71، 75، 123، 157، 223، 896

محمد قصاص ③ 323، 897

محمد الكبيسي ② 594، 805

محمد كمال ② 32، 37، 49، 81، 136، 153، 224، 226، 366، 367، 809

محمد لطفي الدرعمي ③ 124، 385، 897

محمد ماجد الخطاب ② 68، 181، 208، 564، 810

محمد الماغوط ① 14، ② 7، 160، 481، 805

محمد محمود الحسين ② 91، 387، 810

محمد محمود عبد الله ③ 134، 618، 897

محمد مضر سخيطة ② 32، 51، 149، 153، 390، 810

محمد منار الكيالي ② 75، 100، 151، 160، 209، 215، 648، 810

محمد منلا غزّيل ② 32، 93، 109، 174، 362، 810

محمد مهدي الجواهري ① 14، ② 8، 180، 204، 233، 243، 255، 306، 307، 811

محمد ناصر ③ 106، 165، 313، 897

محمد نجيب المراد ② 237، 585، 811، ③ 46، 82، 139، 244، 897

محمد نجيب نبهان ③ 66، 75، 79، 86، 139، 257، 258، 897

محمد نديم خديجة ② 32، 66، 85، 124، 137، 148، 156، 176، 393، 394، 395، 811

محمد النعيمي ③ 113، 128، 262، 895

محمد نور ربيع العلي ② 70، 127، 588، 811

محمد هلال فخرو ② 32، 168، 221، 234، 563، 812

محمد الوراق ① 13، 596، 739، 804

محمد وفاء الدين المؤقت ② 32، 105، 119، 126، 562، 563، 812

محمد ولد إدوم ③ 105، 286، 898

محمد ولد إمام ③ 143، 145، 286، 898

محمد ولد سيدي محمود ② 206، 248، 584، 812

محمد وليد الحسن ③ 309، 898

محمد يحيى قشقارة ③ 83، 115، 151، 153، 356، 898

محمود أبو الهدى الحسيني ② 597، 812

محمود الديلمي ② 118، 156، 254، 516، 814

محمود السيد الدغيم ② 32، 70، 582، 814، ③ 3، 94، 224، 898

محمود بن عبد الله الموصلي ① 219، 569، 742، 803

محمود حسن إسماعيل ② 8، 63، 181، 324، 812

محمود خياطة ② 54، 589، 812

محمود درويش ① 14، ② 8، 87، 88، 179، 190، 239، 257، 433، 434، 436، 437، 438، 812، ③ 30

محمود سنكري ③ 53، 64، 640، 898

محمود عادل بادنجكي ② 33، 699، 813

محمود عبد المنعم ③ 685، 898

محمود عبده فريحات ③ 154، 294، 898

محمود عثمان ③ 290، 899

محمود عكام ② 727، 813

محمود علي السعيد ② 32، 117، 129، 145، 149، 155، 167، 184، 190، 193، 194، 197، 242، 507، 509، 813

محمود غنيم ② 66، 156، 183، 203، 208، 222، 269، 355، 813

محمود كحيل ② 40، 109، 135، 153، 212، 214، 219، 221، 545، 814

محمود كلزي ② 32، 73، 146، 166، 212، 463، 814
محمود محمد أسد ② 33، 106، 131، 132، 139، 151، 165، 171، 177، 186، 193، 195، 198، 200، 209، 225، 604، 605، 608، 611، 613، 615، 814
محمود مفلح ② 88، 439، 814، ③ 3، 388، 899
محيي الدين الشهرزوري ① 153، 407، 742، 814
محيي الدين المحيوي ① 520، 742، 786
محيي الدين بن الزكي ① 95، 212، 400، 418، 742، 776
محيي الدين بن عربي ① 440، 742، 806
محيي الدين حاج عيسى ② 11، 242، 359، 815
مذكر الشلوي ③ 96، 338، 899
مرزوق الحلبي ③ 76، 135، 681، 683، 899
مروّح الكبرا ② 75، 662، 815
مروان علي ② 76، 230، 710، 815، ③ 3، 92، 636، 899
مريانا مرّاش ① 543، 622، 623، 743، 773، 804
مزيد الحلي ① 125، 436، 743، 806
مسعود الكواكبي ① 601، 743، 811
مصطفى الأنطاكي ① 162، 612، 743، 814
مصطفى البابي الحلبي ① 13، 63، 81، 107، 185، 201، 219، 543، 550، 551، 552، 743، 779، 786، 792، 803
مصطفى الحاج حسين ② 33، 56، 100، 660، 815، ③ 3، 47، 57، 63، 69، 90، 126، 140، 143، 151، 167، 429، 430، 431، 433، 435، 437، 439، 899
مصطفى الزايد ③ 48، 114، 301، 899
مصطفى الزيباري ① 572، 743، 780
مصطفى الشليح ② 8، 180، 183، 397، 815
مصطفى الكيالي ② 303، 816
مصطفى الماحي ② 63، 181، 331، 810
مصطفى النجار ② 33، 56، 72، 73، 99، 146، 158، 164، 169، 186، 194، 201، 209، 216، 225، 448، 449، 450، 451، 452، 810، 816
مصطفى حزوري ③ 162، 568، 569، 899
مصطفى راشد المعيني ③ 60، 115، 355، 900
مصطفى ضمامة اللولو ② 115، 372، 815
مصطفى عبده السعدني ③ 602، 900
مصطفى عكرمة ② 60، 110، 157، 224، 553، 815، ③ 3، 59، 83، 117، 118، 123، 125، 250، 251، 900
مصطفى وهبي التل (عرار) ① 14، ② 391، 815
مصعب الرمادي ② 74، 141، 150، 159، 166، 214، 635، 816
مصعب علي أشكر ③ 296، 900
مطانيوس مخّول ② 184، 197، 198، 201، 572، 816
مظفر النوّاب ① 14، ② 8، 185، 244، 473، 474، 816، ③ 30
معتز أبو هشهش ③ 315، 900
معتز دغيم ③ 500، 900
معتز علي القطب ③ 114، 128، 133، 319، 900
معتصم الحريري ③ 94، 113، 301، 900
المعرّي (أبو العلاء) ① 13، 31، 39، 123، 174، 187، 196، 208، 224، 226، 230، 363، 365، 366، 367، 368، 369، 370، 371، 698، 774، 775، 785، 790، 794، 799، 801، 802، 805، 809
معروف الرصافي ① 14، ② 8، 179، 181، 205، 229، 239، 243، 294، 295، 296، 297، 298، 817

معن القطامين ③ 156، 560، 900

المفتي فتح الله ① 597، 744، 773، 780

المفضّل العزيزي ① 94، 174، 364، 378، 744، 775

مفدي زكريا ① 14، ② 8، 246، 294، 335، 817

ملحم خطيب ② 95، 554، 817

ممدوح عدوان ② 7، 188، 264، 491، 817

ممدوح مولود ② 32، 334، 818

منى الحسن ③ 326، 900

منال محمد ③ 306، 901

المنتجب العاني ① 313، 744، 774

منتصر فاعور ③ 615، 901

منجك باشا اليوسفي ① 46، 219، 572، 573، 708، 780، 813

منذر غنّام ③ 263، 901

منصور الخليدي ③ 108، 124، 364، 901

منصور الرحباني ② 149، 404، 818

منصور بن تميم بن زنكل ① 387، 744، 802

منصور بن مسلم النحوي ① 54، 105، 113، 387، 388، 744، 785، 809

منير الفراص ③ 50، 119، 322، 901

مها الحاج حسن ③ 120، 124، 383، 901

مها الشعار ③ 140، 592، 901

مها الكاتب ③ 115، 608، 901

مهى زاهد ② 130، 137، 215، 546، 818

مهجة لحف ③ 479، 901

مهدي الصالح ③ 643، 901

مهدي محمد علي ② 474، 818

المهذب العامري الحموي ① 523، 744، 807

المهمنداري الحلبي المفتي ① 584، 744، 801

موسى الرامحمداني ① 35، 71، 81، 132، 563، 564، 570، 745، 748، 780، 794، 814

موسى جبران الفيفي ③ 133، 341، 901

موسى الشايب المناصره ③ 155، 627، 902

موسى حوامدة ② 179، 190، 210، 217، 243، 255، 477، 818

موسى صالح الكسواني ③ 135، 147، 520، 522، 902

موفق الدين الكاتب ① 455، 745، 786

مؤيد الشامان ③ 48، 129، 132، 151، 152، 285، 902

مؤيد الشيباني ② 186، 240، 475، 819

ميادة مكانسي ② 700، 702، 819

ميخائيل الصقال ① 169، 612، 745، 793، 804

ميس الريم قرفول ③ 136، 591، 902

ميسون شقير ③ 58، 64، 69، 71، 72، 74، 650، 902

النابغة الجعدي ① 181، 192، 247، 745، 805

نابي يوسف ① 14، 38، 233، 661، 663، 671، 672

نادر سعد العمري ③ 119، 317، 902

نادر القاسم ③ 68، 72، 140، 156، 510، 511، 512، 902

نادين خالد ③ 49، 326، 902

الناشيء الأحصّي ① 163، 311، 745، 801

الناشئ الأصغر ① 51، 295، 746، 796

ناصر توفيق ③ 138، 150، 151، 621، 903

ناصر الحاج حامد ③ 82، 85، 237، 902

ناصيف الإبراهيمي ③ 616، 903

ناصيف اليازجي ① 44، 615، 616، 746، 781، 811

ناظم حكمت ① 14، ② 8، 89، 729، 731، 734

ناهيا كنج ③ 57، 169، 654، 903

نبيل النفيش ③ 134، 375، 903

نبيل سالم ② 61، 116، 117، 123، 156، 370، 819
نبيلة الخطيب ② 8، 67، 506، 819
نجاة الماجد ③ 350، 903
نجاة عبد الصمد ③ 64، 422، 903
نجم الدين الحلفاوي ① 556، 746، 779
نجم الدين الصالح ② 92، 382، 819
نجم الدين سمّان ② 47، 107، 141، 161، 163، 165، 198، 199، 201، 218، 222، 266، 267، 704، 707، 819
نجم العيساوي ③ 132، 252، 903
نجيب بن علي ③ 95، 390، 903
ندى الدانا ② 33، 146، 161، 455، 457، 820
نذير جعفر ③ 66، 70، 670، 904
نذير طيار ② 46، 60، 131، 157، 171، 202، 221، 231، 246، 249، 518، 820
نرجس عمران ③ 574، 904
نزار الكيالي ② 32، 91، 111، 251، 363، 820
نزار بني المرجة ② 95، 546، 820
نزار قباني ① 14، ② 7، 71، 185، 212، 236، 244، 250، 410، 412، 821، ③ 30
نزيه حسون ③ 157، 599، 904
نسيبة قصاب ② 70، 577، 821
نصر الله الطرابلسي ① 128، 596، 746، 787
نصر سمعان ② 247، 256، 293، 821
نصير شمة ③ 56، 65، 67، 655، 904
نعمة بن توما الحلبي ① 237، 584، 746، 804
نعمى سليمان ③ 91، 100، 473، 904
نقولا الترك ① 633، 746، 808
نقولا النقّاش ① 639، 746، 808
نقولاوس الصائغ ① 42، 83، 92، 573، 746، 813
نور الدين الإسعردي ① 34، 461، 747، 772، 777
نور الدين الجامي ① 14، 232، 661، 663، 668
نور الدين الحسيني ① 36، 173، 578، 747، 780
نور الدين اللبّاد ③ 147، 153، 314، 905
نورس يكن ③ 56، 64، 71، 75، 76، 77، 143، 146، 156، 160، 169، 524، 527، 905
نوري الجراح ③ 590، 905
نيفون سابا ② 32، 80، 182، 203، 262، 315، 821

هارون هاشم رشيد ① 14، ② 8، 37، 117، 155، 500، 822، ③ 30
هاشم شفيق ② 148، 652، 822
هاشم ضاي ② 32، 92، 184، 189، 386، 822
هاشم منقذ الأميري ② 33، 58، 102، 687، 822
هاني درويش ② 580، 823
هاني مصبح ③ 627، 905
هبة الفقي ③ 106، 292، 905
هبة الله الأفندي ① 606، 747، 787
هزار طباخ ③ 63، 161، 170، 556، 557، 905
هشام الفقي ③ 628، 906
هشام لاشين ③ 700، 906
هلال العيسى ③ 288، 906
همس الياسمين ③ 283، 906
هناء صقور ② 42، 644، 823
هناء محمد ③ 329، 906
هند هارون ② 65، 333، 823
هنري زغيب ② 44، 85، 159، 187، 211، 823
هيثم الرّصاص ③ 374، 906

الوأواء الدمشقي ① 74، 305، 747، 794
واصف باقي ② 32، 53، 119، 219، 552، 823

الـواله ① 73، 129، 262، 747، 808
وائل الأسود ③ 321، 906
وائل حمزة ③ 293، 906
وجيه البارودي ② 7، 138، 206، 216، 230، 385، 824
وداد نبي ③ 98، 450، 451، 906
وديع ديب ② 80، 314، 824
وسام الخطيب ③ 64، 665، 666، 906
وسام الشافي ③ 349، 907
وطن نمراوي ③ 112، 238، 907
وفاء شويح ③ 578، 907
وليد الرشيد الحراكي ③ 334، 907
وليد صالح ③ 344، 907
وليد محمود الصراف ② 38، 118، 143، 261، 824
وجيه الدولة الحمداني ① 124، 209، 365، 392، 393، 700، 798، 799

ياسر الأحمد ② 76، 101، 171، 176، 250، 711، 825
ياسر رحيمي ③ 478، 907
ياسر كركوكلي ③ 637، 907
ياسين عبد الله السعدي ③ 59، 94، 135، 277، 907
يحيى الحاج يحيى ③ 79، 118، 276، 907
يحيى العقاد الحلبي ① 586، 747، 787
يحيى ملازم ③ 425، 908
يزن نور الدين ③ 376، 908
يسرى الرفاعي ③ 102، 587، 908
يسرى هزّاع ③ 89، 383، 908
يوسف الأنصاري ① 565، 747، 792
يوسف البديعي ① 92، 565، 747، 803
يوسف البزاعي ① 421، 747، 772
يوسف الحسيني النقيب ① 36، 97، 576، 748، 783، 800
يوسف الدادة ① 596، 748، 793
يوسف الشوّاء الحلبي ① 464، 748، 797
يوسف أبو ريدة ③ 163، 392، 908
يوسف أبو لوز ② 147، 197، 645، 824
يوسف بو يحيى ③ 65، 74، 91، 505، 909
يوسف طافش ② 33، 120، 140، 160، 166، 198، 199، 202، 272، 623، 825، ③ 30
يوسف غانم ③ 52، 127، 149، 159، 498، 908
يوسف فضل الله سلامة ② 114، 303، 825
يوسف الناصر الثاني ① 57، 58، 69، 106، 110، 152، 158، 456، 457، 458، 459، 744، 776، 794، 797، 802، 806، ③ 16

2 فهرس الأعلام التي وردت باللغة العربية

في هذه القائمة، سنجد أيضاً أسماء بعض الشعراء الذين ذُكروا في قائمة أعلام شعراء الموسوعة (التي سبقت هذه القائمة)، حيث تشير أرقام الصفحات بجوار أسمائهم في تلك القائمة إلى المواضع التي ذُكرت فيها قصائدهم أو ذُكروا فيها بصفتهم شعراء لقصائد هذه الموسوعة، بينما تشير الأرقام في هذه القائمة إلى مواضع ذكرهم بصفتهم الشخصية أو الفكرية أو التاريخية.

الآمدي (ابن بشر) ① 403، 683
الإبشيهي (محمد بن أحمد) ① 684
الأخطل التغلبي ② 775، 768
الأخفش (سعيد بن مسعدة) ① 698
الأرقم بن الأرقم ① 166، 182، 405، 802
الاسكندر المقدوني ② 178، 221، 545
الأشرف خليل ① 472
الأشرف شعبان ① 485
الأشرف كجك ① 484
الأشرف موسى ① 166، 178، 430، 453
الاصطخري (إبراهيم بن محمد) ① 282
الأغلب بن عمرو العجلي ① 243
الأفضل بن بدر الجمالي ① 362
الأمين (الخليفة العباسي) ① 253، 255، ③ 13، 20
الأمين المحبّي ① 543، 565، 570، 584، 685، 719، 727، 729
الأميني النجفي ① 464
إبراهيم الخليل (عليه السلام) ① 166، 185، 593، ② 164، 178، 218، 219، 220، 413، 429، 542، 545، 552، 570، 574، 686، 748، ③ 141، 156، 560
إبراهيم الإبياري ① 345، ③ 26
إبراهيم الرفاعي ② 25
إبراهيم السامرائي ① 756
إبراهيم السعافين ① 756
إبراهيم باشا المصري ① 539، 597، 598، 708
إبراهيم بن سعيد الخشاب ① 403
إبراهيم بن عبد الرحمن العمادي ① 161، 548، 593
إبراهيم خليل إبراهيم ② 402
إبراهيم رمضان ① 754
إبراهيم زعرور ① 760
إبراهيم طوقان ③ 30
إبراهيم مجاهد الجزائري ② 32
إبراهيم بن مغلطاي ① 474
إبراهيم هنانو ② 12، 178، 205، 227، 228، 285، 289، 320، 330، 346، 358، 371، 586، 722، 846، ③ 142، 159، 653
ابق رائق (الوالي) ① 279
ابن الأثير (ضياء الدين) ① 257، 403
ابن الأثير (عزّ الدين) ① 362
ابن الأعرابي ① 256
ابن أبي أسامة ① 299
ابن أبي الحديد ① 753
ابن التابلان ① 435
ابن الجزار ① 474
ابن الجكمكجي ① 538
ابن الجوزي ② 170، 425، 784، ③ 77، 323
ابن الحجاج البغدادي ① 282
ابن الحسام القاضي ① 551
ابن الخياط الدمشقي ① 364

ابن الخشّاب القاضي ① 363
ابن الدبيثي ① 745
ابن الرومي (علي بن العباس بن جريج) ① 255، 258، ② 775، ③ 22
ابن الزملكاني (كمال الدين) ① 524، 463، 477، 478
ابن الزيّات ① 255
ابن الساعي (علي بن أنجب) ① 754، 763
ابن الشحنة (محبّ الدين) ① 165، 170، 474، 492، 494، 495، 513، 526، 724، 725، 727، 730، 731، 738، 803، ② 178، 200، 517
ابن الشعّار (المبارك بن أحمد) ① 754
ابن الشمّاع الحلبي ① 684
ابن العديم (كمال الدين عمر) ① 25، 165، 170، 402، 403، 435، 440، 442، 446، 464، 510، 526، 662، 684، 693، 738، ② 178، 200، 517، 610، 677، ③ 14، 15، 17
ابن العسّال ③ 26
ابن العماد الحنبلي ① 685
ابن العميد (الوزير البويهي) ① 255، 695، ② 178، 216، 312، 358
ابن الفوطي البغدادي ① 474
ابن القزاز اليهودي ① 700
ابن القلانسي ① 754
ابن المجاور ③ 23
ابن المسلمة ① 726
ابن المعتز ① 255
ابن المقفع ① 255
ابن المنلا الحصكفي الحلبي ① 543، 757
ابن النديم (محمد بن إسحاق) ① 754
ابن الهبّارية ① 364
ابن الوردي ① 485، 489، 684، 691، ② 762
ابن إياس (محمد بن أحمد) ① 471
ابن أيبك الدواداري ① 474، ③ 16
ابن بسام الشنتريني ③ 24
ابن بشكوال ① 697، ③ 26
ابن بطوطة ① 6، 474، ② 178، 202، 518، ③ 905
ابن تغري بردي ① 754
ابن ثوابة ① 275
ابن جابر الأندلسي ① 691، 703، ② 762
ابن جبير ① 398
ابن جزيّ الكلبي ① 6
ابن جماعة (بدر الدين) ① 755
ابن حمديس ③ 35
ابن جنّي (عثمان أبو الفتح) ① 282، 284، 691، 692، ② 178، 201، 573، 725، ③ 879
ابن حبيب الحلبي ① 474، 648، 710
ابن حجر العسقلاني ① 489، 684، 692، 716، ② 535
ابن حوقل ① 282
ابن خالويه ① 284، 704، ③ 141، 154، 416
ابن خرداذبة (عبيد الله بن عبد الله) ① 755
ابن خطيب الناصرية ① 158، 474، 491
ابن خفاجة الأندلسي ③ 27
ابن خلدون ① 474، 755
ابن خلكان ① 25، 402، 403، 684، 692، 704، 730
ابن دانيال الكحّال ① 475
ابن داود المذاري ① 275
ابن درستويه ① 698
ابن رُشد ② 776
ابن رشيق القيرواني ① 256، ③ 24
ابن زيدون ② 794

ابن سعيد المغربي ① 446، 684، 693، ③ 16، 26
ابن سلام الجمحي ① 243
ابن سنان الخفاجي ① 364، 365، 715
ابن شاكر الكتبي ① 684، 761، ③ 17، 21
ابن شدّاد (بهاء الدين أبو المحاسن) ① 403، 449، 710
ابن شدّاد (عزّ الدين) ① 403، 730
ابن شرف القيرواني ③ 25
ابن شهيد الأندلسي ③ 26
ابن عبد الحق البغدادي ① 474
ابن عبد الظاهر (محيي الدين) ① 474
ابن عبد ربّه ① 683، 755، ② 810
ابن عذاري المراكشي ③ 27
ابن عرب شاه ① 476
ابن عساكر ① 428، 694، ③ 11، 19
ابن غانم المقدسي ① 474
ابن الغزي (شمس الدين) ① 754
ابن قتيبة الدنيوري ① 255، 256
ابن كثير (اسماعيل بن عمر) ① 470، 474، ③ 20
ابن ماجد النجدي ① 474
ابن مالك النحوي ① 403
ابن مشكور الكاتب ① 534
ابن معتوق ① 543
ابن معطي الزواوي ① 691
ابن مماتي ① 403
ابن مناذر الصبيري ① 257
ابن منظور (محمد بن مكرم) ① 755، ③ 11
ابن نباتة الكاتب ① 474
ابن واصل (محمد بن سالم) ① 403
ابن يزاداذ ① 346
ابن يعيش الحلبي ① 403
أبو إسحاق الزيّات ① 683
أبو إسحاق السلماني الحلبي ① 334
أبو الأسود الدؤلي ① 243
أبو البقاء الرندي ③ 28، 166
أبو البقاء العكبري ① 345
أبو الجود البيروني ① 743
أبو الجود الرفاعيّ ① 656، 811
أبو الحسن التهامي ① 363
أبو الحسن بن أبي نصر العسقلاني ① 338
أبو الحسن بن عبد الملك الهاشمي ① 268
أبو الحسين الجزّار ① 475
أبو الحسين الهاشمي ① 335
أبو الرضا بن الحموي ① 510
أبو السعود الكواكبي ① 577
أبو الشيص الخزاعي ① 257
أبو الصقر إسماعيل بن بلبل ① 273
أبو الطيب اللغوي ① 284، 683
أبو العباس السفاح ① 254
أبو العتاهية ① 255، 257، 258
أبو العلاء أحمد بن عبد الله ① 686
أبو الفتح البكتمري ① 284
أبو الفتوح السويدي ① 574
أبو الفداء الحموي ① 474، 533، 755، ② 178، 206، 216، 385، 810
أبو الفرج الأصفهاني ① 255، 260، 282، 284، 683، ② 178، 202، 624
أبو الفرج الببغاء ① 698، 700
أبو الفضل بن أحمد المغربي ① 404
أبو القاسم الحلبي ① 368
أبو القاسم الشابي ② 784
أبو القاسم الوزير المغربي ② 775
أبو الكلام آزاد ③ 173، 177، 197، 718
أبو المحاسن الشواء ① 404
أبو المحاسن جمال الدين الحلبي ① 503

أبو المظفر الأبيوردي ③ 22
أبو المواهب بن ميرو ① 543
أبو الوفا الرفاعي ① 162، 165، 170، 553، 575، 591، 592، 701، 739
أبو الوفا العرضي ① 133، 543، 557، 569، 701، 731، 741، 743
أبو اليمن البتروني ① 543
أبو بكر الخوارزمي ① 283، 307، ② 187، 202، 358
أبو بكر الصولي ① 760
أبو بكر المعلّم ① 134، 161، 548
أبو تمّام (حبيب بن أوس الطائي) ① 165، 167، 235، 237، 255، 257، 258، 335، 353، 404، 709، ② 177، 196، 257، 264، 265، 357، 591، ③ 141، 147، 153، 314
أبو جعفر المنصور ① 252
أبو حيان التوحيدي ① 255، 282، ② 788
أبو دلامة ① 257
أبو ذؤيب الهذلي ① 242
أبو زيد الهلالي ① 542
أبو شامة المقدسي ① 403
أبو عبيدة بن الجراح ① 240، ② 178، 212، 545
أبو علي الفارسي ① 284
أبو عمران الحلبي ① 271
أبو عمرو بن العلاء ① 256
أبو غانم بن أبي جرادة ① 715
أبو فراس الحمداني ② 38، 174، 184، 188، 189، 190، 191، 192، 194، 207، 220، 231، 255، 265، 266، 316، 320، 329، 354، 358، 373، 374، 386، 393، 410، 478، 506، 508، 517، 524، 525، 574، 580، 678، 679، 715، 744، ③ 141، 145، 146، 161، 164، 235، 261، 287، 371، 402، 403، 410، 411، 416، 486، 525، 540، 561، 695، 702
أبو لهب ابن عبد المطّلب ② 439، ③ 141، 157، 540، 541، 554، 572، 599
أبو محجن الثقفي ③ 878
أبو نواس ① 165، 167، 255، 257، ③ 21
أبو يعقوب الخُرَيْمي ③ 20
أثناسيوس الثالث دبّاس ① 544، ② 18، 19
أثير الدين ابن الشحنة ① 686، 711، 726
إحسان النص ① 242
إحسان شيط ② 25
إحسان عباس ① 248، 377، ③ 16، 27، 28
إحسان عبد القدوس ② 782
إحسان عنتابي ② 26
أحمد أزرق ② 28
أحمد الأبري ② 24، 276، 310، 767
أحمد الترمانيني ① 706
أحمد التلمساني ① 762
أحمد الجندي ① 657، 783، ② 832
أحمد الحوفي ① 257
أحمد الفقش ② 28
أحمد الكواكبي ① 547، 572، 582، 729
أحمد المجاطي ③ 31
أحمد المغايري ② 27
أحمد أمين ② 22
أحمد باشا بن جعفر ① 538
أحمد بدوي ① 756، ③ 23
أحمد برهو ② 26
أحمد بن دينار بن عبد الله ① 276
أحمد بن العباس الكلابي ① 269
أحمد بن طه زادة الجلبي ① 134، 582، 583
أحمد بن طولون ① 166، 172، 261، 278
أحمد بن عبد الوهاب ① 270

أحمد بن كيغلغ ① 284
أحمد بن محمد بن مائل ① 279
أحمد بن محمد الكواكبي ① 165، 170، 706
أحمد بن مروان ① 704
أحمد تيمور باشا ① 757، ② 832، ③ 31
أحمد جزماتي ② 25
أحمد دوغان ② 29، 757، 810، ③ 851
أحمد حسن الزيات ① 255
أحمد رفعت البدراوي ① 754
أحمد زكي أبو شادي ③ 913
أحمد زياد محبك ② 29
أحمد سالم ② 28
أحمد سردار ② 28
أحمد شوقي ② 772، 775، ③ 28، 142، 160
أحمد شوقي بنبين ① 763
أحمد صابوني ② 28
أحمد طلس ② 29
أحمد عبد الغفور عطار ① 757
أحمد عزت الفاروقي ① 599
أحمد عصام عبد القادر ② 33
أحمد عقيل ② 27
أحمد علي الفلاحي ① 761
أحمد فوزي الهيب ① 476
أحمد قنبر ② 12
أحمد مشوّل ② 33
أحمد نامي بك ② 112، 303
أحمد نسيم ① 264
أحمد يوسف الحسن ② 29
أرسطو طاليس ② 178، 221، 518، 571، 708
أرغون الدوادار ① 514
أرغون الكاملي ① 166، 178، 515، 517، 791، ② 177، 692، 703
أرمانوس البيزنطي ① 358
أسامة بن منقذ الشيزري ① 755، ② 784
إسحاق شمّوس ② 29
إسحاق عدس ② 27
ادمون رباط ② 29
أدولف بوخه ② 299
أديب الدايخ ② 28
أديب النحوي ② 30
آرنولد توينبي ① 363
أسد الدين المهراني ① 693
أسد الدين شيركوه ① 399
أسعد المدرس ② 25
أسعد سالم ② 28
أسعد محفل ② 29
إسماعيل بن حماد الجوهري ① 282، 757
إسماعيل بن سودكين ① 440
إسماعيل حسني ② 25
إسماعيل شاه الصفوي ① 475
إسماعيل الشيخ ② 28
إسماعيل عمر منصور ② 32
أسمهان (آمال الأطرش) ② 768
أشجع السلمي ① 165، 167
اعتدال عثمان ③ 914
أغناطيوس ديك ② 28
آقسنقر البرسقي ① 363
ألب أرسلان السلجوقي ① 360، 699
ألبرتو مورافيا ② 781
ألطنبغا الصالحي ① 101، 166، 179، 484، 521، 784
أغاثا كريستي ③ 77، 142، 160، 525
ألفريد بخاش ② 25
ألفونس دي لا مارتين ① 14، 234، 363، 663، 674، 766، ② 171، 179، 231، 519، ③ 142، 148، 632

إلفيرا بوخه ② 299
ألكسندر كشيشيان ② 29
إلياس غالي ② 29
إلياس ملكي ② 15
أليس مليكة أولغيزير ③ 198، 723
أمجد الطرابلسي ① 760
امرؤ القيس ① 165، 168، 235، 237، 238، 569، 708، ③ 12، 161، 164، 680
أمية الزعيم ② 276
إميل حبيبي ② 783
إميل صعب ② 276
أمين الحافظ ② 13
أمين الريحاني ② 824
أمين عيروض ② 29
أمين معلوف ① 396، 401
أنسي الحاج ③ 905
انطوان الرباط ② 24
أنطوان زابيطا ② 27
أنطوان شعراوي ② 20
أنطوانيت عازريه ② 28
إنعام فاطمة ③ 208، 715
أنوشتكين الدرزي ① 364
أنور السردار ② 24
أنور عبد الغفور ② 25
أنيس مقدسي ① 420
أوجينو مونتالي ③ 173، 215، 823
أوربان الثاني ① 361
أورخان ميسّر ② 18، 31، 767، 794
أوغسطين عازار ② 24
أوليا جلبي ① 543
أوليفييه ميسيان ② 719
إياد جميل محفوظ ② 30
إياس بن معاوية المزني ① 182
إيليا قجميني ② 24
أيمن جسري ② 27

بابلو نيرودا ③ 34، 173، 215، 736
الباخرزي (علي بن الحسن) ① 783
باسيل الثاني البيزنطي ① 358
باسيل حجار ② 28
البحتري (الوليد أبو عبادة) ① 165، 168، 255، 257، 258، 259، 405، 422، ② 177، 192، 193، 194، 196، 257، 266، 326، 359، 381، 451، 454، 498، 508، 517، 525، 550، 613، 633، 679، 725، 847، ③ 141، 147، 161، 165، 706
بدر الجمالي ① 360
بدر الحبشي ① 440
بدر الخرشني ① 279
بدر رستم ② 33
بدر الدين الحاضري ② 29، 30
بدر الدين العباسي الحلبي ① 404
بدر الدين العيني ① 684، ③ 16
بدر الدين الغزي ① 543
بدر الدين زيتوني ② 29
بدر الدين لؤلؤ ① 688
بدر شاكر السيّاب ③ 29
بدوي طبانة ① 257
بديع الزمان الهمذاني ① 255، 282
برهان نعساني ② 25
البساسيري الفاطمي ① 359، 360
بسام جاموس ② 28
بشارة الخوري (الأخطل الصغير) ② 22، 257، 258، 269، 270، 505، ③ 161، 166، 216
بشرى الخادم ① 279

بشير الشهابي ① 710، 746
بشير العباسي ② 24
بشير بدوي ② 26
بشير فنصة ② 21
بطرس البستاني ① 544، ② 18، 78
بطرس مراياتي ② 28
البعيث المجاشعي ① 243
بغداد عبد المنعم ② 29
بكر عباس ① 756
البكري الأندلسي ① 251
بكري شيخ أمين ① 475، 541، 542، ② 29
بكري الكردي ② 27
بكري بساطة ② 25
البلاذري (ابن جابر) ① 240
بلدوين الأول ① 362، 363
بلفور (آرثر بلفور) ② 11، 801
بلقيس (ملكة سبأ) ① 166، 181، 334، ② 789، ③ 487
البنداري (الفتح بن علي) ① 399، 418
بهاء الدين العاملي ① 543
بهجت حسان ② 27
بهرام باشا ① 538
بودلير (شارل بودلير) ② 770، 795
البوري أنر ① 396
البوصيري ① 474
بول شاوول ② 484
بولس الحكيم ① 135، 600
بولس قوشاقجي ② 20
بولس يازجي ② 28
بوهيموند السادس ① 470
بيازيد بن عثمان ① 132، 506
بيبرس المنصوري ① 472
بيتهوفن (لودفيغ فان بيتهوفن) ② 141، 654
بيشوف الجرماني ① 543
بيكو (فرانسوا بيكو) ② 11

تاج الدين السبكي ① 684
تتش شاه السلجوقي ① 360
تغري بردي بن قصروه ① 102، 166، 179، 513، 648
تغلب بن داوود الحمداني ① 348
تقي الدين السبكي ① 160، 531
تنكز (الوالي المملوكي) ① 484
التهانوي (محمد بن علي) ① 543
توزون التركي ① 279
توفيق الصباغ ② 27
تيماء الناصر ② 33
تيمورلنك ① 3، 152، 471، 501، ② 172، 609، ③ 13، 18، 142، 157، 158، 224، 508

ثائر زين الدين ② 833
ثريا محيي الدين ② 29
الثعالبي (عبد الملك أبو منصور) ① 25، 165، 170، 280، 282، 283، 284، 570، 683، ② 178، 202، 357
ثمال بن صالح المرداسي ① 359، 360، 700

جابر عصفور ① 760، ③ 914
الجاحظ (عمرو بن بحر) ① 244، 255، 257
جاك وردة ② 25
جانم المكحل ① 695
جبرا الأكشر ② 28
جبران هدايا ② 26
جبريل بن شكر المصري ① 404
جرجس شلحت ① 609، ② 28
جرجس مارديني ② 29

جرجي زيدان ① 544، ② 18
جرجي يني ② 835
جرمانوس فرحات ① 746، ② 113، 309
جرير الخطفي ① 242، 243، 244، 257، 707، 730، ③ 141، 147، 488
جسّاس بن مرّة الشيباني ① 166، 180، 246
جعفر بن يحيى البرمكي ① 252
جكم (الوالي المملوكي) ① 472
جلال الدين الرومي ① 404، 662، ② 178، 199، 680
جلال الدين السيوطي ② 772
جلال الملاح ② 22
جمال الدين الشيال ① 755
جمال الدين يوسف القاضي ① 477
جمال باروت ② 29
جمال باشا (الوالي العثماني) ① 138، 612، 624، 634
جمال شحيد ① 766
الجمالي الحنبلي ① 493، 525
جميل باشا (الوالي العثماني) ① 138، 166، 180، 596، 622، 626
جميل بن معمّر ① 244
جميل جوخدار ② 27
جميل صليبا ② 22
جميل كنة ② 29
جميل ولاية ② 29
جهاد الكاتب ② 30
جودة باشا (الوالي العثماني) ① 137، 166، 180، 602، 616
جورج بلوا دو روترو ① 766
جورج بايرون (اللورد بايرون) ③ 173، 194، 214، 743
جورج سالم ② 30
جورج صيدح ② 22
جورج طرابيشي ② 29
جورج طعمة ② 22
جورج عبد الكريم خوام ② 28، 307
جورجيت حنوش ② 30
جوزيف إلياس كحالة ① 544، ② 18
جوسلين الثاني ① 362، 363
جيني بوخه مراش ② 299

حاتم الطائي ① 166، 182، 561
حاجي خليفة ① 543
الحارث بن حلزّة اليشكري ② 504
الحارث بن خالد المخزومي ① 243
حازم القرطاجني ② 762
حازم عقيل ② 26
حافظ إبراهيم ③ 142، 159، 396
الحافظ لدين الله الفاطمي ① 736
الحاكم بأمر الله الفاطمي ① 358
حبيب زيّات ① 488
الحجاج بن يوسف الثقفي ① 243، 713
الحريري البصري ① 255
حسام الدولة المرداسي ① 389، 725
حسام الدين الخطيب ② 21
حسام الدين طمان ① 417
حسام الدين كردي ② 33
حسان بن المفرج الطائي ① 166، 174، 359، 365، 369
حسان بن ثابت ① 242
حسان تناري ② 27
حسن إبراهيم باشا ② 12
حسن بصّال ② 27
حسن الصيادي ① 162، 612
حسن الكواكبي ① 582

الحسن بن زهرة الحلبي ① 403
الحسن بن علي بن أبي طالب ① 711
حسن توفيق عبد العال ② 21، 29
حسن حفار ② 28
حسن حقّي باشا ① 624
حسن ذكرى ③ 25
حسن عاصي الشيخ ② 33
حسن لجّة ① ج، 1، 6، 400، 664، 676، 677، 679، 680، 682، 649، 761، ② ج، 1، 733، 735، 736، 738، 739، 740، 741، 742، 743، 744، 745، 746، 753، 755، 763، 773، 826، ③ ج، 842، 865، 910
حسن عبد الله القرشي ③ 31
حسن كامل الصيرفي ① 752
حسن محمد عبد الهادي ① 751
حسيب الحلوي ② 29
حسيب كيالي ② 30
حسين أحمد أمين ① 670
حسين أفندي الصالحي ① 583
حسين أفندي الوهبي ① 575
حسين ادلبي ② 24
حسين الدخيلي ① 242
حسين الشعباني ② 21
حسين الصديق ② 29
حسين بيوض ① 757
حسين باشا الجليلي ① 590، 734
حسين راجي ② 33، 797
حسين جميل باشا ① 622
الحسين بن الضحاك ① 255
الحسين بن حمدان بن حمدون ① 279
الحسين بن علي بن أبي طالب ② 474
حسين توفيق أفندي ① 137، 138، 611
الحصري القيرواني ③ 24
حكيم السلمي ① 250
الحلّاج (الحسين بن منصور) ② 200، 268، 540، 799
حمام خيري ② 28
حمد الجاسر ① 763
حميد الأنطاكي ② 29
الحِميَري (محمد بن محمد) ① 474، ② 178، 202، 518، ③ 27
حنّا دياب ① 543
حنّا ورد ② 28

الخال الطالوي ① 543
خالد آغا القلعة ② 33
خالد الجبيلي ① 541، ② 833
خالد الماغوط ② 29
خالد بن الوليد ② 178، 212، 499، 545، 809، ③ 141، 151، 285، 261، 357، 622
خالد خليفة ② 30
خالد معدل ① 376
خالدة سعيد ② 833
خاير بك (الوالي المملوكي) ① 537
الخباز البلدي ① 284
الخبز أرزي ① 284
خسرو باشا ① 538، 723
الخطيب البغدادي ① 252، 359
خليل الدويهي ① 752
خليل مردم بك ① 449
خليل المنصور ① 765
خليل بن اللنكي الحنفي ① 695
خليل برهومي ② 832
خليل حصلب ① 635
خليل صابات ① 544، ② 18
خليل عارف جعلوك ② 32

خليل الهنداوي ② 29
الخنساء ① 165، 167، 242، 336، ② 177، 197، 591، ③ 141، 147، 247، 382
خورشيد باشا (الوالي العثماني) ② 9
خَوْلَة الحمدانية ① 156، 166، 181، 195، 350، ② 211، 454، 514، 648، 668، ③ 141، 153، 248
خير الدين الأسديّ ① 240، ② 28، 31، 178، 225، 336، 552، 610، 776، 810، ③ 142، 159، 410
خير الدين الزركلي ① 685، ② 756، ③ 915
خيري سعيد ① 753

دانتي أليغييري ③ 173، 215، 770
داود (عليه السلام) ① 166، 185، 550
دبيس بن صدقة ① 363
الدزبري (الوالي) ① 359
درية شفيق ② 22
درويش الطالوي ① 659، 701
ديونيزوس اليعقوبي ① 284

ذكا الأعور ① 279
ذو الرمّة ① 244
الذهبي (شمس الدين) ① 684، 764
ذو القرنين بن ناصر الدولة الحمداني ① 696

رابح بونار ③ 23
رابعة العدوية ① 243، ② 792
الرازي (أبو بكر محمد بن يحيى) ① 282
راشد حسين ③ 30
الراضي العباسي ① 279
راغب الطباخ (محمد راغب الطباخ) ① 427، 760، 764، 765، ② 28، 178، 225، 335، 804، 810
ربى الجمال ② 28
ربيعة خاتون ① 689
ربيعة الرقي ① 257
رزق الله حسّون ① 543، ② 18
رشا عمران ② 757
رشاد برمدا ② 12
رشدي الكيخيا ② 12
رضوان بن تتش السلجوقي ① 166، 174، 386
رضا رجب ① 752
رضوان سالم ② 24
رضوان شيخ تراب ② 25
رضوى عاشور ② 769
رضيّ الدين بن الحنبلي ① 474، 527، 684، 718، 748
رولان خوري ② 25
رومانوس ديوجين ① 360
رياض الجابري ② 29
رياض الريّس ② 436، 829، ③ 30، 426، 905
رياض صالح الحسين ③ 173، 215، 799
رينيه خوام ② 29
رينيه عبودي ② 30

الزبرقان بن بدر ① 719
زبيدة القاضي ① 766
الزبيدي (محمد المرتضى) ① 758
الزمخشري ① 403
زرياب ② 203، 719
زكريا (عليه السلام) ① 166، 185، 593، ② 178، 218، 539، 574، ③ 141، 71، 72، 156، 511، 525
زكريا تامر ③ 905
زكريا عزوز ② 25
زكي العوضي ② 834

زكي قنصل ② 22
زكي مبارك ① 567
زكية حمدان ② 28
زنكي بن آقسنقر ① 699
زنوبيا (ملكة تدمر) ② 178، 221، 234، 563، 818
زهير أمير براق ② 24
زهير بن أبي سلمى ② 804
زهير دباغ ② 26
الزير سالم ① 542، ③ 141، 154، 488
زياد بن أبيه ② 178، 213، 469
زياد عساف ② 26
زين الدين الباريني ① 733
زين الدين الشعيفي ① 543
زين الدين المنوفي ① 503
زين الدين بن عبد اللطيف ① 748
زينب بيره جكلي ① 542، ② 29
زينب سيد نور ① 258

سابق البربري ① 243
سابق بن محمود المرداسي ① 359، 364، 388
سارتر (جان بول سارتر) ② 798، ③ 173، 215، 736
ساطع الحصري ② 12
سامر كبة ② 33
سامي الدروبي ② 22
سامي الدهان ① 253، ② 29، ③ 15
سامي الشوّا ② 27، 135، 179، 229، 252، 294، 295، 310
سامي الكيالي ① 544، 761، ② 21، 29، 178، 224، 225، 245، 256، 276، 305، 346، 778، 846، ③ 142، 159، 653
سامي برهان ② 25
سايكس (مارك سايكس) ② 11
سبط ابن الجوزي ① 683
سبط ابن العجمي ① 474
ستّ الملك (الفاطمية) ① 358
سحبان بن زفر بن أياس ① 165، 169، 334، 610، 612، ② 203، 356
السخاوي (محمد بن عبد الرحمن) ① 684
السرّاج الورّاق ① 475
السرخسي (محمد بن أحمد) ① 282
سعاد الصباح ② 769، ③ 861
سعد بن نوفل ① 166، 181، 247، 799
سعد الدولة الحمداني ① 308
سعد الدين كليب ② 29، 757
سعد الله آغة القلعة ② 29
سعد الله الجابري ② 12، 178، 226، 227، 284، 346، 358، 597، 846، ③ 142، 149، 159، 498
سعد زغلول الكواكبي ② 29، 301
سعد يكن ② 26
سعود غنايمي ② 25
السعيد الأرتقي ① 687
سعيد الأسود ② 25
سعيد الطه ② 26
سعيد بن شريف الحمداني ① 300
سعيد بن عبد الواحد ① 466
سعيد بن هارون ① 274
سعيد رجّو ② 33
سعيد عاشور ① 758
سقراط الإغريقي ② 178، 221، 238، 398، 818
سفيان بن عيينة ① 258
سلطان باشا الأطرش ② 11
سلطان شاه بن رضوان ① 363
سلطان العويس ② 758
سلفستيروس (البطريرك) ① 686

سلمان قطاية ② 29
سلم الخاسر ① 257
سليم الأول العثماني ① 537
سليم قطاية ② 24
سليمان حلوم ② 403
سليمان الحلبي ② 769، ③ 861
سليمان القانوني ① 539
سليمان بن عبد الملك ① 166، 171، 241، 247
سليمان بن قتة ① 243
سليمان بن ميمون النحوي ① 403
سليمان نجيب الخش ③ 869
سمعان العمودي ① 131، 467، 810، ② 222، 322، 705، ③ 17، 78، 409
سمية حطري ③ 920
سمير بسيوني ② 279
سمير بكرو ② 32
سمير جركس ② 28
سمير ذكرى ② 28
سمير طحان ② 28
سمير منصور ② 783
سنان باشا (الوالي العثماني) ① 575
سنان بن عليان الكلبي ① 166، 174، 359، 365، 369
السهروردي (شهاب الدين) ① 404، ② 197، 198، 267، 268، 508، 540، 573، 610، 625، 633، 645، 680، 681، 706
سهيل بن هارون ① 255
سهيل زكّار ① 239، ③ 14
سهيل الملاذي ② 19، 20، 29، 835
السوبيني القاضي ① 495
سيبويه ① 692
السيد الباز العريني ① 760
سيد الغوري ② 732
سيد كسروي ① 754
سيف الدولة الحمداني ① 25، 77، 145، 146، 156، 166، 172، 173، 174، 181، 186، 255، 279، 280، 281، 282، 283، 284، 285، 286، 287، 288، 295، 296، 297، 298، 300، 305، 306، 309، 311، 312، 314، 315، 317، 318، 319، 344، 347، 348، 349، 350، 351، 352، 353، 354، 355، 364، 398، 508، 578، 695، 697، 698، 699، 700، 703، 704، 712، 717، 720، 721، 726، 730، 737، 745، 746، 747، 759، 773، 796، 801، ② 60، 183، 184، 190، 201، 202، 203، 204، 205، 206، 207، 208، 209، 210، 211، 216، 282، 283، 289، 297، 307، 311، 312، 315، 318، 320، 329، 331، 343، 355، 356، 358، 369، 376، 385، 393، 396، 397، 405، 442، 447، 454، 470، 477، 493، 501، 506، 524، 525، 549، 556، 564، 580، 584، 586، 595، 596، 609، 624، 649، 708، 713، 726، 743، ③ 141، 148، 149، 150، 158، 159، 222، 228، 231، 243، 265، 297، 346، 434، 498، 516، 653، 695، 706
سيف الدين غازي بن زنكي ① 397
سيف الدين الكاتب ② 33
سيف بن ذي يزن ① 542
سيما الطويل ① 166، 172، 253، 274

شادي جميل ② 28
الشافعي (الإمام الشافعي) ① 724، ③ 902
الشاعر القروي ② 22
شاكر أفندي الحلبي ② 26
شاكر شاكر ① 486

شاكر مصطفى ① 762، ② 22
شاهر عوض ③ 914
شاور الفاطمي ① 399
شجرة الدرّ ① 750
شرف الدين الفاروقي ② 24
شرف العلى بن تاج العلى ① 711
شُريح بن الحارث الكندي ① 182
الشريف أبو إبراهيم الحلبي ① 368
الشريف العقيقي ① 747
الشريف المرتضى ① 363
الشريف بن أبي الركب ① 530
شريف بن سيف الدولة ① 696
شريف خزندار ② 29، 797
شريف محرم ② 26
شفيق الرقب ① 421، 423
شكري كنيدر ② 20
شكسبير (ويليام شكسبير) ② 772
شكيب الجابري ② 30
شكيب بشقان ② 25
شمس الدين البصروي ① 543
شمس الدين الرفاعي ② 833
شمس الدين الصايغ ① 534
شمس الدين الكوفي ③ 21
شمس الدين بن نجم الدين بن أرتق ① 499، 500
شمس الدين شمسة ② 30
شمس الدين محمد بن الصوا ① 724
الشمشاطي (علي بن محمد) ① 280
الشهاب أحمد الهندي ① 159، 505، 507
شهاب الدين الأذرعي ① 160، 529
شهاب الدين التلعفري ① 404
شهاب الدين الخفاجي ① 543، 558، 684
شهاب الدين العمري ① 474
شهاب الدين بن الصاحب ① 724
شهاب الدين بن فضل الله ① 474، 485
شهاب الدين طغرل ① 403
شهاب الدين محمود ① 534
شهلا العجيلي ② 30
شوبان (فريدريك شوبان) ③ 182، 773
شوقي بغدادي ② 757
شوقي شعث ① 738، ② 28
شوقي ضيف ① 254، 255، ③ 914
شيخ الربوة (شمس الدين الأنصاري) ① 474

الصاحب بن عبّاد ① 255، ② 178، 216، 358
الصاحب شرف الدين الناظر ① 532
صالح (عليه السلام) ② 178، 220، 632
الصالح إسماعيل الزنكي ① 399
الصالح أيوب ① 714
الصالح بن رزيك ① 715
صالح الأشتر ② 29
صالح بن عبد القدوس ① 258
صالح بن علي العباسي ① 253
صالح بن مرداس الكلابي ① 166، 174، 359، 365، 369
صالح المحبك ② 28
صالح دياب ② 31، 757
صالح قصير الذيل ② 28
صباح فخري ② 28، 139، 140، 179، 230، 272، 624، 666، 710، ③ 55، 142، 161، 585
صبحي الصواف ② 28
صبحي العجيلي ② 30
صبحية عنداني ② 30
صبري الأشتر ② 29
صبري مدلل ② 27، 28، 179، 230، 710، ③ 56، 142، 160، 427، 524
صبيح صادق ③ 35

صدقي إسماعيل ② 342
صَرّبَعْرّ ① 725
صفاء خلوصي ① 542
الصفدي (صلاح الدين) ① 474، 684، 688
صفوان العابد ② 28
صفي الدين الحلي ① 165، 168، 474
صفية لطفي ② 29
صلاح الدين البصمة جي ② 21
صلاح الدين الأيوبي ① 166، 175، 176، 398، 399، 400، 401، 402، 407، 410، 417، 418، 419، 420، 421، 422، 423، 427، 439، 687، 700، 711، 718، 721، 732، 742، 750، ② 178، 213، 214، 215، 241، 337، 447، 545، 547، 550، 557، 586، 636، 649، 809، ③ 140، 141، 150، 151، 318، 434، 624
صلاح الدين الدوادار ① 483
صلاح الدين الهواري ③ 24
صلاح كزارة ② 29
الصنوبري (أبو بكر) ① 165، 167، 255، 282، 284، 293، ② 177، 195، 196، 257، 267، 369، 525، 679، 725، 804

ضياء الحموي ② 26
ضياء السكري ② 27، 179، 230، 719، 720، 721
ضياء قصبجي ② 30
ضيفة خاتون ① 25، 401، 403، ② 178، 215، 216، 454، 586

طارق بن زياد ① 750
طالب يازجي ② 25
طاهر البني ② 26، 29
طاهر الصابوني ② 30
طاهر النقش ② 28
طاهر بن الحسين ① 255، ③ 21
الطبري (محمد بن جرير) ① 253، 282، ② 765، ③ 20
الطرماح بن حكيم الطائي ① 243
طشتمر الساقي ① 722
طغرلبك السلجوقي ① 360
طلال أبو دان ② 25
طه أفندي مهنا ① 135، 162، 600
طه بن مصطفى زادة ① 161، 562
طه إسحاق الكيالي ② 29، 757
طه العاني ③ 33
طه المدور ② 20
طه حسين ① 365، 369، ② 22

الظاهر بيبرس ① 116، 178، 471، 472، 474، 496، 536، 750، ② 240، 651، 809
الظاهر غازي الأيوبي ① 25، 157، 166، 400، 401، 403، 404، 425، 427، 428، 432، 433، 436، 437، 438، 687، 689، 695، 716، 719، 744، ② 178، 215، 454، 545، 547، 557، 586
ظريف صباغ ② 24
ظهير كنيفاتي ② 32

عادل حمزة ① 472
العادل محمد الأيوبي ① 399
عادل المصري ② 32
عادل مهنا ② 25
العاضد الفاطمي ① 399
عامر بن واثلة ① 243
عائشة الباعونية ① 474
عائشة الدباغ ① 758، ② 28

عائشة عبد الرحمن (بنت الشاطيء) ① 762، ② 22
العباس بن أحمد بن كيغلغ ① 333
العباس بن الأحنف ① 258
عباس حيروقة ② 33
عباس محمود العقاد ② 22
عبد الإله نبهان ① 763
عبد الأمير مهدي حبيب ① 752
عبد الإله يحيى ② 30
عبد الباسط بن الشحنة ① 158، 492
عبد الباقي بن علاء الدين ① 505
عبد الجليل سلاح ② 21
عبد الجليل عليان ② 32
عبد الحفيظ شلبي ① 345
عبد الحكيم الأنيس ① 489
عبد الحليم النجار ① 766
عبد الحليم حافظ ③ 142، 161، 170، 679
عبد الحميد الثاني (السلطان العثماني) ① 139، 166، 179، 607، 623، 624، 636، 637، 647، 701، 743، 793، 808
عبد الحميد الجابري ① 725، ② 20
عبد الحميد ديوان ② 757
عبد الحميد شومان ① 756
عبد الحميد صالح حمدان ① 762
عبد الحميد قمري ② 25
عبد الحميد هنداوي ① 477
عبد الرحمن الأويسي ① 764
عبد الرحمن أبو قوس ② 21، 24
عبد الرحمن الباشا ② 29
عبد الرحمن البيك ② 30
عبد الرحمن الداخل ② 178، 213، 469
عبد الرحمن دركزللي ② 29
عبد الرحمن الشافعي الحلبي ① 614
عبد الرحمن الكواكبي ① 543، ② 17، 20، 178، 222، 340، 355، 525، 834، 835، 847
عبد الرحمن الكيالي ② 12، 29، 276
عبد الرحمن الناصر ① 278، 750، ② 178، 213، 398، 809
عبد الرحمن جبقجي ② 29
عبد الرحمن حميدة ① 241، ② 9، 28
عبد الرحمن زكي المدرّس ① 634
عبد الرحمن عطبة ② 29
عبد الرحمن مهنا ② 26
عبد الرحمن مؤقت ② 25
عبد الرحمن ناولو ② 21
عبد الرحيم آل شلبي ② 33
عبد الرشيد سالم ③ 914
عبد الستار أبو غدّة ① 635، ② 829
عبد الستار فراج ① 754
عبد السلام الترمانيني ① 706
عبد السلام حلوم ② 33
عبد السلام العجيلي ② 834
عبد السلام الكاملي ② 21
عبد السلام كنعان ② 33
عبد السلام هارون ① 244
عبد العزيز سعود البابطين ① 765، 766، ② 31، 757، 803، 837، ③ 916
عبد العزيز المقالح ③ 870
عبد الغني النابلسي ① 543
عبد الغني حمادة ② 30
عبد الفتاح الحلو ① 764
عبد الفتاح الصعيدي ① 764
عبد الفتاح قلعه جي ② 24، 29
عبد القادر البغدادي ① 543
عبد القادر الكرماني ② 29

عبد القادر الهلالي ② 809
عبد القادر بساطة ② 26
عبد القادر جحار ② 28
عبد القادر رشيد الناصري ② 294
عبد القادر طليمات ① 753
عبد القادر عياش ② 31، 757
عبد القادر قطاع ② 25
عبد القاهر بن أبي جرادة ① 410
عبد الكريم الأشتر ② 29
عبد الكريم شحادة ② 29
عبد الكريم ماردلي ② 32
عبد الله أبو هيف ② 831
عبد الله الجابري ① 581، 600
عبد الله الدرويش ① 754
عبد الله الزاخر الحلبي ① 544، ② 19، 834
عبد الله الزيات ③ 914
عبد الله السوداني ③ 914
عبد الله بن الزبير ① 729
عبد الله بن المبارك ① 258
عبد الله بن صالح العباسي ① 253
عبد الله بن طاهر ① 255
عبد الله بن عمر العرجي ① 243
عبد الله بن محمد الأمين ① 688
عبد الله بن همام السلولي ① 243
عبد الله جحار ② 28
عبد الله عبد الدايم ② 22
عبد الله غانم ② 567
عبد الله فكري ① 452
عبد الله المرّاش ① 543، 743
عبد الله مكسور ② 30
عبد الله يوركي حلاق ② 14، 21، 566، 566، 757، 777، 832
عبد المحسن خانجي ② 26
عبد المسيح الأنطاكي ② 20
عبد المسيح حداد ② 770
عبد الملك بن صالح العباسي ① 253
عبد الملك بن مروان ① 707، 713، 729، 730، 750
عبد المنعم اسبير ② 24
عبد الوارث محمد علي ① 483
عبد الوهاب حومد ② 12
عبد الوهاب سايس ② 30
عبد الوهاب الصابوني ② 29، 30
عبد الوهاب العجيلي ② 28
عبد الوهاب عزّام ① 347، 753
عبدو زرزور ② 27
عبود بشير ② 28
عبيد بن سُريج ① 166، 181، 292
عثمان بن عفّان ③ 141، 154، 467
عثمان نوري باشا ① 136، 166، 180، 608
عثمان مهملات ② 28
العجاج بن عبد الله التميمي ① 243
عدنان فرزات ② 31
عدنان كزارة ② 30
عدنان ميسّر ② 26
عروة بن أذينة ① 243
عُروة بن حزام ① 244
عُريب المأمونية ① 166، 181، 292
عز الدين إسماعيل ① 750، ③ 12
عز الدين أيبك ① 717
عز الدين بن زين العابدين الرومي ① 505
عز الدين الحسفائي ① 509
عزة حسن ② 29
عزيز غنام ② 27
عزيز الدولة أبو شجاع المرداسي ① 166، 174، 358، 364، 378، 775

العزيز محمد الأيوبي ① 166، 177، 403، 430، 454، 456، 744
عزيزة مريدة ② 835
عصام قصبجي ② 29
عضد الدولة البويهي ① 255، 306، 356، 697
عطية بن صالح المرداسي ① 359
عفاف الرشيد ② 33
عفيف الدين الحسين بن الشحنة ① 158، 492
عفيف عبد الرحمن ① 765
عقبة بن نافع ① 750
عقيل المنبجي ② 27
عَلْوة الحلبيّة ① 50، 55، 99، 109، 115، 168، 259، 265، 266، 267، 268، 269، 273، 275، 276، 405، 422، 709، 775، 784، 796، 805، ② 192، 193، 194، 326، 359، 454، 498، 550، 616، 633
علقمة بن عبدة الفحل ③ 879
علي البجاوي ① 761
علي الخاقاني ① 438، 613
علي الدرويش ② 26، 27
علي السرميني ② 26
علي الصلابي ① 759
علي بن أبي طالب ① 242
علي بن الحسن بن عنتر ① 403
علي بن سهل بن روح الكاتب ① 334
علي بن عبد الملك الرقي ① 279
علي بن مالك بن سالم العقيلي ① 414
علي بن محمد بن سبيكة ① 368
علي بن مقلة ① 532، ③ 141، 154، 416
علي بدّور ② 30
علي رضا معين ② 25
علي رضا ② 29
علي الزيبق ② 30
علي محسن باشا ① 139، 638
علي الناصر ② 18، 767
العماد الأصفهاني ① 403، 683
عماد الدين الغزنوي ① 471
عماد الدين بن قطب الدين مودود ① 399، 417
عماد الدين زنكي ① 166، 175، 396، 397، 408، 410، 415
عمر أبو ريشة ① 14، 750، ② 22، 24، 31، 178، 223، 224، 276، 310، 324، 333، 553، 557، 586، ③ 142، 159، 160، 525، 653، 702
عمر البطش ② 26، 27، 135، 179، 229، 586، 789، ③ 56، 142، 160، 524، 881
عمر الخيّام ① 14، ② 760، ③ 141، 147، 520
عمر الدقاق ① 411، 255، 258، ② 29
عمر العرضي ① 546
عمر بن أبي ربيعة ① 243، 244
عمر بن الخطاب ② 166، 175، 181، 210، 410
عمر بن شاهين الرفاعي ① 575
عمر بن عبد العزيز ① 128، 166، 171، 187، 241، 249، 383، 800، 812
عمر بن عيسى الباريني ① 159، 517
عمر بهاء الدين الأميري ③ 142، 158، 223
عمر رضا كحالة ① 685، ② 757، ③ 850
عمر سرميني ② 28
عمر عبد الرحمن الساريسي ③ 23
عمر عبد السلام تدمري ① 764
عمر فاروق الطباع ① 259
عمر فروخ ① 761
عمر كردي ② 372
عمر موسى باشا ① 751، 763، ② 835
عمران بن حطان الذهلي ① 243
عمرو الورّاق العتري ③ 20

عمرو بن العاص ① 166، 172، 448، 692
عمرو بن مسعدة ① 255
عنترة بن شداد العبسي ① 542
عون الدين سليمان الحلبي ① 403
عياض بن غنم الفهري ① 240
عيسى إبراهيم السعدي ③ 11
عيسى اسكندر المعلوف ① 544، ② 18
عيسى الرقي ① 284
عيسى بن سالم بن مالك ① 363
عيسى المسيح (عليه السلام) ① 166، 184، 585، ② 44، 89، 105، 178، 218، 242، 358، 360، 438، 557، 591، 632، 683، 701، 704، 739، 748، 771، ③ 141، 155، 184، 286، 561، 627، 697، 722

غادة عقاق ③ 914
غالب سالم ② 25
غالية خوجة ② 33
غرس الدين الظاهري ① 474
غلام النوشري ① 279
غورو (هنري غورو) ② 223، 302، 557، ③ 142، 158، 624
غياث علاء الدين ② 25
غيفارا (إرنستو تشي غيفارا) ③ 173، 215، 736

فاتح المدرس ② 25، 226، 485، ③ 142، 160، 526
فاتك الأسدي ① 697
فاخر عاقل ② 22، 29
فادي عودة ① 760
الفارابي (أبو نصر) ① 284، ② 141، 142، 178، 201، 202، 451، 454، 525، 679، 708، 725، ③ 141، 153، 416
فاضل أسود ② 21
فاضل السباعي ② 30
فاضل ضياء الدين ② 30
فالح بكور ① 738
فالح حسين ① 756
فايا يونان ② 662
فايز الحمصي ② 28
فايز الداية ② 29
فتح الله الانطاكي ① 729
فتح الله الصقّال ② 29، 113، 122، 332، 846
فتح الله المراش ① 735
فتح القلعي أبو نصر ① 358
فتحي محمد قباوة ② 25
فخر الدولة (الوزير) ① 380
فخر الدين المعني ① 707
فخر الدين شيهو ③ 173، 747
فخر الدين عثمان ① 694
فخر الدين قباوة ② 29
فخري باشا (الوالي) ① 138، 635
الفخر الرازي ① 403
فردينان توتل ① 610، ② 22، 28
فراس نعناع ② 24
فرجيل (الشاعر الروماني) ③ 173، 215، 770
الفرزدق (همّام بن غالب) ① 242، 243، 244، 257، 707، 713، ③ 141، 147، 488
فرنسيس المراش ① 543، 622، ② 18
فريتز كرنكو ① 764
فريد الأطرش ② 768
فريد نظاريان ② 33
الفضل بن صالح العباسي ① 253
الفضل الرقاشي ① 257
فكتور هوغو ② 772
فهد يكن ② 28

فؤاد الأول ② 778
فؤاد أفرام البستاني ① 633، ② 16
فؤاد الشايب ② 22
فؤاد حسون ② 27
فؤاد رجائي آغا القلعة ② 29
فؤاد رفاعي ② 30
فؤاد الشبل ① 363
فؤاد صروف ② 22
فؤاد عنتابي ① 611، 722، 760، ② 28، 178، 226، 367، 816، 846
فؤاد محمد فؤاد ② 33
فؤاد هلال ② 10، 28
فواز الساجر ② 24
فواز نصري ② 25
فوزية الزوباري ② 12
فولاذ عبد الله الأنور ③ 33
فيرلين (بول فيرلين) ② 795
فيروز (نهاد حداد) ② 768، ③ 142، 161، 170، 556
الفيروزآبادي ① 761
فيصل الأول (ابن الحسين) ② 112، 234، 300، 301
فيصل السامر ① 761
فيصل الصيرفي ② 28
فيصل خرتش ② 30
فيض الله الغادري ② 28
فيليب حتّي ① 544، ② 18

قابيل بن آدم ③ 111، 156، 233
قاسم أحمد ② 29
قاسم بن المشط ① 651، 808
قاسم عبده قاسم ① 761
قانصوه الغوري ① 472، 475، 537، 538
قايتباي (السلطان المملوكي) ① 472، 473
القائم بأمر الله العباسي ① 254، 389، 726
القادر بالله العباسي ① 254
القاهر العباسي ① 279
قتيبة بن مسلم الباهلي ① 243
قدري قلعه جي ② 28
قراجا باشا ① 538
قراسنقر المنصوري ① 498
قراقوش (الوالي) ① 695
قرعويه الحاجب ① 704، ③ 141، 153، 416
القرماني (أحمد بن يوسف) ① 543
القزّاز النحوي ② 784
القزويني (زكريا بن محمد) ① 761
قس بن ساعدة الإيادي ① 165، 169، 334، 487، ② 203، 356
قسطاكي الحمصي ① 632، 685، 735، ② 18، 28
قسيم الدولة آقسنقر ① 361
القشيري الحراني ② 784
قشتمر المنصوري ① 516
قطريّ بن الفجاءة ① 243
القعقاع بن عمرو ③ 141، 153، 357
قلاوون (السلطان المملوكي) ① 471، 472، 486
القلقشندي (أحمد بن علي) ① 280، 474
قيس بن الخطيم ① 235، 236، 482
قيس بن الملوح ① 165، 169، 235، 237، 244، 487
قيس بن ذريح ① 244
قيس بن عاصم المنقري ① 719

كارل بروكلمان ① 283
كارين صادر ① 759، ② 833

كافور الإخشيدي ① 279، 280، 356، 560، 697، 790، ② 178، 216، 217، 312، 470، 477
كامل اسكيف ② 30
كامل سلمان الجبوري ① 754، 760، ② 31، 757
كامل عياد ② 22
كامل الغزي ① 638، 710، ② 22، 28، 178، 225، 453، ③ 142، 160، 526
كامل ناصيف ② 29
الكامل محمد الأيوبي ① 693، 694
كبريت (محمد بن عبد الله) ① 488، 543، 737
كتّي سالم ② 29
كثيّر الخزاعي ① 165، 168، 244، 422
كرم البستاني ① 314
كريستيان بوخه ② 26
كريكور كلش ② 24
كريم كبريل ② 114، 304
كعب بن زهير ① 242، ③ 885
كُليب بن وائل التغلبي ① 166، 180، 246، 808
كليوباترة ② 761، 795
كمال الدين الشافعي ① 502، 523
كمال الدين بن العجمي ① 158، 478
كمال شحادة ② 29
الكمالي بن البارزي ① 495
الكميت الأسدي ① 243
كميل شمبير ② 24، 26، 27
كوكب دياب ① 758
كوهر بيازيد بن عثمان ① 132، 506
الكيواني الدمشقي ① 543

لافونتين (جان دي لافونتين) ① 641
لبيد بن ربيعة ① 242
لسان الدين بن الشحنة ① 160، 474، 525
لطفي الصقال ② 29
لمياء الجاسر ② 28
لوركا (فيديريكو غارثيا لوركا) ② 179، 231، 712، 713، ③ 35
لؤي فؤاد الأسعد ② 33
لؤلؤ القندسي ① 483
لؤي كيالي ② 25، ③ 142، 159، 653
لويس شيخو اليسوعي ① 759، ② 13
ليلى بنت أبي بكر الصنوبري ① 157، 331، 332، 333
ليلى جغام ③ 37
ليلى صايا سالم ② 30
ليلى العامريّة ③ 565
ليلى مقدسي ② 33

ماجد أبو قوس ② 29
ماجد الحكواني ① 757، ② 832
مالك بن دينار ① 258
المأمون العباسي ① 253، 255، 726، ③ 13، 20
مأمون الجابري ② 29، 33
مأمون صقال ② 26
مأمون فنصة ② 28
مانع سعيد العتيبة ③ 31
ماينولف سبيكرمان ② 14، 16، 747، 751
مبارك الدولة وسعيدها ① 358
المتّقي العباسي ① 279
المتنبي (أبو الطيب) ① 156، 165، 167، 464، 188، 235، 236، 257، 279، 284، 285، 404، 560، 691، 692، 698، 709، 746، 747، 750، ② 37، 60، 62، 63، 78، 104، 155، 162، 177، 179، 180، 181، 182، 183، 184، 185، 186، 187، 188، 190، 201، 204،

205، 207، 209، 210، 213، 216، 217، 221، 237، 238، 239، 240، 243، 245، 246، 249، 250، 255، 257، 258، 259، 260، 261، 26، 263، 276، 278، 286، 307، 311، 312، 316، 318، 324، 328، 331، 343، 355، 358، 370، 380، 386، 393، 395، 396، 397، 404، 412، 413، 434، 442، 451، 454، 470، 473، 476، 477، 491، 493، 503، 505، 508، 514، 522، 525، 549، 561، 564، 573، 580، 601، 609، 610، 628، 633، 678، 682، 715، 725، 726، 742، 743، 769، 780، 794، 803، 809، 818، ③ 75، 111، 116، 123، 128، 132، 141، 142، 143، 144، 148، 153، 158، 162، 163، 164، 221، 222، 235، 248، 254، 261، 265، 286، 405، 406، 407، 416، 430، 525، 626، 653، 695، 702، 706، 843
المتوكل على الله العباسي ① 254، 255، 268، 709، 731
متيلد سالم ② 829
المثنّى بن حارثة ③ 141، 153، 357
المجتبي الأنطاكي ① 284
المجد البهنسي ① 430
مجد الدين بن العديم ① 444
مجدي العقيلي ② 27
محسن أبو طبيخ ② 14
محمد (ﷺ) ① 166، 182، 183، 184، 218، 260، 416، 453، 480، 502، 555، 561، 594، 595، 598، ② 178، 217، 313، 358، 632، 663، ③ 141، 154، 155، 294، 329، 371، 372، 377
محمد إبراهيم حُوّر ① 759
محمد أبو الفضل إبراهيم ① 751
محمد أبو معتوق ② 30
محمد أسعد طلس ① 364، ② 15، 29
محمد أحمد كلزية ② 32
محمد أفندي اللبقي ① 581
محمد الأمين المؤدب ① 763
محمد الأنطاكي ② 29
محمد البجاوي ① 256
محمد التونجي ① 547، ② 29
محمد الحاج مرعي ② 32
محمد الحكيم ② 26
محمد الدرة ② 399، 770
محمد الراشد ② 30
محمد الزرقا ② 776
محمد الطمار ③ 23
محمد الطيب ② 24
محمد السيد يوسف ① 759
محمد العزة ③ 865
محمد الفايز ③ 912
محمد الفراتي ① 665
محمد الكومي التونسي ① 159، 506
محمد أمين الكواكبي ① 579
محمد أمين فرشوخ ① 284
محمد باشا دوكاجين ① 538
محمد بشار الرفاعي ② 28
محمد بلنكو ② 26
محمد بن أحمد المغربي ① 404
محمد بن الخطاب القرشي ① 761
محمد بن العباس الكلابي ① 269
محمد بن حسن لجّة ② 10
محمد بن حمّاد ③ 23
محمد بن داود الأصبهاني ① 756
محمد بن رقطان ③ 32
محمد بن سعود ② 759، 793، ③ 877، 880، 886

محمد بن سيدي علوان ① 507
محمد بن طغج الطولوني ① 279، 345
محمد بن عبد العزيز بن المهذب ① 690
محمد بن عمر بن شاهان ① 709
محمد بن عمر العُرْضي ① 165، 170
محمد بن عيسى الصالحي ① 543
محمد بن قطب الرومي ① 520
محمد بن محمد إبراهيم المهذب ① 404
محمد بن ناصر السلامي ① 701
محمد بن يزداذ ① 279، 346
محمد جديد ② 29
محمد جمعة سماقية ② 33
محمد حسين هيكل ② 22
محمد خضر ③ 37
محمد حموية ② 29
محمد خير الحلواني ② 29
محمد خير رمضان يوسف ① 765
محمد خيري ② 28، 179، 229، 490، ③ 56، 142، 160، 526
محمد رائف باشا ① 624
محمد رجب ② 27
محمد رشيد رضا ② 313
محمد رضا السيد سلمان ① 752
محمد رياض المالح ② 756، ③ 915
محمد زغلول سلام ① 402
محمد زينهم ① 757
محمد سعيد الزعيم ② 276
محمد سعيد الطنطاوي ① 264، 488
محمد سعيد حنشي ① 763
محمد سهيل طقّوش ① 473
محمد شيخ عثمان ② 33
محمد طاهر سماقية ② 21
محمد عبد الحق ① 751
محمد عبد القادر مرشحة ① 674
محمد عبد الكريم الترمانيني ① 161، 576
محمد عبد الله السالمي ① 635
محمد عبد الله عنان ③ 27
محمد عبد الله القولي ② 32
محمد عبد المولى ① 359
محمد عبد الواسع شويحنة ② 30
محمد عبد الوهاب ② 768، ③ 142، 161، 653
محمد عدنان الخطيب ② 32
محمد عدنان كاتبي ① 765، ② 28
محمد عزازي ② 25
محمد عساني ② 25
محمد علم الدين الشقيري ① 440
محمد علي الشوكاني ① 764
محمد علي الكحال ② 21
محمد علي النجار ① 284
محمد علي باشا (حاكم مصر) ① 708
محمد علي حاج يوسف ① 757
محمد علي شوابكة ① 599
محمد غزال ② 28
محمد فجّة ① 1، 6، 400، 749، 750، 753، 761، ② 28، 33، 489، 567، 756، 809، 826، 835
محمد قدري دلال ② 26، 27، 29
محمد قصير الذيل ② 24
محمد كامل الحلعي ② 26
محمد كامل حسين ① 759
محمد كامل فارس ② 28
محمد كرد علي ① 280، 402، 473، 510، ② 23، 834
محمد كمال ① 756، 764، ② 9، 29
محمد محمد أمين ① 755
محمد محيي الدين عبد الحميد ① 761

محمد مصطفى ① 754
محمد نصوح الجابري ① 725
محمد هلال دملخي ② 24، 29
محمد يحيى الهاشمي ② 19، 29
محمود إبراهيم ① 753
محمود الساجر ② 26
محمود الشرقاوي ③ 22
محمود الشيخ ① 765
محمود اللبابيدي ② 29
محمود الوراق ① 258
محمود الوهب ② 30
محمود بن صالح المرداسي (عز الدولة) ① 382، 389
محمود بو رقيبة ② 294
محمود حريتاني ② 15، 28
محمود حسن أبو ناجي ③ 913
محمود درويش ② 88، 179، 192، 231، 257، 270، 439، 666، 744، 812، ③ 30، 31، 142، 160، 167، 396، 457، 527، 671
محمود رزق سليم ① 475
محمود زين العابدين ② 28
محمود سالم ① 541
محمود شريف ② 294
محمود شكري الألوسي ① 574، ② 298
محمود فاخوري ① 763، ② 29
محمود فيصل الرفاعي ② 28
محمود كحيل ② 29
محمود محمد أسد ② 29
محمود محمد الطناحي ① 764
محمود منقذ الهاشمي ② 29
محيي الدين بن الزكي ① 400
محيي الدين بن عربي ① 662، 720، ② 178، 200، 257، 269، 680، 721، 799، 809
محيي الدين اللاذقاني ② 33
مختار الأحمدي ① 752
مختار علي أبو غالي ① 755
مديحة الشرقاوي ① 758
مراد ويس ② 25
المرادي (محمد خليل بن علي) ① 543، 685، 744
المرزباني (محمد بن عمران) ① 256، 683
المرزوقي (أحمد بن محمد بن الحسن) ① 251، 762
مروان بن أبي حفصة ① 257
مروان بن الحكم ① 166، 171، 186، 251، 805
مروان الرحباني ② 404
مروان الرفاعي ② 28
مروان قصاب باشي ② 26
مريانا مرّاش ① 543، ② 18
مريد البرغوثي ② 769
مريم العذراء ② 104، 218، 537، 706، 748
مساور الرومي ① 279، 346
المسترشد بالله العباسي ① 390، 697
المستعصم بالله العباسي ① 254
المستعين بالله العباسي ① 709
المستنصر بالله الفاطمي ① 359
مسعود بن النقاش الحلبي ① 403
المسعودي (أبو الحسن) ① 282، 762
مسكويه (أحمد بن محمد بن يعقوب) ① 282
مسلم بن الوليد ① 255، 257
مسلم بن قريش العقيلي ① 360، 382، 700
مسلم بن محمود الشيزري ① 759
مسلمة بن عبد الملك ① 241
مصطفى بدوي ② 32
مصطفى البكري الصديقي ① 543
مصطفى الزرقا ② 29
مصطفى السقا ① 345
مصطفى الشكعة ① 759

مصطفى الشهابي ② 22
مصطفى العقاد ② 28، ③ 160، 526
مصطفى الغلاييني ② 295
مصطفى زيات ② 30
مصطفى صادق الرافعي ② 22
مصطفى عبد القادر عطا ① 759
مصطفى ماهر ② 28
مصطفى موالدي ② 29
مصعب بن الزبير ① 729
مطيع بن إياس ① 257
المظفر قطز ① 471
مظفر سلطان ② 30
معاوية بن أبي سفيان ① 241، 737، ② 178، 212، 412
معبد بن وهب ① 166، 181، 292
المعتزّ بالله العباسي ① 709
المعتصم بالله العباسي ① 253، 255، ② 178، 213، 241، 399، 575، ③ 125، 141، 151، 152، 244، 285، 289، 293، 324، 341، 387، 495، 624
المعتمد على الله العباسي ① 253، 278
المعرّي (أبو العلاء) ① 354، 363، ② 177، 184، 194، 195، 205، 257، 265، 268، 269، 341، 358، 574، 610، 616، 679، 725، ③ 141، 147، 161، 166، 702
معين الدين بن شرف الدين ① 501
المغيث بن علي العجلي ① 346
المفضل بن قدامة العجلي ① 243
مفيد قميحة ① 757، ③ 914
مفيد حسني ② 21
المقتدر العباسي ① 279
المقدسي البشاري ① 762، ② 178، 202، 518
المقّري التلمساني ① 246، 762، 702، ③ 16، 28
المقريزي (تقيّ الدين) ① 364، 762
المكتفي العباسي ① 279
المكرم محمد باشا ① 605
مكسيموس الحكيم ① 633، 686
مكسيموس صائغ ② 19
مكين الدولة الحسن بن علي ① 698
الملطي (ابن العبري) ① 471
ملكشاه السلجوقي ① 360، 361، 715
ملكة أبيض ① 766، ② 29
ممدوح الجابري ② 29
منى يحيى المحاقري ③ 915
المنتصر بالله العباسي ① 709
منذر مصري ② 757
المناوي المصري ① 474
المنصور الأندلسي (ابن أبي عامر) ① 750، ② 809
منصور النمري ① 257
منصور بن كيغلغ ① 284
منصور محمد معوض ② 311، 395، 526
منيب النقشبندي ② 25
منير البعلبكي ① 283، 766
منير داديخي ② 24
مها الجابري ② 28
مها حسن ② 30
المهتدي بالله ① 276
مهجة أمين الباشا ③ 913
المهدي العباسي ① 255
مهدي النجم ① 754
مهران مبناسيان ② 28
المهلّبي (الحسن المهلّبي) ① 762
المهلّبي (الوزير المهلّبي) ① 255، 659
مهيار الدمشقي ② 763
مهيار الديلمي ① 752

موزارت (وولفغانغ أماديوس) ② 141، 654
الموفّق بالله العباسي ① 166، 172، 274، 801
موفق بن عبد القادر ① 755
موسى (عليه السلام) ① 166، 184، 585، ② 178، 220، 265، 374
موسى بن هارون ③ 27
مهدي عواد الشموط ③ 920
المؤيد شيخ ① 472
ميّ عبد الكريم محمود ① 766
ميادة بسيليس ② 28
ميادة الحناوي ② 28
ميخائيل إليان ② 12، 178، 228، 291
ميخائيل الصقال ② 28
ميخائيل نعيمة ② 22، 767، 770
ميناس البيزنطي ① 190، 248

النابغة الشيباني ① 243
النابغة الذبياني ② 257، 267، 647
نابليون بونابرت ① 544، 746، ② 18
ناجي نعمان ③ 868
نادر حسين أبو عوض ② 32
نادر السباعي ② 30
نادر العطّار ② 28
نازك الملائكة ③ 915
الناصر لدين الله العباسي ① 722
ناصر الدولة الحمداني ① 279، 349، 721
ناصر الدولة المرداسي ① 379، 385
ناصر نعسان آغا ② 26
ناصيف اليازجي ② 179، 231، 239، 305
ناظم القدسي ② 12
ناوفيطوس ادلبي ② 28
نبيل صالحي ① 766
نبيلة عبد المنعم داود ① 761
نبيه الشعار ② 33
نبيه أمين فارس ① 283
نبيه قطاية ② 26
نجاة قصاب حسن ② 12
نجمي السكري ② 27
نجم الدين الحلفاوي ① 565، 714
نجم الدين الغزي ① 684
نجم الدين غازي بن أرتق ① 409، 498، 499
نجوى عثمان ① 640، 722، 760، ② 28، 816
نجيب كنيدر ② 21
نجيب مكربنة ② 29
نديم الدرويش ② 27، 29
نديم بخاش ② 25
نديم خشفة ② 30
نديمة المنقاري ② 21، 29
نذير إسماعيل ② 26
نزار أباظة ② 756، ③ 915
نزار قباني ② 179، 231، 402، 823، 846، ③ 30، 142، 160، 487
نزيهة درار ③ 920
نسيب عريضة ② 770
نسيب نشاوي ① 364
النسيمي (عماد الدين) ① 165، 168، 169، 581، 593، 600، ② 178، 198، 199، 263، 573، 625، 630، 680، 707
نشأة المارتيني ② 30
نصر بن صالح بن مرداس ① 359، 364، 372، 383، 385
نصر بن محمود بن نصر المرداسي ① 359، 364
نصرة سعيد ② 29
نظام الدين الحلبي ① 403
نظام المُلك (الوزير السلجوقي) ① 391، 699، 715، 726

نظير عبود ① 669
نعمان سخيطة ② 29
نعمت بدوي ② 26
نعّوم بخّاش ② 28
نعيم اليافي ② 29
النفّري (محمد بن عبد الجبار) ② 178، 202، 625
نقفور فوكاس ① 3، 150، 302، 353، 702، 722، ② 321، 354، ③ 13، 14، 142، 158، 222، 243
نقولا جانجي ② 21
نقولا حجار ② 27
نقولا زيادة ② 22
نهاد الفرّا ② 24
نهاد خياطة ② 29
نهاد رضا ② 33
نهاد سيريس ② 30
نور الدين الزنكي ① 166، 175، 397، 399، 400، 407، 408، 416، 410، 411، 413، 700، 715، 737، 742، 759، ② 178، 213، 550، ③ 141، 150، 281، 350
نور مهنّا ② 28
نوري القيسي ① 756
نوري الملاح ② 26
نوفل بن مساحق العامري ① 166، 181، 247، 799
النووي (يحيى بن شرف) ② 773
النويري (شهاب الدين) ① 474
نيروز مالك ② 30
نيرون (الامبراطور الروماني) ③ 142، 158، 255، 363

هابيل بن آدم ③ 111، 156، 233، 590
هارون الرشيد ① 252، 253، 255، 746
هبة الله الشيرازي ① 759
هدى عودة ③ 24
هرقل الروماني ① 248
الهروي (علي بن أبي بكر) ① 245
هشام بن عبد الملك ① 241، 731
همام بن الفضل المعري ① 698
هند بنت عتبة ② 784
هنرييت الصايغ ① 461
هولاكو خان ① 3، 151، 152، 401، 443، 470، 471، 730، 738، 744، ③ 13، 15، 16، 21، 51، 142، 152، 157، 224، 387، 623
هيثم كواكبي ② 25
هيلاريون كبوجي ② 112، 178، 217، 228، 242، 342، 350، 360، 361

الواثق بالله العباسي ① 254
الواقدي (محمد بن عمر) ① 763
وانيس بندك ② 24
وثّاب بن محمود المرداسي ① 364
وجيه ستوت ② 25
وحيد استانبولي ② 25
وحيد قصاص ② 26
وحيد مغاربة ② 25
وداد نبي ② 33
وديع الصافي ② 768
وديع قسطون ② 29
وضاح اليمن ② 776
ولّادة بنت المسكتفي ② 794
وليد إخلاصي ② 24، 30
الوليد بن عبد الملك ① 166، 171، 247، 249، 734
الوليد بن يزيد ① 730
وليد ملقي ② 25

وهبي الحريري ② 25
وئام أنس ① 756

ياسر الخزاعلة ① 278
ياقوت الحموي ① 6، 247، 311، 403، 683، 716، 732، ② 178، 202، 518
يانس المؤنسي ① 279
يحي البرمكي ① 255
يحي الشامي ① 763
يحي (عليه السلام) ① 185، 593، ③ 141، 156، 448
يحي عبارة ① 763
يحي مراد ① 705
يزيد بن عبد الملك ① 707
يزيد بن معاوية ① 707، ② 474
يعقـوب (عليه السلام) ③ 311
يعقوب الفرج الجهبذ ① 272
يعقوب إبراهيم ② 26
يعقوب بطرس ② 21
اليعقوبي (أبو العباس) ① 282
يغي سيان بن عبد الجبار ① 363
يلبغا الناصري ① 732، ② 176، 311، 395، 526
يهوذا (الاسخريوطي) ② 622
يوحنا إبراهيم ② 28
يوسف (عليه السلام) ① 166، 184، 585، ③ 141، 156، 226
يوسف إبراهيم جبرا ① 397
يوسف بن ديمتري الحلبي ① 543
يوسف بن سباسلار ① 719
يوسف البديعي ① 543
يوسف بكار ② 832
يوسف حسن نوفل ② 31، 757
يوسف الخطيب ② 440
يوسف الشهابي ① 707
يوسف صابوني ② 26
يوسف عبيد ② 32
يوسف عقيل ② 26
يوسف قوشاقجي ② 28
يوسف الناصر الثاني ① 166، 177، 401، 403، 462
يوسف نعمة الله جد ② 24
اليونيني (قطب الدين) ① 474

3 فهرس الأعلام التي وردت بالأحرف اللاتينية

جدول (17) بيان كتابة الحروف العربية غير المستخدمة باللاتينية

اللفظ العربي	الكتابة باللاتينية
ألف (بحركة قصيرة)	A
ألف (بحركة ممدودة)	Ā
ألف ممدوة تليها همزة	Āʾ
ثاء	Th
حاء	Ḥ
خاء	Kh
ذال	Dh
شين	Sh
صاد	Ṣ
ضاد	Ḍ
طاء	Ṭ
ظاء	Ẓ
عين (بحركة الفتح)	ʿA / Aʿ
عين (بحركة الضم)	ʿU / Uʾ
عين (بحركة الكسر)	ʿI
عين ممدودة بحركة الكسر	ʿĪ
غين	Gh
قاف	Q
واو (بحركة قصيرة)	O / U / W
واو (بحركة ممدودة)	Ū
ياء (بحركة قصيرة)	E / I / Y
ياء (بحركة ممدودة)	Ī

فهرس الأعلام التي وردت بالأحرف اللاتينية

ʿAbbās, Iḥsān ③ xvii, xviii
ʿAbbūdī, René ② xxx
ʿAbd al-ʾĀl, Ḥasan Tawfīq ② xxix
ʿAbd al-Dāyim, ʿAbdullāh ② xxiv
ʿAbd al-Ghafūr, Anwar ② xxvi
ʿAbd al-Muḥsin, Muḥammad Ḥasan ② xxxii
ʿAbd al-Munʿim, Baghdād ② xxix
ʿAbd al-Qādir, Aḥmad ʿIṣām ② xxxiii
ʿAbd al-Qādir, Salīm ② xxviii, xxxii
Abdur-Rasheed, Shareef ③ 823
Abū ʿAwaḍ, Nādir Ḥusayn ② xxxii
Abū Dān, Ṭalāl ② xxvi
Abū Māḍī, Īliyyā ① xvi, ② xii
Abū Maʿtūq, Muḥammad ② xxx
Abū Qaws, ʿAbd al-Raḥmān ② xxiii, xxv
Abū Qaws, Mājid ② xxix
Abū Qaws, ʿUmar ② xxxii
Abū Raḥma, ʿAbd al-Qādir ② xxxiii
Abū Rīsha, ʿUmar ① xvi, ② xii, xxiv, xxv, xxxi, xxxii, ③ xviii
Abū Ṭabīkh, Muḥsin ② xxvi
Abyaḍ, Malaka ② xxix
Acabo, Jonathan P. ③ 184, 713
ʿAdas, Isḥaq ② xxviii
Adūnīs ① xvi, ② xii, ③ viii, xix
ʿAdwān, Mamdūḥ ② xii
Āgha Al-Qalʿa, Khālid ② xxxiii
Āgha al-Qalʿa, Saʿdallāh ② xxxiii
Ahmed, Kofi ③ 731
Aḥmad, Qāsim ② xxix
Aiache, Anais Sarah ③ 180, 816
Al- ʿAqīlī, Majdī ② xxviii
Al-ʿAbbāsī, Bashīr ② xxv
Al-Abīwardī, Abū al-Muẓaffar ③ xvii
Al-Akhṭal Al-Taghlibī ① xvi
Al-Akshar, Jabrā ② xxviii
Al-Amīn (ʿAbbāsid caliph) ③ xvi
Al-Amīrī, Aḥmad al-Barāʾ ② xxxii
Al-Amīrī, Hāshim Munqidh ② xxxiii
Al-Amīrī, ʿUmar Bahāʾ al-Dīn ② xii, xxxii
Al-ʿĀnī, Ṭāhā ③ xix
Al-Anīs, ʿAbd al-Ḥakīm ② xxxii
Al-Anṭākī, ʿAbd al-Masīḥ ② xxii
Al-Anṭākī, Ḥamīd ② xxix
Al-Anṭākī, Muḥammad ② xxix
Al-Anwar, Fūlādh ʿAbdallāh ③ xix
Al-ʿAqqād, ʿAbbās Maḥmūd ② xxiv
Al-ʿAqqād, Muḥammad Jamīl ② xxxii
Al-ʿAqqād, Muṣṭafā ② xxviii
Al-Asʿad, Abū al-Hudā Fuʾād ② xxxii
Al-Asʿad, Luʾay Fuʾād ② xxxiii
Al-Asadī, Khayr al-Dīn ② xii, xx, xxviii, xxxi, xxxii, xxxiii
Al-ʿĀshiq, Fayḥāʾ ② xxxiii
Al-Ashtar, ʿAbd al-Karīm ② xxix
Al-Ashtar, Ṣabrī ② xxix
Al-Ashtar, Ṣāliḥ ② xxix
Al-Aṣmaʿī ① xvi
Al-Aswad, Ibrāhīm ② xxxii
Al-Aswad, Saʿīd ② xxvi
Al-Aṭrash, Sulṭān Bāshā ② xv
Al-ʿAṭṭār, Nādir ② xxix
Al-ʿAynī, Badr al-Dīn ③ xvi
Al-Bābī, Muṣṭafā ① xvi

Al-Baradūnī, ʿAbdullāh ① xvi, ② xii
Al-Barghūthī, Tamīm ② xii, ③ xviii
Al-Bārūdī, Wajīh ② xii
Al-Bāshā, ʿAbd al-Raḥmān ② xxix
Al-Baṣma Jī, Salāḥ al-Dīn ② xxvii
Al-Baṭsh, ʿUmar ② xxvii, xxviii
Al-Bayānūnī, Aḥmad ʿIzz al-Dīn ② xxxii
Al-Bayātī, ʿAbd al-Wahhāb ① xvi, ② xii, ③ xviii
Al-Bazzāʿī, Abū l-Fawāris ③ xvi
Al-Bīk, ʿAbd al-Raḥmān ② xxx
Al-Buḥturī ① x, xvi, xviii
Al-Bunnī, Tāhir ② xxvii, xxx
Al-Bustānī, Buṭrus ② xx
Al-Bustānī, Fuʾād Afrām ② xix
Al-Dabak, ʿĀmir ② xxxii
Al-Dabbāgh, ʿĀʾisha ② xxiii, xxiv, xxv, xxix
Al-Dahhān, Muḥammad Sāmī ② xxix
Al-Dahhān, Sāmī ③ xvi
Al-Dalāl, Jibrāʾīl ① xvi
Al-Dānā, Nadā ② xxxiii
Al-Daqqāq, ʿUmar ② xxix
Al-Darwīsh, ʿAlī ② xxv, xxvii, xxviii
Al-Darwīsh, Nadīm ② xxviii, xxx
Al-Dawādārī (Ibn Aybak) ③ xvi
Al-Dāya, Fāyiz ② xxix
Al-Dāyikh, Adīb ② xxviii
Al-Dughaym, Anas ③ viii
Al-Durūbī, Sāmī ② xxiv
Al-Faqsh, Aḥmad ② xxviii
Al-Farrāʾ, Bāsīl ② xxxii
Al-Farrā, Nihād ② xxvi
Al-Fārūqī, Sharaf al-Dīn ② xxv
Al-Ghaḍbān, ʿĀdil ② xii, xxxii
Al-Ghādrī, Fayḍallāh ② xxix
Al-Ghazzī, Kāmil ② xiii, xxiv, xxv, xxviii, ③ xvi
Al-Ḥāḍirī, Badr al-Dīn ② xxix, xxx
Al-Hāfiẓ, Amīn ② xvi
Al-Ḥājj Marʿī, Muḥammad ② xxxii
Al-Ḥājj Ḥusayn, Muṣṭafā ② xxxiii, ③ viii
Al-Ḥakīm, Muḥammad ② xxvii
Al-Ḥalabī, Shākir Afandī ② xxvii
Al-Ḥalawī, Ḥasīb ② xxx
Al-Ḥalwānī, Muḥammad Khayr ② xxix
Al-Ḥamawī, Yāqūt ① xi
Al-Ḥamdānī, Abū Firās ① xvi
Al-Hammāmī, Al-Ṭāhir ① xvi
Al-Ḥarīrī, Muḥammad ② xii, ③ xix
Al-Ḥarīrī, Wahbī ② xxvi
Al-Ḥasan, Aḥmad Yūsuf ② xxix
Al-Ḥasan, Ḥasan Ibrāhīm ③ viii
Al-Hāshimī, Maḥmūd Munqidh ② xxix
Al-Hāshimī, Muḥammad Yaḥyā ② xxix
Al-Ḥasnāwī, Muḥammad ② xxxii
Al-Hawārī, Salāḥ al-Dīn ③ xvii
Al-Hayb, Aḥmad Fawzī ② xxix
Al-Ḥillī, Rājiḥ ① xvi
Al-Ḥillī, Ṣafiyy al-Dīn ① xvi
Al-Ḥimawī, Ḍiyāʾ ② xxvii
Al-Ḥimyarī. M.b. ʿAbd al-Munʿim ③ xviii
Al-Hindāwī, Khalīl ② xxix
Al-Ḥinnāwī, Mayyāda ② xxviii
Al-Ḥomṣī, Qusṭākī ② xx
Al-Ḥumṣī, Fāyiz ② xxix
Al-Ḥuṣarī, Sāṭiʿ ② xv
Al-Ḥusayn, Riyāḍ Ṣāliḥ ② xxxiii

Al-Ibyārī, Ibrāhīm ③ xviii
Al-ʿImād al-Aṣfahānī ① xvi
Al-ʿĪsā, Sulaymān ① xvi, ② xii, xxxii, ③ xix
Al-Jābirī, ʿAbd al-Ḥamīd ② xxii
Al-Jābirī, Maha ② xxviii
Al-Jābirī, Mamdūḥ ② xxx
Al-Jābirī, Ma'mūn ② xxxiii
Al-Jābirī, Muḥammad al-Ma'mūn ② xxxiii
Al-Jābirī, Saʿd Allāh ② xv
Al-Jābirī, Shakīb ② xxi
Al-Jabrī, Riyāḍ ② xxix
Al-Jabūrī, Kāmil Salmān ② xxxi
Al-Jāḥiẓ ③ xiv
Al-Jamāl, Ruba ② xxviii
Al-Jāmī, Nūr al-Dīn ① xvi
Al-Jārim, ʿAlī ① xvi, ② xii
Al-Jāsir, Lamiyā' ② xxix
Al-Jawāhirī, Muḥammad Mahdī ① xvi, ② xii
Al-Jazā'irī, Ibrāhīm Mujāhid ② xxxii
Al-Jazarī, Ḥusayn ① xvi
Al-Jubaylī, Khālid ② xiii
Al-Kaḥḥāl, Muḥammad ʿAlī ② xxiii
Al-Kalbī, Ibn Juzayy ① xi
Al-Kāmilī, ʿAbd al-Salām ② xxiii
Al-Karmānī, ʿAbd al-Qādir ② xxix
Al-Kātib, Jihād ② xxx
Al-Kātib, Sayf al-Dīn ② xxxiii
Al-Kawakibī, ʿAbd al-Raḥmān ② xx, xxii
Al-Kawākibī, Haytham ② xxvi
Al-Kawākibī, Saʿd Zaghlūl ② xxix
Al-Kayālī, Sāmī ② xx, xxi, xxii, xxiv, xxix
Al-Kayālī, Ṭāhā Isḥāq ② xxix
Al-Kayyālī, ʿAbd al-Raḥmān ② xv, xxix
Al-Kayyālī, Nizār ② xxxii
Al-Khafājī, Shihāb al-Dīn ① xvi
Al-Khālidiyyān ① xvi
Al-Khaṭafī, Jarīr ① xv
Al-Khaṭīb, Ḥusām al-Dīn ② xxiii
Al-Khaṭīb, Muḥammad ʿAdnān ② xxxii
Al-Khaṭīb, Muḥammad Akram ② xxxii
Al-Khaṭīb, Nabīla ② xii
Al-Khayyāṭ, Bitrākī ② xxxii
Al-Khulʿī, Muḥammad Kāmil ② xxvii
Al-Khunayn, Khālid ③ xix
Al-Khuraymī, Abū Yaʿqūb ③ xvi
Al-Khūrī, Bishshāra ① xvi, ② xii, xxiv
Al-Khuzāʿī, Kuthayyir ① xv
Al-Kīkhiyā, Rushdī ② xv
Al-Kūfī, Shams al-Dīn ③ xvi
Al-Kurdī, Bakrī ② xxviii
Al-Labābīdī, Maḥmūd ② xxix
Al-Lādhiqānī, Muḥyī al-Dīn ② xxxiii
Al-Maʿarrī ① x, xvi, xviii
Al-Maghribī, Abū l-Qāsim ① xvi
Al-Maghribī, Ibn Saʿīd ① xvi, ③ xvi
Al-Māghūṭ, Khālid ② xxix
Al-Māghūṭ Muḥammad ① xvi, ② xii
Al-Maḥāsinī, Zakī ② xii
Al-Majāṭī, Aḥmad ③ xix
Al-Malādhī, Mājid ② xxxii
Al-Malādhī, Suhayl ② xxi, xxii, xxix
Al-Mallāḥ, Jalāl ② xxiv
Al-Mallāḥ, Nūrī ② xxvii

Al-Mallāṭ, Shiblī ② xxiv
Al-Maʿlūf, ʿĪsā Iskandar ② xxi
Al-Maʾmūn (ʿAbbāsid caliph) ③ xvi
Al-Manāṣira, ʿIzz al-Dīn ② xii
Al-Manbajī, ʿAqīl ② xxviii
Al-Maqqarī al-Tilimsānī ③ xviii
Al-Mārʿī Al-Ḥalabī, Ṣāliḥ ② xxxii
Al-Mārtīnī, Nashʾa ② xxx
Al-Maṣīṣī, Abū Bakr ③ xv
Al-Mawṣilī, Isḥāq ① xvi
al-Midwar, Ṭāhā ② xxii
Al-Minqārī, Nadīma ② xxiii
Al-Miṣrī, ʿĀdil ② xxxii
Al-Muʾaqqit, Muḥammad Wafāʾ al-Dīn ② xxxii
Al-Mudarris, Asʿad ② xxvii
Al-Mudarris, Fātiḥ ② xxvi
Al-Mughāyarī, Aḥmad ② xxviii
Al-Muḥabbek, Ṣāliḥ ② xxviii
Al-Murād, Muḥammad Najīb ③ viii
Al-Mutanabbī ① x, xvi, xviii
Al-Muzawwiq, Zuhayr ② xxxii
Al-Nābigha al-Dhubyānī ③ xiv
Al-Naḥwī, Adīb ② xxx
Al-Najjār, Muṣṭafā ② xxxiii
Al-Naqsh, Ṭāhir ② xxviii
Al-Naqshabandī, Munīb ② xxvi
Al-Nāṣir al-Ayyūbī, Yūsuf ③ xvi
Al-Nāṣir, ʿAlī ② xx, xxxiii
Al-Nāṣir, Taymāʾ ② xxxiii
Al-Nawwāb. Muẓẓaffar ① xvi, ② xii, ③ xix
Al-Qāsim, Samīḥ ① xvi, ② xii
Al-Qayrawānī, Al-Ḥuṣrī ③ xvii
Al-Qayrawānī, Ibn Rashīq ③ xvii
Al-Qayrawānī, Ibn Sharaf ③ xvii
Al-Qudsī, Nāẓim ② xv, xvi
Al-Qūlī, Muḥammad ʿAbdullāh ② xxxii
Al-Qurashī, Ḥasan ʿAbdullāh ③ xix
Al-Rabāṭ, Anṭwān ② xxv
Al-Rafāʿī, Abū l-Wafā ① xvi
Al-Rāfiʿī, Muṣṭāfā Ṣādiq ② xxiv
Al-Raḥmūn, ʿAbd al-ʿAlīm ② xxxii
Al-Rashīd, ʿAfāf ② xxxiii
Al-Rashīd, Muḥammad ② xxxiii
Al-Rifaʿī, Ibrāhīm ② xxvi
Al-Rifāʿī, Maḥmūd Fayṣal ② xxix
Al-Rifāʿī, Marwān ② xxix
Al-Rifāʿī, Muḥammad ʿĀrif ② xxxii
Al-Rifāʿī, Muḥammad Bashshār ② xxix
Al-Rundī, Abū l-Baqāʾ ③ xviii
Al-Ruṣāfī, Maʿrūf ① xvi, ② xii
Al-Ṣabbāgh, Tawfīq ② xxviii
Al-Ṣābūnī, ʿAbd al-Wahhāb ② xxix, xxx
Al-Ṣābūnī, Ṭāhir ② xxx
Al-Saʿdī, ʿĪsā Ibrāhīm ③ xiv
Al-Ṣāfī al-Najafī, Aḥmad ① xvi, ② xii
Al-Sahrūrdī ① xvi
al-Saʿīd, Maḥmūd ʿAlī ② xxxii
al-Ṣāʾigh Al-Būlsī, Yūsuf ② xxi
Al-Sājir, Fawwāz ② xxvi
Al-Sājir, Maḥmūd ② xxvii
Al-Salāma, ʿAbdullāh ʿĪsā ② xxxii
Al-Ṣamma al-Qushayrī ① xv
Al-Ṣanawbarī ① xvi
Al-Ṣaqqāl, Lūṭfī ② xxix
Al-Ṣaqqāl, Mīkhāʾīl ② xxviii
Al-Sarī al-Raffāʾ ① xvi
Al-Sārīsī, ʿUmar ③ xvii
Al-Sarmīnī, ʿAlī ② xxvii
Al-Ṣawwāf, Ṣubḥī ② xxviii
Al-Ṣayrfī, Fayṣal ② xxix

Al-Sayyāb, Badr Shākir ③ xviii
Al-Ṣayyādī, Abū l-Hudā ① xvi
al-Sayyid al-Dughaym, Maḥmūd ② xxxii, ③ viii
Al-Sayyid Yaḥyā, Muḥammad Ṣubḥī ③ viii
Al-Sha''ār, Nabīh ② xxxiii
Al-Sha'bānī, Husayn ② xxiii
Al-Shaiābī, Muṣṭāfā ② xxiv
Al-Shā'ir al-Qarawī ② xxiv
Al-Sharīf al-Raḍī ① xvi
Al-Sharqāwī, Maḥmūd ③ xvii
Al-Shāṭi', Bint ② xxiv
Al-Shawwā, Sāmī ② xxviii
Al-Shāyib, Fu'ād ② xxiv
Al-Shaykh, Ḥasan 'Āṣī ② xxxiii
Al-Shaykh, Ismā'īl ② xxviii
Al-Shlīḥ, Muṣṭāfā ② xii
Al-Sibā'ī, Fāḍil ② xxx
Al-Sibā'ī, Nādir ② xxx
Al-Ṣiddīq, Ḥusayn ② xxix
Al-Sirdār, Anwar ② xxv
Al-Sukkarī, Ḍiyā' ② xxviii
Al-Sukkarī, Najmī ② xxviii
Al-Ṭabarī, Muḥammad b. Jarīr ③ xvi
Al-Ṭabbākh, Muḥammad Rāghib ② xiii, xxviii
Al-Ṭāhā, Sa'īd ② xxvii
Al-Tall, Muṣṭāfā Wahbī ① xvi
Al-Ṭammār, Muḥammad ③ xvii
Al-Tanūkhī, 'Alī ③ xvi
Al-Ṭayyib, Muḥammad ② xxvi
Al-Tūnjī, Muḥammad ② xxx
Al-Ubarī, Aḥmad ② xxv
Al-'Ujaylī, 'Abd al-Wahhāb ② xxix
Al-'Ujaylī, Shahlā ② xxx
Al-'Ujaylī, Ṣubḥī ② xxx
Al-'Utayba, Mānī' Sa'īd ③ xix
Al-Wahāb, Maḥmūd ② xxx
Al-Warrāq Al-'Atrī, 'Amr ③ xvi
Al-Warrāq, Muḥammad ① xvi
Al-Yāfī, Na'īm ② xxix
Al-Zahāwī, Jamīl Ṣidqī ① xvi, ② xii
Al-Zākhir Al-Ḥalabī, 'Abdullāh ② xx
Al-Zarqā, Muṣṭafā ② xxix
Al-Zaybaq, 'Alī ② xxx, xxxii
Al-Zīnu al-Sallūm, Muḥammad ② xxxii
Al-Zūbārī, Fawziyya ② xvi
Āl Shalabī, 'Abd al-Raḥīm ② xxxiii
'Alā' al-Dīn, Ghiyāth ② xxvi
Albert I of Belgium ② 14
Ali, Hanna ③ 739
'Alī, Marwān ③ viii
Alighieri, Dante ① xvi, 14, 660, 661, 663
'Aliyān, 'Abd al-Jalīl ② xxxii
Alpaugh, David ③ 790
Alyan, Hala ③ 829
Amaral, Ana.Luísa ③ 174, 754
Amīn, Aḥmad ② xxiv
Amīr Burāq, Zuhayr ② xxvi
Anderson, David ③ 176, 785
Anish, Matthew ③ 209, 814
'Anjarīnī, Ṣuhayb ② xxxiii, ③ viii
Annino, Anna ③ 176, 830
'Antābī, Fu'ād ② xxv, xxviii
'Antābī, Iḥsān ② xxvii
Antrim, Zayde ① 769
'Aqīl, Aḥmad ② xxviii
'Āqil, Fākhir ② xxiv
'Aqīl, Ḥāzim ② xxvii
'Aqīl, Yūsuf ② xxvii
Aristi, David ③ 751
Arshad, Usman ③ 720
Arslān, Shakīb ① xvi, ② xii

Asad, Maḥmūd Muḥammad ② xxxii
Ashton, Darryl ③ 188, 786
ʿAssāf, Ziyad ② xxvii
ʿAssānī, Muḥammad ② xxvii
Aswad, Fāḍil ② xxii
Attor, James ③ 791
ʿAwda, Hudā ③ xvii
ʿAyrūḍ, Amīn ② xxix
ʿAyyād, Kāmil ② xxiv
ʿAyyān, Muḥammad Khaṭīb ② xxxii
ʿAyyāsh, ʿAbd al-Qādir ② xxxi
Azad, Abul Kalam ③ 718
ʿĀzār, Aghusṭīn ② xxv
ʿAzāzī, Muḥammad ② xxvii
Azraq, Aḥmad ② xxviii
ʿĀzrīh, Anṭwānīt ② xxviii
ʿAzūz, Zakariyyā ② xxvi

Bābillī, Aḥmad ʿAlī ② xxxii
Badawī al-Jabal ① xvi, ② xii
Badawī, Aḥmad ③ xvii
Badawī, Bashīr ② xxvii
Badawī, Muṣṭafā ② xxxii
Badawī, Niʿmat ② xxvii
Baddūr, ʿAlī ② xxx
Bādenjkī, Maḥmūd ʿĀdil ② xxxiii
Baker, Christine D. ① 770
Bakhāsh, Alfrīd ② xxvi
Bakhāsh, Nadīm ② xxvi
Bakhāsh, Naʿūm ② xxix
Bakrū, ʿĀdil ② xxxii
Bakrū, Samīr ② xxxii
Balakian, Peter ③ 776
Balandi, Yasemin ③ 774
Balankū, Muḥammad ② xxvii
Balfour, Arthur ② xv
Balkus, Peter ③ 189, 782
Balwit, Devon ③ 196, 820
Bāqī, Wāṣif ② xxxii
Barhū, Aḥmad ② xxvii
Barmadā, Rashād ② xv
Barrale, John ③ 213, 817
Barroso, Manuela ③ 207, 752
Barshīnī, Adele ② xxxii
Bārūt, Muḥammad Jamāl ② xxix
Bāsha, Khūrshid ② xiii
Bashqān, Shakīb ② xxvi
Baṣṣāl, Ḥasan ② xxviii
Baurain, Paul ② xviii, 15
Beat, Evan ③ 214, 826
Beausoleil, Beau ② 742, 743, 847
Beckworth, Don ③ 175, 195, 196, 200, 201, 800, 801
Ben Segal, Judah ① 397
Benskin Mesher, Sonja ③ 774
Bīrah Jaklī, Zaynab ② xxix
Blunt, Wilfrid ① xvi, 14, 660, 661, 663, 769
Bohince, Paula ③ 204, 825
Bohnhorst, Daniel ③ 191, 818
Boissière, Thierry ① 769
Bolt, Pearson ③ 797
Bonaparte, Napoleon ② xx
Bonowicz, Wojciech ③ 179, 762
Borde-Kuofie, Safiyah ③ 783
Bosworth, Clifford E. ① 769
Bradfield, Elizabeth ③ 813
Brown, Dara ③ 204, 793
Browning , Robert ① 661, 663, 679, 769
Bruce, Denis ③ 201, 822
Bsailīs, Mayyāda ② xxviii
Bsāṭa, ʿAbd al-Qādir ② xxvii
Bsāṭa, Bakrī ② xxvi
Būkhah, Kristiyān ② xxvii
Burhān, Sāmī ② xxvii
Burns, Ross ① 769
Buṭrus, Yaʿqub ② xxiii

Callaghan, Eve.Marie ③ 211, 769
Callier, Camille ① xi, 6, 769
Callus, Paul ③ 179, 746
Campert, Remco ③ xix, 34
Carlan, Peter H. ③ 205, 765
Carman, Kurt ③ 190, 792
Carol, M. ① 770
Castillo, Elizabeth Esguerra ③ 183, 210, 712
Chamatete, Kunda ③ 204, 726
Cheikho, Louis ② xvi
Chevallier, Robert ② 14
Chhetri, Rohan ③ 183, 192, 709
Chirasha, Mbizo ③ 205, 726
Chizoba Vincent, John ③ 185, 730
Choate, Alec ② 729, 731
Chopin, Frédéric ③ 773
Coen, Alise ③ 194, 830
Corwin, Arlene ③ 743
Coster, Vincent ③ 779
Cunha, Antonio Gaspar ③ 753
Cupertino, Lucia ② 249, 253, 730, 731, 755

d'Arvieux, Laurent ① 540, ② xiii
Dabbāgh, Zuhayr ② xxvii
Dabbās, Athnāsiyūs III ② xx, xxi
Dādīkhī, Munīr ② xxv
Daḥdūḥ, Muḥammad Bashīr ② xxxii
Dalāl, Muḥammad Qadrī ② xxvii, xxviii, xxx
Dakoyria ③ 203, 758
Damlakhī, Muḥammad Hilāl ② xxvi, xxx
Darkazallī, ʿAbd al-Raḥmān ② xxix, ③ viii
Darwīsh, Maḥmūd ① xvi, ② xii, ③ xviii, xix
David, Jean.Claude ② xviii, 15

Ḍāy, Hāshim ② xxxii
De Bruijn, Corneille ① د, iv, 769
De Chateaubriand, François-René ① Xvi, 14, 660, 661, 663
De Lamartine, Alphonse ① xvi, 14, 234, 661, 663, 674
De Marignone, Giovanni ① 473
Delamont, Sara ① 680, 769
DeNiord, Chard ③ 190, 790
Dhikra, Ḥasan ③ xvii
Dhikra, Sāmīr ② xxviii
Dība, Aḥmad ② xxxii
Dibitanzl, Honza ③ 754
DiGiorgio, Emari ③ 190, 813
Dīk, Aghnāṭiyūs ② xxix
Di Nardo, Antony ② xii, 8, 134, 172, 252, 729, 731, 753
Ḍiyāʾ al-Dīn, Fāḍil ② xxx
Diyāb, Ṣāliḥ ② xxxi
Doyle, Marguerite ③ 215, 770
Drummond, Alexander ① د, iv, 769
Dūghān, Aḥmad ② xxix, xxxii
Dunqul, Amal ① xvi, ② xii
Dupree, Judith Deem ③ 180, 808
Duran, Melissa ③ 186, 740
Dutra, Majo ③ 187, 752
Duwaydarī, Muḥammad Ḥusām al-Dīn ② xxxii, ③ viii
Dzarougian, Antranig ② 8, 77, 729, 731, 736

Edwards, Martha ③ 199, 778
Efe, José ③ 199, 753
Eli, Kevin ③ 795
El-Mudarris, Hussein ① 660, 769, 770
Elora, Ruth ③ 206, 819
Evans , Sandy ③ 182, 821

Fairgrieve, Laura ③ 810
Faisal I (the Arab king) ② xiv
Fakhrī, Ṣabāḥ ② xxviii
Fakhrū, Muḥammad Hilāl ② xxxii
Fakhrū, Muḥammad Saʿīd ② xxxii
Fākhūrī, Maḥmūd ② xxix
Fanṣa, Bashīr ② xxiii
Fanṣa, Maʾmūn ② xxix
Farḥāt, Ilyās ② xxiv
Fāris, Muḥammad Kāmil ② xxix
Farzāt, ʿAdnān ② xxxi
Fatima, Anam ③ 715
Fernie, Christopher ③ 213, 780
Fesharaki, Nassy ③ 724
FitzGerald, Edward ① 662, 770
Flecker, James Elroy ① 88, 234, 661, 663, 680
Forche, Carolyn ③ 831
Franklin, Jennifer ③ 197, 828
Freeman, June ③ 819
Friedman, Amy.Strauss ③ 788
Fuʾād, Fuʾād Muḥammad ② xxxiii

Gabrielich ③ 179, 757
Galassi, Johnathan ② 735
Gangler, Anette ② xvii, xviii, xix, 14
Gannett, Chancey ③ 190, 828
Gebbie, Marshal ③ 178, 738
Ghālī, Ilyās ② xxx
Ghanāymi, Suʿūd ② xxvi
Ghannām, ʿAzīz ② xxviii
Ghazzāl, Muḥammad ② xxviii
Ghuzayyil, Muḥammad Manlā ② xxxii
Gibbens, Gary ③ 182, 773
Gibbons, Lilly ③ 205, 815
Glynn, Paula ③ 188, 769
Good, Howie ③ 810
Gouraud, Henri ② 302
Grandin, Thierry ② xviii, 16
Grannell, Tony ③ 750
Griffiths, Bronwen ③ 778
Gris, Loup ③ 187, 756
Grootveld, Ruud ③ 187, 759
Gross, Philip ③ 194, 784
Gunawardana, Dilantha ③ 184, 208, 722
Gutton, André ② xviii

Ḥaffār, Ḥasan ② xxviii
Haight, Sandra M. ③ 193, 816
Ḥājj ʿĪsā, Muḥyī al-Dīn ② xxxii
Ḥajjār, ʿAbd al-Qādir ② xxviii
Ḥajjār, ʿAbdullāh ② xxix
Ḥajjār, Bāsīl ② xxviii
Ḥajjār, Niqūlā ② xxviii
Ḥajjū, Fawwāz ② xxxii
Ḥallāq, ʿAbdullāh Yūrkī ② xii, xxxii
Halloran, Colin D. ③ 196, 827
Ḥallūm, ʿAbd al-Salām ② xxxiii
Ḥamdān, Zakiyyā ② xxviii
Ḥamīda, ʿAbd al-Raḥmān ② xiii, xxix
Hamilton, John Derek ③ 189, 788
Ḥammāda, ʿAbd al-Ghanī ② xxx
Ḥamshū, Muḥammad Riyāḍ ② xxxii
Ḥamwiyya, Muḥammad ② xxix
Hanānū, Ibrāhīm ② xv
Hancock, Stephen ③ 195, 777
Ḥannūsh, Jūrjīt ② xxx
Hansen, Jan Oskar ③ 178, 742
Ḥarītānī, Maḥmūd ② xxix
Harmen, Ulrich ① 758
Harris Barham, Richard ① 222, 663, 676, 769
Hāshim Rashīd, Hārūn ① xvi, ② xii, ③ xviii

Ḥasan, ʿAzza ② xxix
Ḥasan, Mahā ② xxx
Hasan, Salah ③ xix
Ḥassān, Bahjat ② xxviii
Ḥassūn, Fuʾād ② xxviii
Ḥassūn, Rizq Allāh ② xx
Hauptmann, Gerhart ③ xix, 34
Haykal, Muḥammad Ḥusayn ② xxiv
Ḥayrūka, ʿAbbās ② xxxiii
Head, Gretchen ① 769
Hemingway, Scott F. ③ 814
Hermes, Nizar F. ① 769
Herlihy, John ③ 188, 766
Hidāya, Ilyās ② xxxii
Hidāyā, Jubrān ② xxvii
Ḥikmat, Nāẓim ① xvi, ② xii
Hilāl, Fuʾād ② xiv, xxix
Hirsch, Lydia ③ 815
Hirshfield, Jane ③ 826
Hitti, Philip ② Xx
Hoelbling, Walter ③ 173, 745
Hope, Alec Derwent ② 89, 730, 731, 738
Horder, William Garrett ① 679, 769
Hornby, Elena ③ 200, 781
Huey, John ③ 214, 824
Hughes, Aaron ③ 175, 785
Ḥujja, Lamīs ② xxxiii
Hulagu Khan ① ix, ③ xv
Ḥūmad, ʿAbd al-Wahhāb ② xv
Humaydān, Aḥmad Ḥusayn ② xxxiii
Hureau, Jean ② xviii, 15
Ḥusayn, ʿAbd al-Razzāq ③ viii
Ḥusayn, Rashīd ③ xviii
Ḥusayn, Ṭāhā ② xxiv
Ḥusnī, Ismāʿīl ② xxvi
Ḥusnī, Mufīd ② xxiii
Hutchinson, Ishion ③ 212, 739

Ibn Abī Ḥuṣayna ① xvi
Ibn ʿArabī, Saʿad al-Dīn ① xvi
Ibn ʿAsākir, ʿAlī b. al-Ḥasan ③ xvi
Ibn Bashkuwāl ③ xviii
Ibn Bassām al-Shantarīnī ③ xvii
Ibn Baṭṭūṭa ① xi
Ibn Burd, Bashshār ① xvi
Ibn Ḥabīb al-Ḥalabī ① xvi
Ibn Ḥamdīs ③ xx
Ibn Ḥayyūs ① xvi
Ibn ʿIdhārī ③ xviii
Ibn Jābir al-Andalusī ① xvi
Ibn Jinnī ① xvi
Ibn Kathīr, Abū l-Fidāʾ ③ xvi
Ibn Khafāja ③ xviii
Ibn Kulthūm, ʿAmr ① xv
Ibn al-ʿAdīm, Kamāl al-Dīn ③ xv
Ibn al-ʿAfīf, Shams al-Dīn ① xvi
Ibn al-ʿAjamī, Kamāl al-Dīn ③ xvi
Ibn al-ʿAssāl ③ xviii
Ibn al-Fāriḍ ① xvi
Ibn Al-Jahm, ʿAlī ① xvi
Ibn al-Khaymī ③ xvii
Ibn al-Mujāwir ③ xvii
Ibn al-Qaysarānī ① xvi
Ibn al-Rūmī ③ xvii, xvi
Ibn al-Sāʿātī ① xvi
Ibn al-Wardī ① xvi, xviii
Ibn Ḥammād, Muḥammad ③ xvii
Ibn Hārūn, Mūsā ③ xviii
Ibn Manẓūr, Abū l-Faḍl ③ xiv
Ibn Munīr al-Ṭarābulsī ① xvi
Ibn Nabāta al-Miṣrī ① xvi
Ibn Raqṭān, Muḥammad ③ xix
Ibn Saʿdān, ʿĪsa ① xvi
Ibn Sanāʾ al-Mulk ① xvi
Ibn Shahīd ③ xviii

Ibn Shākir ③ xvi
Ibn Sinān al-Khafājī ① xvi
Ibn Sinīn, Surūr ① xvi
Ibrāhīm, Ḥāfiẓ ① xvi, ② xii
Ibrāhīm Bāshā, Ḥasan ② xv
Ibrāhīm, Yaʿqūb ② xxvii
Ibrāhīm, Yūḥannā ② xxix
Ibrahim, Zebeida ③ 728
Idiong, Divine F. ③ 729
Idlibī, Ḥusayn ② xxvi
Idlibī, Nāwfīṭūs ② xxix
Idlibī, Bahīja Miṣrī ② xxxii
Ikhlāṣī, Walīd ② xxvi, xxx
ʿIkrima, Muṣṭafā ③ viii
Ilyān, Mīkhāʾīl ② xv
Imruʾ al-Qays ① xv, ③ xiv
Inga ③ 184, 210, 712
Iqbāl, Muḥammad ① xvi, ② xii
Isbīr, ʿAbd al-Munʿim ② xxvi
Isbīr, Muḥammad Khayr al-Dīn ② xxxii
Iskīf, Kāmil ② xxx
Ismail, Izz al-Din ③ xv
Ismāʿīl, Maḥmūd Hasan ② xii
Ismāʿīl, Nadhīr ② xxvii
Istānbūlī, Waḥīd ② xxvi
ʿItr, ʿAbdullāh ② xxxii
Izsó, Zita ③ 193, 745
Izydor, Máteùš ③ 763

Jabaqajı, ʿAbd al-Raḥmān ② xxx
Jabrī, Shafīq ① xvi, ② xii
Jadd, Yūsuf Niʾmat Allāh ② xxv
Jadīd, Muḥammad ② xxx
Jaʿlūk, Khalīl ʿĀrif ② xxxii
Jāmūs, Bassām ② xxix
Jānjī, Niqūlā ② xxiii
Jarrell, Randall ③ xx, 36
Jazmātī, Aḥmad ② xxvii
Jawayda, Fārūq ① xvi, ② xii
Jean, Chelsea ③ 197, 787
Jisrī, Ayman ② xxviii
Jubrān, Jubrān Khalīl ① xvi, ② xii
Jughām, Laylā ③ xx
Jūkhdār, Jamīl ② xxviii

Kabiri, Kìùra ③ 206, 727
Kaḥḥāla, Jūzīf Ilyās ② xx, xxix
Kaḥīl, Maḥmūd ② xxx
Kalash, Grégor ② xxvi
Kamāl, Muḥammad ② xiii, xxix, xxxii
Kamara, Ismail ③ 733
Kamula, Petra ③ 176, 213, 710
Kanʿān, ʿAbd al-Salām ② xxxiii
Kanjū, ʿAbbūd ② xxxii
Kanna, Jamīl ② xxix
Karami, Siham ③ 817
Kashīshyān, Aliksandar ② xxx
Kasireddi, Mahitha ③ 173, 208, 719
Kassār, Ibrāhīm ② xxxiii
Kayālī, Luʾay ② xxvi
Kayali, Ṣabāḥ Farouk ② xviii
Kayyālī, Ḥasīb ② xxx
Kazzāra, ʿAdnān ② xxx
Kazzāra, Ṣalāḥ ② xxix
Kebbe, Sāmir ② xxxiii
Kelly, Conor ③ 194, 775
Kennedy, Benjamin Hall ① 156, 661, 663, 677
Kent, Olivia ③ 179, 776
Kershaw, Graham ③ 185, 735
Khadīja, Muḥammad Nadīm ② xxxii
Khalīfa, Khālid ② xxx
Khalīfa, Muḥammad ③ viii
Khalique, Harris ③ 720
Khalvati, Mimi ③ 725
Khan, Samed ③ 721
Khānjī, ʿAbd al-Muḥsin ② xxvii

Khartash, Fayṣal ② xxx
Khashfa, Nadīm ② xxx
Khatiwada, Bipin ③ 183, 709
Khawwām, Jūrj ② xxix
Khawwām, Rīnīh ② xxx
Khayrī, Muḥammad ② xxviii
Khayyām, ʿUmar ① xvi
Khayyam, Omar ① 662, 770
Khayyāṭa, Nihād ② xxx
Khazandār, Sharīf ② xxx
Khūja, Ghāliya ② xxxiii
Khūrī, Rūlān ② xxvi
Khūrī, Shārl ② xxxii
Kilzī, Maḥmūd Muḥammad ② xxxii
Kilziyya, Muḥammad Aḥmad ② xxxii
Kioroglou, Sofia ③ 186, 746
Kirk, Tony ③ 182, 772
Kojouri, Kamand ③ 198, 724
Kronhold, Jerzy ③ 763
Kuʿayyid, Aḥmad Taysīr ② xxix, ③ viii
Kujjah, Hasan ① iii, vii, xi, ② iii, ③ iii
Kujjah, Kamāl ② xxxii, ③ viii
Kujjah, Mohammad ① iii, vii, xi, ② xxix, xxxii, ③ viii
Kujjah, Muḥammad bin Ḥasan ② xiii
Kulayb, Saʿad al-Dīn ② xxix
Kumar, Sukrita ③ 176, 177, 716
Kummings, Donald D. ① 678, 770
Kunayder, Najīb ② xxii
Kunayder, Shukrī ② xxii
Kunayfātī, Ẓahīr ② xxxii
Kuntal, Aakriti ③ 202, 716
Kuraydī, Ṣabāḥ al-Dīn ② xxxii
Kurdī, Ḥusām al-Dīn ② xxxiii
Kushājim ① xvi

La Mazière, Pierre ② xv, xvi
Labaisse, Jean.Paul ③ 174, 756
Lafi, Nora ① 769
Lane, Roscoe ③ 211, 771
Lauth, Laura ③ 747
Lawrence, Thomas Edward ② xiv, 10
LeMaster, J.R. ① 678, 770
Levine, A.V. ③ 189, 807
Lifshin, Lyn ③ 175, 196, 200, 207, 803, 804, 805
Lima, Ananda ③ 177, 740
Lima, Conceição ③ 733
Littleton, Sue ③ 193, 741
Lombardi, Domenico ③ 209, 750
Lorca, Federico García ② 231, 712, ③ xx, 35
Lundström, Peter ③ xx, 37
Lunney, Tessa ③ 185, 738
Lūṭfī, Ṣafiyya ② xxix

Mack, Charles ① 769
Maghārba, Waḥīd ② xxvii
Maḥfūẓ, Iyād Jamīl ② xxx
Māhir, Muṣṭafā ② xxviii
Mahmalāt, ʿUthmān ② xxix
Maḥmūd, ʿAbd al-Raḥīm ③ viii
Maḥmūd Ṭāhā, ʿAlī ① xvi, ② xii
Maksūr, ʿAbdullāh ② xxx
Malakī, Ilyās ② xviii
Mālik, Nīrūz ② xxx
Mangalein, Jean.Louis ② xxvii, 27
Mankerian, Shahé ③ 725
Mansel, Philip ① 769, ② xix
Manṣūr, Ismāʿīl ʿUmar ② xxxii
Maqdisī, Fāyiz ② xxxiii
Maqdisī, Laylā ② xxxiii
Marchese, Michael ③ 805
Marcus, Abraham ① 770
Mardam Bīk, Khalīl ② xii

Mārdilī, ʿAbd al-Karīm ② xxxii
Mardīnī, Jirjis ② xxix, xxx
Marie of Edinburgh ② xvii, 14
Marlon, Brandon ③ 176, 787
Marrāsh, Fransīs ② xx
Marrāsh, Mariyāna ② xx
Marshall, Jack ③ 197, 789
Martin, William ② xiv
Maʿrūf, ʿAbd al-Razzāq ② xxxii
Maṣṣāṣ, Zakariyyā ② xxxii
Massignon, Louis ② xxvii
Mathews, Elkin ① 682, 770
Matywiecki, Piotr ③ 207, 762
Mawālidī, Muṣṭafā ② xxix
Mawlūd, Mamdūḥ ② xxxii
Māyū, Qadrī ② xxxii
McCullagh, John ③ 182, 773
McGuinness, Eamon ③ 195, 765
Megarbane, Najīb ② xxx
Meloni, Valentina ③ 186, 199, 749
Merchant, Megan ③ 811
Messiaen, Olivier ② 719
Meyer, Bernard ③ 212, 732
Mikānisī, ʿUthmān Qadrī ③ viii
Milby, Robert ③ 812
Minar, Scott ③ 215, 799
Mīnāsiyān, Mahrān ② xxix
Minisini, Sandro ③ 215, 748
Mirāyātī, Buṭrus ② xxix
Mitchell, Scott-Patrick ③ 178, 202, 737
Mlinko, Ange ② 730, 731, 746
Montale, Eugenio ① xvi, 14, ② xii, 8, 89, 729, 731, 735, 848
Mooney, Matt ③ 188, 767
Morefield, Mary.Anne ③ 821
Muʿaddil, Khālid ② xxxii
Muʾaqqat, ʿAbd al-Raḥmān ② xxvi
Mudallal, Ṣabrī ② xxviii
Mufliḥ, Maḥmūd ③ viii
Muḥabbek, Aḥmad Ziyād ② xxix
Muḥaffell, Asʿad ② xxix
Muhannā, ʿAbd al-Raḥmān ② xxvii
Muhannā, ʿĀdil ② xxvi
Muḥarram, Sharīf ② xxvii
Muḥyī al-Dīn, Thurayyā ② xxix
Muʿīn, ʿAlī Riḍā ② xxvi
Mulqī, Walīd ② xxvi
Murray, John ① 673, 770
Mushawwil, Aḥmad ② xxxiii
Muṣṭāfā, Shākir ② xxiv
Muṭrān, Khalīl ① xvi, ② xii, ③ xix
Muṭṭalib, Fuʾād ③ xix
Muyassar, ʿAdnān ② xxvii
Muyassar, Ūrkhān ② xx, xxxi, xxxiii

Nabī, Widād ② xxxiii
Nabokov, Vladimir ① xvi, 15, ② xii, 8, 88, 730, 731, 733
Nājī, Ibrāhīm ① xvi, ② xii
Namaya ③ 175, 176, 177, 741
Naʿnāʿ, Firās ② xxvi
Naʿsān Āghā, Nāṣir ② xxvii
Naʿsānī, Burhān ② xxvi
Nāṣīf, Kāmil ② xxix
Nāṣir, ʿAbd al-Muḍḥī ③ viii
Naṣrī, Fawwāz ② xxvi
Nawfal, Yūsuf Ḥasan ② xxxi
Nāwlū, ʿAbd al-Raḥmān ② xxiii
Nazareno-Gabis, Caroline ③ 202, 208, 711
Naẓāriyān, Farīd ② xxxiii
Needle, Marea ③ 174, 789
Neruda, Pablo ③ xix, 34
Neumann, Kai Michael ③ 205, 732
Nuʿayma, Mīkhāʾīl ② xxiv

O'brien, Dan ③ 777
Ocheme, Oche ③ 181, 729
O'Hara, Daniel ③ 212, 768
Ohta, Keiko ① 770
Omar, Mahi ③ 734
Opah, Clinton ③ 210, 731
Orutwa, Joseph ③ 727
Osler , Richard ③ 215, 283
Owen, Jan ② xii, 8, 89, 730, 731, 739

P.K., Dizyna ③ 181, 728
Padillo Olesen, Elizabeth ③ 178, 744
Pain, Stephen ③ 194, 214, 743
Panem, Karyn Stacey ③ 739
Passant, John ③ 736
Paton, Andrew Archibald ① 770
Paul, James ③ 794
Perry, Robert ② 237, 245, 730, 731, 742
Peters, William S. ③ 180, 806
Pett, Roy ③ 782
Phokas, Nikephoros ① ix, ③ xv
Picot, François ② xv
Po Dom, Jon ③ 201, 796
Ponraj, Sithuraj ③ 211, 714
Porter, Peter ② 253, 730, 731, 740
Potter, Doug ③ 802
Protopopescu, Orel ③ 187, 755
Pushkin, Alexander ① xvi, 15, 661, 663

Qabāwa, Fakhr al-Dīn ② xxix
Qabāwa, Fatḥī Muḥammad ② xxvi
Qabbānī, Al-Ma'mūn ② xxxii
Qabbānī, Nizār ① xvi, ② xii, ③ xix
Qajmīnī, Iliyā ② xxvi
Qalʿa Jī, ʿAbd al-Fattāḥ ② xxvi, xxx, ③ viii
Qalʿa Jī, Qadarī ② xxix
Qamarī, ʿAbd al-Ḥamīd ② xxvi
Qanbar, Aḥmad ② xv
Qaṣabjī, Ḍiyā' ② xxx
Qaṣabjī, ʿIṣām ② xxix
Qaṣīr al-Dhayl, Ṣāliḥ ② xxviii
Qaṣīr al-Dhayl, Muḥammad ② xxvi
Qaṣṣāb Bāshī, Marwān ② xxvii
Qaṣṣāb Ḥasan, Najāh ② xv
Qaṣṣās, Waḥīd ② xxvii
Qasṭūn, Wadīʿ ② xxx
Qatāya, Nabīh ② xxvii
Qaṭāya, Salīm ② xxvi
Qaṭāya, Salmān ② xxix
Qaṭṭāʿ, ʿAbd al-Qādir ② xxvi
Quḍaymātī, Jalāl ② xxxii
Quinn, Kyle ③ 825
Qunṣul, Zakī ② xii
Qūshāqjī, Būlus ② xxii
Qūshāqjī, Yūsuf ② xxix

Rabbāṭ, Idmūn ② xxix
Rābiḥ Būnār, ③ xvii
Rachma, Desyana ③ 192, 710
Raḍwān Sālim, ② xxvi
Rajab, Muḥammad ② xxviii
Rajā'ī, Fu'ād ② xxx
Rajan, Reshm ③ 177, 717
Rājī, Ḥusayn ② xxxiii
Rajjū, Saʿīd ② xxxiii
Raymond, André ① 770
Rengifo, Alci ③ 203, 822
Richardson, Robert D. ① 662, 770
Riḍā, ʿAlī ② xxix
Riḍā, Nihād ② xxxii
Rigli, Mario ③ 203, 748
Rilla ③ 186, 744

Robert, Alun ③ 182, 771
Roberts, Ed ③ 197, 807
Roszak, Joanna ③ 212, 764
Rumi, Jalal Elddin ① 664, 770
Russell, Alexander ① 540, 770, ② xiii, 9
Russell, Patrick ① 540, 770, ② xiii, 9
Russell, Sara L. ③ 175, 783
Rustum, Badr ② xxxiii
Ryder, Lisle ③ 786
Rygiert, Beate ② 218, 220, 237, 253, 729, 731, 747

Sābā, Nīvūn ② xxxii
Ṣābāt, Khalīl ② xx
Ṣabbāgh, Ẓarīf ② xxxii
Ṣābūnī, Muḥammad Ḍiyāʾ al-Dīn ② xxxii
Ṣābūnī, Yūsuf ② xxvii
Ṣādiq, Ṣabīḥ ③ xx
Saʿīd, Naṣra ② xxix
Ṣāʾigh, Maksīmūs ② xxi
Sakhīyṭa, Muḥammad Muḍarr ② xxxii
Sakhīṭa, Nuʿmān ② xxix
Ṣalībā, Jamīl ② xxiv
Sālim, Aḥmad ② xxviii
Sālim, Asʿad ② xxviii
Sālim, Ghālib ② xxvi
Sālim, Jūrj ② xxx
Sālim, KItty ② xxx
Sallāḥ, ʿAbd al-Jalīl ② xxiii
Salmon, Olivier ① 660, 769, 770, ② 45, 77, 87, 134, 251, 729, 731, 750, 751
Samāqiyya, Muḥammad Jumʿa ② xxxiii
Saoub, Esther ② xix, 16
Ṣaqqāl, Fatḥ-Allāh ② xxix
Ṣaqqāl, Maʾmūn ② xxvii
Sarmīnī, ʿUmar ② xxviii
Ṣarūf, Fuʾād ② xxiv
Sattūt, Wajīh ② xxvii
Sauvaget, Jean ② xviii, 15
Ṣāyā Sālim, Laylā ② xxx
Ṣaydaḥ, Jūrj ② xxiv
Sāyis, ʿAbd al-Wahhāb ② xxx
Sayyid Al-Jāsim, Muḥammad ② xxxii
Schlumberger, Gustave ① 281
Scollard, Clinton ① xvi, 15, 222, 661, 663, 682, 770
Secker, Martin ① 660, 769
Seshadri, Vijay ③ 198, 719
Shaʿath, Shawqī ② xxix
Shafīq, Duriyya ② xxiv
Shaḥāda, ʿAbd al-Karīm ② xxix
Shaḥāda, Kamāl ② xxix
Shakespeare, William ① xvi, 14, 233, 660, 661, 663, 769, 770
Shambīr, Kamīl ② xxv, xxvii, xxviii
Shammūs, Isḥāq ② xxx
Shamsa, Shams al-Dīn ② xxx
Shaʿrāwī, Anṭwān ② xxii
Sharma, Manvi ③ 181, 715
Shawqī, Aḥmad ① xv, ② xii, ③ xviii
Shaykh Amīn, Bakrī ② xxix
Shaykh Turāb, Raḍwān ② xxvi
Shaykh ʿUthmān, Muḥammad ② xxxiii
Sheeran, Henry ③ 191, 811
Shehabi, Deema ② 742, 743, 847
Shehu, Fahredin ③ 747
Shidyāq, Jūrj ② xxxii
Shilḥut, Jirjis ② xxix
Shirāzī, Saʿdī ① xvi
Shīṭ, Iḥsān ② xxvi
Shubhamm, Bhartendu ③ 714

Shūsha, Fārūq ① xvi, ② xii
Sirdār, Aḥmad ② xxix
Sīrīs, Nihād ② xxx
Sirmans, Hans ③ 188, 760
Skalski, Marek ③ 764
Smirou, Sébastien ③ 757
Smith, Frances ③ 189, 791
Smith, J.D. ③ 827
Soerensen, Erika ③ 794
Solace, Françoise ③ 187, 755
Sotheby, William ① 673, 770
Spencer, Molly ③ 190, 210, 824
Spiekermann, Meinolf ② xvii, xviii, xix, 14
Steensen, Sasha ② 192, 231, 730, 731, 744
Stringfellow, Tony ③ 199, 775
Ṣubḥiyya ʿAnadānī, ② xxx
Sulṭān, Muẓaffar ② xxx
Summāqiyya, Muḥammad Ṭahir ② xxii
Surūjī, Ṣāliḥ ② xxxii
Sutton, Silvia ② 107, 729, 731, 741
Sykes, Mark ② xv
Szarka, Nina ③ 180, 812

Ṭāfish, Yūsuf ② xxxiii, ③ xviii
Ṭaḥḥān, Samīr ② xxxiii, ③ viii
Ṭaḥḥān, Muḥammad Jamāl ② xxxiii
Ṭalas, Aḥmad ② xxix
Ṭalas, Muḥammad Asʿad ② xviii, xxix
Ṭaʿma, Jūrj ② xxiv
Tamari, Steve ① 770
Taouk, Janelle ③ 178, 737
Ṭarabīshī, Jūrj ② xxix
Tarshahạnī, ʿIṣām ② xxxiii, ③ viii
Taymūr, Aḥmad ③ xix
Tennārī, Ḥassān ② xxviii
Timur / Tamerlane ① ix, ③ xvi
Thompson, Jon ③ 206, 829
Tōge, Sankichi ③ xx
Torre, Nicholas Lee ① 677, 770
Toskar, S. ③ 214, 713
Toynbee, Arnold ① 363
Travassos, Anya ③ 781
Traynor, Jessica ③ 213, 767
Trethewey, Natasha ③ 818, 831
Trezise, Robert Jr. ③ 195, 200, 798
Ṭūqān, Ibrāhīm ③ xviii
Tūtal, Fardīnān ② xxiv, xxviii

ʿUbayd, Yūsuf ② xxxii
ʿUlabī, Muḥammad ʿAdnān ③ viii
Ulgezer, Alice Melike ③ 723
Ūrfah Lī, Laylā ② xxxiii
ʿUṭba, ʿAbd al-Raḥmān ② xxix
ʿUthmān, Najwa ② xxv, xxix

Van der Vegt, Marjon ③ 179, 759
Van Zuiden, Henk ③ 758
Varma, Akanksha ③ 202, 717
Velves, Robert ③ 184, 711
Von Goethe, Johann W. ① xvi, 14, 660, 661, 663

Wālāya, Jamīl ② xxx
Walls, Jen ③ 809
Ward, Ḥannā ② xxviii
Warda, Jāk ② xxvi
Watenpaugh, Heghnar Zeitlian ① 770
Wattison, Meredith ③ 214, 736
Ways, Murād ② xxvi
Webb, Peter ① 771
Weeks-Badley, Lonneice ③ 809
Weston Shazor, Gail ③ 191, 808
Whelan, Alex ③ 770

Whitman, Walt ① xvi, 14, 660, 661, 663, 678
Wieland, Christoph Martin ① xvi, 663, 673, 770
Wielgus, Art ③ 205, 761
Wilkin, Danae ③ 191, 792
Will, Dave ③ 820
Williams, Ken D. ③ 194, 761
Wolf, Micheal ③ 174, 780
Woolley, Reuben ③ 186, 751
Wright, Finbar ③ 203, 768
Writer, Madrason ③ 203, 210, 760

Yagan, Fahd ② xxviii
Yagan, Saʿd ② xxvii
Yaḥyā, ʿAbd al-Ilāh ② xxx
Yaki Setton ② 142, 162, 173, 241, 247, 729, 730, 731, 745
Yāzijī, Ṭālib ② xxvi
Yāzjī, Būlus ② xxix
Yılmaz, Hülya ③ 723
Yocum, Stephen E. ③ 206
Yūsuf, Nābī ① xvi
Yūsuf, Saʿdī ① xvi, ② xii, ③ viii

Zābīṭā, Anṭwān ② xxviii
Zakkār, Suhayl ③ xv
Zakariyyā, Mufdī ① xvi, ② xii
Zapata-Whelan, Carol ① 678, 770
Zarzūr, ʿAbdū ② xxviii
Zaydān, Jūrjī ② xxi
Zayn al-ʿĀbidīn, Maḥmūd ② xxix
Zaytūnī, Badr al-Dīn ② xxix
Zayyāt, Muṣṭafā ② xxx
Zhenzhou ③ 198, 721
Ziyāda, Niqūlā ② xxiv
Zughayb, Hanrī ② xii

الفصل الرابع

فهارس الأماكن

1 فهرس البلدان والمدن والأماكن الطبيعية (التي وردت باللغة العربية)

إب ③ 903، 906

أبو ديس ③ 890

أبو ظبي ① 11، ② 515، 824، ③ 864، 882

أبي الخصيب ② 779، ③ 871

الأثارب ① 197، 415، 699، 775

الأحصّ ① 192، 193، 196، 197، 209، 246، 247، 249، 250، 261، 378، 379

الأرنط (نهر الأرنط) ① 207، 225، 334

الأمازون ② 232، 253، 755

أثينا ② 46، 60، 131، 157، 171، 202، 221، 231، 232، 246، 249، 518، 519، ③ 148، 632

أُحُد ③ 28

الأحساء ① 690

أدرنة ① 728

إدلب ① 705، 741، ② 775، 782، 800، 802، 806، 811، 819، ③ 893، 894

إدنبره ② 14، 790، ③ 868

إده ① 707

أذربيجان ① 745، ② 791

أذرعات ② 793

إربد ② 815، ③ 859، 865، 873

إربل ① 693

أرتاح ① 104، 194، 289، 783

الأرجنتين ② 7، 778، 822، ③ 10، 741

الأردن ② 6، 8، 765، 819، 824، ③ 7، 858، 859، 865، 866، 870، 871، 885، 890، 894، 898، 902، 903، 907، 908

أرضروم ① 745

أرقان ① 195، 303

أرقو ③ 864

أركنساس ③ 901

أرمناز ① 748، ② 789

أرمينيا ① 704، ② 7، ③ 9، 725

أريحا ① 688، ② 235، 394، 486، 799، ③ 882، 899

أزويرات ③ 873

أسبانيا ① 713، ② 761، 782، 791، 794، 821، ③ 8، 750، 751

استراليا ② 7، ③ 10، 735، 736، 737، 738

اسطنبول ① 11، 540، 601، 709، 739، 741، ② 11، 767، 794، ③ 455

الآستانة ① 705، 706، 710، 712، 727، 743، ② 20، 817

اسكتلندا ② 790، ③ 771، 868

إسكندرون ① 222، 638، 676، ② 780

الاسكندرية ① 11، 282، 687، 728، ② 762، 775، 811، ③ 858

 | DOI:10.1163/9789004504905_005

آسيا ① 26، 362، ② 11، ③ 9، 215، 707،
708، 709، 217، 117، 017، 713، 714، 715،
716، 717، 718، 719، 720، 721، 722، 723،
724، 725، 799
آسيا الصغرى ① 26، 472
أسيوط ① 695، ② 772، ③ 854، 863، 878
اشبيلية ① 11، 742، ③ 13، 27
آشور ③ 656
أصفهان ① 11، 731، ② 239، 650
أضنه ① 280
أعران ① 198، 428
إعزاز ① 193، 197، 260، 413، 689، 693،
694، 793، ② 812، 814
أفامية ① 69، 209، 405
أفريقيا ② 11، ③ 9، 10، 708، 726، 727، 728،
729، 730، 731، 732، 733، 734
أفغانستان ① 282
أكادير ③ 867
أكسفورد ① 540
ألمانيا ① 749، ② 7، 11، 810، 826، ③ 8، 34،
636، 765، 862، 889، 910
الإمارات العربية المتحدة ② 6، 760، 774، 786،
792، 807، 811، 819، 824، ③ 8، 864،
871، 873، 878، 879، 890، 896
أم الفحم ③ 891
أم درمان ③ 895
أم ميل ② 759، ③ 853
امحيرث ③ 874
آمد ① 200، 218، 280، 424، 439، 555، 704،
709، 715، 718
أمريكا الجنوبية ③ 10، 708، 739، 740، 741، 10
أمريكا الشمالية ③ 10، 708، 787، 788، 789،
790، 791، 792، 793، 794، 795، 796،
797، 798، 799، 800، 801، 802، 803،
804، 805، 806، 807، 808، 809، 810،
811، 812، 813، 814، 815، 816، 817، 818،
819، 820، 821، 822، 823، 824، 825،
826، 827، 828، 829، 830، 831
أمريكا الوسطى ③ 10، 708، 739، 740، 741
أمستردام ① 11، ② 11
الأَنْدَرِيْن ① 191، 245، 808
الأنبار ③ 33، 892
الأندلس ① 241، 243، 258، 280، 440، 485،
742، 749، ② 18، 87، 141، 241، 383،
399، 436، 437، 707، 761، 794، 826، ③
12، 13، 25، 26، 27، 28، 37، 133، 166،
167، 310، 448، 457، 910
أندونيسيا ③ 9، 710
إنديانا ② 786
انطاكية ① 148، 161، 201، 207، 210، 211،
219، 240، 280، 285، 330، 346، 361،
362، 389، 411، 412، 416، 470، 576، 626،
695، ② 714، 808، 821
أنطلياس ② 818
انكلترا ② 7، 795، 808، 821، ③ 772، 773،
774، 775، 776، 777، 778، 779، 780، 781،
782، 783، 784، 785، 786، 880
أوجلّة ① 731
أور ② 45، 46، 632
الأوراس ② 232، 246، 335
أورفة ③ 890
الأورال (جبال الأورال) ③ 172، 214، 824
أوروبا ① 26، 686، 706، 743، ② 11، 31، 150،
636، 797، ③ 8، 9، 205، 708، 742، 743،
744، 745، 746، 747، 748، 749، 750، 751،
752، 753، 754، 755، 756، 757، 758،

759، 760، 761، 762، 763، 764، 765، 766، 767، 768، 769، 770، 771، 772، 773، 774، 775، 776، 777، 778، 779، 780، 781، 782، 783، 784، 785، 786

أوسلو ③ 172، 214، 826، 877

أوقيانوسيا ③ 10، 708، 735، 736، 737، 738، 739

أوكرانيا ② 799، ③ 9، 747

أوهايو ② 767

إيبلا ② 45، 46، 383

إيران ③ 9، 724، 725

إيرلندا ③ 8، 765، 766، 767، 768، 769، 770

إيطاليا ① 713، 749، ② 7، 24، 232، 252، 667، 782، 826، ③ 8، 691، 748، 749، 750، 862

الباب ① 198، 201، 414، 428، 552، ② 785

بابل ① 252، 713، ② 45، 475، ③ 29، 656، 868

بابنا شرقي ② 815، ③ 900

باتنة ③ 861

باريس ① 604، 632، 712، ② 15، 20، 77، 232، 251، 253، 600، 658، 750، 754، 770، 775، 776، 796، 797، 799، 811، 812، 818، 822، ③ 869، 897

بازل ① 11

باسلّين ① 340

باشّلقيشا ① 340

بَاصَفْرَا ① 340

باكستان ② 7، 778، 796، ③ 9، 720، 721، 870

باكو ② 791، ③ 883

بالس ① 196، 198، 371، 414

باليرمو ② 775

بانياس ① 735، ② 762، 766، 774، ③ 874

البحر الأبيض المتوسط ① 253، 280، ② 44، 235، 251، 486، 691، 726، 755، ③ 810، 890

بحر إيجة ③ 212، 665، 732

البحرين ① 598، 690، 741، ② 846، ③ 8، 866

البحيرة ② 798

بخارى ① 282

بدليس ① 208، 370

البرازيل ② 333، 765، 774، 778، 800، 821، 822، ③ 10، 740

براغ ② 811، 822

بربعيص ① 191، 245

البرتغال ③ 8، 752، 753، 754

البردون ② 789

بَردى (نهر بَردى) ① 223، 226، 450، ② 232، 256، 306، 765، 781، ③ 131، 135، 487، 872

برقة ① 731

برلين ② 783

برمانا ② 758

برمنغهام ③ 880

البروة ② 812

بروكسل ② 759

بريطانيا ② 30، 779، 794، ③ 8، 871

بزاعا (بزاغا) ① 198، 428، 699، 716، ② 170، 425

بسكرة ③ 37

بشري ② 770

البصرة ① 279، 703، 708، 710، 728، ② 474، 779، 786، 818، ③ 13، 22، 871

بصرى ② 482
بطنان ① 197، 199، 387، 414، 468، 812
بعبدا ① 707، ② 781
بعقوبة ③ 858
بعلبك ① 202، 245، ② 482، 775، 825
بعيون ② 774
بغداد ① 200، 210، 216، 221، 222، 225، 229، 252، 253، 259، 278، 282، 299، 359، 362، 366، 413، 416، 470، 496، 498، 592، 600، 606، 621، 682، 688، 691، 692، 698، 700، 701، 707، 710، 711، 714، 716، 717، 718، 720، 722، 723، 725، 727، 728، 731، 743، 745، ② 11، 13، 14، 196، 197، 218، 221، 237، 238، 239، 240، 243، 244، 245، 254، 265، 298، 306، 321، 328، 343، 391، 398، 400، 591، 650، 666، 742، 743، 767، 771، 774، 780، 781، 783، 786، 787، 791، 800، 816، 817، 818، 847، ③ 12، 13، 20، 21، 33، 131، 132، 133، 134، 135، 136، 139، 154، 222، 252، 283، 311، 319، 340، 346، 375، 380، 389، 396، 465، 488، 527، 579، 853، 862، 868، 869، 883، 889، 892، 895، 904
بغراس ① 199، 432
البلاط ① 409
بلجيكا ② 759، 766، ③ 855
بلخ ① 260، 484
البلقاء ③ 866
بلنسية ③ 13، 27، 28
البنجاب ② 791، ③ 883
البندقية ① 540
بنزرت ③ 903
بنها ② 764
بني سويف ① 741
بني يزقن ② 817
بور سعيد ③ 13، 29
بورتو برانس ② 232، 253، 755
بورتو لا كروس ② 772
بوسطن ② 769
البوسنة والهرسك ② 815، ③ 555، 898
بولندا ③ 8، 761، 762، 763، 764
بون ① 11
بونوغة ③ 886
بيّاس ① 195، 303
بيانون ② 791
بيت جالا ② 797
بيت دراس ② 786
بيت دقو ③ 908
بيت لحم ② 217، 242، 360، ③ 853
بيرزيت ③ 876
البيرة ① 456
البيرو ② 788
بيروت ① 11، 717، 744، 746، ② 240، 247، 312، 764، 765، 766، 767، 770، 771، 774، 785، 791، 795، 797، 807، 822، 824، ③ 13، 31، 131، 527، 594، 869، 888، 905، 907
بيسان ① 213، 435

تاج محل ② 795
تاجنانت ③ 870
تادف ① 198، 415، 428
تامز (نهر التامز) ① 676
تبارستان ② 788

تدمر ② 221، 233، 234، 237، 241، 253، 300، 378، 563، 748، ③ 136، 172، 213، 591، 767، 889
ترشيحا ② 793، 813، ③ 884
تركيا ① 737، ② 7، 767، ③ 9، 131، 134، 483، 723، 880
تشاد ③ 10، 734، 891
تشيتوسي (نهر تشيتوسي) ③ 172، 214، 713
التشيك ③ 9، 754
تشيلي ③ 10، 741
تعز ③ 366، 880، 883
تل باشر ① 198، 423
تل صوغا ① 195، 303
تل ماسح ① 191، 245
تل موزا ① 195، 303
تلبيسة ③ 878، 879
تلّعفر ① 712، ③ 867
تلمسان ① 11
التمانعة ② 802
تهامة ③ 865
تورنتو ② 232، 252، 667، 668، 770
توزر ③ 890
تونس ① 11، 506، 693، 778، ② 6، 8، 784، 817، ③ 7، 131، 141، 594، 883، 887، 890

جازان ③ 885، 886
جاسم ② 758
جامايكا ③ 10، 739
جبل الأعلى ① 712
جبل البِشْر ① 250
جبلَ السمّاق ① 197، 199، 405، 465، 704، 706، 800
جبل عامل ② 780، 808، ③ 869
جبل النبي متّى ② 819
الجبّول ① 100، 198، 200، 428، 496، 523، 807، ② 170، 425
جبيل ① 707
جدة ② 393، 845، ③ 873
جديتا ③ 873
جديدة الجرش ② 772، ③ 864
جرابلس ② 802
جرجان ① 282
جرجناز ② 814، ③ 898
جرش ② 792
الجزائر ① 678، ② 6، 8، 232، 239، 246، 335، 391، 519، 775، 785، 787، 814، 817، 824، ③ 7، 13، 23، 32، 856، 861، 870، 874، 878، 881
جزيرة ابن عمر ① 697
الجزيرة الفراتية ① 156، 204، 350، 721، 772
جسر الشغور ② 778، ③ 907
جعبر ① 414، 415
جلفار ① 705
جلّق ① 107، 161، 199، 201، 208، 213، 214، 216، 217، 218، 219، 222، 423، 450، 452، 463، 468، 499، 528، 533، 573، 576، 585، 639، 772، 780، ② 113، 235، 304، ③ 136، 291، 312، 637
الجليل ② 242، 560، 776، 812، 813، ③ 857، 888
جنبلاء ① 716
جنوب أفريقيا ③ 9، 732
جنين ③ 907
جوبا ② 232، 253، 755
جوس ③ 214، 826
الجوف ③ 870

الجولان ② 233، 238، 378، 591، ③ 132، 135، 277، 294
جونية ② 774، 823
جيّان ① 241، ③ 28
الجيزة ② 762
جيحان (نهر جيحان) ① 195، 228، 301، 302، 303، 318
جيحون (نهر جيحون) ① 710
جيرون ① 96، 205، 312، ② 238، 313

الحارّة ② 764
حارم ① 197، 416، 706، 748، ③ 860
الحبشة ① 707
الحجاز ① 32، 197، 202، 209، 210، 282، 372، 389، 406، 440، 734، 737، 748، ② 239، 298، 300، 627، 782
حجة ③ 877، 886، 889
الحدباء (الموصل) ① 213، 215، 220، 424، 453، 463، 590، 591، 772
الحدث ① 315، 353
الحديدة ③ 853
الحراك ③ 907
حرّان ① 196، 199، 214، 279، 280، 367، 441، 449، 450، 487، 776
حربنوش ① 469
حزّور ② 816
الحسكة ② 770، 775، 805، ③ 862
حصرون ① 713
الحصفيّة ① 198، 428
حصن كيفا ① 710
حضرموت ③ 141، 594
حطّين ① 400، 401
الحلّة ① 717، 723، 726، ② 774
حلب ① أكثر من 3400 مرة، ② أكثر من 3300 مرة، ③ أكثر من 3600 مرة
حماه ① 212، 213، 216، 218، 280، 364، 374، 422، 423، 471، 474، 495، 529، 533، 694، 695، 712، 722، 725، 728، 776، 803، ② 216، 385، 768، 784، 792، 794، 803، 811، 824، ③ 132، 135، 136، 139، 245، 277، 296، 637، 859، 881، 897، 902
حمام القراحلة ② 771
الحمامات ③ 883
حمص ① 202، 203، 206، 213، 215، 245، 280، 321، 423، 467، 529، 627، 680، 704، 708، 710، 719، ② 212، 233، 236، 412، 499، 666، 759، 767، 770، 772، 787، 789، 810، 821، 846، ③ 133، 135، 136، 137، 138، 139، 151، 245، 261، 270، 278، 308، 312، 340، 341، 591، 593، 637، 853، 864، 879، 883، 906
حوران ① 202، 244، ② 233، 241، 378
الحوقين ① 740
حيّان ③ 865
حيدر آباد ① 419
حيش ① 201، 617
حيفا ① 733، ② 776، 812، 817، ③ 135، 380، 683، 857، 899

الخابور (نهر الخابور) ① 226، 270، 514، 791، ② 254، 471، 472، 770
خان شيخون ① 701
خُراسان ① 282
خرشنه ① 280
الخرطوم ③ 131، 141، 594، 859، 864

الخليل ② 792، 818، ③ 908
خُناصرة ① 193، 241، 249، 250، 357

دابق ① 120، 171، 193، 196، 200، 247، 274،
530، 537، ③ 360، 857
الدار البيضاء ③ 866
دارة عزة ① 706، 724
دالية الكرمل ② 817، ③ 683
الدانوب ① 538، ② 251، 691
دبي ① 11، ② 536، 786، 807، ③ 895
دجلة ① 208، 221، 225، 252، 276، 326، 368،
450، 598، 600، ② 232، 235، 254، 255،
304، 471، 516، 663، 743، ③ 131، 134،
141، 389، 418، 594
درسدن ③ 14، 34
درعا ② 236، 259، 764، 781، ③ 889، 907،
135، 277
دكّا ② 232، 253، 755
دمّر ② 253، 256، 565
الدمام ③ 297
دمشق ① 11، 51، 160، 174، 202، 203، 205،
206، 209، 211، 213، 214، 216، 218، 241،
245، 252، 261، 280، 294، 312، 321،
359، 360، 362، 363، 364، 375، 385،
389، 396، 399، 400، 413، 415، 424،
440، 448، 463، 477، 483، 484، 485،
504، 511، 522، 531، 534، 565، 567، 571،
597، 662، 680، 688، 689، 690، 691،
692، 693، 694، 695، 696، 700، 701،
702، 703، 705، 706، 707، 708، 709،
710، 714، 716، 718، 719، 720، 722، 723،
724، 728، 729، 732، 734، 735، 742،
744، 747، 750، 772، 777، 778، 788،
789، 809

دمشق ② 232، 233، 236، 237، 255، 281،
306، 323، 326، 332، 341، 348، 377،
438، 497، 499، 585، 600، 659، 742،
758، 763، 764، 768، 769، 771، 772،
773، 774، 775، 776، 777، 779، 782، 783،
789، 790، 791، 792، 794، 796، 797،
798، 799، 800، 803، 806، 808، 809،
810، 811، 816، 817، 820، 821، 822، 823،
846، ③ 13، 28، 135، 137، 138، 139، 153،
160، 172، 205، 213، 215، 236، 245، 261،
278، 308، 314، 325، 336، 487، 523،
552، 590، 592، 593، 665، 670، 726،
767، 799، 853، 857، 859، 864، 867،
869، 870، 874، 875، 876، 881، 882،
884، 885، 889، 890، 894، 896، 900،
902، 904، 905، 908
دمياط ① 691، ② 798، 810، ③ 13، 23
الدنمارك ③ 8، 743، 744
دنيسر ① 709
دهلك ① 707
دوار أسردون ③ 894
الدوحة ③ 11
ديار بكر ① 156، 181، 195، 201، 205، 580،
307، 350، 378، 529، 735، 805
ديار قشير ① 726
ديالى ③ 875
دير إسحاق ① 130، 309، 310، 336
دير البلح ① 292
دير حافر ① 198، 414، 790
دير حشيان ① 131، 468
دير رمانين ① 129، 262، 808
دير الزبيب ① 309
دير الزور ② 775، 808، ③ 135، 278، 908
دير سابان ① 131، 468، 810

دير شيخ ① 129، 260، 783
دير وقلعة سمعان العمودي ① 111، 128، 130، 131، 132، 171، 187، 245، 249، 262، 271، 383، 384، 414، 467، 497، 564، 794، 809، 810، 812، ② 222، 322، 705، ③ 17، 78، 409
دير العاقول ① 697
دير العشاري ① 710
دير عمان ① 131، 468، 810
دير قزمان ① 130، 131، 187، 304، 392، 798، 809
دير القصير ① 129، 263، 301، 788
دير قنّسرى ① 130، 309، 774
دير القمر ① 746
دير مارت مروثا ① 132، 508
دير مرقس ① 131
دير ياسين ② 801
ديفة ② 768
الديلم ① 726

ذي قار ① 189، 221، 598، ② 24، 759

رأس الخيمة ① 705
رأس العين ① 194، 270، ② 487، 801
رام حمدان ① 745
رام الله ② 797، ③ 866
الرامة ② 780
الرباط ① 11، ② 232، 237، 585، 687، 822، ③ 262
الرحبة ① 359
رحبة ابن مالك ① 211، 412، 710
الرديف ② 783
الرستاق ① 740
الرستن ① 280
رشيد ② 793
الرصافة ① 241
الرقة ① 253، 279، 280، 330، 336، ② 236، 660، 784، ③ 136، 591، 888، 889
الرمادي ③ 13، 33، 888
الرمثا ② 592، 846، ③ 861
الرملة ① 280، 729، ② 243، 361، 478
الرها ① 148، 210، 248، 280، 362، 397، 410
روتردام ① 11
روحين ① 245
روسيا ② 7، ③ 172، 880
الروم ① 63، 146، 172، 204، 219، 228، 233، 280، 286، 302، 305، 550، 560، 571، 667، 707، 723، 734، 737، 742، 743، 748، 796، 809
روما ② 25، 232، 249، 250، 410، 574، 797
رومانيا ① 544، ② 14، 18
الريّ ① 282
الرياض ② 232، 246، 511، 769، 777، 788، 790، ③ 863، 869، 871، 880، 886، 903
ريجيو إميليا ③ 691
رين ③ 314

زامبيا ③ 10، 726
زاه ① 700
زاوية الهامل ③ 886
زبيد ① 740
زحلة ② 774، 800، 822
الزربة ① 195، 228، 303
الزرقاء ② 790، 817، 819، ③ 894، 900
الزلفي ③ 879

الزَوراء ① 213، 217، 221، 424، 499، 535، 592، 599، 621، 727
زيمبابوي ③ 10، 76

الساجور ① 178، 223، 226، 227، 514، 515، 791، 810
السادة ① 713
سالونيك ① 723
سامراء ③ 869
سان بطرسبورغ ③ 870
سانتياغو ② 232، 252، 667
ساو باولو ② 337، 800
ساو تومي ③ 10، 733
سبأ ② 482
سبكتنا ② 776
ستالينغراد ③ 14، 34، 35
سجلماسة ① 679
السراغنة ③ 867
سراقب ③ 879
سرايفو ③ 131، 136، 555
سربرنيتشا ③ 689
سرمين ① 196، 375، 702
سروج ① 280
السعودية (المملكة العربية) ② 6، 759، 762، 774، 778، 786، 787، 788، 790، 791، 792، 793، 795، 796، 800، 801، 802، 808، 817، 820، 824، ③ 7، 852، 854، 858، 865، 869، 871، 873، 877، 878، 879، 880، 881، 882، 889، 890، 894، 895، 899، 900، 903، 906، 907
سكاكا ③ 877
سلع ① 428
سلمية ② 759، 805، ③ 853
سمخ ③ 899
سمرقند ① 282، ② 232، 253، 748
سَمَنْدُو ① 205، 318
السَموع ② 818
سميساط ① 213، 224، 423
سنجار ① 211، 399، 412، 417، 418، 709، 814
السند ① 258
سنير ① 186، 206، 209، 321، 375، 378، 806
سهرورد ① 721
السودان ② 6، 635، 763، 788، ③ 8، 864
سورية ① 8، 674، 690، 717، ② 6، 7، 10، 11، 12، 13، 17، 45، 62، 89، 112، 212، 232، 241، 254، 279، 289، 302، 308، 331، 378، 459، 469، 471، 735، 756، 757، 759، 761، 762، 763، 764، 765، 770، 772، 775، 778، 779، 780، 784، 792، 796، 797، 799، 800، 801، 802، 803، 804، 805، 806، 809، 820، 821، ③ 4، 7، 59، 66، 135، 139، 140، 151، 172، 202، 206، 212، 216، 258، 273، 274، 277، 278، 323، 325، 334، 383، 391، 434، 512، 538، 545، 584، 592، 707، 717، 747، 768، 813، 830، 850، 851، 862، 868، 874، 875، 879، 882، 886، 890، 896، 897، 899، 900، 901، 906، 907
السويد ③ 8، 743، 868
السويداء ② 232، 378، ③ 902
السويس ② 13
سويسرا ① 749، ② 766، 782، 826، ③ 910
سيراليون ③ 10، 733
سيريلانكا ③ 9، 722

سيحان ① 228، 301، 302، 809

سيس ① 217، 280، 470، 471، 516، 521، 721، 813

الشارقة ① 11، ② 645، ③ 896

شاطبة ③ 28

الشام ① 63، 121، 145، 148، 150، 160، 161، 172، 173، 175، 176، 203، 204، 205، 206، 207، 208، 209، 210، 218، 219، 223، 231، 233، 239، 240، 241، 243، 247، 252، 253، 258، 259، 260، 266، 269، 274، 279، 282، 283، 286، 288، 307، 313، 314، 318، 324، 334، 345، 356، 359، 360، 361، 364، 365، 366، 371، 392، 393، 395، 396، 398، 399، 400، 402، 405، 406، 407، 410، 411، 412، 413، 419، 423، 440، 451، 492، 529، 533، 536، 539، 540، 551، 571، 576، 597، 616، 672، 772، 794، 800، 801، 802، 806، 809، 810، 811، ② 11، 16، 64، 91، 111، 126، 222، 232، 233، 234، 235، 236، 237، 238، 240، 247، 248، 251، 290، 293، 304، 306، 313، 320، 328، 332، 340، 363، 377، 400، 402، 410، 503، 504، 509، 511، 513، 539، 547، 572، 580، 591، 592، 600، 666، 701، 706، 758، 775، 782، 784، 800، 819، ③ 13، 22، 50، 55، 109، 110، 124، 128، 129، 133، 136، 138، 152، 157، 165، 168، 217، 218، 220، 221، 222، 223، 233، 237، 239، 243، 246، 253، 255، 260، 266، 270، 277، 278، 279، 286، 287، 291، 292، 296، 298، 308، 310، 312، 313، 316، 317، 318، 319، 320، 324، 328، 332، 333، 334، 341، 342، 343، 348، 353، 354، 355، 357، 358، 362، 364، 368، 377، 380، 381، 384، 385، 386، 387، 388، 389، 393، 396، 455، 494، 520، 523، 546، 553، 567، 572، 579، 585، 591، 599، 619، 627، 642، 647

شبه الجزيرة العربية ① 221، 243، 538، 738، ③ 172، 214، 838

شبيث ① 192، 193، 246، 247، 261

شتوتغارت ② 14، 16، 747، 751

الشجرة ② 793

شفا عمرو ③ 904

شفشاون ③ 894

شقراء ② 788

شنقيط ② 206، 232، 248، 584

الشهباء ① 6، 21، 27، 28، 34، 36، 37، 40، 41، 42، 57، 58، 59، 61، 62، 63، 66، 67، 68، 69، 70، 82، 86، 89، 93، 94، 95، 97، 101، 117، 127، 133، 134، 135، 136، 139، 140، 144، 149، 152، 157، 158، 159، 161، 162، 165، 169، 170، 173، 179، 180، 182، 186، 189، 200، 201، 212، 215، 216، 217، 220، 221، 228، 306، 312، 379، 393، 400، 410، 418، 421، 424، 425، 426، 437، 438، 441، 447، 452، 453، 454، 455، 457، 458، 460، 463، 477، 478، 480، 487، 490، 491، 492، 493، 494، 496، 498، 499، 501، 503، 506، 509، 512، 515، 516، 520، 522، 523، 524، 526، 528، 530، 531، 532، 533، 547، 548، 551، 552، 553، 554، 555، 556، 557، 558، 559، 560، 561، 562، 565، 569،

570، 571، 572، 574، 575، 576، 578، 579، 580، 581، 582، 583، 585، 586، 587، 588، 589، 590، 592، 595، 596، 597، 598، 599، 600، 605، 606، 607، 608، 609، 610، 611، 612، 613، 614، 616، 617، 619، 621، 622، 623، 624، 626، 629، 631، 632، 633، 634، 636، 641، 645، 646، 655، 656، 659، 772، 773، 776، 777، 778، 779، 780، 781، 782، 783، 784، 786، 787، 792، 793، 795، 796، 797، 800، 803، 804، 807، 808، 810، 811، 813

الشهباء ② أكثر من 600 مرة، ③ أكثر من 550 مرة

شهرزور ① 590

شنهور ③ 876

الشوف ② 746

الشويفات ② 782

الشيشان ③ 555، 870

شيراز ① 356

شيزر ① 205، 280، 312، 716

شيكاغو ② 232، 252، 487

صافيتا ① 214، 453 ③ 886، 891

صدد ① 704

الصراة (نهر الصراة) ① 123، 226، 366، 368

صرخد ① 739

صفاقس ③ 887

صفد ① 216، 487، 722 ② 242، 359، 361، 815، 825

صفورية ② 242، 399

صمّع الفوقا ① 465

صنعاء ① 220، 221، 589، 641، 708 ② 232، 238، 401، 786 ③ 132، 133، 134، 135، 139، 222، 223، 340، 341، 375، 380، 396، 487، 863، 870، 877، 902

صُوْر ① 312، 729، 733 ② 248، 479

صوفيا ② 792

الصومال ③ 8، 131، 141، 594، 734

صيدا ① 733 ② 231، 247، 248، 402، 479، 775 ③ 895

صِدنايا ② 233، 249، 257، 281

الصين ② 232، 252، 253، 319، 574، 748، 804

الطائف ③ 858، 899

الطارمية ② 800

طبرستان ① 726

طبرية ① 400، 698، 729 ② 776، 814 ③ 899

طخارستان ① 710

طرابلس الشرق ① 312، 665، 705، 727، 794 ③ 870، 882

طرابلس الغرب ③ 131، 141، 594

طرسوس ① 206، 280، 318، 335، 362

طرطر ① 191، 244

طرطوس ① 280 ② 762، 819 ③ 135، 523، 904

طليطلة ③ 13، 26

طُوَانَة ① 302

طوباس ③ 880

طولكرم ③ 862

طيبة ③ 307

الظاهرية ③ 908

العاصي (نهر العاصي) ① 213، 223، 228، 411، 423، ② 768
عجمان ② 774
عدن ② 232، 248، 327، 400، 401، 441، 766، ③ 902
العراق ① 147، 195، 202، 203، 204، 205، 206، 207، 211، 215، 216، 217، 219، 221، 235، 251، 258، 260، 269، 270، 280، 282، 308، 350، 351، 352، 413، 416، 454، 455، 466، 499، 538، 569، 573، 599، 613، 641، 702، 709، 716، 717، 725، 735، 750، 780، 788، 805، 806، ② 6، 8، 26، 232، 233، 238، 239، 244، 255، 298، 306، 401، 434، 743، 759، 760، 766، 773، 774، 775، 779، 801، 809، 815، 816، 818، 822، ③ 7، 25، 131، 132، 133، 134، 138، 243، 341، 384، 617، 618، 853، 868، 871، 875، 892، 897، 904
عرعر ① 202، 244، 788
العروسة ② 784
العريش ① 208
عسقلان ① 696، 736
عشقوت ① 706
عفرين ① 138، 201، 626
عكّا ① 689، 729، 745، ② 233، 241، 378، 780، ③ 121، 136، 137، 542، 543، 544، 597
عكار ② 822
عكاظ ① 169، 334، 739، ② 124، 378، ③ 137، 680، 875
عكبرا ① 707
العمارة ② 766
عَمّان (العاصمة) ② 232، 246، 519، 787، 812، 824، ③ 131، 140، 272، 315، 594، 855، 863، 873، 878، 879
عُمان (السلطنة) ① 740، ② 764، 837، ③ 216
عنّاتا ③ 681
عنتاب ① 280
عندان ② 804
عنيزة ② 786، 790
العين ② 765، 786، ③ 878
عين جالوت ① 471
عين العرب ③ 906

غانا ③ 10، 731
الغدفة ② 788
غرداية ② 817
غرناطة ① 11، 486، 485، 693، ② 232، 250، 663، ③ 14، 35
غرنيكا ③ 131، 136، 554
غروزني ③ 131، 136، 555
غزّة ① 217، 505، ② 786، 822، ③ 111، 121، 132، 137، 172، 214، 222، 243، 596، 597، 838
غزنة ① 282
الغوطة ① 211، 415، 809، ② 234، 235، 256، 300، 565، 572، 772، ③ 864

الفاتيكان ② 232، 253، 740، 766
الفاخورة ② 823
فاس ② 769، ③ 896
فارس ① 208، 233، 282، 371، 667، 700
فافين ② 761
فاماغوستا ① 473

الفُرات (نهر الفرات) ① 78، 204، 207، 208، 221، 223، 224، 225، 226، 274، 286، 301، 302، 333، 367، 371، 406، 412، 415، 423، 439، 471، 772 ② 167، 169، 244، 255، 256، 271، 306، 344، 460، 461، 498، 562، 598 ③ 131، 134، 135، 137، 141، 357، 389، 418، 487، 594، 596، 877
فرانكفورت ① 11
فرنسا ① 539، 540، 674، 712، 736، 749 ② 7، 30، 232، 782، 826 ③ 8، 755، 756، 757، 874، 888، 902، 910
الفسطاط ① 282 ② 249، 727
فلسطين ① 174، 280، 359، 705، 727 ② 6، 8، 242، 243، 391، 479، 501، 508، 792، 793، 795، 797، 805، 813، 814، 815، 825، ③ 7، 131، 135، 138، 311، 333، 388، 520، 617، 622، 625، 862، 870، 875، 876، 877، 880، 884، 890، 899، 904
الفلوجة ② 783 ③ 860
فلورنسا ② 232، 250، 412
فنزويلا ② 349، 566، 772
فوكسهول ① 222، 676
الفيوم ③ 854
الفيليبين ③ 9، 711، 712، 713
فييّنا ② 25، 232، 251، 691

قاسيون ① 742 ③ 136، 149، 365، 487، 637
القامشلي ② 765، 805 ③ 899
القاهرة ① 278، 358، 359، 363، 398، 399، 401، 471، 489، 491، 512، 678، 686، 687، 688، 691، 693، 695، 696، 709، 710، 722، 723، 724، 726، 727، 728، 729، 730، 734، 736، 738، 741، 742، 747، ② 24، 25، 240، 340، 759، 761، 766، 769، 772، 773، 775، 778، 786، 790، 791، 793، 795، 800، 806، 811، ③ 483، 854، 857، 858، 862، 863، 878، 879، 888، 890، 892، 905
قبرص ① 473 ② 788، 822 ③ 855، 905
القدس ① 31، 95، 148، 162، 210، 211، 212، 217، 362، 366، 398، 400، 408، 411، 418، 420، 505، 696، 705، 710، 720، 728، 729، 734، 737، 742، 745، 750، 775، 776 ② 215، 228، 238، 239، 240، 241، 242، 265، 350، 401، 413، 538، 591، 649، 650، 745، 763، 770، 776، 780، 787، 801 ③ 13، 23، 30، 31، 131، 132، 133، 135، 139، 140، 141، 166، 222، 283، 285، 285، 294، 311، 319، 324، 340، 341، 346، 522، 523، 550، 594، 681، 854، 856، 862، 876، 877، 878، 890، 892، 896، 900، 902، 908
قذاران ① 202، 244
قرطبة ① 241، 278، 702 ② 232، 250، 398، 412، 776 ③ 13، 26، 28
قرنايل ② 248، 385
القسطنطينية ① 241، 253، 380، 550، 559، 701، 704، 705
قسنطينة ② 820 ③ 881
قصابين ② 763 ③ 856
القصير ② 821
قفصة ② 783
قلعة بني حماد ③ 13، 23، 885
قلعة صلاح الدين ① 401 ② 482
قلقيلية ② 764
قِنا ③ 876

قنّسرين ① 161، 185، 192، 193، 196، 201، 219، 248، 270، 392، 576، 687، 719، 731، 788
قونية ① 362، 662، ③ 241
القيروان ② 221، 232، 238، 398، ③ 13، 24، 25
قيرون ② 817
قيسارية ① 689

كاليفورنيا ② 788
كلان ① 708
كراتشي ② 807
كراكاس ② 323
الكرخ ① 203، 212، 271، 409، ② 244، 400
كركوك ② 31
كَسَب ② 478
كفر أنطون ① 638، 789
كفر الشيخ ② 798
كفر شيما ① 746، ② 763
كفر طاب ① 196، 371، 375
الكفرة ② 773
الكفير ② 824
كلّس ① 626
كليم ③ 892، 903
كَنَدا ② 7، 98، 232، 251، 252، 255، 344، 665، 697، 766، 770، 772، 792، 797، ③ 10، 787، 788
كنساس ③ 172، 214، 824
الكوت ③ 904
كوستاريكا ③ 10، 740
كوسوفو ③ 9، 747
الكوفة ① 252، 697، 711، 726، 746، ② 180، 185، 186، 210، 243، 244، 249، 254، 307، 412، 419، 473، 476، ③ 249
الكونغو ② 759
الكويت ② 762، 764، 787، 792، 800، 804، 819، ③ 7، 857، 864، 876، 878، 880، 881، 904
كينيا ③ 9، 727، 728
كييف ③ 902

اللاذقية ① 280، 603، ② 232، 233، 290، 378، 762، 763، 768، 771، 799، 815، 819، 822، 823، ③ 894، 900
لايبزيغ ③ 481
لايدن ① 11، 251، 749، ② 826، ③ 910
لاهاي ③ 14، 34
لبنان ① 162، 206، 220، 221، 222، 544، 586، 630، 639، 713، 733، 746، ② 6، 8، 18، 238، 247، 249، 312، 318، 321، 385، 567، 727، 758، 767، 770، 771، 774، 775، 780، 781، 782، 808، 818، 822، 823، 824، 825، ③ 7، 134، 483، 868، 869، 870، 880، 895، 899
لندن ① 11، 544، 601، 676، 678، 718، ② 759، 775، 808، 815، 821، 822، ③ 172، 214، 824، 895، 898، 905
لوس أنجلوس ③ 863
ليبيا ① 731، ② 7، 773، ③ 856، 887
ليلون ① 209، 405
ليما ② 232، 253، 755
ليون ② 769

مأدبا ③ 871
ماردين ① 198، 216، 422، 499، 687، 709
مارع ② 777، 782
ماري ② 45، 47، 218، 632

مالطة ① 706، 745
المالكية ② 770
ماليزيا ② 788
مانشستر ② 776، 814، ③ 131، 137، 680، 898
المجر ③ 9، 745
محان ① 428
المحيط الأطلسي ③ 810
المحيط الهادي ③ 10، 708، 735، 736، 737، 738، 739، 10
المدينة المنورة ① 282، 389، 678، 700، 727، 734، 737، 743، ② 300، 808، ③ 863، 879
مراغة ① 721
مرّاكش ③ 131، 141، 594
مرجعيون ② 824
مرسية ① 742، ③ 28
مرسيليا ① 540، ② 232، 251، 316، ③ 890
مرعش ① 195، 280، 362، 354
مرعند ② 778
مرعيان ② 782
مرمريتا ② 770
المريّة ① 485
المزار ③ 907
مسقط ③ 34
المسيلة ③ 881، 886
مصر ① 87، 148، 172، 203، 208، 211، 212، 213، 214، 221، 226، 230، 260، 278، 282، 356، 358، 362، 363، 368، 371، 374، 377، 399، 408، 422، 432، 435، 439، 446، 448، 450، 451، 452، 478، 481، 500، 504، 528، 532، 536، 544، 547، 566، 585، 589، 597، 614، 630، 639، 641، 686، 687، 688، 690، 691، 692، 693، 694، 695، 697، 700، 706، 708، 710، 711، 712، 715، 719، 723، 727، 729، 730، 731، 732، 737، 738، 740، 741، 744، 745، 764، 748، 781، 785، 786، 790، 791، 810، 813، ② 3، 6، 8، 13، 17، 18، 26، 179، 185، 186، 209، 216، 232، 237، 238، 239، 240، 245، 251، 257، 281، 298، 305، 312، 313، 316، 321، 328، 391، 434، 435، 470، 476، 512، 573، 650، 759، 762، 763، 764، 766، 767، 770، 771، 772، 773، 775، 778، 782، 792، 793، 794، 798، 800، 803، 804، 806، 809، 813، 817، 821، ③ 7، 25، 131، 134، 138، 330، 483، 617، 862، 863، 876، 878، 886، 892، 904، 906
مصياف ① 473، ② 816، 817، ③ 877
المصيصة ① 247
معرّة النعمان ① 201، 208، 362، 365، 369، 617، 687، 690، 691، 696، 698، 703، 719، 744، ② 194، 341، 574، 784، 788، 807، ③ 898
معرة مصرين ② 806
المغرب ① 243، 287، 446، 693، 750، ② 6، 8، 809، 815، ③ 7، 852، 858، 867، 871، 875، 880، 894، 897، 903
المغير ③ 861
مكّة المكرمة ① 8، 282، 389، 640، 705، 714، 728، 742، 747، 788، ② 4، 117، 232، 246، 247، 315، 371، 476، 511، 573، 663، 745، ③ 131، 141، 172، 214، 594، 838، 867، 871، 880، 881، 898
المكسيك ② 7
مكّاس ② 232، 238، 401، ③ 887

ملاذكرد ① 360، 361، 750
الملاجة ② 762
ملطية ① 205، 280، 306، 750
الملندين ① 195، 303
مليج ② 813
ملقة ③ 690
منازجرد ① 704
المنامة ② 846
منبج ① 188، 191، 194، 199، 246، 265، 271، 280، 286، 468، 700، 704، 709، 788، ② 170، 234، 320، 354، 425، 790، 795، 810
منزل جميل ③ 903
المنصورة ① 285، 750، ② 795، 808
المنوفية ② 813، ③ 886، 892
المهدية ③ 887
موريتانيا ② 7، 799، 812، ③ 8، 873، 874
موسكو ② 765، 775، 791، 807، 812، ③ 172، 214، 824
الموصل ① 11، 211، 218، 219، 279، 349، 363، 397، 407، 408، 569، 590، 591، 692، 693، 710، 720، 721، 723، 725، 728، 730، 734، 742، 745، 803، 804، ② 249، 755، 796، 814، 824، ③ 137، 678، 875، 883
مونبلييه ② 761
مونتريال ② 232، 252، 666، 754
ميافارقين ① 280، 696، 704، 715
الميادين ③ 899
ميلانو ③ 636، 638
ميلة ③ 870
نابلس ① 705، ② 777، 778، 787، ③ 870، 876، 878، 889
الناصرة ① 727، ② 242، 399، 776، 780، 783، 793
ناغازاكي ③ 35
النبطية ② 780
النجبيّة ① 428
نجد ① 216، 221، 466، 599، 713، 726، 806، ② 46، 232، 238، 239، 246، 298، 335، 383، 401، ③ 131، 133، 253
النجف ① 124، 209، 393، 725، ② 760، 773، 803، 811
النرويج ③ 8، 742
نصيبين ① 280، 417، 690
النقب ② 242، 243، 479، 560، ③ 140، 380، 594
النمسا ③ 8، 745
نهاوند ① 718
نهر الذهب ② 170، 425، ③ 77، 323
نواذيبو ③ 874
نواكشوط ③ 873
النوبة ① 214، 448
نيبال ③ 9، 708
نيجيريا ③ 9، 729، 730، 731
النيرب ① 198، 415، 466، ③ 855
نيسابور ① 662
نيقية ① 362
النيل (نهر النيل) ① 222، 225، 226، 368، 450، 528، 639، ② 232، 238، 255، 256، 257، 281، 306، 401، 445، 478، 565، 772، ③ 29، 131، 141، 159، 396، 594
نِيْنَوَى ② 45، 46، 518، ③ 656
نيوجرسي ③ 386

نيوزلندا ③ 10، 738

نيويورك ② 232، 252، 295، 349، 767، 770، 771، 776، 798، 820، ③ 14، 37، 172، 214، 824، 895

الهاشمية ③ 879

هانوفر ② 810

هاواي ③ 10، 739

هِرَقْلَة ① 302، 330

همذان ① 282

الهند ① 233، 667، ② 816، ③ 9، 25، 714، 715، 716، 717، 718، 719

هولندا ① 749، ② 7، 826، ③ 8، 758، 759، 760، 761، 910

هيروشيما ② 226، 485، ③ 14، 35، 36، 689

هيوستن ③ 876

وادي الحجارة ① 702

وادي سوف ③ 861

واسط ① 735

واشنطن ② 232، 253، 754

واغادوغو ② 232، 253، 755

وجْدة ③ 868، 896

الوشم ① 713

الولايات المتحدة الأمريكية ② 767، 771، 788، 800، ③ 10، 479، 789، 790، 197، 297، 397، 497، 795، 796، 797، 798، 799، 800، 801، 802، 803، 804، 805، 806، 807، 808، 809، 810، 811، 812، 813، 814، 815، 816، 817، 818، 819، 820، 821، 822، 823، 824، 825، 826، 827، 828، 829، 830، 831، 859، 876، 891

وهران ② 205، 232، 246، 342، 343

ويلز ③ 854

اليابان ③ 9، 172، 713

يافا ② 770، ③ 13، 29، 121، 137، 597

ياقد ① 466، 786

اليامون ③ 898

يبرود ② 765

يثرب ① 183، 218، 555

اليرموك ① 240

اليمن ① 181، 233، 589، 667، 707، 708، 740، ② 6، 8، 232، 248، 327، 776، 780، 789، 799، ③ 7، 131، 134، 245، 329، 386، 618، 853، 870، 886، 901، 902، 906

اليونان ② 819، ③ 8، 746

2 فهرس البلدان والمدن والأماكن الطبيعية (التي وردت بالأحرف اللاتينية)

Abu Dhabi ① xv
Al-anbār ③ xix
Africa ① 770, ② xv, ③ xiii
Aleppo ① *passim*, ② *passim*, ③ *passim*
Alexandria ① xv
Algeria ② xi, ③ xi, xvii, xix
Argentina ② xi, ③ xiii
Algiers ③ xvii, xix
Amman ③ xiv, xvi
Amsterdam ① xv, ② xiv
Arkansas ③ 725
Andalusia ② xx, ③ xv, xvii, xviii
Armenia ② xi, xii, ③ xiii
Asia ① 769, 770, ② xv, ③ xii
Auckland ① 680
Australia ② xi, xii, ③ xiii, 735, 736, 737
Austria ③ xii
Azerbaijan ② 734

Baghdad ② xiv, xvi, xvii, xxix, ③ xv, xvi, xix
Bahrain ③ xii
Basel ① xv
Basra ③ xvii
Beirut ① xv, ② xxxi, ③ xix
Beni Hammad Fort ③ xvii
Bijāya ③ xvii
Biskra ③ xx
Braga ③ 926
Brazil ③ xiii
Bristol ③ 784, 928
Bonn ① xv
Boston ① iii, ② iii, ③ iii, 826

Cairo ② xxii, xxv, xxvii, ③ xv, xvi, xvii, xviii
Canada ② xi, xii, ③ xiii
California ③ 785
Casablanca ① xi
Central America ③ xiii
Chad ③ xiii
Chicago ② 746
Chile ③ xiii
China ③ xiii
Chitose River ③ 713
Cleveland ③ 803, 804, 805
Cordoba ③ xviii
Costa Rica ③ xiii
Czech Republic ③ xii

Damascus ① xv, 680, ② xv, xvi, xxiv, ③ xvi, xviii, 726
Damietta ③ xvii
Dayr Samʿān ③ xvi
Denmark ③ xii
Dhaka ③ 744
Doha ① xv
Dresden ③ xix
Dubai ① xv
Dublin ③ 770

Edinburgh ① 769, ② xvii
Egypt ② viii, xi, xii, xvi, xx, xxvii, ③ xi
England ② xi
Europe ① viii, ② xiv, xv, ③ xii

Famagusta ① 473
France ② xi, xxxi, ③ xii
Frankfort ① xv

Geneve ② xiv, 11
Germany ② xi, xiv, ③ xii, xix
Ghana ③ xiii
Granada ① xv, ③ xx
Greece ③ xii
Guernica ③ 554

Hawaiian Islands ③ xiii
Hiroshima ③ xx
Houston ③ 709
Hudson Valley ③ 789
Hungary ③ xii

Illinois ① ii, ② ii, ③ ii
India ③ xii
Indonesia ③ xiii
Iran ② xi, ③ xii
Iraq ② viii, xi, xii, xxvii, ③ xi, xix
Irbid ③ xvii
Ireland ③ xii, 767, 769
Isfahan ① xv
Istanbul ① xv, ② xiv
Italy (Italia) ② xi, xii, xxv, ③ xii, 720, 750, 754

Jaffa ③ xviii
Jamaica ③ xiii
Japan ③ xiii
Jerusalem ③ xvii, xviii
Jordan ② xi, xii, ③ xi
Jos ③ 826

Kenya ③ xiii
Kirkūk ② xxxi
Kosovo ③ xii
Kuwait ② xxxi, ③ xi

Leiden ① iii, iv, xv, 763, 770, 771, ② iii, iv, xviii, 15, ③ iii, iv
Lebanon ② viii, xi, xii, xxi, ③ xi
Levant ② xiv
Libya ② xi
London ① xv, 682, 673, 677, ② xvii, xix, xx, xxii, 17, ③ xix
Lyon ② xviii, 15

Madrid ① ii, ② ii, ③ ii
Malta ③ xii
Manchester ② xvii
Marutinia ② xi, ③ xii
Mecca ② ix
Melbourne ② 738
Mexico ② xi, 741
Michigan ③ 721
Morocco ② xi, xii, ③ xi
Mosul ① xv
Muscat ③ xix

Nagasaki ③ xx
Nepal ③ xiii
Netherlands ① iv, 771, ② iv, xi, ③ iv, xii
New York ① 676, 678, ② 735, ③ xx
New Zealand ③ xiii
Nigeria ③ xiii
North America ③ xiii
Norway ③ xii

Oceania ③ xiii
Oslo ③ 826
Oxford ① 769, 770, ② 740
Oxfordshire ① 770

Pacific Ocean ③ xiii
Pakistan ② xi, xii, ③ xii
Palestine ② xi, xii, ③ xi, xviii
Paris ② xvii, xxii, xxxi, 15, 31
Pennsylvania ③ 825
Philippines ③ xii

Pittsburgh ③ 825
Poland ③ xii, 762, 763, 764
Port Said ③ xviii
Portugal ③ xii, 733, 752, 753
Princeton ① ii, ② ii, ③ ii

Qatar ③ xii
Qayrawān (Kairouan) ③ xvii

Rabat ① xv
Ramadi ③ xix
Riyadh ③ xx
Rome/Roma ② xxvi, xxvii
Rotterdam ① xv
Russia ② xi, xii

São Tomé ③ xiii
Saudi Arabia ② xi, ③ xi
Seville ① xv, ③ xviii
Sharjah ① xv, ③ xix
Sidon ② xvii
Sierra Leone ③ xiii
Somalia ③ xii
South Africa ③ xiii
South America ③ xiii
Spain ③ xii
Sri Lanka ③ xiii
Stalingrad ③ xix
Stockholm ③ xix
Stuttgart ② xviii, xix
Sudan ② xi, ③ xii
Sweden ③ xii
Sydney ② 739
Syria ① ix, xi, 769, ② xi, xii, xiii, xiv, xv, xvi, ③ viii, xi, xviii, xix, 747, 768

Taipei ③ 757
Tlemcen ① xv
Texas ③ 826
Tipton ③ 787
Toronto ② 753
Toledo ③ xviii
Tunis (Tunisia) ① xv, ② xi, xii, ③ xi, xvii
Turkey ② xi, xii, xxii, 734, ③ xiii

Ukraine ③ xii
United Arab Emirates ② xi, ③ xii
United Kingdom ① 770, ③ xii
United States of America ① 662, 664, ② xi, xxv, 736, ③ xiii, 818, 828, 831

Valencia ③ xviii
Vienna ① ii, ② ii, xxvii, ③ ii

Wallstein ① 769
Warrington ③ 819
Watertown ② 736
Wisconsin ③ 830

Yemen ② xi, xii, ③ xi

Zambia ③ xiii
Zimbabwe ③ xiii

3 فهرس الأماكن الواقعة ضمن مدينة حلب

أسواق (المْدينة) ① 4، 26، 93، 327، 471، 484، 538، 629، ② 14، 36، 120، 149، 150، 151، 177، 404، 517، 527، 558، 609، 696، 703، ③ د، 40، 57، 62، 65، 72، 73، 74، 75، 78، 91، 137، 174، 176، 224، 236، 240، 407، 458، 482، 505، 508، 558، 566، 590، 612، 632، 648، 651، 658، 668، 678، 716، 741، 756، 787، 789، 813، 846

أشمونيث ① 113، 388

أُغْيُر ① 638

باب الأحمر ① 97، 617، ② 164، 431

باب الأربعين ① 97، 552، ② 164، 388، 431، 468

باب الجنان ① 96، 97، 111، 117، 205، 312، 330، 476، 509، 527، 553، 579، ② 164، 166، 432، 468، 587، 625، 634، ③ 70، 458

باب الحديد ② 46، 142، 150، 164، 165، 167، 171، 187، 191، 193، 195، 196، 201، 266، 268، 409، 450، 468، 608، 703، 712، 724، ③ 70، 75، 76، 257، 444، 445، 519، 681

باب السعادة ① 98، 391، ② 164، 430، 450، 453

باب السلامة ① 97، 299، ② 165، 705

باب العافية ② 430

باب العدل ② 429

باب العراق ② 164، 165، 429، 468، 705

باب الفراديس ② 430

باب الفَرَج ① 36، 97، 137، 576، 621، ② 25، 73، 146، 164، 165، 166، 173، 176، 212، 431، 450، 463، 468، 608، 611، 636، 703، 705، 745، 819، ③ 70، 304، 458

باب القناة ② 431

باب المقام ① 548، 658، 727، ② 153، 164، 165، 170، 193، 383، 384، 429، 450، 468، 550، 608

باب النصر ① 97، 579، 733، ② 163، 164، 165، 170، 428، 450، 453، 468، 577، 705، ③ 70، 304، 458، 553، 670

باب النيرب ① 649، ② 164، 432

باب أنطاكية ① 240، 253، 299، ② 163، 164، 165، 167، 428، 468، 572، 705، ③ 73، 236

باب قنّسرين ① 97، 98، 267، 319، 320، 331، 332، 333، 339، 342، 391، 647، 709، 721، 726، ② 163، 164، 165، 172، 177، 428، 468، 692، 703، 705، 804

بابلّا ① 99، 266، 340، 377، 428، 798

بانقوسا ① 93، 99، 103، 109، 115، 116، 266، 273، 292، 339، 428، 489، 497، 644، 647، ② 171، 431

بستان القصر ③ 76، 699

بستان النصيبي ① 511

بطياس ① 93، 99، 108، 109، 110، 112، 120، 253، 266، 268، 273، 275، 276، 292، 319، 320، 330، 333، 432، 447، 450، 459، 794

بعاذين ① 109، 112، 113، 294، 320، 325، 339، 789، 809

البيّاضة ① 119، 539، 617، 655
بلدية حلب ② 17، 778
البندرة ② 12
البيمارستان الأرغوني ① 517، 714، ② 177، 692، 703
البيمارستان النوري ① 727

تراب الغرباء ① 637
التكية الإخلاصية ① 143، 644، 655
التكية البيرامية ① 748
التكية المولوية ① 139، 638
تلّة السودا ② 172، 632

ثانوية سيف الدولة ② 174، 362
ثانوية المأمون ② 23، 115، 122، 174، 339، 362، 370، 371، 372، 489، 526، 797، 801، 815، 835، 847
ثانوية المعرّي ② 174، 362
ثانوية هنانو ② 174، 362
ثكنة هنانو ② 173، 722

جامع الأطروش ① 102، 594، 595
جامع ألطنبغا ① 101، 179، 484، 521، 784
جامع الأميري ① 141، 644، 648
الجامع الأموي في حلب ① 101، 133، 139، 140، 241، 339، 363، 432، 471، 489، 558، 637، 644، 645، 646، 689، 706، 727، 728، 729، 733، 741، 750، ② 170، 175، 218، 303، 474، 525، 539، 547، 574، 577، 785، 806، 807، 812، 813، ③ 65، 71، 72، 156، 176، 223، 279، 453، 482، 511، 525، 651، 659، 695، 716، 846
جامع بانقوسا ① 644، 647
جامع بردبك ① 141، 644، 649، 650
جامع البهرميّة ① 135، 586
جامع تغري بردي ① 102، 179، 513، 644، 648
جامع التوبة ① 103، 141، 644، 649
جامع الحدادين ① 139، 637
جامع الخسروية ① 102، 133، 563، ③ د، 74، 240
جامع السلطانيّة ① 706
جامع سيتا ① 637
جامع الشعيبيّة ① 240
جامع الكريمية ① 103، 140، 644، 647
جامع الكواكبي ① 644، 646
جامع الكيزواني ① 140، 644، 646
جامع المهمندار ① 731
جامعة حلب ① 1، 11، 404، 749، ② 21، 23، 759، 765، 769، 777، 785، 788، 797، 799، 800، 802، 803، 804، 806، 807، 808، 810، 813، 814، 826، ③ 124، 267، 665، 861، 862، 865، 877، 878، 879، 880، 883، 887، 890، 891، 893، 896، 879، 899، 901، 904، 907، 910
جبّ أسد الله ① 654، 702
جبّ القبّة ② 171، 712
جبّ الكَلب ② 170، 425، ③ 77، 323
الجبيلة ① 689
الجْدَيدة ① 472، ② 172، 609، ③ 73، 236
الجلّوم ① 134، 539، 682، 646، 653، 655، ② 776، 822
جمعيّة العاديّات ① 1، 11، 629، 736، 750، ② 10، 21، 22، 38، 114، 368، 497، 499، 567، 776، 779، 804، 809، 814، 846، 847

الجميلية ① 839، ② 174، 342، 362
جوشن ① 52، 54، 55، 63، 93، 103، 104، 105، 106، 107، 108، 110، 111، 114، 115، 194، 273، 289، 327، 341، 380، 381، 387، 388، 405، 406، 437، 447، 453، 455، 457، 460، 476، 497، 508، 546، 550، 553، 658، 733، 783، 785، 786، 806، 812

الحاضر السليماني ① 241
حديقة السبيل ② 173، 583، 666، 722
الحديقة العامة ② 173، 174، 410، 722
حمّام الخواجا ① 702
حمام الصالحية ① 144، 644، 658
حمام الواساني ① 372
حمّام يلبغا ② 176، 311، 395، 526
الحميديّة ② 174، 362
حَيلان ① 110، 114، 450

خان الجمرك ① 539
خان الحرير ③ 71، 73، 516، 659
خان خاير بك ① 539
خان الشونة ① 539، ③ د
خان الصابون ① 539
خان العلبية ① 539
خان قورت بك ① 539
خان النحاسين ① 539
خان الوزير ① 539، ② 151، 177، 609
الخانقاه الشمسية ① 527

دار الإفتاء ② 813
دار الحديث ① 144، 644، 657، 690
دار الكتب الوطنية ② 22، 176، 283، 288، 356، 778، 846
دار المعلمين ② 780

الراموسة ① 118، 341
الروض الجوهريّ ① 79، 111، 341، 450

الزاوية الرفاعية ① 701
الزاوية السعدية ① 733
زاوية الكيالي ① 644، 656
الزاوية الهلالية ① 143، 644، 655، ② 809

ساحة الحطب ② 134، 172، 252، 754، ③ 73، 236
ساحة بِزّة ① 119، 185، 583، 593، 652، 654
ساعة باب الفَرَج ① 92، 137، 621، 622، 782، 815
السبيل ② 173، 583، 666، ③ 76، 524
السرايا الحكومية ② 171، 608، 616، ③ 70، 74، 444
السعدي ① 111، 112، 509، 546
السفاحيّة ① 648
السُكري ③ 76، 137، 310، 680
سوق الباطية ① 747
سوق الجمعة ② 170، 383
سوق الحرير ② 151، 609
سوق العتمة ③ 73، 236
سوق البزازين ① 232، 471، 666
سوق العطّارين ② 147، 151، 696، ③ 72، 482، 847
السويقة ③ 72، 482
سويقة حاتم ① 645، 646، 656، 657
سويقة علي ① 648

شارع فيصل ③ 75، 527
شارع النيل ② 173، 523
شاطيء البركتين ① 113، 264، 808
الشعّار (حيّ قهوة الشعّار) ③ 76، 310، 682

صالة تشرين التشكيلية ③ 484، 925
الصالحية ① 109، 330، 658
الصالحين ① 118، 161، 548، 591، 718، 728
الصليبة ① 119، 585

الظاهرية ① 497

العافية ① 113، 341، 384
العزيزيّة ① 539، 632
العقَبة ① 118، 154، 259، 520، 539، 650، 735، 779
عين التلّ ① 114، 138، 339، 634، 636، 781، 811

غرفة تجارة حلب ② 17، 276

الفرافرة ① 539، 651، 652، 736، ② 174، 362
الفيض ① 116، 118، 450، 454، 553
فندق بارون ③ 77، 160، 525
الفردوس ① 36، 93، 117، 135، 162، 476، 499، 553، 585، 600، 654

قرلق (قارلق) ① 119، 617، ③ 75، 257
قسطل الحجارين ① 144، 644، 658
قسطل الحرامي ① 649، 650
قسطل المشط ① 142، 644، 651
قصر الحلبة ① 281
قصر الدارين ① 253
قصر الناعورة ① 241
القصيلة ② 174، 362، 788
قلعة حلب ① 26، 93، 94، 95، 133، 155، 297، 360، 378، 401، 418، 428، 430، 452، 470، 472، 496، 519، 539، 547، 644، 657، 706، 732، 740، 744، 782، 784، 814، ② 10، 41، 42، 43، 45، 69، 73، 80، 99، 105، 110، 118، 120، 125، 133، 140، 151، 152، 153، 154، 155، 156، 157، 158، 159، 160، 161، 162، 166، 170، 171، 176، 198، 199، 202، 203، 213، 220، 221، 223، 251، 268، 272، 308، 310، 311، 321، 338، 355، 368، 369، 376، 384، 385، 393، 394، 395، 425، 426، 448، 451، 453، 455، 464، 465، 467، 468، 477، 482، 493، 496، 500، 501، 506، 507، 511، 516، 518، 520، 522، 524، 526، 528، 535، 537، 540، 542، 545، 550، 553، 555، 556، 559، 561، 565، 571، 573، 575، 583، 585، 586، 587، 588، 595، 605، 608، 609، 616، 617، 618، 623، 626، 636، 656، 664، 668، 669، 670، 676، 682، 683، 690، 691، 694، 706، 710، 715، 722، 727، 745، ③ 40، 47، 55، 65، 66، 67، 68، 69، 74، 75، 77، 78، 79، 88، 90، 95، 118، 119، 122، 127، 160، 174، 176، 198، 200، 208، 213، 216، 224، 231، 236، 240، 247، 249، 254، 258، 273، 275، 280، 287، 314، 323، 325، 336، 339، 371، 383، 393، 408، 412، 432، 434، 444، 458، 486، 510، 526، 553، 559، 565، 574، 582، 605، 632، 645، 646، 655، 658، 660، 667، 668، 669، 670، 693، 695، 697، 710، 716، 723، 756، 785، 787، 802، 829، 830، 843، 845
قويق (نهر قويق) ① 70، 93، 106، 109، 112، 114، 116، 120، 121، 122، 123، 124، 125، 126، 127، 128، 196، 209، 224، 225، 226،

253، 267، 268، 272، 273، 274، 281،
286، 290، 291، 299، 301، 324، 326،
237، 328، 329، 330، 333، 337، 340،
349، 366، 368، 369، 374، 376، 377،
379، 383، 393، 406، 427، 436، 445،
447، 450، 453، 456، 460، 465، 497،
514، 515، 526، 527، 546، 554، 565،
585، 596، 774، 776، 782، 783، 785،
787، 791، 792، 796، 799، 814، ② 152،
167، 168، 169، 193، 256، 266، 267، 271،
369، 414، 420، 422، 423، 449، 459،
460، 461، 498، 503، 509، 534، 557،
562، 563، 601، 615، 781، 847، ③ 77،
515، 524، 847، 872

كرم الجبل ③ 76، 681
الكتّاب ② 171، 231، 519
كنيسة الشيباني ② 176، 250، 711
كورنيش الإذاعة ③ 76، 524

المتحف الوطني ② 804
مخيم النيرب ② 789
المدرسة الأحمدية ① 142، 143، 582، 644، 653
المدرسة الأسدية ① 748
المدرسة الإعدادية الملكية ② 23
المدرسة البهائية ② 23
المدرسة الحجازية ① 748
المدرسة الحلوية ① 143، 240، 363، 644، 654
المدرسة الخسروية ② 23، 790، ③ 882
المدرسة الرضائية ② 23
المدرسة السعيدية ① 740
المدرسة السلطانية ① 134، 401، 548، 740
المدرسة السليمانية ① 714
المدرسة السيافية ① 644، 652
المدرسة الشاذبختية ① 738
المدرسة الشرقية ② 776
المدرسة الشعبانية ① 705، ② 23
المدرسة الشعيبية ① 688
المدرسة الصاحبية ① 536، 724
المدرسة الظاهريّة ① 401، 644، 654
المدرسة العثمانية ① 706، ② 776
المدرسة الفاروقية ② 776
مدرسة الفردوس ① 401، 476، 614
مدرسة الفرنسيسكان ① 712
المدرسة القرناصية ① 736، ② 23
المدرسة الكلتاوية ① 727، 740
المدرسة المنصورية ② 23
المدرسة النووية ① 688
المدرسة الهروية ① 401
مدرسة التجهيز الأولى ② 23
مديرية الثقافة ② 114، 527، 565، 566، 603،
792، 810، 845، 847، ③ 925، 926
مديرية مالية حلب ② 766
المركز الثقافي العربي ② 778
المركز الإذاعي والتلفزيوني ② 808
مركز الفنون التشكيلية ② 25
مسجد الأربعين ① 97، 142، 644، 650
مسجد البختي ① 102، 638
المسجد العمري ① 103، 142، 644، 651
مسجد النبي ① 583، 644، 652
مسجد طيلون ① 103، 142، 644، 651
مسجد قسطل المشط ① 142، 651
مسجد نور الدين ① 102، 637
المستدامية ① 651
مسرح الشعب ② 24، 785
مسرح اللونا بارك ② 175، 287

المشارقة ① 732
المشفى الوطني ③ د
المشهد ① 553
مشهد الأنصاري ① 644، 658
مشهد الفردوس ① 525
المصابن ① 658
المصرف الزراعي ② 17
المصرف السلطاني العثماني ① 712، ② 767
المعادي ② 171، 608
معهد الأخوّة ② 309
معهد إعداد المدرسين ② 761
معهد التراث العلمي العربي ① 11، ② 23، 769، 792
معهد حلب للموسيقى ② 785
معهد الفنون التطبيقية ② 794
المَغَاير ② 170، 573
المقامات ② 170، 383
مقهى القصر ② 173، 722
المكتب الإعدادي الملكي ② 23
مكتب شمس المعارف ② 776
المكتبة الأحمدية ① 544، ② 22
المكتبة الإخلاصية ② 22
المكتبة الإسماعيلية ② 22
المكتبة البهائية ② 22
المكتبة الخسروية ② 22
المكتبة الرضائية ① 544
المكتبة السكاكينية ② 22
المكتبة الصديقية ② 22
المكتبة العثمانية ② 22
المكتبة القرناصية ② 22
المكتبة الكواكبية ② 22
المكتبة المارونية ① 544، ② 22
المكتبة المركزية ② 174، 666
المكتبة الوقفية ① 11، 544، ② 22
منتزه السبيل ② 583، ③ 76، 524
الميدان الأخضر ① 90، 118، 119، 144، 389، 424، 537، 659

نادي شباب العروبة ② 357، 846
الناعورة ① 241، 309
نقابة المعلمين ② 760، ③ 854

الورّاقة ② 822

الفصل الخامس

فهارس قوافي الشعر القديم

جدول (18) إحصاءات القوافي وفق الأحرف الأبجدية

الحرف	عدد القصائد
أ	29
ب	181
ت	24
ث	3
ج	8
ح	15
خ	0
د	80
ذ	2
ر	117
ز	4
س	23
ش	5
ص	6
ض	11
ط	4
ظ	1
ع	25
غ	1

 | DOI:10.1163/9789004504905_006

الحرف	عدد القصائد
ف	19
ق	35
ك	11
ل	83
م	80
ن	79
ه	43
و	2
ي	22

فهرس القوافي وفق الترتيب الأبجديّ

البيت	الشاعر	العصر	الصفحة
ما الدار في حلب بدار ثواءِ ⋆ هذا الشتاء بها كألف شتاءِ	عمران الحلبي	العباسي الأول	263
الشامُ، لا بلدُ الجزيرة، لذتي ⋆ وقويق، لا ماء الفرات، منائي	أبو فراس الحمداني	الحمداني	286
الصُّبح ينشرُ فَوق مِسْ ⋆ ـكِ اللَّيْل كافور الضياءِ	أبو الحسن العقيلي	الحمداني	307
حمَّامُنا ليس فيه ماءُ ⋆ وبَردُهُ ما لهُ انقضاءُ	الصنوبري	الحمداني	337
كَم أزمَةٍ سَوداءَ راعَت إذ عَرَت ⋆ جَلَّيتَها بنَدى يَدٍ بَيضاءِ	ابن حيّوس	المرداسي	382
شرفتْ بسامي مجدك الشهباءُ ⋆ وتجللتها بهجةً وضياءُ	يوسف البزاعي	الأيوبي	421
عَجَبًا لِأَحدَبَ في دَمَشقَ وَكتبه ⋆ هُنَّ الكَتَائِبُ عِثنَ في الحَدباءِ	فتيان الشاغوري	الأيوبي	424
فلا عدمت الحميّا كم أُبيح بها ⋆ حمىً به غارةُ المشتاق شعواءُ	راجح الحلّي	الأيوبي	438
شقَّتْ جيوبَ شقيقِها أيدي الصَّبا ⋆ طربًا فماسَ بحُلَّةٍ خضراءِ	نور الدين الإسعردي	الأيوبي	461

البيت	الشاعر	العصر	الصفحة
أين من كان للأنامِ جمالاً * ومُعيناً على بلوغ الرجاءِ	السيف الشطرنجي	الأيوبي	462
أسِفتْ لفقدِك جلّقُ الفيحاءُ * وتباشَرَتْ لقدومِك الشّهباءُ	محمد بن نباتة الفارقي	الأيوبي	463
فرحتْ به الشهباءُ عند قدومه * فرحَ العليلِ، وقد أتاه شفاءُ	محبّ الدين بن الشحنة	المملوكي	490
ناحتْ على سلطانها العلماءُ * وبكتْ لفقد علائها الشهباءُ	عبد الرحمن بن الشحنة	المملوكي	491
في كلّ عامٍ عن وظيفة القضاءِ * بما فيه الرضى في حلب الشهباءِ	عبيد الله المالكي	المملوكي	495
وإذا تضنّ الغاديات بوبلها * من كفِّ قاضيها يسحّ نداءُ	جابر التنوخي	المملوكي	502
كم عمرتْ بحسابها من دولةٍ * وبلا حساب كم سخت بعطاءِ	ابن نباتة المصري	المملوكي	532
وسعتْ يراعتهُ بأرزاق الورى * فكأنها قلبٌ وتلكَ رشاءُ	ابن نباتة المصري	المملوكي	534
قسمتُ بين ظبا الملاح تغزُّلي * ولمدح إنشاء الملوك ثنائي	ابن نباتة المصري	المملوكي	535
وحلبٌ خزانةُ الذكاءِ * وموطن العفة والحياءِ	شاعر غير معروف	المملوكي	536
ذهبتْ بها الأهوال في سُنن الهوى * فاسترجعتْها للجوى أهواؤه	حسين الجزري	العثماني	553
ما سُلَيْمَى ما هندُ ما أسْماءُ؟ * أنت مَعنىً وكلُّها أسْماءُ	شهاب الدين الخفاجي	العثماني	555
يا جيرتنا في حلب الشهباءِ * من يوم فراقكم سروري نائي	محمد القاسمي	العثماني	566
دعْ عنك ذكرَ مهلّبٍ والطائي * انزلْ بساحة مصقع الخطباءِ	أحمد الوراق الحلبي	العثماني	575
وكأنما جرم الكواكب قد بدتْ * للناظرين على غدير الماءِ	ابن بيري البتروني	العثماني	577
للهِ يومٌ قد توالى بشْره * والكون فيه مشرقُ الأرجاءِ	أحمد العصائبي	العثماني	579
طرّستَ حلّتها بسؤددك الذي * أضحى مناطَ الفخر في الشهباءِ	محمد بن علي الجمالي	العثماني	582
عُجْ بِالسَّواحِلِ لا خانَتكَ غَيْداءُ * وَلا رَمَتكَ بِسَهمِ البُعْدِ أَسماءُ	المفتي فتح الله	العثماني	597
بزغتْ شموسُ السعد بالشهباءِ * فجلتْ لياليها من الظلماءِ	مريانا مرّاش	العثماني	623
السعد وافى معلناً بهناء * لما أمينٌ حلَّ في الشهباءِ	مريانا مرّاش	العثماني	623
كرامٌ نخامٌ من ذؤابة هاشمٍ * يقولون للأضياف أهلا ومرحبا	أبو جعفر الرعيني	المملوكي	246
لقد خاب قوم قلّدوكَ أمورهم * بدابقَ إذ قيلَ العدوُّ قريبُ	ابن الأعرابي	الأموي	247
نحن بقنسرين كنّا ولاتها * عشية ميناس نكوس ويعتبُ	زياد بن حنظلة	الأموي	248

البيت	الشاعر	العصر	الصفحة
هيهات منك بنو عمرو ومسكنهم ⋆ إذا تشتّيت قنسرين أو حلبا	الأحوص	الأموي	248
إِنَّا مُلُوكٌ لَمْ نزلْ ⋆ في سالفات الحقبِ	بشار بن برد	العباسي الأول	260
إن شئتَ نمْ في صحون الدوْر من وسنٍ ⋆ أو في السراديب أمن غير محتنبِ	الأحنف العكبري	العباسي الأول	265
يشكو إليكِ هواكِ المُدنفُ الوصِب ⋆ بواكفٍ ينهمي طورًا وينسكبُ	البحتري	العباسي الأول	266
سلِ الحلبيَّ عن حلبٍ ⋆ وعن تركانِهِ حلبا	البحتري	العباسي الأول	271
يُجانِبُنا في الحُبِّ مَن لا نُجانِبُه ⋆ وَيَبعُدُ مِنّا في الهَوى مَن نُقارِبُه	البحتري	العباسي الأول	273
أسيفَ الهُدى، وقريع العربْ ⋆ علام الجفاءُ؟ وفيم الغضبْ؟	أبو فراس الحمداني	الحمداني	288
أنتَ عليٌّ وهذه حلبُ ⋆ قد نفد الزاد وانتهى الطلبُ	شاعر غير معروف	الحمداني	296
وخَرقاءُ قد تاهتْ على من يرومُها ⋆ بمَرقَبِها العالي وجانبِها الصَّعبِ	الخالديّان	الحمداني	296
وَنَحنُ في مَجلِسٍ تُديرُ بِهِ الـ ⋆ ـخمرَ عَلَينا الأَقداحُ لا العُلَبُ	أبو الفرج الببغاء	الحمداني	299
ثم انشمرنا في الفراتِ الرّحب ⋆ وادٍ من الجنان ذات الحجبِ	أبو عمرو الطرسوسي	الحمداني	302
أيا حلبُ الغرّاء والمنزل الرحبُ ⋆ ويا بلدًا قلبي بتذكاره صَبُّ	أبو السداد الجزري	الحمداني	309
أيا دير قنّسرى كفى بك نزهةً ⋆ لمن كان في الدنيا يلذُّ ويطربُ	أبو الصقر الزهري	الحمداني	309
أما طربت لهذا العارض الطربِ ⋆ أما رأيت الصبا والجو في لعبِ	ابن عبد الرحمن الهاشمي	الحمداني	309
لا تستَطِل بالذي تأتي به السحبُ ⋆ فالغيث ما مطرت صُورًا به حلبُ	عبد المحسن الصوري	الحمداني	312
أدِرْها فعُمْرُ الدُّجى قَدْ ذَهبْ ⋆ مشعشعةً مثل لونِ الذَهبْ	المنتجب العاني	الحمداني	313
حتّامَ دمعك في الأطلال ينسكبُ ⋆ ونار وجدِك في الأحشاء تلتهبُ	المنتجب العاني	الحمداني	313
سئِمْتُ المُقامَ بنادي حلَبْ ⋆ وضاق بي الرحبُ فيما رحَبْ	حسين بن حمدان الخصيبي	الحمداني	313

البيت	الشاعر	العصر	الصفحة
أخلْتِ أنّ جنابًا منك يُجتَنَبُ * وأنّ قلبَ محبٍّ عنك ينقلِبُ	السريّ الرَّفّاء	الحمداني	314
ما كفَّ شادِيَهُ اعتراضُ عتابِه * بل زادَه طربًا إلى أطرابِه	السريّ الرَّفّاء	الحمداني	315
حلبتُ درَّ السرور في حلبٍ * بين رياضٍ تدعو إلى الطَرَبِ	الصنوبري	الحمداني	320
سقى حَلَبُ المزنِ مغنى حَلَبْ * فكم وصَلَتْ طربًا بالطَّرَبْ	الصنوبري	الحمداني	323
قويقٌ إذا شمَّ ريحَ الشتاءِ * أظهرَ تيهًا وكبرًا عجيبا	الصنوبري	الحمداني	326
اليومَ يا هاشميُّ يومٌ * لباسُهُ الطلُّ والضبابُ	الصنوبري	الحمداني	328
غاضَ القريضُ وأذوتْ نضرةُ الأدبِ * وَصَوَّحتْ بَعدَ ريٍّ دوحةُ الكتبِ	ابن جنّي	الحمداني	344
دَمْعٌ جرَى فقضَى في الرَّبْعِ ما وجَبَا * لأهلِهِ وشَفَى أنّى ولا كَرَبَا	المتنبّي	الحمداني	346
يا أختَ خيرِ أخٍ، يا بنتَ خيرِ أبٍ * كنايةً بهما عن أشرفِ النسبِ	المتنبّي	الحمداني	350
سراياكَ تترى والدمستقُ هاربٌ * وأصحابُه قتلى وأموالُه نُهُبُ	المتنبّي	الحمداني	354
فَهِمْتُ الكِتابَ أَبَرَّ الكُتُبْ * فَسَمْعًا لأمْرِ أميرِ العَرَبْ	المتنبّي	الحمداني	355
إياكَ والخمرُ فهي خالبةٌ * غالبة خاب ذلك الغَلَبُ	أبو العلاء المعرّي	المرداسي	367
لو كنتم أهلَ صفوٍ قال قائلُكم * صوفيّة فأتى باللفظِ ما قلبا	أبو العلاء المعرّي	المرداسي	370
يا أيها المغرورُ، لَبَّ من الحِجى * وإذا دعاك إلى التقى داعٍ فَلَبْ	أبو العلاء المعرّي	المرداسي	370
لقد ترفّعَ، فوقَ المُشتري، زُحَلٌ * فأصبح الشّرُّ فينا ظاهرَ الغَلَبِ	أبو العلاء المعرّي	المرداسي	370
كذا لا تزالُ رفيعَ الرُّتَبِ * كثيرَ العَدوِّ كثيرَ الغلبْ	ابن أبي حصينة	المرداسي	371
أمّا إلى حَلبٍ فقلبيَ نازحٌ * أبدًا وماءُ علاقتي مُتصوِّبُ	أبو القاسم الوزير المغربي	المرداسي	376
يا صاحبيَّ إذا أعياكما سقمي * فلقّياني نسيمَ الريح من حلبِ	أبو القاسم الوزير المغربي	المرداسي	377
يا عزيز الدولة الملك الـ * ـمنتضى للمجدِ والحسبِ	المفضل بن سعيد العزيزي	المرداسي	378
قل للنسيم إذا حملْتَ تحيةً * فاهْدِ السلامَ لِجَوْشَنٍ وهضابِهِ	ابن سنان الخفاجي	المرداسي	380

البيت	الشاعر	العصر	الصفحة
نفدي الذي ردَّ أرمانوس عن حلبٍ ⋆ للخوف مهجته في قبضة الطربِ	ابراهيم بن الحسن البليغ	المرداسي	385
لا راحةٌ لك يا زيدٌ ولا سِنَةٌ ⋆ ولا لنا أو نرى السلطان في حلبا	زائدة بن نعمة بن نعيم	المرداسي	386
أين أقصى الغرب من أرض حلبْ ⋆ أملٌ في الغرب موصولُ التعبْ	أشكهباط	المرداسي	386
كم طائعٍ لكَ لم تجلبْ عليه ولم ⋆ تعرفْ لطاعته غير التّقى سببا	أبو عبد الله بن عطية	المرداسي	389
دعاكَ على شطِّ المزارِ ابنُ صالحٍ ⋆ فلم ترضَ إلا أن تكون جوابا	أبو منصور بن بابا الحلبي	السلجوقي	391
والحاضرون بمزج السوس إذ لأمتْ ⋆ فيك الكرام وذلّت حولك النجبُ	أبو العلاء الكاتب الطبراني	السلجوقي	394
يا دارَ علوةَ ما جيدي بمنعطفٍ ⋆ إلى سواكِ ولا قلبي بمنجذبِ	عيسى بن سعدان الحلبي	الزنكي	405
عندي كتائبُ أشواقٍ أجهّزها ⋆ إلى جنابكَ، إلا أنها كتبُ	كمال الدين الشهرزوري	الزنكي	407
وإنْ بذلتَ لفتح القدس محتسباً ⋆ للأجر جُوزيتَ خيرًا غير محتسبِ	ابن عساكر	الزنكي	408
لكل قلبٍ جمال صورته ⋆ على جميل العزاء مغتصبُ	الحسن بن علي الجويني	الزنكي	409
هذي العزائم لا ما تدّعي القضبُ ⋆ وذي المكارم لا ما قالت الكتبُ	ابن القيسراني	الزنكي	411
مررنا في ديار بني عديٍّ ⋆ يجاذب لوعتي شرقٌ وغربُ	ابن القيسراني	الزنكي	413
عرّجا بالأثاربِ ⋆ كي أقضي مآربي	ابن القيسراني	الزنكي	415
وفتحُكَ القلعةَ الشهباءَ في صَفَرٍ ⋆ مبشّرٌ بفتح القدسِ في رجبِ	محيي الدين بن الزكي	الأيوبي	418
وفي زمان ابنِ أيوبٍ غدتْ حلبٌ ⋆ من أرضِ مصرَ وصارت مصرُ من حلبِ	ابن سناء الملك	الأيوبي	419

البيت	الشاعر	العصر	الصفحة
عَصَتْ حلبٌ وقاتلَ ساكنوها ★ وليس قتالُهم لكَ بالعجيبِ	ابن الفراش الدمشقي	الأيوبي	421
هَذي قُرونُ حماةٍ جِئتَ تَأْخُذُها ★ وَإِنَّ إِمساكَها يُفضي إِلى حَلَبِ	القاضي الفاضل	الأيوبي	422
أَنهضتَ يا دَهرُ عَمدًا كُلَّ ذي أَرَبٍ ★ مِنّا وَلَم أَربي نَهضًا إِلى أَرَبي	القاضي الفاضل	الأيوبي	422
طيفٌ سرى موهنًا والليلُ ما انقبضا ★ إليّ سرًّا ونجمُ الغربِ ما غَرُبا	علي التنوخي	الأيوبي	428
هذا غياث الدين أقصى منية ★ لطالب الرفد وهذي حلبُ	راجح الحلّي	الأيوبي	437
لي الله كم أرمي بطرفي ضلالة ★ إلى أفق مجد قد تهاوت كواكبُه	راجح الحلّي	الأيوبي	438
إنا وإنْ بعُدَ اللقاءُ فودّنا ★ باقٍ ونحن على النأْي أحبابُ	ابن علوان الأسدي	الأيوبي	439
تا للنوى رقّة ترثي لمكتئبٍ ★ حرّان في قلبه والدمع في حلبِ	سعد الدين ابن عربي	الأيوبي	441
لئن بكيتُ على دارٍ ونحْتُ بها ★ فلستُ أوّلَ محزونٍ ومُنْتحِبِ	جعفر بن محمود	الأيوبي	441
بقيتُ اليوم في حلبٍ عليلًا ★ فلا مُكْثًا أطيقُ ولا ذهابا	أبو حفص الشافعي	الأيوبي	442
عرّجْ على حلبٍ إن كنتَ ذا طلبٍ ★ للعلم والحلم والعلياء والأدبِ	ابن سعيد المغربي	الأيوبي	446
جدُّ الصِّبَا في أباطيلِ الهوى لَعِبُ ★ وراحةُ اللّهوِ في حُكمِ النُّهى تَعَبُ	القاسم الواسطي	الأيوبي	447
كَتائِبُ أَضحَتِ البَيداءُ مُتأَقَةً ★ مِنها وَضاقَت بِها البُطنانُ وَالحَدَبُ	ابن عنّين	الأيوبي	448
بهاءَ الدين والدنيا ★ ونورَ المجد والحسبِ	ابن خروف القرطبي	الأيوبي	449
وكم ثريّا في الغصن طالعةٌ ★ منها جميع النهارِ لم تغِبِ	ابن نفادة	الأيوبي	452
لئن سمحتْ أيدي الليالي برحلةٍ ★ إلى حلبٍ حلَّ الحيا عندها الحبا	شُميم الحلّي	الأيوبي	452
يقرُّ لعيني أن أروح بجوشنٍ ★ وماء قويقٍ تحته متسرّبا	محمد بن حرب الخطيب	الأيوبي	456

البيت	الشاعر	العصر	الصفحة
ذرِ المقام إذا ما ساءك الطلبُ ★ وسِرْ فعزمُكَ فيه الحزمُ والأربُ	العرقلة الكلبي	الأيوبي	456
ناشدتكِ اللهَ يا هطّالةَ السحبِ ★ إلا حملتِ تحياتي إلى حلبِ	الناصر يوسف الثاني	الأيوبي	457
سقى الله أكنافَ الشآمِ ومعهدًا ★ به العهدُ باقٍ لا يزال مُواظِبا	الناصر يوسف الثاني	الأيوبي	458
منازِلُنا حيثُ المزارُ قريبُ ★ وداعي الهوَى يدعو الهَوى فيُجيبُ	كمال الدين بن العجمي	الأيوبي	459
أمنزلَ اللهوِ والأترابِ من حلبٍ ★ سقى ربوعَكَ هطّالٌ من السحُبِ	نور الدين الإسعردي	الأيوبي	461
ملك البرايا لقد أملَتْ صفاتك لي ★ ما ليس يحصر في شعرٍ ولا خطبِ	ابن دنينير	الأيوبي	463
لم يُدرك المتنبي بعضَ منزلتي ★ إذ كان جار بني حمدان في حَلبِ	محمد بن حمير الهمداني	الأيوبي	464
ما لي أَرَبٌ سواكَ، ما لي أربُ ★ يا مَن حسُنَتْ بهِ وطابتْ حلبُ	ابن خلّكان	الأيوبي	466
فلَئِن حلّتْ بكِمُ إبلٌ ★ صَبرٌ، فستَرحلُ بي نجُبُ	أبو الربيع سليمان الموحّدي	الأيوبي	467
يا كاملَ الفضل جمَّ البذل وافرَه ★ جودًا مديد القوافي غير مقتضبِ	ابن الوردي	المملوكي	477
ودهرُنا أي دهرٍ في تقلّبِه ★ قَدْ هانَ فيهِ التقى والعلمُ والأدبُ	ابن الوردي	المملوكي	478
إن الوبا قد غلبا ★ وقد بدا في حلبا	ابن الوردي	المملوكي	479
يا ربُّ بالهادي النبيِّ المجتبى ★ أغمِدْ عن الإسلامِ أسيافَ الوبا	ابن الوردي	المملوكي	480
ويلي على الشهباءِ ويل الشهبا ★ قد أصبحتْ بين الوحوش نهبا	ابن الوردي	المملوكي	480
يا قومُ إن الفسادَ قد غلبْ ★ وخافت الأعيانُ سوءَ المنقلَبْ	ابن الوردي	المملوكي	481
هذي أمورٌ عظامٌ ★ من بعضها القلبُ ذائبْ	ابن الوردي	المملوكي	482

البيت	الشاعر	العصر	الصفحة
إذا الحاجبُ المذمومُ عن حلبٍ مضى ★ ودام بها المشكورُ أنشدَ صاحبي	ابن الوردي	المملوكي	482
قالوا: أرقطايُ مات، قلتُ فهلْ ★ في الموت بعد الحياة من عجبِ؟	ابن الوردي	المملوكي	483
فكل ما في دمشقَ حلَّ مِن جَلَلٍ ★ فشطرُ ذلك قاسَتْ أختُها حلبُ	ابن الوردي	المملوكي	484
هلّا أعارتْ دمشقَ أختُها حلبُ ★ عيناً فترجمُ أو قلباً فيكتئبُ	شهاب الدين بن فضل الله	المملوكي	485
تبسَّمَتْ فتباكى الدرُّ من وجَلٍ ★ وأقبلتْ فتولّى الغصن ذا عجبِ	ابن جابر الأندلسي	المملوكي	485
يا دارَ ليلى لا صمتكِ يدُ البلى ★ وسقا لكِ درّ الغيث كل سحابِ	ابن جابر الأندلسي	المملوكي	485
ذابت على الحمراءِ حُمْرُ مدامعي ★ والقلبُ فيما بين ذلك ذائبُ	أبو جعفر الألبيري	المملوكي	486
وإنّما الناسُ -إلاّ أنْتَ- في سِنَةٍ ★ معلّلين بترغيبٍ وترهيبِ	الشاب الظريف	المملوكي	486
لا غروَ أن هزَّ عَطْفي نحوَكَ الطربُ ★ قد قامَ حسنُكَ عن عُذري بما يَجِبُ	الشاب الظريف	المملوكي	486
حيّا الحيا تربةً شهباءَ من حلبٍ ★ بما تدرّ من الأنواء من حلبِ	السراج المحار	المملوكي	487
شوقي شديدٌ إلى لقياكِ يا حلبُ ★ من نازحٍ شفَّهُ في بُعدهِ النَصَبُ	محاسن الشهاب الحلبي	المملوكي	488
سقى الله وادي بانقوسا من الحيا ★ سماءً يروّي تُربهُ ويصيبُ	ابن التيتي الآمدي	المملوكي	489
وهي الشهباء حقًّا ★ من نحاها واقتربْ	محبّ الدين ابن الشحنة	المملوكي	490
بشراكِ يا شهباءُ كم تشتكي ★ ضرًّا فقد وافا سماكِ الطيّبُ	خاطر الحلبي	المملوكي	492
بودّكم صارَ موصولًا بكم نسبي ★ إنّ المَودَةَ في أهلِ النُّهى نَسَبُ	صفيّ الدين الحلّي	المملوكي	500
يا عينُ جودي بدمعٍ منكِ مُنسكبِ ★ طولَ الزمان على ما حلَّ في حلبِ	شاعر غير معروف	المملوكي	501
اسم الذي ألغزْتُهُ ★ يطفي شرارَ اللهبِ	علي بن العلاء الموصلي	المملوكي	503

البيت	الشاعر	العصر	الصفحة
لبابِكَ بدرَ الدين أهديتُ مدحةً ⋆ تفوق بذكراكَ المعتّقة الصهبا	علي بن العلاء الموصلي	المملوكي	504
لنظمك نور الدين فضلُ طلاوةٍ ⋆ غدا ينهب الألبابَ رونقَها نهْبا	بدر الدين السيوفي	المملوكي	504
يقبِّلُ الأرضَ عبدٌ هيَّمتْهُ صَباً ⋆ بةُ أَلَمَّتْ به مِن ساكني حلبِ	ابراهيم بن والي	المملوكي	504
إلى ابن والي مقر الفضل والأدبِ ⋆ نجلِ الموالي أرومُ الأوْبَ من حلبِ	رضيّ الدين بن الحنبلي	المملوكي	505
لي تواريخُ حلَتْ شِبْهَ الضَرَبْ ⋆ إذ تولّى نجْلُ مولانا عربْ	رضيّ الدين بن الحنبلي	المملوكي	505
حلَّتْ بروضةِ رمْسٍ في حمى حلبٍ ⋆ سلطانةٌ جدُّها عثمانُ ذاتُ خِبا	رضيّ الدين بن الحنبلي	المملوكي	506
لقد آنَسَ الشهباءَ عالِمُ تونسٍ ⋆ وأطْلَع فيها الشهْبَ من بعد مغرِبِ	رضيّ الدين بن الحنبلي	المملوكي	506
تكلّمَ بالشهباء مَن كان أبكما ⋆ لمالٍ وجاهٍ لا لعلْمٍ ولا أدبِ	عمر بن خليفة بن الزكي	المملوكي	507
لشمسِ حماةٍ نوَّرتْ حلبُ الشهبا ⋆ وقد ظفرَتْ بالوصلِ منه ذوو القربى	عمر بن خليفة بن الزكي	المملوكي	507
غدتْ حلبٌ تقولُ: دمشق حُفَّتْ ⋆ بأنواع من الوردِ الغريبِ	تقي الدين بن حجة	المملوكي	511
وسرَتْ به في البحر جاريةً ⋆ سوداءُ يسبق سيرُها الشهبا	أبو الثناء محمود الحلبي	المملوكي	512
ما حيلتي إن حلبتُ الدهرَ أشْطُرَه ⋆ والزبدةُ المرْدِيان: الهمُّ والنصب	ابن أبي العشائر	المملوكي	513
من قال إن المستحيل ثلاثة ⋆ لم يَدْرِ رابعَها، نخُذْه بلا تعبْ	شاعر غير معروف	المملوكي	514
زلزلةٌ قد وقعتْ في العقبةْ ⋆ ترضى من اللحم بعظمِ الرقبةْ	شاعر غير معروف	المملوكي	520
أَنِخْ في ذرى الشهباء وانزلْ بأرضها ⋆ وقبِّلْ ثرى تلك المعاهد والربى	شهاب الدين البُردي	المملوكي	522
إن محمودَ وابنه ⋆ بهما تشرَف الرتبْ	شهاب الدين الحسيني	المملوكي	522

البيت	الشاعر	العصر	الصفحة
يا مَن أمالَ الورى طُرًّا إلى حَلَبٍ ★ بالجودِ والخُلق المألوف والأَدبِ	ابن نوفل الحلبي	المملوكي	523
أَلبستَ مِصْرًا جَمالًا كانَ قَدْ سُلِبَتْ ★ قِدْمًا وَمَا يَتَسَاوَى اللِّبْسُ والسَّلَبُ	سراج الدين الوراق	المملوكي	528
وصاحب هذا القبر أتحفه دائمًا ★ بخير دعاءٍ فهو مما له وجبْ	شاعر غير معروف	المملوكي	529
إن جاد أرضًا لفظهُ فكأنما ★ نبتتْ لسكْرٍ عقولنا أعنابا	ابن نباتة المصري	المملوكي	530
يا ثاويًا والثنا والحمدُ ينشره ★ بقيتَ أنتَ وأفنتنا يدُ الكربِ	ابن نباتة المصري	المملوكي	531
يقفو أخٌ في المعالي والعلوم أخًا ★ فيطلع الكلُّ في آفاقها شهبا	ابن نباتة المصري	المملوكي	532
يومًا بمصر ويومًا بالشآم ويو ★ مًا بالفرات ويومًا في قرى حلبِ	شاعر غير معروف	المملوكي	536
قد قضى الشيخ أبو بكر ★ العالمُ، مغفورةٌ له الذنوبْ	أحمد العناياتي	العثماني	548
البلـــدةُ الشهبـــاءُ مشحونـــةٌ ★ بلُطْف أشعارٍ وآدابِ	مصطفى البابي الحلبي	العثماني	552
حلا بك الدهر وازدانت علا حلبُ ★ والآن شهباؤنا من دونها الشهبُ	حسين الجزري	العثماني	554
كم للعواصمِ في قلبي مدى أربِ ★ وقلّما يظفرُ الإنسان بالأربِ	حسين الجزري	العثماني	554
كأنه صوب ندى الأمجد ★ إبراهيم لو ماثله الصيبُ	حسين الجزري	العثماني	555
أنجمًا أضاءت سماء الرتبْ ★ به وتسامتْ فخارًا حلَبْ	شهاب الدين الخفاجي	العثماني	556
أمولاي منشي لسان العرب ★ وقاضي دوادين أهل الأدبْ	نجم الدين الحلفاوي	العثماني	556
لئن سمحت أيدي الزمان برحلةٍ ★ إلى حلب حلّ الحيا عندها الحُبا	علي بن عنبر الحلوي	العثماني	557
أيا عالم الشهباءِ يا كاملَ الورى ★ كما أنتَ مِن كلِّ الكمالِ مركّبُ	عليّ بن الأوجليّ	العثماني	557
أخبرَني مقالةً ★ وصدْقها لقد وجبْ	أبو بكر الحنفي	العثماني	558
أرى الشَّهباءَ للعليا قِبابا ★ ألم ترَ أُفْقها أبدى شِهابا	أبو الوفا العرضي	العثماني	558

البيت	الشاعر	العصر	الصفحة
خطابي له خطّي ورسلي رسائلي ★ ووجْدي به وجدي وكتبي كتائبي	زين العابدين البكري	العثماني	562
هل عيشةٌ تصفو لمن ★ قد غاب عنه المطربُ؟	أسعد البتروني	العثماني	563
الحكم لله فلا ★ يكون ما لا يكتبُ	موسى الرامحمداني	العثماني	563
أهو البين أشتكيه وقد عا ★ ندني في الديار والأحبابِ	محمد القاسمي	العثماني	566
وكم بيوتٍ ملأتُها حِكَمًا ★ وهُنَّ إن شئتَ خُرَّدٌ عُرُبُ	فتح الله ابن النحاس	العثماني	566
يهيّجني للوجْد ذكرُ الحبائبِ ★ وللمدح أشواقي لوصف الكواكبي	الأمين المحبي	العثماني	570
ولا جنّة تغنيكَ إن كان مانعًا ★ ولا منزلٌ يؤويك إن كان طالبا	الأمين المحبي	العثماني	571
ليهنِ بني الشهباء حسْنٌ مشيدٌ ★ جوادُ حصان لا يُرام ولا يكبو	مصطفى الزيباري	العثماني	572
تَقول العِراقُ: صَبا جلّقٍ ★ تهبُّ، وَلَكنها مِن حَلَبْ	الأمير منجك باشا	العثماني	573
قوضّت عن حبّ ذات الكشح منقلباً ★ إلى مديح ابن مَن قد شيّدوا حلبا	حسن التفتنازي	العثماني	577
أبْرَقَ اليماني قد أهجْتَ بي الكربا ★ وذكّرتَني مَن كنت آلفهم حبّا	عبد الرحمن البتروني	العثماني	578
إلى حلب الشهباء مني بشارةٌ ★ تعطّرها حتى تفوحَ الجوانبُ	نور الدين الحسيني	العثماني	578
قد كان في حلب الشهباء كوكبها ★ بنوره يهتدي السارون والنجبُ	عبد الله العطائي الصحاف	العثماني	581
إذْ كان محْتده جديرًا بالتقى ★ والعلمِ والفضلِ الحقيق الواجبِ	محمد عبد الله الميقاتي	العثماني	582
حيّيتَ لي روضَ أنْسٍ طالَ ما عبثتْ ★ ريحُ الندى بالأغصان والعذبِ	الأمير الصنعاني	العثماني	589
قد درّثدي الكمالِ من حلبٍ ★ فأنجزتْ بالوفا وبالأدبِ	عبد الحميد العمري	العثماني	592
يا مَن غدا شيخ الأدبْ ★ يشهد ذا مَن في حلبْ	محمد آغا الميري	العثماني	592
إمامٌ جلَّ عن شَبهٍ ★ فلازمَ فضلَه العجَبُ	المفتي فتح الله	العثماني	597
أنا فى أعلى الذرى مِن وائلٍ ★ فاسألي عني جميعَ العربِ	محمد بن عيسى آل خليفة	العثماني	598

البيت	الشاعر	العصر	الصفحة
لم يبقَ غيرُ الرسم مِن وهْنِ القُوى ٭ والروحُ مني لا محالةَ ذاهبُ	جرمانوس الشمالي	العثماني	610
برقٌ تعرّض مجتازًا على حلبِ ٭ ليلًا ونور المحى بالصبح لم يشبِ	صالح التميمي	العثماني	613
في باب فردوسِ حلبْ ٭ سطرٌ من الخطّ عَجَبْ	محمد الديري	العثماني	614
كَنْزُ العُلومِ الذي يَغنَى الفقيرُ بِهِ ٭ منَ العطَايا ويَبقَى فوقَ ما ذَهَبا	ناصيف اليازجي	العثماني	616
ألقيتُ في باب أهل اللّه في حلبِ ٭ حملي وأملْتُ أن تمحى بهم كربي	أبو الهدى الصيّادي	العثماني	617
نناجيكمُ يا ساكني حلب الشهبا ٭ مناجاةَ مَن نيرانه دنَت الشهُبا	أبو الهدى الصيّادي	العثماني	618
علّلِ القلبَ بذكْرِ العربِ ٭ وقضاياهم بصحرا حلَبِ	أبو الهدى الصيّادي	العثماني	618
الشوق لم تحْصه الأوراقُ والكتبُ ٭ إلى الذي فاقَ مَن أفتوا ومَن كتبوا	عبد الرحمن السويدي	العثماني	621
ربِّ اكفنا الحروبا ٭ وذَلّلِ الخُطوبا	جرجس شلحت	العثماني	625
دار الجدود بحقٍّ قد غدتْ بيئة ٭ للعاديات وكانت مجمع الأدبِ	قسطاكي الحمصي	العثماني	629
قصدنا إلى مصرٍ لشهرة دفئها ٭ فرارًا من البردِ المبرّح في حلبْ	قسطاكي الحمصي	العثماني	630
تذكارُ شكرٍ لقسطنطين نرفعهُ ٭ لما أتى مِن جميلِ الصنع في حلبِ	ابراهيم اليازجي	العثماني	631
أحمدَ الفعلَ جمالٌ في الورى ٭ ماءَ عينِ التلِّ للشهبا جَلَبْ	ابراهيم أفندي الكيالي	العثماني	634
زها بارقُ الشهباءِ والمنهلُ العذبُ ٭ مقاصفها يرتاح في شمها القلبُ	أحمد شهيد الترمانيني	العثماني	634
وإنني اليوم راضٍ عنه في سفري ٭ إن كان قصدي سعيدًا مكرم الأدبا	محمد بن شيخان السالمي	العثماني	635
شَكَتْ خُيولكَ طُولَ الكدِّ وَالتعبِ ٭ مَهلًا فَما تَركتَ عاصٍ مِن العَرَبِ	جعفر الحلّي	العثماني	641
قالوا قديمًا: إنْ وصلتَ إلى حَلَبْ ٭ أمسِكْ لسانكَ والتزمْ حُسْن الأدبْ	شاعر غير معروف	العثماني	641
حِكاية عَن ثَعلبِ ٭ قَد مَرَّ تَحتَ العِنَبِ	محمد عثمان جلال	العثماني	641
وليس عجيبًا أنْ تيسّرَ أمرُنا ٭ بحضرة هذا القطْب حاوي المناقبِ	شاعر غير معروف	العثماني	647

البيت	الشاعر	العصر	الصفحة
لصاحبِ هذا القصر عزٌّ ودولةٌ * وكل الورى في حسنه يتعجّبْ	شاعر غير معروف	العثماني	657
جدي الذي رفع الأذان بمنبجٍ * وأقام فيها قبلة الصّلواتِ	البحتري	العباسي الأول	272
أذكرتني يا ديرُ ما قد مضى * من أهل ودّي ومصافاتي	ابن أبي العصام	الحمداني	301
أيهذا المهدي طرائف ألفا * ظٍ كما ريحت الرياضُ وطُلَّتْ	الصنوبري	الحمداني	338
وحظّي من نقّلٍ إذا ما نَعَتُّهُ * نعتٌّ لعمري منه أحْسَنَ منعوت	الصنوبري	الحمداني	338
نشرَتْ على حلب عقودُ بنودِهم * حُلَلَ الربيع تناسقتْ زهراتُهُ	ابن منير الطرابلسي	الزنكي	416
شَوقًا إلى ذاكَ الجَلَالِ وَمُجتَنى * تلكَ الخِلالِ وَظِلِّ تِلكَ النِعمَةِ	القاضي الفاضل	الأيوبي	422
عهدي بنا قبل وشلِ البين يجمعنا * ظلٌّ ظليلٌ وروضاتُ أريضاتُ	ساطع بن أبي حصين	الأيوبي	431
عذري عن القلعة الشهباء أوضحه * لربها زاد ربي في سعادتِهِ	عمر بن اسماعيل الفارقي	الأيوبي	452
أنتَ الصباحُ فمزّقْ ليلَ كُفْرِهُمُ * واصبرْ ورابطْ فللأعمالِ نيّاتُ	ابن النبيه	الأيوبي	452
رأيتُ نهرَ قويقٍ * فساءني ما رأيتُ	محمد بن صغير القيسراني	الأيوبي	465
إلى حلبٍ وا طولَ شوقي وحَسرتي * هي الوردُ في نَومي وقَومتي	عبد الباسط بن الشحنة	المملوكي	491
رعى الله أيامًا تقضّتْ لنا به * بدَتْ كوميضِ البرقِ ثم تولَّتِ	ابراهيم بن يوسف الحنبلي	المملوكي	492
بسطتُ كفّي لِصرفِ الدهرِ حين سطا * على الأفاضلِ والأيامُ قد قَسَطَتْ	ابن قصيبة الغزالي	المملوكي	493
على حلبَ الشهباءَ منهُ جلالةٌ * تفوقُ بها أمصارَ كل البسيطةِ	ابن قصيبة الغزالي	المملوكي	494
هبَّ النسيمُ فعاشَ من نفحاتِه * وسرى سمير البرق في لمحاتِهِ	ابن الوكيل	المملوكي	498
إني لأكره أرزاقًا ينغّصها * فراقُ أبعدِ جارٍ قد وعى فيتي	عمر بن المهاجر	المملوكي	507

البيت	الشاعر	العصر	الصفحة
شُرّفت الأشرافُ مِن سلطاننا ⋆ الأشرف بالخضْرِ من القبضاتِ	لسان الدين بن الشحنة	المملوكي	517
يلوم على قصْد الجهاد ملومٌ ⋆ ونفسي بإنصاف الكريم بشيرتي	سليمان بن داود المصري	المملوكي	521
شهباؤنا بالعدل والتقوى سمتْ ⋆ مذ روضة الشرع المطهر أينعتْ	عطاء الله المدرّس	العثماني	611
مما قضيتَ فلم يكن حرجٌ لنا ⋆ حيث النفوس رضابه قد سلمتْ	صدّيق الجابري	العثماني	611
قد شِيْدَ بالشهبا منارةُ ساعةٍ ⋆ تزهو بإتقانٍ وحسْنِ براعةِ	عبد الفتاح الطرابيشي	العثماني	621
بشراك في منصبٍ يكنوه آياتُ ⋆ إلى المعالي وللشهبا مسرّاتُ	أحمد بن الشهيد	العثماني	622
هي الشهباءُ عرّجْ عن سواها ⋆ ولا تخْشَ من الفرصِ الفواتا	سيد شهاب أفندي	العثماني	625
لوالي ولاية الشهباء فضلٌ ⋆ غنيٌّ في الورى عن بيّناتِ	محمد طاهر العياشي	العثماني	625
أحقًّا بأن المجد هيضتْ جبورُه ⋆ وزال عن الحيِّ الطوالُ الملاوِثُ	الشريف الرضي	المرداسي	384
يا ديرَ مارت مروثا ⋆ سُقيتَ غيثًا مغيثا	الحسين بن علي التميمي	المملوكي	508
أعدّ لأحمد الجنديّ أجرًا ⋆ عطاء الله مولانا المغيثِ	شاعر غير معروف	العثماني	657
فهل وصلُ ساعتنا مُنشِئٌ ⋆ صُدور شُهور خلتْ أو حِجَجْ	البحتري	العباسي الأول	272
مِن مُبْلغٍ حلبَ السلامَ مضاعفًا ⋆ مِن مغْرَمٍ في ذاك أعظم حاجةْ	أبو العباس الصفري	الحمداني	294
لَمّا رأينا خُمارَ الكأسِ يَعْلَقُنَا ⋆ عُجْنا إلى عاجٍ أرضُه سَبَجُ	السَّريّ الرَّفَّاء	الحمداني	317
فللظَّهْر من حَلَبٍ منزلٌ ⋆ تُثابُ العيونُ على حَجِّهِ	الصنوبري	الحمداني	324
ما بالُ أعلى قويقَ ينشرُ من ⋆ وَشْي الربيع الجديدِ ما أدْرَجْ	الصنوبري	الحمداني	328
قُولا لأرغون الذي معروفه ⋆ بالعرْف قد أحيا النفوسَ والأرَجْ	ابن حبيب الحلبي	المملوكي	517

البيت	الشاعر	العصر	الصفحة
قلْ لِمَنْ رام النَّوى عن بلدةٍ ⋆ ضاقَ فيها صدرهُ من حَرَجِ	يوسف الحسيني النقيب	العثماني	576
شهبا العواصم لا تخْفى محاسُنها ⋆ فالله يكلؤها من كل ذي عوَجِ	عمر اللبقي	العثماني	579
وظبي فاتن في دير شيخ ⋆ سحور الطرف ذي وجهٍ مليح	إسحاق الموصلي	العباسي الأول	260
يا أبا مُسلم تلفَّتْ إلى الشرْ ⋆ قِ وأشرفْ للبارقِ اللماح	البحتري	العباسي الأول	271
ارتاح لما جاز أرتاحا ⋆ ولاحَ من جوشنٍ ما لاحا	أبو فراس الحمداني	الحمداني	289
أعادَ الحَيا سُكْرَ النَّباتِ وقد صَحا ⋆ وجدَّدَ من عهدِ الربيع الذي انمحى	السَّريّ الرَّفَّاء	الحمداني	318
بإنّب يوم أبرزت المذاكي ⋆ من النقع الغزالة في مسوح	ابن القيسراني	الزنكي	411
عاد العدو بظلمةٍ مِن ظلْمِه ⋆ في ليلٍ ويلٍ قد خبا مصباحُهُ	العماد الأصفهاني	الأيوبي	419
لمّا رأت عينيَ الثلـ ⋆ ـجَ ساقطًا كالأقاحي	ابن مماتي	الأيوبي	433
لقد قالت لنا حلبٌ مقالًا ⋆ وقد عزم المشدّ على الرواح	ابن الوردي	المملوكي	483
قاضي القضاة لقد أضاء بقربك الـ ⋆ ـداجي فلاح كأنهُ المصباحُ	ابن الزيرباج	المملوكي	494
لا تلمْني على هوى حلب الشهـ ⋆ ـبا فشوقي لربعها الفيّاح	ابن الخراط	المملوكي	502
في حلبٍ دارُ القرى جامعٌ ⋆ أنشأه ألطنبغا الصالحي	عمر بن حبيب	المملوكي	521
يمينٌ قلعةُ الشهباءِ أضحتْ ⋆ عروسًا عَرفها مسكًا يفوحُ	أحمد بن محمد الكواكبي	العثماني	547
بات ساجي الطرْف والشوق يلحُّ ⋆ والدجى إن يمض جنحٌ يأت جنْحُ	فتح الله ابن النحاس	العثماني	568
حيًّا الحيا تلك المغاني الفساحْ ⋆ كم في فناها هامَ صبٌّ فسَاحْ	جبرائيل الدلال	العثماني	604
سَقى حَلب الشَهباء صَوبُ مِن الحَيا ⋆ وَحَيّا أُناسًا خَيّموا حَيّها البدحا	عمر الأنسي	العثماني	613

البيت	الشاعر	العصر	الصفحة
عادت همومي بالأحصّ وِسادي ★ هيهات من بلدِ الأحصِّ بلادي	جرير الخطفي	الأموي	250
حلب الشهباء قالت: ★ سائرُ المدنِ عبيدي	أبو القاسم الزجّاجي	العباسي الأول	264
لعلوةَ في هذا الفؤاد محلّةٌ ★ تجافيت عن سُعدى بها وسعادِ	البحتري	العباسي الأول	267
ألمّا يكف في طللي زرودِ ★ بُكاؤكَ دارس الدِّمنِ الهُمُودِ	البحتري	العباسي الأول	269
لا يبعدِ اللّهوُ في أيامنا المُودِ ★ ولا غُلُوُّ الهوى في الغادة الرودِ	البحتري	العباسي الأول	270
حَتّى أَناخت بَعدَ بُعدِ مَسافَةٍ ★ بِذُرى اِبنِ هارونَ الرَضِيِّ سَعيدِ	البحتري	العباسي الأول	274
شكرتُكَ إن الشكر للعبد نعمةٌ ★ ومَن يشكر المعروفَ فالله زائدُهُ	البحتري	العباسي الأول	277
للنّهرِ نهرُ قويقَ ★ عندي يدٌ ليس تُجحَدْ	كشاجم	الحمداني	291
لحثثت آمالي إلى ★ ملكٍ يسامي الفرقدا	أبو القاسم الواساني	الحمداني	300
هَذَا لعمروك يَوْمٌ يستطيرُ لَهُ ★ من قُرَّة شعر الهامات بالرعدِ	صالح بن مؤنس	الحمداني	306
فكانَتْ وكُنّ فِداءَ الأميرِ ★ ولا زالَ مِنْ نِعْمَةٍ في مَزيدِ	المتنبّي	الحمداني	345
خليليّ إني لا أرى غير شاعرٍ ★ فلم منهم الدعوى ومني القصائدُ	المتنبّي	الحمداني	348
تفدّيك النفوسُ ولا تفادى ★ فأدنِ الوصلَ أو أَطِلِ البعادا	أبو العلاء المعرّي	المرداسي	368
تَغَيَّبتُ في مَنزِلي بُرهَةً ★ سَتيرَ العُيوبِ فَقيدَ الحَسَدْ	أبو العلاء المعرّي	المرداسي	369
لاَ تسمعنَّ بحاتمٍ وفعاله ★ وخذِ الفعالَ الظاهرَ الموجودَا	ابن أبي حصينة	المرداسي	372
وتشوَّفتْ أعناقها في ربوَتَيْ ★ مصرٍ إلى البَلَدِ القصيِّ الأبعدِ	ابن أبي حصينة	المرداسي	374
يا عائدين إلى الأوطانِ من حلبٍ ★ وفي قلوبهم من فوتها كَمَدُ	ابن أبي حصينة	المرداسي	375
يا صاحبي ومتى نشدت محافظًا ★ في الودّ لم أزل المعنّى الناشدا	ابن سنان الخفاجي	المرداسي	381
أبى الله إلا أن يكون لك السعدُ ★ فليس لما نبغيه منع ولا ردُّ	ابن حيّوس	المرداسي	382

البيت	الشاعر	العصر	الصفحة
أرى الأرض تُثني بالنبات على الحيا ⋆ ولو تستطيع النُّطق خصتك بالحمدِ	ابن حيّوس	المرداسي	383
أيا سائقَ الأظعانِ من سفح جوشنٍ ⋆ سلمْتَ ونِلتَ الخِصبَ حيثُ ترودُ	منصور بن مسلم النحوي	المرداسي	388
لئن بعدتْ أجسامنا عن ديارنا ⋆ فإن بها الأرواح في عيشة رغدِ	أبو المكارم بن عبد الملك	المرداسي	388
يا راحة الأرواح أنصِفْ مرةً ⋆ فلقد بلغتَ بظلمك الآمادا	أبو الفضل القمي	السلجوقي	391
لما حدا الحادي بهم ⋆ بانوا وبان الجلدُ	أبو الفتح البالسي	السلجوقي	394
ألا أبلغْ طغاةَ الشرك أنك آخِذٌ ⋆ بثاراتنا منهم عليها فزائدُ	ابن العظيمي	الزنكي	409
ما فوق عزمك في العلا مزدادُ ⋆ فعلام يقلق عزمكَ الإجهادُ	ابن منير الطرابلسي	الزنكي	416
أيا خيرَ الملوك أبًا وجدًّا ⋆ وأنفهم حيًا لغليل صادِ	ابن منير الطرابلسي	الزنكي	417
فيا فرقدَ الحيّ الذي مذْ هويته ⋆ تكفّل طرفي رعيَ نسرٍ وفرقدِ	سالم بن سعادة	الأيوبي	432
أكذا يهدّ الدهر أطوادَ الهدى ⋆ ويردّ بالنكبات شاردة الردى	راجح الحلّي	الأيوبي	436
أسكّان مصر لعلّ الزمانَ ⋆ عليَّ بقربكم عائدُ	تاج الملوك	الأيوبي	439
على حلبَ الغراءِ مني تحية ⋆ لها أرج كالمسك والعنبر الوردي	يحيى بن مطروح	الأيوبي	442
وكيف أداوي بالعراق محبّةً ⋆ شآميّةً، إن الدواء بعيدُ	موفق الدين الكاتب	الأيوبي	455
سلامٌ على الحيِّ الذي دون جوشنٍ ⋆ سلامٌ يرثّ الدهر وهو جديدُ	ركن الدين بن قرطاي	الأيوبي	455
بحياةِ زينبَ يا ابن عبد الواحدِ ⋆ وبحقِّ كلِّ نبيّةٍ في ياقدِ	أبو محمد بن سنان	الأيوبي	466
لبس الشتاءُ من الجليد جلودا ⋆ فالبسْ فقد بَرَد الزمانُ بُرودا	شاعر غير معروف	الأيوبي	466
صارت لقلع القلاع زلزلةٌ ⋆ ما خشيتْ رامياً ولا صائدْ	ابن الوردي	المملوكي	479
مريد قضا بلدة ⋆ له حلبٌ قاعدةْ	ابن الوردي	المملوكي	482
عِنْدي مِنَ الوَجْدِ مَا بِهِ أَحُدٌ ⋆ يفِي وَلَمْ أُبْدِهِ إِلى أَحدِ	الشاب الظريف	المملوكي	487
جاءَ للشهباءِ قاضٍ ⋆ ليس فيه من سيادةْ	شاعر غير معروف	المملوكي	495
وكأن القطرَ في ساجي الدجى ⋆ لؤلؤٌ رصّعَ ثوبًا أسودا	ابن الصاحب	المملوكي	500
تحلّى بأوصاف الفحول أولي الحجى ⋆ وأُلبِس إثرَ الموت أكسيةَ الحمدِ	رضيّ الدين بن الحنبلي	المملوكي	505

البيت	الشاعر	العصر	الصفحة
كذاك شهباؤنا بكتْ وشكتْ ⋆ لِفقْدها أشهبَ الذي تجِدُ	رضيّ الدين بن الحنبلي	المملوكي	506
انظرْ إلى الروضِ البديعِ وحسنه ⋆ فالزهرُ بين منظَّمٍ ومنضّدِ	علي بن محمد العبيي	المملوكي	508
لقد سبقتْ شهباؤنا كلَّ سابقٍ ⋆ إلى الحسْن وامتازت على الزهر بالوردِ	شهاب الدين بن الصوّا	المملوكي	509
ويطوف البلاد شرقًا وغربًا ⋆ ويسوق العباد نحو اللحودِ	ابن حبيب الحلبي	المملوكي	516
أقاضيَ شهبائنا: قيل لي ⋆ بأنكَ أنتَ الخضمُّ الجوادُ	محيي الدين المحيوي	المملوكي	520
جلسنا على مرجٍ نضيرٍ مزخرفٍ ⋆ بأنواع أزهارٍ وماءٍ مطرِّدِ	شهاب الدين المرعشي	المملوكي	526
ألا ليتَ ما بيني وبينَكَ من بُعدٍ ⋆ على القُرْب ما بينَ القلوب من الودِّ	سرور بن سنين الحلبي	العثماني	545
وأصبحت حلب الشهباء ضاحكةً ⋆ وأظلمت أوجه من حسّد وعدى	سرور بن سنين الحلبي	العثماني	547
ليت درَى القاطنون في حلبٍ ⋆ حالي وما حالُ من لهم فاقِدْ	مصطفى البابي الحلبي	العثماني	551
يجود الحيا بالماء باك وجوده ⋆ مع البشر يهمي من لجين وعسجدِ	مصطفى البابي الحلبي	العثماني	551
الوزيرُ الخطيرُ ركنُ بناءِ المجدِ ⋆ في شامخ العلا وعمادُهُ	حسين الجزري	العثماني	555
نثر الربيعُ ذخائرَ النُّ ⋆ ـوّارِ من جَيْب الغوادِي	فتح الله ابن النحاس	العثماني	568
يا ابن السويديِّ الذي بزغتْ به ⋆ شمسُ الفضائل في سماء السؤددِ	شاعر غير معروف	العثماني	574
دام السرور والهنا المؤيدُ ⋆ وزال عن وجه الأماني الكمدُ	قاسم البكرجي	العثماني	575
ألا حبّذا في الروض زهرُ قرنْفلٍ ⋆ ذكيّ الشذا فاني الأديمِ مورّدِ	سليمان بن خالد النحوي	العثماني	576
يا حبذا هذا الحمى والمعهدُ ⋆ أبدى محاسنه الهمام الأوحدُ	عبد الله العطائي الصحاف	العثماني	581

البيت	الشاعر	العصر	الصفحة
وأنارت الشهباء عند قدومه ⋆ وسمتْ على هام السها والفرقدِ	محمد بن علي الجمالي	العثماني	583
قامت فصادمها السحابُ بمرّه ⋆ وسمتْ بقدٍّ قدَّ كل مشادِ	يحيى العقاد الحلبي	العثماني	586
رَسولُ طهمازَ أتى بَغدادا ⋆ وَضَجّر العالَمَ والعِبادا	فتح الله القادري الموصلي	العثماني	590
وقام على ساق الهدى طولَ عمره ⋆ يعلّم شرعَ المصطفى ويُفيدُ	سعيد القدسي	العثماني	592
لقد شطَّ قلبي يوم سارت حمولكم ⋆ بسفح قويقٍ حين أظعانكم تحدى	نصر الله الطرابلسي	العثماني	596
وردتْ إلى خريدةٍ تتورّدُ ⋆ حسناً ومن شرف المقام تسّودُ	أحمد فارس الشدياق	العثماني	599
ليَ النجم في ليلٍ أقاسيه شاهدُ ⋆ بأني مشوقٌ ساهرُ الطرف ساهدُ	جبرائيل الدلال	العثماني	604
أثَرى الحبيبةِ با كرّتكِ غوادي ⋆ دمعٌ يصعّدهُ زفيرُ فؤادي	جبرائيل الدلال	العثماني	605
رام إدراك المعالي ⋆ وبها حقًا تردّى	عبد القادر الحسبي	العثماني	606
قد أتاني منك درٌّ ⋆ كان لي في الجيدِ عِقْدا	هبة الله الأفندي	العثماني	606
مسيحيّو بني الشهباء جادُوا ⋆ وشادوا حصنَ مقبرةٍ مؤبّدْ	جرمانوس الشمالي	العثماني	610
تشدو البلابل في الشهباء صادحةً ⋆ أسنى زفافٍ: زفافِ الغيدِ للغيدِ	جرمانوس الشمالي	العثماني	610
تَهَلّلَ فيكَ الشَرقُ أنتَ عِمادُهُ ⋆ وَنُوّرَ مِنكَ الخلَقُ أَنتَ رَشادُهُ	خليل الخوري	العثماني	616
إلى حلب الشهباء ثار بنا الوجْدُ ⋆ وطال علينا الهجرُ يا ميُّ والبعدُ	أبو الهدى الصيّادي	العثماني	617
أما لقربكَ بعد الهجرِ ميعادُ ⋆ فالدار في وحشةٍ والصحْبُ أرصادُ	قسطاكي الحمصي	العثماني	628
لكَ في حِمى الشهباءِ صيتٌ طائرٌ ⋆ وبمصرَ ذكْرٌ وافرُ التحميدِ	فكتور خياط	العثماني	631
يا ابن من أكسب الفضائل في شهـ ⋆ ـبائنا والعلى سناءً وسعدا	عطاء الله الصادقي	العثماني	633
إنّ ماءً أجراهُ عذبًا فُراتًا ⋆ فيهِ إرواءُ غُلّةِ الورّادِ	كامل الغزّي	العثماني	636
جهةٌ لها بعد الدثورِ تجدُّدُ ⋆ لا زال فيها ذو المعارج يعبدُ	كامل الغزّي	العثماني	637
من مكةَ والبيتِ الأمجدْ ⋆ للقدسِ سرى ليلًا أحمدْ	حسن بن علي قجّة	العثماني	640
حلبٌ بيتي، حلبٌ بلدي ⋆ وأعيش بها يومي الأسعدْ	حسن بن علي قجّة	العثماني	640

البيت	الشاعر	العصر	الصفحة
بعد الدثورِ له أُتيحَ تجدُّدُ ⋆ وغدتْ نضارة حسْنه تتوقدُ	شاعر غير معروف	العثماني	647
يا رجالَ الليلِ جدّوا ⋆ رُبَّ صوتٍ لا يُرَدُّ	شاعر غير معروف	العثماني	654
لله بستانٌ وقصرٌ جديدْ ⋆ ليس على حسنهما مِن مزيدْ	شاعر غير معروف	العثماني	659
أمساورٌ أم قرنُ شمسٍ هذا؟ ⋆ أم ليث غابٍ يقدم الأستاذا	المتنبّي	الحمداني	346
وإذا أمِنتُ بيوسف بن محمدٍ ⋆ جورَ الزمانِ، نخيفتي ممّاذا؟	شرف الدين الأنصاري	الأيوبي	460
سما لك شوقٌ بعد ما كان أقصرا ⋆ وحلت سليمى بطن قوّ فعرعرا	امرؤ القيس	قبل الإسلام	244
مِن جسر منبج أضحى غِبَّ عاشرةٍ ⋆ في نخلِ مسكنِ تتلى حولَه السُّوَرُ	كعب بن جعيل	قبل الإسلام	246
سقى الله أجداثًا ورائي تركتها ⋆ بحاضر قنسرين من سبل القطرِ	عكرشة العبسي	الأموي	248
سمونا بعرنين أشمّ وعارض ⋆ لنمنع ما بين العراق إلى البشْرِ	الأخطل التغلبي	الأموي	251
أمست رقية دونها البشْرُ ⋆ فالرقة السوداء فالغمرُ	عبيد الله بن قيس الرقيّات	الأموي	251
ولا آبَ ركْبٌ من دمشق وأهله ⋆ ولا حمص إن لم يأت في الركب زافرِ	الأصمعي	العباسي الأول	261
إن دير القصير هاج أذكاري ⋆ لهو أيامي الحسان القصارِ	محمد بن عاصم الموقفي	العباسي الأول	263
أظنُّك تبتغى حلَبَ الثغورِ ⋆ ولو عُوِّضْتَ بالماء النميرِ	صرّدرّ بن صرّبعر	العباسي الأول	264
أعجب لِظُلم زماننا المُتواترِ ⋆ ولأوَّلٍ مما يُريك وآخرِ	البحتري	العباسي الأول	270
نَظَرتُ وَضَمَّت جانِبَيَّ اِلتِفاتَةٌ ⋆ وَما اِلتَفَتَ المُشتاقُ إِلّا لِيَنظُرا	البحتري	العباسي الأول	275

البيت	الشاعر	العصر	الصفحة
هَجَرَتنا عَن غَيرِ جُرمٍ نَوارُ ⋆ وَلَدَيها الحاجاتُ وَالأَوطارُ	البحتري	العباسي الأول	276
أَلَم تَرَ تَغليسَ الرَبيعِ المُبَكِّرِ ⋆ وَما حاكَ مِن وَشيِ الرِياضِ المُنَشَّرِ	البحتري	العباسي الأول	276
لأَيِّكُمُ أذكرُ؟ ⋆ وفي أيِّكم أفكّرُ؟	أبو فراس الحمداني	الحمداني	286
عذيري من طوالعَ في عِذاري ⋆ ومن رَدِّ الشباب المستعارِ	أبو فراس الحمداني	الحمداني	287
أَراكَ عَصِيَّ الدَمعِ شِيمَتُكَ الصَبرُ ⋆ أما للهوى نهيٌ عليكَ ولا أمرُ؟	أبو فراس الحمداني	الحمداني	289
ألا أبلغْ أبا بكرٍ ⋆ مقالًا من أخٍ برِّ	كشاجم	الحمداني	293
يا لأيامنا بمرج بعاذين ⋆ وقد أضحكَ الربى نوارُهْ	أبو العباس الصفري	الحمداني	294
وسجاياك يا أبا الحسن الغرّ ⋆ وإتعابهنّ شكر الشكورِ	أبو العباس النامي	الحمداني	295
كم نعرتْ بالحيِّ ناعورةٌ ⋆ حنينها كالربط الناعرِ	سليمان بن حسان النصيبي	الحمداني	299
إلى سامع الأصواتِ من أبعد المسرى ⋆ شكوتُ الذي ألقاه مِن ألم الذكرى	أبو عبد الله بن مقلة	الحمداني	300
أسفرَ عن بهجته الدهر الأغر ⋆ وابتسم الروض لنا عن الزهرْ	ابن وكيع التنيسي	الحمداني	304
أستودع الله أخوانًا ناؤوا فكَووا ⋆ قلبي لحَشْوُ الحشا مِن بعدِهم نارُ	أبو الهيثم بن أبي حصين	الحمداني	308
ناديكَ من مطرِ الإحسانِ ممطورُ ⋆ ومُرتجيك بغَمْرِ الجُودِ مَغمورُ	السَّريّ الرَّفّاء	الحمداني	315
أُنظرْ إلى السَّوسَنِ في نباتِه ⋆ فإنَّه نَبْتٌ عَجيبُ المَنظَرِ	السَّريّ الرَّفّاء	الحمداني	316
أقول وخَفَّتْ من دمشق ركائبي ⋆ وجدَّ بها تلْقَاءَ حمصَ مَسيرُ	الصنوبريّ	الحمداني	321
إن كان في الصيفِ ريحانٌ وفاكهةٌ ⋆ فالأَرضُ مستوقَدٌ والجوُّ تنّورُ	الصنوبريّ	الحمداني	321
قد أتانا بطيبهِ آذارُ ⋆ وَشَجَتْنَا بشجوهَا الأطيارُ	الصنوبريّ	الحمداني	322
ها قد دَنَتْ عساكرُ الأمطارِ ⋆ وأُطْلِقَ القُرُّ من الإسارِ	الصنوبريّ	الحمداني	323
سقى حلبًا ساقي الغمامِ ولا ونى ⋆ يروحُ على أكنافها ويبكّرُ	الصنوبريّ	الحمداني	325

البيت	الشاعر	العصر	الصفحة
أيا دُلْبَةَ الغربِيِّ أفردكِ الدهر ٭ سقى دُلْبَ الغربِ من أجلكِ القَطْرُ	الصنوبريّ	الحمداني	329
ما فيَّ من خَلْعِ العذارِ ٭ ومن التَّجنُّبِ للوقارِ	الصنوبريّ	الحمداني	330
أَقْصِرْ فما تملكُ إقصاري ٭ صبرتَ مَن ليسَ بصبَّارِ	الصنوبريّ	الحمداني	331
أقولُ وقد وقفتُ عليك دَمْعًا ٭ طليقًا مِن يَدَيْ قلبٍ أسيرِ	الصنوبريّ	الحمداني	332
ألا يا أيّها القمريُّ كم ذا ٭ تُغَرِّدُ في الرَّواحِ وفي البُكُورِ	الصنوبريّ	الحمداني	332
فراقٌ يا محمدُ بعدَ هجرٍ ٭ أراني عشتُ فيكَ بِشَرِّ دهْرِ	الصنوبريّ	الحمداني	336
لا قُدِّسَتْ دارُ السُّلَيْـ ٭ ـمانيةِ الشوهاءِ دارا	الصنوبريّ	الحمداني	337
وأكفُرُ يا كافورُ حين تلوحُ لي ٭ ففارَقتُ مُذ فارقتُكَ الشركَ والكُفرا	المتنبّي	الحمداني	356
حلبٌ للوليِّ جنةُ عَدنٍ ٭ وهيَ للغادرينَ نارُ سعيرِ	أبو العلاء المعرّي	المرداسي	366
أرى كفر طاب أعجز الماء أهلها ٭ وبالس أعياها الفرات من الحفرِ	أبو العلاء المعرّي	المرداسي	371
قلنا لَهَا والسَّيرُ يَحفزُها ٭ وسَيَاطُنَا مِنْ زجرِهَا حُمْرُ	ابن أبي حصينة	المرداسي	375
ما لي أرى قلبي تنازِعُه ٭ وطناي من حلبٍ ومن مصرِ	أبو القاسم الوزير المغربي	المرداسي	377
خليليَّ مِن عوفِ ابن عُذرةَ إنني ٭ لكلِّ غرامٍ فيكما لجديرُ	ابن سنان الخفاجي	المرداسي	378
شَرُفَتْ بِنَظْمِ مَديحِكَ الفِكَرُ ٭ وتجمّلتْ بحديثِكَ السِيَرُ	ابن سنان الخفاجي	المرداسي	379
وبلدةٍ جمَعتْ منْ كلِّ مبهجةٍ ٭ فما يفوتُ لمُرتادٍ بها وطرُ	مكين الدولة حميد بن مالك	المرداسي	385
ألا أيها الساري تخُبُّ برحله ٭ قصيرة فضل النسعين إذا تسري	صاعد بن عيسى بن سمّان	المرداسي	389
يا صاحبيَّ فدتْ نفسي نفوسكما ٭ دعا الصبابة تستذكي وتستعرُ	أبو محمد الأموي	السلجوقي	391
أعِدْ حديثَ العذيبِ يا عامرٍ ٭ وقلْ عن النازلين بالحاجرِ	أبو الحسن الفرّاء	السلجوقي	395
حذارِ منا وأنّى ينفعُ الحذرُ ٭ وهي الصوارم لا تُبقي ولا تَذَرُ	ابن القيسراني	الزنكي	410
يا سائلي عن نهجِ سيرته ٭ هل غير مفرق هامةِ الفجرِ	ابن القيسراني	الزنكي	411
يا أيها الملكُ المطيلُ نجاده ٭ برٌّ يدينُ بِهَدْيِهِ الأبرارُ	ابن القيسراني	الزنكي	412

البيت	الشاعر	العصر	الصفحة
لِيَهْن دمشقًا أن كرسيَّ ملكها ⋆ حُبي منك صدرًا ضاق عن همه الصدرُ	ابن القيسراني	الزنكي	413
ألا كم ترامتْ بالسُّ بمسافرٍ ⋆ وكم حافرٍ أدميتَ يا ديرَ حافرِ	ابن القيسراني	الزنكي	414
ويلي من العرض الغضبان إذ نقل الـ ⋆ ـواشي إليه حديثًا كله زور	ابن منير الطرابلسي	الزنكي	415
إليكَ قطعنا كلَّ أرضٍ كأنها ⋆ صحائفُ تُطوى والركاب سطورُ	رمضان بن صاعد	الأيوبي	422
وفسيحَةُ الأرجاءِ ساميةُ الذُرى ⋆ قلَبَتْ حسيرًا عن عُلاها الناظرا	ابن أبي المنصور	الأيوبي	425
إن غرّبتْ حلبُ الشآم وغرّبت ⋆ سكنى المقيم بها عن الأبصارِ	محمد بن هاشم الخطيب	الأيوبي	433
دارٌ حكتْ دارين في طيبٍ ولا ⋆ عِطرٌ بساحتها ولا عطّارُ	رشيد الدين النابلسي	الأيوبي	439
هذا كتابي إلى من غاب عن نظري ⋆ وشخصه في سويدا القلب والبصرِ	ابن العديم	الأيوبي	444
فؤادٌ بالأحبّة مستطارٌ ⋆ وقلبٌ لا يقرّ له قرارُ	ابن العديم	الأيوبي	444
يا حلبًا حُيّيتِ من مِصرٍ ⋆ وجادَ مَغنَاكِ حيا القطْرِ	محمد الخضري	الأيوبي	450
أقولُ لجارتي والدمعُ جارٍ ⋆ ولي عزمُ الرحيلِ عن الديارِ	السهروردي	الأيوبي	451
يا كِتَابِي وَما يُطِيقُ كِتَابِي ⋆ حَمْلَ هَمّي وَبَثَّ أَشْجانِ صدرِي	ابن النبيه	الأيوبي	453
يا راكبًا والفجر قد غارَ على الـ ⋆ ـجوزاءِ إذ جلّلها الإزارا	أبو الحسن النَصْوري	الأيوبي	454
وأيّ ثغورٍ لا يعزّ منالها ⋆ ومن حولها بِيْضٌ ومن دونها سُمْرُ	ابن قزل المشدّ	الأيوبي	462
سقى حلبًا حلب المعصرات ⋆ وجاد رباها بجود مطيرِ	الأبله البغدادي	الأيوبي	467
إمامٌ يؤمّ المقتدون جنابه ⋆ ومن كفه في كل قُطرٍ له قَطْرُ	ابن الوردي	المملوكي	478
مصران في العرب والعجم لم ⋆ يصرفهما إلا من اضطرا	ابن الوردي	المملوكي	484
جعلوا أحبّاء الرسول علامةً ⋆ إن العلامةَ شأنُ مَن لم يُشْهَرِ	ابن جابر الأندلسي	المملوكي	485
لم يَرحَلوا عن حِمَى أرضٍ إذا نزَلوا ⋆ إلاّ وأبقَوْا بِها مِن جودِهم أثَرَا	صفيّ الدين الحلّـي	المملوكي	499

البيت	الشاعر	العصر	الصفحة
رأيت في بستان خِلٍّ لنا ⋆ بدرَ دجى يغرس أشجارا	أبو الثناء محمود الحلبي	المملوكي	511
منبرٌ جامعٌ محاسنَ فضلٍ ⋆ ذلك الجمع ما له من نظيرِ	عمر بن إبراهيم الرهاوي	المملوكي	513
قالوا أتى الساجورُ، قلت مجاوبًا: ⋆ ما جاء ساجورٌ ولا خابورُ	شاعر غير معروف	المملوكي	514
حلبٌ فاقت البلادَ بماءٍ ⋆ وهواءٍ، وأهلها زدْنَ قدْرا	شاعر غير معروف	المملوكي	515
لمّا طما نهر قويقٍ ولم ⋆ يأتِ بسيبٍ بل بسيلٍ غزيرْ	ابن حبيب الحلبي	المملوكي	515
قد أصبحت شهباؤنا تثني على ⋆ أرغونَ في صبْحٍ وديجورِ	ابن حبيب الحلبي	المملوكي	515
حلبٌ تغير حالُها لما اختفى ⋆ من فضلِ زينِ الدينِ عنها ما ظهرْ	ابن حبيب الحلبي	المملوكي	517
عمائم الأشراف قد تميَّزتْ ⋆ بخضرة رقتْ وراقتْ منظرا	ابن حبيب الحلبي	المملوكي	517
ليلةُ المرج خلتُها ألف شهرٍ ⋆ زلزلت أرضنا من الرعدِ عصرا	شاعر غير معروف	المملوكي	520
كأن الهلال بجوِّ السما ⋆ وقد قاربَ الزهرةَ النيّرَهْ	الحسين بن سليمان الطائي	المملوكي	522
مَن مخبرٌ عني الشهباء أن كمال ⋆ الدينِ قد شيدتْ فيه مقاصرُهُ	شهاب الدين الوادي آشي	المملوكي	524
يا حاكم الحكام، يا من به ⋆ قد شرفتْ رتبتُه الفاخرهْ	محمد بن يوسف الدمشقي	المملوكي	525
جلسنا على روضٍ من الخزِّ ليّنٍ ⋆ وللصحْبِ من نسْجِ السحابِ سريرُ	علاء الدين الدمشقي	المملوكي	526
وناعورةٍ لم تزلْ تنعرُ ⋆ تشوقُ الأنامَ وما تشعرُ	أبو بكر بن الترجمان	المملوكي	527
عجبتُ لقبرك يا ذا المنارْ ⋆ كيف دفنّا فيه شمس النهارْ	برهان الدين بن زقاعة	المملوكي	528
دخلنا على أن المقام ثلاثةً ⋆ فطاب لنا حتى أقمنا بها عشرا	محمد بن عبد الله كبريت	العثماني	550
تذكّرَ بالبابِ ظبياً غريرًا ⋆ وعيشًا رقيقَ الحواشي نضيرا	مصطفى البابي الحلبي	العثماني	550

البيت	الشاعر	العصر	الصفحة
لقد بتُّ في الشهباء ما بين معشرٍ ⋆ تهاب الليالي أن تروع لهم جارا	شاعر غير معروف	العثماني	556
بالصدر حاوي القدرِ مَن قَدْرُهُ ⋆ قد جَاوَزَ العيُّوقَ والنّسرا	خالد بن محمد العرضي	العثماني	561
يا لنهرٍ لاعبتْ أمواجَه ⋆ نسماتُ الريح في اليومِ الأغَرّْ	يوسف الأنصاري	العثماني	565
سلامُ الله ما طلع النهارُ ⋆ وهبَّ شمْأَلٌ وشدا هزارُ	عبد الرحمن العابدي	العثماني	565
ودّعتكم ورجعتُ عنكم والنوى ⋆ سلبت جميع تصبّري وقراري	محمد القاسمي	العثماني	566
أمنذرٌ ملكٌ قد جاء للبشرِ؟ ⋆ أم طالع السعد وافى داحضَ الكدرِ؟	إلياس يوسف إدّه	العثماني	574
قدومك للشهباء يا واضحَ البشْرِ ⋆ بدا للورى مِن طيّه طيبُ النشْرِ	شاعر غير معروف	العثماني	575
ولاحَ لنا قوسُ السحابِ كأنه ⋆ وقد نُثِرَتْ فوق الثرى دررُ القطْرِ	ابن بيري البتروني	العثماني	577
طرقتُ ديارَ الحيِّ والليلُ حالكٌ ⋆ طروقَ فتى لا يختشي الدهر من ضَرّ	تاج الدين الكوراني	العثماني	580
لقد شرفتْ شهباؤنا بقدومه ⋆ وأضحى مقرَّ الابتهاجِ وجارَهُ	عبد الله العطائي الصحاف	العثماني	582
حلبُ الشهبا وهاد النظرْ ⋆ ومهادٍ قد تعالت عن نظيرْ	علي الدباغ الميقاتي	العثماني	583
مقامٌ عليه هيبةٌ وجلالةٌ ⋆ تدلّ على التحقيقِ ما شاع واشتهرْ	علي الدباغ الميقاتي	العثماني	583
للهِ يومٌ في الرياضِ قطعتُه ⋆ بحمى قويقٍ مثلَه لن أبصرا	جرمانوس فرحات	العثماني	585
كم نشأةٍ لي بينهم وفكاهةٍ ⋆ ومَسَرَّةٍ عُدِمَتْ من الإكدارِ	ابراهيم الحكيم الحلبي	العثماني	586
لقد زاد الجوى صوتُ القماري ⋆ وذكّرني الأحبَّة والسحاري	ابراهيم الحكيم الحلبي	العثماني	588
مذْ حلّ في حلبٍ قامت تقبِّلُهُ ⋆ يا حسْنَ ما غادرت في الخدَّ من أثَرَ	يوسف الدادة	العثماني	596
لجودة الله كل الناس تنتظرُ ⋆ فها ظفرتم بها يا أيها البشرُ	فرنسيس المرّاش	العثماني	602

البيت	الشاعر	العصر	الصفحة
عَلَمٌ سَمَا فوق السِّماك مراتبًا ⋆ وبنى على السَّبْع الطباق ديارا	ميخائيل الصقّال	العثماني	612
رعى الله أطلالًا بشهبائنا الغرّا ⋆ وحيّا ديارًا دون أنوارها الزهْرا	أبو الهدى الصيادي	العثماني	619
بعصرِ عبد الحميد ال ⋆ ـمولى الهمامِ الغيورِ	عبد المسيح أنطاكي	العثماني	623
وإن رحلتم فلا ننسى لكم أثرا ⋆ فكم أتيتم بشهباء الحمى غررا	عبد المسيح أنطاكي	العثماني	624
بشراكِ شهباء الحمى ذا الأنيـ ⋆ ـس تخففي عنك معاناةَ الكَدَرْ	عبد المسيح أنطاكي	العثماني	624
إن صدّ طيفكم أو شطّتْ الدارُ ⋆ فالصبُّ يكفيه بَعْدَ البُعْدِ تذكارُ	قسطاكي الحمصي	العثماني	628
أُثني عليكَ بما أطيقُ وأشكرُ ⋆ يا واحدًا في مجده يا جعفرُ	السيدة حصلب	العثماني	635
قد شاد هذا الحوضَ بعدَ توهُّنٍ ⋆ ملكٌ بما يرضى الإله خبيرُ	كامل الغزّي	العثماني	637
صاحب الخيرات زين الدين بك ⋆ مذ تحقق أن إلى الله المصيرْ	شاعر غير معروف	العثماني	646
لأصابع المختار في هذا الحجرْ ⋆ آثارُ خيراتٍ تُعايَن بالبصرْ	شاعر غير معروف	العثماني	647
منبرٌ ومحاسنُ فضلٍ ⋆ ذلك الجمعُ ما لهُ من نظيرِ	شاعر غير معروف	العثماني	648
مقامٌ عليه هيبةٌ وجلالةٌ ⋆ تَدلّ على التحقيقِ ما شاع واشتهرْ	شاعر غير معروف	العثماني	652
جدثٌ عليه مهابةٌ ووقارُ ⋆ وجلالةٌ تغشى لها الأبصارُ	شاعر غير معروف	العثماني	656
حيي لساكنِ ذا الضريحِ أنالني ⋆ منه الدنوَّ وصرتُ أقربَ جارِ	شاعر غير معروف	العثماني	658
إن قلبي بالتل تل عزازِ ⋆ عند ظبي من الظباء الجوازي	إسحاق الموصلي	العباسي الأول	260
إذا الدهرُ للآمال أبرزَ كَيْدَهُ ⋆ فقل لبني الآمالِ هل من مبارزِ	الصنوبريّ	الحمداني	332
تَرَحَّلَ عَن شَهبائِهِ الظاهِرُ الغازي ⋆ وَكانَ بِها البازي المُطِلُّ عَلَى النازي	فتيان الشاغوري	الأيوبي	423
حيّتْ حمى حلب أنفاسُ غاديةٍ ⋆ مشّاءةٍ بنميم الروض غمّازِ	ابن نباتة المصري	المملوكي	535
أقام كل مُلِثّ الودق رجّاسِ ⋆ عَلى دِيارٍ بِعَلْوِ الشّامِ أدْرَاسِ	البحتري	العباسي الأول	266
ناهيك من حرقٍ أبيتُ أقاسي ⋆ وجُرُوحِ حُبٍّ ما لهنَّ أواسِ	البحتري	العباسي الأول	268

البيت	الشاعر	العصر	الصفحة
يا لَيلَتي بِالقَصرِ مِن بِطياسِ ⋆ وَمُعَرَّسي بِالقَصرِ بَل إِعراسي	البحتري	العباسي الأول	275
سقى ثرى حلبٍ، ما دمت ساكِنها ⋆ يا بدرُ، غيثان مُنهل ومنبجسٌ	أبو فراس الحمداني	الحمداني	285
كأني لمْ أعدُ في مقنبٍ ⋆ أفلُّ بحدّ الخميس الخميسا	كشاجم	الحمداني	292
سقيا ليَوْمٍ ترى قَوسَ السَّماء بِهِ ⋆ وَالشَّمْسُ مسفرةٌ والبرقُ خلّاسُ	الوأواء الدمشقي	الحمداني	305
أرى الخطوبَ ثكولًا حيثُما وَلدت ⋆ ابنُ الخُطوبِ يتيمٌ في طَرابلُسِ	عبد المحسن الصوري	الحمداني	312
ألاَّ طربتَ إلى زيتونِ بطياسِ ⋆ فالصالحيّة ذاتِ السروِ والآسِ	الصنوبريّ	الحمداني	319
قمْ تأمَّل هذي الربى لابساتٍ ⋆ فلباسُ الربى أجلُّ لباسِ	الصنوبريّ	الحمداني	320
وقرأتُ من خَطِّ المشيب بعارضي ⋆ سَطْرًا يخالفُ أَسطُرَ القرطاسِ	الصنوبريّ	الحمداني	333
ما العيشُ إلا ببانقوسا إذا ⋆ غَنَّتْكَ من حولكَ النواقيسُ	الصنوبريّ	الحمداني	334
يوم بيْنٍ أَتاحَ لي يوم بوسٍ ⋆ صرتُ فيه طوعًا لأَمْرِ النُّحوسِ	الصنوبريّ	الحمداني	335
لولا تحيةُ بعض الأربع الدُرُسِ ⋆ ما هابَ حدُّ لساني حادث الحُبَسِ	أبو العلاء المعرّي	المرداسي	366
دارٌ بنيناهاَ وعشنا بها ⋆ في دعةٍ منْ آلِ مرداسِ	ابن أبي حصينة	المرداسي	372
سلْ بالفوارس من ذؤابة هاشم ⋆ حلب العلى والقصر من بطياسِ	تاج العلى	الأيوبي	432
يا برقُ أَنْشِ مِن الغمام سحابةً ⋆ وطْفاءَ هاميةً على بطياسِ	الناصر يوسف الثاني	الأيوبي	459
فتلك أوطاني ومعهدُ أسرتي ⋆ ومقرُّ أحبابي ومجْمعُ ناسي	كمال الدين بن العجمي	الأيوبي	459
حيِّ النَّدامَى بها كُؤوسا ⋆ وزُفَّها في الدُّجى عَروسا	شهاب الدين العزازيّ	المملوكي	497
الملك الأشرف إقباله ⋆ يُهدى له كلّ عزيزٍ نفيسْ	ابن حبيب الحلبي	المملوكي	516

البيت	الشاعر	العصر	الصفحة
فلو أني في جنةِ الخلْدِ بعدها ⋆ ذكرتُ ولا أنسى للذّاتِها أُنْسا	محمد بن عبد الله كبريت	العثماني	549
يا دَير سمعان ذكَّرْتني ⋆ رسومـُكَ الـدُّرَّسُ الدَّرِيسا	موسى الرامحمداني	العثماني	564
قد قام في الشهباءِ بولُس عصرِه ⋆ يرعى نفوسَ المؤمنين ويحرسُ	أوغسطين عازار	العثماني	600
حرم التقوى الذي مَنْ أَمَّهُ ⋆ فهو في أمنٍ به قد حرسا	شاعر غير معروف	العثماني	654
نثرَ الثلجُ علينا ⋆ ياسميناً وفَراشا	ابن مماتي	الأيوبي	434
اسودَّت الشهباءُ في ⋆ عينيَّ من رممٍ وغشّ	ابن الوردي	المملوكي	482
عيوني في الصباح وفي العشيِّ ⋆ تسحُّ دمًا لفقْدِ المرْعَشيِّ	أحمد بن بكر سراج الدين	المملوكي	527
سنا نورُ سرَّ الذات أشرقَ في الحَشا ⋆ فزالَ بذاكَ النورِ عن طرفيَ الغشا	عمر اللبقي	العثماني	580
يا هل ترى أجلي يطول زمانه ⋆ برخيِّ عيش طيبٍ وأعيشُ؟	أبو الهدى الصيادي	العثماني	617
إِنْعَمْ فغالي السرورِ مُسْتَرْخَصْ ⋆ واقترصِ العيشَ فهو مُسْتَقْرَضْ	الصنوبريّ	الحمداني	336
إني وإنْ بعُدَتْ داري لمغترب ⋆ منكم بمحض موالاةٍ وإخلاصِ	ابن علوان الأسدي	الأيوبي	438
رأى حلبًا بلدًا داثرًا ⋆ فزاد لإصلاحها حرصُه	ابن الوردي	المملوكي	484
ليهن حمى الشهباء قاضٍ حوَتْ به ⋆ كمالًا على تفضيله اتفق النصُ	ابن نباتة المصري	المملوكي	530
يا مصطفى إن القلوب مُنغّصَةْ ⋆ لبنيك في الشهباء حلت منقصَةْ	فاضل الإستانبولي	العثماني	595
لك الحمدُ يا مَن أرْشد الخلقَ للهدى ⋆ وسيّرَ في بحر التقى كلَّ غوّاصِ	شاعر غير معروف	العثماني	655
ويوم حجب الغيث ⋆ به الصحو عن الأرضِ	أبو عبد الرحمن القرشي	العباسي الأول	262
أذهِبْ كؤوسكَ يا غلا ⋆ مُ فإنَّ ذا يومٌ مُفضَّضْ	الصنوبريّ	الحمداني	324

البيت	الشاعر	العصر	الصفحة
نرجسةٌ مُضعَفَةٌ ⋆ مُذْهبةٌ مفَضَّضهْ	الصنوبريّ	الحمداني	325
رياضُ قُويْقٍ لا تزال مُروَّضَهْ ⋆ يجاورُ فيها أحمرُ الزهرِ أبْيَضَهْ	الصنوبريّ	الحمداني	326
أما قويقٌ فارتدي بمعصفرٍ ⋆ شرقٍ بحمرته الغَداة بياضُهُ	الصنوبريّ	الحمداني	328
هي العَبرَاتُ من سودٍ وبيضٍ ⋆ بعيداتُ المغيض من المغيضِ	الصنوبريّ	الحمداني	333
وساقٍ صبيحٍ للصبوح دعوتُه ⋆ فقام وفي أجفانه سِنَةُ الغمْضِ	سيف الدولة الحمداني	الحمداني	344
فكأنما الشهباءُ قد حلفتْ بأن ⋆ تلقاكَ في ثوبٍ يروق مفضّضِ	ابن الوردي	المملوكي	478
أرى البدرَ لما أن دنا لغروبه ⋆ وأُلبس منه أورق الماء أبيضا	علي بن عبد الله البيري	المملوكي	509
هل زمنٌ ولّى بكم عائدٌ؟ ⋆ أم هل ترى يرجع عيشٌ مضى؟	إبراهيم بن الشهاب محمود	المملوكي	522
لقد هطلتنا في الصبوح سحابةٌ ⋆ موشّحة الأكناف بالبارق الومضِ	ابن بيري البتروني	العثماني	578
وَقَد وَرَدَت أَهواؤُهُنَّ فُؤادَهُ ⋆ وَلا حُبَّ إِلّا حُبُّ عَلوَةَ فارِطُه	البحتري	العباسي الأول	273
في حلبٍ وشامِنا ⋆ ومصرَ طالَ اللغطْ	شاعر غير معروف	المرداسي	395
بروحي فتىً أفنى بقتلي رهطَه ⋆ ومع قولهم بالقتلِ أكرمهم رَهْطا	عليّ بن الأوجليّ	العثماني	557
ما فيهِ من وقفٍ ومن شروطِ ⋆ جرى على وجه الرضى المبسوطِ	شاعر غير معروف	العثماني	652
لا تتركي عهدي بدار مَضيعَةٍ ⋆ عهدَ الهوى ورضاكِ في إحفاظي	الصنوبريّ	الحمداني	334
ولما رأيت البشر قد حال دوننا ⋆ وأضحت بنات الشوق يحننّ نزّعا	الصّمّة القشيري	الأموي	251
يا رحمتا للغريب في البلد الـ ⋆ نازح ماذا بنفسه صنعا	علي بن الجهم	العباسي الأول	259
وهبتُ شبابي، والشبابُ مَضِنَّةٌ ⋆ لأبلج من أبناء عمي، أروعا	أبو فراس الحمداني	الحمداني	287

البيت	الشاعر	العصر	الصفحة
أودّع، لا إني أودع طائعًا ⋆ وأعطي بكرهي الدهر ما كنت مانعا	الناشيء الأصغر	الحمداني	295
ويومَ تسمّى الثّغرُ باسمكَ أصْبَحَتْ ⋆ رَكايا بلادُ الرّومِ وهيَ صَوامِعُ	ابن نباتة السعدي	الحمداني	305
يا ظبيَ آلِ منيع ⋆ أطلقْ عنان الهجوع	الصنوبريّ	الحمداني	330
يومٌ بديباج الغيوم وَوشيِهِ ⋆ يا صاحبيَّ مجلَّلٌ وَمبَرقَعُ	الصنوبريّ	الحمداني	335
ومَن يكُ للملوك أبوه شمسًا ⋆ يكن قمرًا يشا كلها طلوعا	أبو الفضل المعرّي	المرداسي	383
هنِئتِ يا أرضَ العواصم دولةً ⋆ روّى ثراكِ بها أشمُّ أروعُ	هبة الله بن أحمد بن يحيى	المرداسي	388
سقى حلب الشهباء في كل لزبةٍ ⋆ سحائبُ غيثٍ نوؤها ليس يقلعُ	الناصر يوسف الثاني	الأيوبي	458
هاتيك يا صاح ربا لعلع ⋆ ناشدتك الله فعرّج معي	يوسف الشوّاء الحلبي	الأيوبي	464
يا أهل صمّع إني حاسد لكم ⋆ بقربكم من جمال الدين ذي الورع	داوود بن رسلان	الأيوبي	465
لهفي عليه وليس لهفي نافعًا ⋆ قد كان تاجًا بالعلومِ يرصَّعُ	ابن الوردي	المملوكي	478
يا صاح ما اسمُ بلدةٍ ⋆ كم قد حَوَتْ بدرًا طلَعْ	علي بن العلاء الموصلي	المملوكي	503
ترى بعد هذا البين والبعدُ أسمعُ ⋆ بأنّ لُيَيلات المواصلِ ترجعُ؟	كمال الدين التادفي الحلبي	المملوكي	523
لولا رجائي أن الشمل يجتمعُ ⋆ ما كان لي في حياتي بعدكم طمعُ	كمال الدين التادفي الحلبي	المملوكي	524
وا نجلي من حلبٍ إذ بها ⋆ موصولُ فقري غيرُ مقطوع	محمد بن عبد الله الأزهري	المملوكي	525
من ذا يضاهي الشمس حسْنَ فضيلةٍ ⋆ وبها قوام العالم المتنوع	ابن نباتة المصري	المملوكي	532
سقى عهد هند صيّب العهد يهرع ⋆ وحيا حماها الجود يهمي ويهمعُ	سرور بن سنين الحلبي	العثماني	546
كُفِّي دموعك لستِ أولَ ثاكلٍ ⋆ بي إنَّ حزنَك هيَّجَتْه الأدمُعُ	جرمانوس فرحات	العثماني	586

البيت	الشاعر	العصر	الصفحة
قلت وقبر الشيخ وفا الرفاعي ⋆ قد شكر الله له المساعي	محمد الصابوني	العثماني	591
عثمانُ نوري سما بالسعدِ طالعُه ⋆ ولاحَ في أفقِ الشهباءِ ساطعُهُ	جرمانوس الشمالي	العثماني	608
بزغتْ مِن الشَهباءِ شهْبٌ تلمعُ ⋆ فَجَلَتْ أشعّتُها عُيونًا تَدمعُ	جرمانوس الشمالي	العثماني	609
أنشا لنا الملكُ الحميدُ مآثرًا ⋆ عظمَتْ صناعتُها وأيّ صناعةْ	أحمد بن الشهيد	العثماني	622
لذلك موسى بالتقى شادَ أرّخوا ⋆ أساسَ بناءٍ وهو للخيرِ جامعُ	شاعر غير معروف	العثماني	648
سلطاننا اليوم طفلٌ والأكابرُ في ⋆ خُلفٍ وبينهم الشيطان قد نزَغا	ابن الوردي	المملوكي	484
كم لي بديرِ القصيرِ من قصفِ ⋆ مع كل ذي نشوةٍ وذي ظُرْفِ	ابن أبي العصام	الحمداني	301
فشبهت ما ينتجّ من فتقاته ⋆ على دير قزمان أكف بني عوفِ	أبو القاسم بن مبارك	الحمداني	304
حنَّ قلبي إلى معالم بابلّا ⋆ حنين المُولَّهِ المشغوفِ	أبو القاسم الوزير المغربي	المرداسي	377
فليتكم تعلمون معتقدي ⋆ وإن ما قلته كما أصفُ	وجيه الدولة الحمداني	السلجوقي	393
آنستَ يا موسى بها نارِ الهُدى ⋆ فأتيتَ مِنْ شوقٍ إليها مُوجفا	راجح الحلّي	الأيوبي	437
ما ضرَّهم يومَ جدَّ البينُ لو وقفوا ⋆ وزوّدوا كلِفًا أودى به الكلَفُ	ابن العديم	الأيوبي	445
ما بعد رامة للمطايا موقفُ ⋆ فقفوا بها إن رمتم أن تسعفوا	ابن العديم	الأيوبي	446
أحَلْتُ عليكَ ابنَ العزيزِ بني سُرى ⋆ بضائعهم تُزجى إليكَ وتصرَفُ	شرف الدين الأنصاري	الأيوبي	461
قلْ للذي عمَّ الخلائق بأسهُ ⋆ يا أيها الملكُ العظيمُ الأشرفُ	الجمالي الحنبلي	المملوكي	493
علوتَ بإذن الله جلَّ جلالُهُ ⋆ مكاناً علياًّ صرْتُ فيهِ مشرَّفا	الجمالي الحنبلي	المملوكي	493
رأيتُ منوفيًّا بإسقاطِ واوِهِ ⋆ أتى حلبَ الشهباءَ بالجهلِ واقْترَفْ	علي بن العلاء الموصلي	المملوكي	503

البيت	الشاعر	العصر	الصفحة
أهدتْ لنا أخلاقُه طيْبَ الثنا ⋆ فثناؤه كالمسْكِ بل هو أعْرَفُ	علي بن العلاء الموصلي	المملوكي	503
أطرافُ تيجانٍ أتتْ من سندسٍ ⋆ خُضْرٍ كأعلامٍ على الأشرافِ	محمد بن ابراهيم الدمشقي	المملوكي	518
يا أيها المولى الذي برّه ⋆ قد كان لي والآن عني اختفى	محمد بن عبد الله الأزهري	المملوكي	525
أنا التاركُ الأوطانَ والنازحُ الذي ⋆ تتبّع ركبَ العشقِ في زِيِّ قائفِ	فتح الله ابن النحاس	العثماني	567
خذ في التدثّر في الخريف فإنه ⋆ مستوبلٌ ونسيمه خطّافُ	شاعر غير معروف	العثماني	577
خليليّ أمّا هذه فدِيارُهم ⋆ وطرفُ النّوى من دونِها يتشوّفُ	جرمانوس فرحات	العثماني	584
بشرى لشهباءِ الحمى بعزيزِها ⋆ وملاذِها ملجا العدالةِ رائفِ	عبد المسيح أنطاكي	العثماني	624
يا ليلةً في كفر أنطون بها ⋆ بتْنا على أرضٍ بغير لحافِ	بشير الغزّي	العثماني	638
أقول وما شأني وسعد بن نوفل ⋆ وشأن بكائي نوفل بن مساحقِ	الحارث بن الدؤلي	الأموي	247
وقد لبستنا من قذا الجور ذلةٌ ⋆ ودار بنا كيدُ الأعادي فأحدقا	صالح بن محمد الهاشمي	العباسي الأول	261
أتنكِرُ أنني صَبٌّ مشوقُ ⋆ ونحن من الهوى لا نستفيقُ	أبو فراس الحمداني	الحمداني	285
سقى أكنافَ مِن حلبٍ سحابٌ ⋆ يتابِعُ ودْقَهُ المُنْهَلَّ ودْقُ	أبو العباس الصفري	الحمداني	294
بقاعٌ أشرقتْ فكأنّ فيها ⋆ وميض البرق من فرط البريقِ	أبو بكر محمد الخالدي	الحمداني	297
الريح تعصف والأغصان تعتنقُ ⋆ والمزنُ باكيةٌ والزهر مغتبقُ	أبو القاسم الزاهي	الحمداني	303
وافقْ أخاكَ تجدْه خيرَ رفيقِ ⋆ إن كنتَ لستَ عن الصبا بمفيقِ	ابن عبد الرحمن الهاشمي	الحمداني	310
قويقٌ له عهدٌ لدينا وميثاقُ ⋆ وهذي العهودُ والمواثيقُ أطْواقُ	الصنوبريّ	الحمداني	327
قويقُ لقد غصصْتَ بكوزِ ماءٍ ⋆ يَبلُّ الحلقُ منه، بل حُلّيْقُ	الصنوبريّ	الحمداني	329
قويق على الصفراءِ رِكّبَ جسمهُ ⋆ رُباه بهذا شُهَّدٌ وحدائقُهْ	الصنوبريّ	الحمداني	329

البيت	الشاعر	العصر	الصفحة
لا خيرَ في الطيفِ إلا طيفُ مشتاقِ ★ مناضلٌ بين إزعاج وإقلاقِ	الصنوبريّ	الحمداني	336
لك في السفرجلِ منظرٌ تحظى به ★ وتفوزُ منه بشمِّهِ ومذاقِهِ	الصنوبريّ	الحمداني	339
أرى حلبًا حازها صالحٌ ★ وجالَ سنانٌ على جلّقا	أبو العلاء المعرّي	المرداسي	369
والعيسُ تكادُ تذوبُ إذا ★ ذابتْ فتسيلُ معَ العرقِ	ابن أبي حصينة	المرداسي	374
مِلْ بي إلى حلبٍ، أعللُ ناظري ★ فيها غداةَ تحثُّ بي الأشواقُ	أبو القاسم الوزير المغربي	المرداسي	376
أشاقكَ أظعان الخليط المفارقِ ★ وهاجك لمعُ البرق من أرض بارقِ	وجيه الدولة الحمداني	السلجوقي	392
ناجَوْكِ من أقصى الحجازِ وليّتُهُمْ ★ ناجَوْكِ من بين الأحصِّ وبارِقِ	عيسى بن سعدان الحلبي	الزنكي	406
حاديَ العيسِ كمْ تُنيخُ المطايا ★ سُقْ فَروحي من بُعدِهِمْ في سياقِ	ابن سعيد المغربي	الأيوبي	447
حلبٌ واللهِ يكفي ★ شرُّها أرضُ مشقّةْ	ابن الوردي	المملوكي	480
في حلب قاض على مالكٍ ★ قد افترى ما فيه توفيقُ	ابن الوردي	المملوكي	481
وخطَّ فيها كلُّ شخصٍ إذا ★ لاحظتَه تحسبُهُ ينطقُ	السراج المحار	المملوكي	488
من معشرٍ حازوا الفخارَ بسعيهمْ ★ وبَنَى لهُمْ فَلَكَ المَعالي أُرتُقُ	صفيّ الدين الحلّي	المملوكي	499
ذَرْ أيّها الصَّبُّ تَذكارَ الدّيارِ، إذا ★ متعتَ فيها بعيشٍ غيرِ متسقِ	صفيّ الدين الحلّي	المملوكي	499
ضاءت بمنصبه الشهباءُ وهو بها ★ لنصرةِ الحقِ لا وانٍ ولا قلِقِ	ابن القطّان	المملوكي	509
أأرضى حمى الشهباء دارًا وقد علتْ ★ عليها لأبناء اليهود سناجقُ؟	عبد الله بن السفاح	المملوكي	512
وعن حلبٍ قوّضْ خيامي فإنها ★ عليها لأبناء اليهود سناجقُ	برهان الدين الحلبي	المملوكي	513
إلى حلبٍ رمتُ السرى بعدَ بُعدكم ★ فعارضني أيضًا زمان بعائقِ	ابن نباتة المصري	المملوكي	530
لرسومِ الحمى عليه حقوقُ ★ مدمعٌ فائضٌ وقلبٌ خفوقُ	ابن نباتة المصري	المملوكي	531
فيا صائغ اللفظ صوغ الشنوف ★ زهتْ في حلا سوقه النافقِ	ابن نباتة المصري	المملوكي	534
فارقتُ أهلَ مودّتي ★ ولقيتُ أصحابَ الملقْ	حجيج بن قاسم الوحيدي	العثماني	548

البيت	الشاعر	العصر	الصفحة
مدورةٌ على غصنٍ دقيقٍ ★ يحاكي لونها لون العقيقِ	دنيا المارديني	العثماني	549
حيٌّ بالحي جيرةً وفريقا ★ ألفوا الجورَ وارتضوا تفريقا	حسين الجزري	العثماني	554
أيها القاصدُ العواصمَ مِن ★ أكنافِ شهبائنا ذوات النطاقِ	محمد بن عمر العرضي	العثماني	559
وحديقةٍ ينسابُ فيها جدولٌ ★ من حوله تختال غزلانُ النقا	يوسف الحسيني النقيب	العثماني	576
قد أذن الله برفع بيته ★ للذكر بالآصالِ والاشراقِ	شاعر غير معروف	العثماني	650
الثلجُ يسقطُ أمْ لُجينٌ يُسْبَكُ؟ ★ أم ذا حصا الكافورِ ظلَّ يفرّكُ	كشاجم	الحمداني	293
سقى حلبًا سافكٌ دَمْعُهُ ★ بطيءُ الرقوءِ إذا ما سَفَكْ	الصنوبريّ	الحمداني	325
يا ابنَ عبد العزيز لو بكت العيـ ★ ـنُ فتىً مِن أميّةَ لبكيتُكْ	الشريف الرضي	المرداسي	383
انظرْ إلى النهرِ في تطرُّدِه ★ وصفْوِهِ قد وشى على السمكِ	ابن العديم	الأيوبي	445
يا جبل السمّاق سقيا لكا ★ ما فعل الظبي الذي حلّكا	أحمد بن عبد الله بن طاهر	الأيوبي	465
يا غائبين وفي سرّي محلّهُمُ ★ دمُ الفؤادِ بسهمِ البين مسفوكُ	عمر بن إبراهيم الرهاوي	المملوكي	513
فالشام كالحرم المأمون طائره ★ فيه الأماني وفيه البرّ والنسكُ	ابن نباتة المصري	المملوكي	533
أيها الشهم قد ملكت فؤادي ★ بودادٍ ما شيب قط بمَنّكَ	فتح الله البيلوني	العثماني	549
قسمًا بمن جعل الفضائلَ ★ والمعالي حشْوَ بردكْ	ابن النقيب	العثماني	570
هل زهرُ روضٍ أم زواهرُ ★ أنجمٍ أو درُّ عقدِكْ؟	المهمنداري الحلبي المفتي	العثماني	584
لا زلت تكسو بلدةَ الشـ ★ ـهباء بردّ عدالتِكْ	عبد القادر الحسبي	العثماني	605
لقد أوقع الجحاف بالبشْرِ وقعةً ★ إلى الله منها المشتكى والمعوّلُ	الأخطل التغلبي	الأموي	251
قُلْ للسحابِ إذا حدته الشمألُ ★ وسرى بليلٍ ركبهُ المُتحملُ	البحتري	العباسي الأول	268

البيت	الشاعر	العصر	الصفحة
يا علوُإن اعتلال القلبِ ليس لهُ ⋆ آسٍ يُداويه إلاّ خُلّةً تصِلُ	البحتري	العباسي الأول	269
قَد وَفّقَ اللهُ المُوفّقَ لِلّذي ⋆ أَتاهُ وَأَعطى الشامَ ما كانَ يامُلُه	البحتري	العباسي الأول	274
لويكون الحباء حسب الذي ⋆ أنت لدينا به محلّ وأهلُ	طاهر بن محمد الهاشمي	العباسي الأول	277
بأبي أنتَ واللهِ للبِرّ أهْلُ ⋆ والمساعي بَعدُ وسيبُك قبلُ	البحتري	العباسي الأول	277
فكم وكم من ليلةٍ طيبة ⋆ أحييتها في الدير خير محلّ	ابن الزيعي	الحمداني	301
يخوضها الفُراتَ فتىً يُلاقي ⋆ بوجهِ الموتِ في الغمراتِ سُولا	ابن نباتة السعدي	الحمداني	306
نَحبو بني حمدانَ وُدَّكَ بعدما ⋆ حكموا عليكَ حكومةَ المتحامِلِ	ابن نباتة السعدي	الحمداني	306
رأيت بباب داركم كلابًا ⋆ تغذّيها وتطعمها السّخالا	الناشيء الأحصّي	الحمداني	311
حُرَقٌ تَمتري الدُّموعَ سِجالا ⋆ وخَيالٌ يزورُ وَهْنًا، خَيالا	السَّريّ الرَّفّاء	الحمداني	317
للّهِ سيفٌ تمنّى السيفُ شِيمتَه ⋆ ودولةٌ حَسَدَتها نَحْرَها الدُّوَلُ	السَّريّ الرَّفّاء	الحمداني	318
شَديدُ البُعدِ من شرْبِ الشَّمولِ ⋆ تُرُنجُ الهِنْدِ أوْ طَلْعُ النّخيلِ	المتنّبي	الحمداني	348
دعا فسمعت وكم ساكتٍ ⋆ على البعد عندك كالقائلِ	المتنّبي	الحمداني	348
أعْلى المَمالِكِ ما يُبْنى على الأسَلِ ⋆ والطّعْنُ عندَ مُحِبّيهِنّ كالقُبَلِ	المتنّبي	الحمداني	349
مَا لَنَا كُلُّنَا جَوِيا رَسُولُ ⋆ أنَا أهْوَى وَقَلْبُكَ المَتْبُولُ	المتنّبي	الحمداني	351
لياليَّ بعدَ الظاعنين شكولُ ⋆ طِوالٌ، وليلُ العاشقين طويلُ	المتنّبي	الحمداني	352
طَرِبنَ لضوءِ البارق المُتعالي ⋆ ببغدادَ وهنًا ما لَهُنّ وما لي	أبو العلاء المعرّي	المرداسي	366
ليت التحمّل عن ذراكَ حلولُ ⋆ والسير عن حلبٍ إليكَ رحيلُ	أبو العلاء المعرّي	المرداسي	367
أصبحَ الربعُ منْ سميَّةَ خالي ⋆ غيرَ هينٍ وناشطٍ وغوالِ	زائدة بن نعمة بن نعيم	المرداسي	386
فرُعْتَ أمنعَ حصْنٍ وافترعْتَ به ⋆ نعْمَ الحَصَان ضحىً من قبل يعتدلُ	منصور بن تميم بن زنكل	المرداسي	387
مررتُ على قبرٍ تداعتْ رسومُه ⋆ ومنزلُه بين الجوانح آهلُ	أبو طالب الواعظ	السلجوقي	390
يا ليل ما جئتكم زائرًا ⋆ إلا رأيتُ الأرض تُطوى لي	أبو طالب الواعظ	السلجوقي	390

البيت	الشاعر	العصر	الصفحة
كم لي إلى دارك مِن صبوةٍ ٭ أعدّتْ فأبكت لي عذّالي	أبو الحسن علي بن مرشد	السلجوقي	390
خليليَّ هل ماءُ العذيب كعهدهِ ٭ برودٌ؟ وهل ظلُّ الأراك عليلُ	الحسن بن المعلّم	السلجوقي	393
ماذا يريد الهوى مني وقد علقت ٭ إني أنا الأرقم بن الأرقم الدغلِ	عيسى بن سعدان الحلبي	الزنكي	405
يا ديار الشامِ حيّاكِ الحيا ٭ وسقَى ساحتكِ الغيثُ الهمولُ	عيسى بن سعدان الحلبي	الزنكي	406
واستبشرَ القرآنُ حيث نصرتَهُ ٭ وبكى لِفقْدِ رجالِه الإنجيلُ	ابن العظيمي	الزنكي	409
ما بعدَ لُقياكَ للعافينَ من أمَلٍ ٭ ملَكُ الملوكِ وهذي دولةُ الدولِ	ابن الساعاتي	الأيوبي	420
حلبٌ شامةُ الشآمِ وقد زيدتْ ٭ جلالًا بيوسفٍ وجمالا	ابن أبي طيّ النجار	الأيوبي	421
وَهَل تُعذَلُ السُّحبُ المَواطِرُ في الحَيَا ٭ وَقَد طَبَّقَت مِنها التِلاعَ سُيولُ	فتيان الشاغوري	الأيوبي	423
حلبٌ أعظمُ البلادِ جمالًا ٭ وأنخرُها زينةً وجلالا	عز الدين ابن شداد	الأيوبي	425
وإني وإن أخرّت عنكم زيارتي ٭ لعذرٍ، فإني في المودّة أوّلُ	دهن الحصا	الأيوبي	427
يا أيها الملكُ الذي إنعامه ٭ لم يُبق في الدنيا فقيرًا مُرْمِلا	ابن عنّين	الأيوبي	448
لا عادَ في حلبٍ زمانٌ مرَّ لي ٭ ما الصبحُ فيهِ من المساءِ بأمْثَلِ	ابن عنّين	الأيوبي	449
يعزّ علينا أن نرى ربعكم يبْلى ٭ وكانت به آيات حسنكم تُتْلى	الناصر يوسف الثاني	الأيوبي	457
فالناسُ في عصركَ في جنّةٍ ٭ قطوفُها دانيّةٌ مُيَّلُ	سليمان بن بليمان	الأيوبي	462
خطٌّ كمثل السحرِ يخ ٭ تلبُ القلوبَ ويستميلُ	يوسف بن المرصص	الأيوبي	464
أسكان عرشين القصور عليكم ٭ سلامي ما هبّت صبا وقبولُ	أبو الفوارس البزاعي	الأيوبي	469
أيا أرضَ الشمالِ فدَتْكِ نفسي ٭ وأصغر أن أقولَ فداكِ مالي	ابن الوردي	المملوكي	476
أَلؤلؤٌ قد ظلّمْتَ الناس لكن ٭ بقدْرِ طلوعك اتفق النزولُ	ابن الوردي	المملوكي	483
رحلتُ وخلّفتُ الحبيبَ بداره ٭ برغمي ولم أجنحْ إلى غيرهِ ميلا	ابن حجر العسقلاني	المملوكي	489
صبٌّ بأنواعِ الهُمومِ مُوكّلٌ ٭ وأقلّها لا يُستطاعُ فيُحملُ	أبو المحاسن بن نوفل	المملوكي	497

البيت	الشاعر	العصر	الصفحة
قصدنا حماة فلم نلْقَ مَن ★ أردنا، ولم نَرْعَ عهدًا وإلا	صدر الدين النويري	المملوكي	495
ونجم العلا ابن الشحنة الحاكم الذي ★ به حلب الشهباء خضراء تُجتلى	عبيد الله المالكي	المملوكي	495
طبَّتَ الجوُ بالسحاب صباحًا ★ ومُطرنا سحًّا مغيثًا وبيلا	ابن الصاحب	المملوكي	500
تقيٌّ نقيٌّ صالحٌ ذو عدالةٍ ★ نراهُ لدى فصلِ الحكوماتِ فيصلا	رضيّ الدين بن الحنبلي	المملوكي	505
طاب الزمانُ وحلت شمسهُ الحملا ★ وخفَّ ثقلُ الشتا عمنْ له حملا	ابن منصور الأنطاكي	المملوكي	510
سقى زمانًا تقضَّى في رُبا حلبٍ ★ من السحابِ مُلثُّ المُزنِ هطّالُ	ابن النحّاس الحلبي	المملوكي	510
حلبٌ حلتْ، لِمَ لا وقد حلّتْ بها ★ بركاتُ مَن غمرَ الضيوفَ بفضلِهِ	ابن حبيب الحلبي	المملوكي	516
الكلُّ في سَمتٍ بِغَيرِ خَلَلِ ★ لِقُربِ أعمالِ حَلَبٍ والمُوصلِ	أحمد بن ماجد العماني	المملوكي	529
أنا من يحول العاشقون وعشْقَه ★ كندَى بني ريّان ليس يُحوْلُ	ابن نباتة المصري	المملوكي	535
أقام للفضل دولة حسنت ★ ودولة الفضل أفضل الدولِ	مصطفى البابي الحلبي	العثماني	552
أيا ساكني الشَّهباءَ عندي لعهدِكُم ★ قديم ولاءٍ لم يُشَب بمَلالِ	أبو سعيد بن العزّي	العثماني	552
كفاك افتخارًا أيها النجم إن ذا ★ المآثر بدر المجد شمس ضحى العدلِ	حسام زادة الرومي	العثماني	556
أحِـنُّ إلـى شَهْبائنـا وقُوَيقِهـا ★ إذا انْساب منه بالنَّيارِب سَلْسالُ	محمد بن عمر العرضي	العثماني	560
حاناتُ شهبائنا كالمسك قهوتُها ★ بُنّيةٌ ولها بالشرعِ تحليلُ	محمد بن عمر العرضي	العثماني	560
هل من خليلٍ بشَهْبانَا نُخَالِلُهُ ★ وهـل غـزالٌ إذا عُدْنا نُغازِلُهُ	محمد بن عمر العرضي	العثماني	561

البيت	الشاعر	العصر	الصفحة
فيا كعبةَ الأفضال يا منهلَ الندى ★ ويا قاضياً يقضي على الحق في الفضلِ	خالد بن محمد العرضي	العثماني	561
قد بنى جامعًا بلا بدلٍ ★ مَن له دولةٌ من الأزلْ	شمس الدين القمريّ	المملوكي	563
فسرْنا إلى نادٍ رحيبٍ سماؤهُ ★ تريكَ بدورًا مشرقاتٍ كواملا	يوسف البديعي	العثماني	565
سقى المزنُ أقوامًا بوعساء رامةٍ ★ لقد قُطِعتْ بيني وبينهم السُّبْلُ	فتح الله ابن النحاس	العثماني	567
إني أجزْت المصطفى الفتحي بما ★ أرويه عن أشياخ أهل الموصلِ	محمود عبد الله الموصلي	العثماني	569
فما أنت إلا الغيثُ نخصب إن دنا ★ ونجدبُ إمّا همَّ عنا بترحالِ	ابن النقيب	العثماني	569
ولمّا قضى التوديعُ فينا قضاءه ★ وزفّتْ مطايا البينِ رَكْبَ التَرَحُّلِ	نعمة بن توما الحلبي	العثماني	584
فَصالح المولى أمير الموصلِ ★ أَعني حسينًا صاحب القدر العَلي	خليل البصير	العثماني	591
وَبَعْدُ فالعَبْدُ الذليلُ الكَسِلُ ★ المذنبُ العاصي الخؤوف الوَجِلُ	أبو الوفا الرفاعي	العثماني	593
أشرقت في الربوع بعد احتجابٍ ★ فهدتْنا إلى سواء السبيلِ	محمد الوراق	العثماني	596
فزنا بفتح الطائلي ★ للقدسِ والسواحلِ	أمين الجندي	العثماني	597
طولي افتخارًا على كل الديار ففي ★ مغناك يا دارُ شهمٌ حلَّ مفضالُ	عمر الخفاف	العثماني	600
بشرى لطه حيث حا ★ زَ فضائلًا، عقْلًا ونقْلا	عبد الله اليوسفي الحلبي	العثماني	600
هو ذا جمالكُ فاق كلَّ جمالِ ★ فتدلّلي يا ذات كلِّ دلالِ	فرنسيس مرّاش	العثماني	602
ضلّ الفؤادُ بظبي وادِ الضالِ ★ وصبا لكلِّ غزالةٍ وغزالِ	أحمد أفندي العمري	العثماني	603
دعني فما أنا بالحسودِ أبالي ★ حتى يبالي الصخر بالأوعالِ	فرنسيس مرّاش	العثماني	603
زنةُ الكلام لدى وجوبِ مقال ★ قبلَ التكلّمِ من صفاتِ كمالِ	الياس صالح	العثماني	603
رَنا في رَوضةِ الشَهباءِ ظَبيٌ ★ لَهُ في كُلِ جارِحَةٍ عَواملْ	جرمانوس الشمالي	العثماني	610
مَن كمولى الشهباء ربِّ المعالي ★ هو ذا فعلُهُ وهذي الموالي	ميخائيل الصقال	العثماني	612

البيت	الشاعر	العصر	الصفحة
حللتُمْ فؤادي فالهُيامُ بكـم يحلو ⋆ سلبتمُ رُقادي والغرامُ بكـم يعلو	أحمد المجار	العثماني	615
أفْديه لا أفدي سواه جميلا ⋆ أولى المحبّ تعطفًا وجميلا	مريانا مرّاش	العثماني	622
ألا دعْ ذِكْرَ ربّات الحِجالِ ⋆ وفاخرْ بالأفاضلِ والرجالِ	شاعر غير معروف	العثماني	626
أحمدَ الفعلَ جمالٌ في الورى ⋆ أنعشَ الشهباءَ بالماءِ الزلالِ	ابراهيم أفندي الكيالي	العثماني	634
الْزم التقوى تنَلْ كلّ الأملْ ⋆ وبها تنجو إذا حان الأجلْ	شاعر غير معروف	العثماني	649
لم تزل رحمة الإله على مَن ⋆ بالتقى يعمر المساجد فضلا	شاعر غير معروف	العثماني	649
إن الذي ضمَّ هذا الرمْس جوهرةً ⋆ لا زال إشراقها في الكون متّصلا	شاعر غير معروف	العثماني	655
خليلي هبّا طالما قد رقدتما ⋆ أكدكما لا تقضيان كراكما	قسّ بن ساعدة الإيادي	قبل الإسلام	245
كليب لعمري كان أكثر ناصرًا ⋆ وأيسر ذنبًا منك ضرّج بالدّمِ	النابغة الجعدي	صدر الإسلام	247
وما أنا يومَ ديرِ خناصرات ⋆ بمرتدّ الهموم، ولا مليمِ	حاجب بن ذبيان المازني	الأموي	250
حلّوا الرحوب وحلّ العز ساحتهم ⋆ تدعو أمية أو مروان والحكمُ	عمير القطامي	الأموي	251
خيالٌ يعتريني في المنامِ ⋆ لِسكرى اللحظ فاتنة القوامِ	البحتري	العباسي الأول	269
أَحِبِ إِلَينا بِدارِ عَلوَةَ مِن ⋆ بَطياسَ وَالمُشرِفاتِ مِن أَكَمِه	البحتري	العباسي الأول	275
أشِدَّةٌ ما أراه منك أم كرمُ؟ ⋆ تجودُ بالنفس والأرواحُ تُصطلمُ	أبو فراس الحمداني	الحمداني	288
لكم يا بني العباس سيفٌ على العدا ⋆ حسامٌ متى يعرض له الداء يحسم	أبو العباس النامي	الحمداني	295
يا ساكني حلب العواصم ⋆ جادها صوب الغمامةْ	أبو القاسم الواساني	الحمداني	299
ألستَ ترى وشي الربيع المنمنما ⋆ وما رصع الربعيّ فيه ونظما	ابن وكيع التنيسي	الحمداني	303

البيت	الشاعر	العصر	الصفحة
فإن ضاقت عليَّ ديارُ بكرٍ * فما ضاق العراقُ ولا الشآمُ	أبو القاسم الشيظمي	الحمداني	307
وقهوةٍ كشعاعِ الشَّمْسِ صَافِيَةٍ * شربتُها مَعَ شربٍ سادةٍ كَرَمَا	الحسن الشهواجي	الحمداني	310
ومن ظنّ أن الرّزق يأتي بحيلةٍ * فقد كذّبته نفسه، وهو آثمُ	الناشيء الأحصّي	الحمداني	311
ليالينا بأحياءِ الغَميمِ * سُقيتِ ذِهابَ مُذهَبةِ الغُيومِ	السَّريّ الرَّفَّاء	الحمداني	316
وَفاؤُكما كالرَّبْعِ أشْجاهُ طاسمه * بأنْ تُسعِدا والدّمْعُ أشفاهُ ساجِمُهْ	المتنّبي	الحمداني	347
وَاحَرَّ قَلْباهُ ممّنْ قَلْبُهُ شَبِمُ * وَمَنْ بجِسْمي وَحالي عِندَهُ سَقَمُ	المتنّبي	الحمداني	352
عَلى قَدْرِ أهْلِ العَزْمِ تأتي العَزائِمُ * وَتأتي علَى قَدْرِ الكِرامِ المَكارِمُ	المتنّبي	الحمداني	353
كلِّ بطريقِ المغرورِ ساكنُها * بأن دارك قنَّسرون والأجمُ	المتنّبي	الحمداني	354
فتى عشقته البابلية حقبة * فلم يشفها منه برشْفٍ ولا لثمِ	أبو العلاء المعرّي	المرداسي	368
يرومك والجوزاء دون مرامهِ * عدوٌّ يعيب البدر عند تمامه	أبو العلاء المعرّي	المرداسي	368
لاَ ينفعُ الرَّجلَ الذي هوَ حازمٌ * يومًا إذا نزلَ القضاءُ المبرمُ	ابن أبي حصينة	المرداسي	373
سَرَيْنا وهَضْبٌ مِن سَنيرِ أمامَنا * ومِن خلفِنا غُبْرُ القِنانِ التناثِمِ	ابن أبي حصينة	المرداسي	375
أقْدمتَ أمتعَ مقدمٍ وغنمتَ أو * فى مَغنمٍ وقدمتَ أسعدَ مَقدمِ	ابن حيّوس	المرداسي	382
على حلبٍ به حُلبت دماءٌ * وحُكِّمَ فيكمُ الرمحُ الأصمُّ	أبو الحسن الحلبي الفُكيك	المرداسي	385
وقانا لفحةَ الرمضاء وادٍ * سقاه مضاعف الابل العميمِ	أبو نصر المنازي	المرداسي	387
رددتَ على الإسلام شرخَ شبابه * وكادت عليه أن تقام المآتمُ	أبو الفضل الربعي الحلبي	المرداسي	390
يا أخوتي كيف السبيل إليكمُ * لا كان يومٌ بِنْتُ فيهِ عنكمُ	ابن مسعر التنوخي	السلجوقي	395
دونك والشهباء من أمّ القرى * ونارها الأشهب والطود الأشمْ	عيسى بن سعدان الحلبي	الزنكي	407
بعزمك أيها الملك العظيمُ * تذلّ لك الصعاب وتستقيمُ	ابن قسيم الحموي	الزنكي	408
سِرْ بي فلي في السّرب قلبٌ سارَ بي * إثرَ الفريقِ مُقيِّضًا ومُخيّما	ابن سُنَيْنير	الأيوبي	427
نجوبُ الفلا ما بين أشعثَ أغبر * يحنُّ إلى الهادي وأجرد أدهمِ	مزيد الحلي	الأيوبي	436
لما رأيتُ الثلجَ قد * أضحتْ به الأرضُ سما	ابن مماتي	الأيوبي	434
كلّ ما أذكره من طللٍ * أو ربوعٍ أو مغانٍ كلّما	محيي الدين ابن عربي	الأيوبي	440

البيت	الشاعر	العصر	الصفحة
سألزم نفسي الصفحَ عن كل مَن ★ جنى عليَّ وأعفو حسبةً وتكرُّما	ابن العديم	الأيوبي	443
هو الدهرُ ما تبنيهِ كفَّاكَ يُهدمُ ★ وإن رُمتَ إنصافًا لديهِ فتُظلمُ	ابن العديم	الأيوبي	443
ما بلدة بالشام قلبُ اسمها ★ تصحيفه أخرى بأرض العجمِ؟	ابن الفارض	الأيوبي	451
دَعِ البارِقَ العالي لِرَكبٍ مُقَوّضٍ ★ وَخَلِّ الحِمَى الخالي لِحَيٍّ مُخَيِّمِ	الشيباني التلعفري	الأيوبي	454
أتاك العيد مبتسمًا ولولا ★ وجودك لم يكن منه ابتسامُ	ابن الحلاوي	الأيوبي	455
أيا راكبًا يطوي الفلاة بشملةٍ ★ عُذافرةٍ وجناءَ من نسلِ شدقمِ	الناصر يوسف الثاني	الأيوبي	456
لك الله إن شارفت أعلام جوشنٍ ★ ولاحت لك الشهبا وتلك المعالمُ	الناصر يوسف الثاني	الأيوبي	457
لله أيامُ القصورِ ونحن في ★ اللذاتِ في شرفاتها نتنعّمُ	صفي الدين قنابر	الأيوبي	462
مِنّا الَّذي أَصحَبَ المُجتازَ مِن حَلَبٍ ★ إِلى العِراقِ إِلى نَجدٍ إِلى أَدَما	ابن المقرّب العيوني	الأيوبي	466
فهل لاقيتَ في حلبٍ همومًا ★ فتزمع عن نواحيها اهتماما؟	ابن الوردي	المملوكي	477
فلان يا للناس مع جهله ★ وفسقه في حلبٍ يحكمُ	ابن الوردي	المملوكي	481
سقى حلبًا ومن فيها سحابٌ ★ كدمعي حين يهمي بانسجامِ	ابن التيتي الآمدي	المملوكي	489
مُحِبُّكَ نجْلُ الحنبليِّ محمدٌ ★ مقيمٌ على ما كان مِن حبّه قِدْما	رضيّ الدين بن الحنبلي	المملوكي	507
سقى حلبًا سحبٌ من الدمع لم تزلْ ★ تسحّ إذا شحّ الغمام غمائما	ابن النحاس الحلبي	المملوكي	511
أيا ساكني الشهباءِ جادت ربوعكم ★ دموعي إذا ما الغيثُ ضَنَّ غمامهُ	أبو بكر بن أبي الثناء	المملوكي	512
قد جُبِل الجبّول من راحةٍ ★ فليس تعرو ساكنيها همومْ	المهذب العامري الحموي	المملوكي	523
عاشت الآدابُ إذ أحييتَها ★ بنداءٍ بعد موتٍ من قديمْ	علاء الدين الدمشقي	المملوكي	526
الدهرُ قد حسنَتْ بكم أيامُهُ ★ وزها ببيتكم البديع نظامُهُ	ابن مليك الحموي	المملوكي	527
كم تمسّكتُ بممدوحين في ★ حلب رفدهما لي ما عُدمْ	ابن نباتة المصري	المملوكي	534

البيت	الشاعر	العصر	الصفحة
أَعليَّ في حبّ الديارِ ملامُ؟ ⋆ أم هل تذكُّرها عليَّ حرامُ؟	شهاب الدين ابن المرحل	المملوكي	536
أضحى العمادي للمقام مجاورًا ⋆ ومقامه عند الإله عظيمُ	أبو بكر العطار الجلّومي	العثماني	548
في روضةٍ ضحكتْ فيها أزاهرُها ⋆ مُذْ جادَها وابلٌ يهْمِي بمُنْسجِمِ	ابن النقيب	العثماني	569
أنت الذي فقْتَ أسلافًا فما أحدٌ ⋆ من مشبهٍ لهم في العرب والعجمِ	أبو بكر الكوراني	العثماني	581
يا كوكب المجد أنت المفرد العلَمُ ⋆ وأنت مصباحنا إن عمَّت الظُلَمُ	عبد الله العطائي الصحاف	العثماني	582
قلبي يذوب الى المنازلِ والحِمى ⋆ ولريِّ ذاك الحيِّ أضناني الظما	ابراهيم الحكيم الحلبي	العثماني	587
أهلُ الفساد شرُّهم ⋆ في حلب الشهباء دائمْ	عبد الرحمن المؤقت	العثماني	598
يا أيها الوليد العزيز ⋆ عليكَ في الشهبا الإقامةْ	شهيد الدرعزاني	العثماني	598
وإنَّ الفضلَ يعرفه ذووهُ ⋆ به امتاز الكرامُ عن اللئامِ	عبد الغفار الأخرس	العثماني	599
لا خاملًا لا دنيًّا منشئي حلب ⋆ فسلْ وهاك بفضلي يشهد القلمُ	رزق الله حسون	العثماني	601
رعيًا لكم يا ساكني حلبٍ فما ⋆ زلّتْ بكم قدمٌ ولا خنْتم قسمْ	فرنسيس مرّاش	العثماني	601
هِيَ الشَهباءُ في وَجدٍ مُقيمِ ⋆ تراعي رعي راعيها الحكيمِ	جرمانوس الشمالي	العثماني	609
وطريق ابن الرفاعي جدكم ⋆ أحمد مَن كان للقوم إماما	عبد الحميد الرافعي	العثماني	612
لَكَ في المَعالي الآن مَطلَعُ عِزَّةٍ ⋆ وَمِنَ المَفيضِ السَعدِ منبعُ نِعمَةِ	خليل الخوري	العثماني	616
قفْ بالديار وحيِّها ⋆ واسأل معاهدَها الوسيمةْ	قسطاكي الحمصي	العثماني	626
حدِّثْ عن الشهباءِ واطربْ مسمعي ⋆ بمفاخرِ لحديثِها وقديمِ	قسطاكي الحمصي	العثماني	629
منذ ألفي سنةٍ بل ضعفها ⋆ دأبُكم ترديدُ هذا النغَمْ	قسطاكي الحمصي	العثماني	630
يا راحلًا في أمانِ الله والنعمِ ⋆ هلّا حملتَ سلامًا فاحَ كالحزمِ	جرجي الكندرجي الحلبي	العثماني	632
مَن كظامْ دونَه بلْعُ الحصى ⋆ ودغام دونه وقْعُ السهامْ	جرجي الكندرجي الحلبي	العثماني	633

البيت	الشاعر	العصر	الصفحة
بشرًا لشهباء الوجود لأنها ⋆ قد عوّضتْ عن ذلك المرحومِ	نقولا الترك	العثماني	633
في ظلِّ سلطان الزمان مليكنا ⋆ عبدِ الحميد المعتلي بمقامِهِ	كامل الغزّي	العثماني	636
جدارٌ سما حسنًا وجُدّد بعدما ⋆ غدا معطيًا حقَّ الطريق متمّما	كامل الغزّي	العثماني	637
قمريّة الدوح أضحتْ أرضهُ يبسًا ⋆ ومزهرُ الغصنِ أضحى غيرَ مرهومِ	جواد الشبيبي	العثماني	639
أظبيةَ الأنسِ كُفّي عن مداعبتي ⋆ قد أصبحتْ همّتي لحمًا على وضمِ	نقولا النقاش	العثماني	639
تعاظمَ بي ذنبي فلمّا قرنْتُه ⋆ بعفوكِ ربّي كان عفوُكَ أعظما	شاعر غير معروف	العثماني	649
بنى قاسمُ بن المشط أكرمُ ماجدٍ ⋆ ومَن يرتقي العليا به والمكارمُ	شاعر غير معروف	العثماني	651
قد بنى أحمد بن طه محلًا ⋆ لدروس المنطوقِ والمفهومِ	شاعر غير معروف	العثماني	653
وأخلص أحمد في الخير فعلًا ⋆ وظلَّ لكل محمدةٍ يرومُ	شاعر غير معروف	العثماني	654
أَلَا هُبِّي بِصَحْنِكِ فَاصْبَحِينَا ⋆ وَلَا تُبْقِي خُمُوْرَ الأَنْدَرِيْنَا	عمرو بن كلثوم	قبل الإسلام	245
وإنّ كليبًا كان يظلم قومه ⋆ فأدركه مثل الذي تريانِ	عمرو بن الأهتم	قبل الإسلام	246
قد قلت إذ ودعوك الترب وانصرفوا ⋆ لا يبعدنَّ قوام العدل والدينِ	شاعر غير معروف	الأموي	249
ألف المقام بدير رمانينا ⋆ للروض إلفًا والمدام خدينا	الواله	العباسي الأول	262
أأيامي بشاطيء البركتينِ ⋆ سقاك الله نوء المرزمينِ	محمد بن عاصم الموقفي	العباسي الأول	264
أُمْرُرْ عَلى حَلَبٍ ذاتِ البَساتِينِ ⋆ وَالمَنْظَرِ السّهلِ وَالعَيَشِ الأَفَانِينِ	البحتري	العباسي الأول	265
عصبيّتي للشام تضرم لوعتي ⋆ وتزيد في كلفي وفي أشجاني	البحتري	العباسي الأول	265

البيت	الشاعر	العصر	الصفحة
نَظَرتُ وَكَمْ نَظَرتُ فَأَقصَدَتني ★ جُفاءاتُ البُدورِ عَلى الغُصونِ	البحتري	العباسي الأول	274
غدتْ دارُ الأميرِ كما روينا ★ من الأخبار عن حسْنِ الجنانِ	أبو بكر محمد الخالدي	الحمداني	298
زمنُ الورد أظرف الأزمانِ ★ وأوانُ الربيع خيرُ أوانِ	أبو الفرج الببغاء	الحمداني	298
يا من جبالُ الرومِ دونَ لقائهِ ★ وعقابُها ومخاضَتا سَيْحَانِ	شاعر غير معروف	الحمداني	302
لا تبكينَّ خليطَ الدار إذ بانا ★ ولا المعارجَ من دعدٍ وأظعانا	أبو بكر المصيصي	الحمداني	302
جيراننا جارَ الزمانُ عليهم ★ إذا جارَ حكمهم على الجيرانِ	الخليع الشامي	الحمداني	307
يا سائلي عن خبري وسنّي ★ خذْ وصف أيام السرور عنّي	أحمد بن محمد العقيلي	الحمداني	310
يا فتوني بمن رضاه فتوني ★ زِدْ فؤادي من وجده المكنونِ	أبو الحسين الوامق	الحمداني	312
شربنا في بعاذينٍ ★ على تلك الميادين	الصنوبريّ	الحمداني	339
حَجَّبَ ذا البَحرَ بِحارٌ دونَهُ ★ يَذُمُّها النّاسُ وَيَحْمَدونَهُ	المتنّبي	الحمداني	349
بِمَ التَّعَلُّلُ؟ لا أَهْلٌ وَلا وَطَنُ ★ وَلا نَديمٌ وَلا كَأْسٌ وَلا سَكَنُ	المتنّبي	الحمداني	355
علّلاني فإن بيض الأماني ★ فنيتْ والظلام ليس بفانِ	أبو العلاء المعرّي	المرداسي	367
منْ لمْ يساعدهُ الشبيبةُ والغنى ★ أمسى الغواني عنه جدَّ غواني	ابن أبي حصينة	المرداسي	373
رَعى اللّهُ مَن تَيَّمَتهُ العُلى ★ فَهامَ إلى وَصْلِها وافتَتَنْ	ابن سنان الخفاجي	المرداسي	381
أأحبابنا إنْ خلّفَ البينُ بعدَكم ★ قلوبًا ففيها للتفرّق نيرانُ	منصور بن مسلم النحوي	المرداسي	387
لئن تنائيتم عني ولم تَرَكُمْ ★ عيني فأنتم بقلبي بعْدُ سكّانُ	أبو المكارم بن عبد الملك	المرداسي	389
يا دير قزمان كم لي فيكَ مِن وطرٍ ★ قضيتهُ، فسقاكَ اللهُ تهتانا	ابن جناح	السلجوقي	392
يا لبرقٍ كلما لاح على ★ حلبٍ مثّلها نصب عياني	عيسى بن سعدان الحلبي	الزنكي	406
سرى منْ أقاصي الشّامِ يسألني عنَّي ★ خيالٌ إذَا ما رادَ يسلبني منّي	الحسن بن أبي جرادة	الزنكي	410
يا هل سمعتم بدير سمعانِ ★ وما به للعيون من عانِ؟	ابن القيسراني	الزنكي	414
ما زلت أخدع عن دمشق ★ صبابتي بالغوطتينِ	ابن القيسراني	الزنكي	415

البيت	الشاعر	العصر	الصفحة
أحباب قلبي لا تلوموني ⋆ هذا عماد الدين مجنون	شاعر غير معروف	الأيوبي	417
يا ابن أيوب لا برحتَ مدى ⋆ الدهرِ رفيع المكان والسلطانِ	أبو الفضل بن حميد الحلبي	الأيوبي	423
لا مدحَ إلاَّ لمليكِ الزَّمانْ ⋆ مَنِ المنى في بابهِ والأمانْ	علي بن يوسف القفطي	الأيوبي	426
لما رأيتُ الثلجَ قد ⋆ غطّى الوهادَ والقننْ	ابن مماتي	الأيوبي	433
رأيت الثلج عمَّ الأرض حتى ⋆ تساوى الوهد منه بكل سنِّ	ابن أبي الحجاج	الأيوبي	434
يا حادي الأظعان قفْ بِهِنَّهْ ⋆ عساي أحيا بوداعهنَّهْ	بدر الدين بن العارف	الأيوبي	434
لو أنّ قلبَكَ لما قيل قد بانوا ⋆ يومَ النوى صخرةٌ صمّاءُ صوّانُ	الحسن بن أسد الفارقي	الأيوبي	449
نحن بالشام رهن شوقٍ إليكم ⋆ هل لديكم في مصر شوقٌ إلينا؟	التاج الكندي	الأيوبي	451
أيها الساكنون بالشام مِن كندةٍ ⋆ إنّا بعهدكم ما وفينا	ابن الخيمي	الأيوبي	451
يا دير سمعان قل لي أين سمعانُ؟ ⋆ وأين بانوكَ؟ خبّرني متى بانوا؟	أبو الفوارس البزاعي	الأيوبي	467
قد مررنا بالدير دير عمانا ⋆ ووجدناه داثرًا فشجانا	أبو الفوارس البزاعي	الأيوبي	468
دير عمان ودير سابان هجـ ⋆ ـنَ غرامي وزدْن أشجاني	أبو الفوارس البزاعي	الأيوبي	468
عليكَ بصهوةِ الصهباءِ تكفي ⋆ بجوشنها محاربة الزمانِ	ابن الوردي	المملوكي	476
نعوذ بالرحمن من مثلها ⋆ زلزلةٌ أسهرت الأعينا	ابن الوردي	المملوكي	479
يا سادتي رقّوا لرقّةِ نازحٍ ⋆ لفَظَتْهُ أيدي البّعدِ عن أوطانِهِ	عبد الرحمن بن الشحنة	المملوكي	490
يا بينُ بالغتَ في الأشجانِ والمحَنِ ⋆ وجلا فينا بجدٍّ ليس بالحسنِ	بوران بنت الشحنة	المملوكي	492
قل للذين قايسوا شهباءهم ⋆ بجلّق وقد غدت كالجنّةْ	شاعر غير معروف	المملوكي	494

البيت	الشاعر	العصر	الصفحة
بدأنا باسم ربِّ العالمينا ⋆ وثنَّينا بخيرِ المُرسلينا	شهاب الدين العزازيّ	المملوكي	496
لا تعذلوني على جنوني ⋆ وخلّصوني من الحصونِ	عماد الدين أبو زيد تاج	المملوكي	501
بديرِ مارت مروثا ⋆ الشريفِ ذي البيعتينِ	شاعر غير معروف	المملوكي	508
لما أتى نهر الساجور قلت له: ⋆ ماذا التأخُّرُ من حينٍ الى حينِ؟	شرف الدين الحسيني	المملوكي	514
لما أتى نهرُ الساجور قلت له: ⋆ كيف اهتديتَ وما ساقتك أعوانُ	علي الدباغ الخطيب	المملوكي	514
تهنَّ بعيدٍ قد أتاك على يُمْنٍ ⋆ يبشّر بالغفران والعتقِ والأمْنِ	أحمد الأريحاوي	المملوكي	523
لهفي على ركنٍ من الأركانِ ⋆ قاضي القضاةِ وسيّد الأعيانِ	محمد بن عبد الله الأزهري	المملوكي	525
لئن أجريت ذكرى المعادن إنني ⋆ أرى أرضه للعلم والجود معدنا	ابن نباتة المصري	المملوكي	533
هم القومُ إن بانُوا عن العينِ أو بانُوا ⋆ بهم رَبْعُ قلبي آهلٌ حيث ما كانُوا	محمد بن عمر العرضي	العثماني	559
سَلوا الشَّهباء عن فَقْد الحُسينِ ⋆ تُجبكم بالبُكاء وبالأنينِ	سليمان الحفسرجيّ	العثماني	562
وكانت له الأنفاسُ من كل جانبٍ ⋆ إلى أن تسامى منه فضل وعرفانُ	عبد الغني النابلسي	العثماني	562
نحن عفّنا الشهباء شوقًا إليكم ⋆ هل لديكم بالشام شوقًا إلينا؟	عبد الله بن محمد حجازي	العثماني	571
يمّمت من أفق الشهباء منزلةَ الـ ⋆ ـكواكب الزُّهْرِ من ذريّة الحسَنِ	عبد الله مصطفى الزيباري	العثماني	572
هو شامةُ أهل الشام وعُمْ ⋆ ـدة أقيالٍ وأساطينِ	محمد عيّاد	العثماني	576
كل المصائب قد تسلى نوائبها ⋆ إلا التي ليس عنها الدهر سلوانُ	أبو الوفا الرفاعي	العثماني	594
أهكذا تفعل الإسلام في نفرٍ ⋆ المصطفى حبهم من قبل ما كانوا	محمد الحسرفي	العثماني	595
حبّذا خطّ حديدٍ به ⋆ قد أعدنا شأنَ شهبانا	مسعود الكواكبي	العثماني	601

البيت	الشاعر	العصر	الصفحة
سعديك يا حلبُ الجميلةُ فابشري ★ قد عاد مَن يسعى لعمران الوطنْ	جرمانوس الشمالي	العثماني	608
رئيسُ طائفةِ المارونِ في حلبٍ ★ جمٌّ الفضائلِ ذو حلمٍ وتمكينِ	عطا الله المدرّس	العثماني	610
حَيَّا الحيَا حَلَبَ الشَّهباءِ كم نَبَتَت في روضِها الناضرِ الأغصانِ أغصانُ	ناصيف اليازجي	العثماني	615
علوتَ وعينُ الفتح المبينْ ★ دعون الله فكان لك الضمينْ	أحمد أزهري شهيد زادة	العثماني	624
أهلًا وسهلًا بمن تاقت جوانحنا ★ إلى لقاهم فكاد الشوق يضنينا	جرجي الكندرجي	العثماني	632
برؤية عينِ التل قرّتْ عيوننا ★ وزاد ابتهاجُ العينِ في ربوة العينِ	شاعر غير معروف	العثماني	636
باسم الكريم الذي جلّتْ مواهبُه ★ وسعي أصحابِ خيراتٍ وإحسانِ	كامل الغزّي	العثماني	637
انظرْ إلى آثارِ رحمةِ ربنا ★ أحيا المواتَ وعاد بالإحسانِ	بشير الغزّي	العثماني	638
لقد كان محمود المآثر ماجدًا ★ وبابًا لفعل المكرمات ومعدنا	شاعر غير معروف	العثماني	645
حضرة الباشا سميّ المرتضى ★ نسل الوند ملاذ القاصدينْ	شاعر غير معروف	العثماني	645
طلب الغفرانَ من ربٍّ رحيم ★ يوسف في مصره عدل أمينْ	شاعر غير معروف	العثماني	646
جدّد حقًا مخلصًا ★ معبدَنا الزاكي حسنْ	شاعر غير معروف	العثماني	650
أنعِمْ بطيبِ معبدٍ ★ موطّدٍ للمتقينْ	شاعر غير معروف	العثماني	650
مدرسةٌ للمذهبِ النعماني ★ ومسجدٌ لطاعة الرحمنِ	شاعر غير معروف	العثماني	653
ضريح أبي الجود الرفاعيّ نسبةً ★ عبيد الجواد القطْب فرد زمانِهِ	شاعر غير معروف	العثماني	656
كتب السعد على أبوابها ★ ادخلوها بسلام آمنين	شاعر غير معروف	العثماني	657
هذا السبيلُ ومكتبُ الصبيانِ ★ من خير عبد القادر المحسانِ	شاعر غير معروف	العثماني	658
وإذا الربيع تتابعت أنواؤه ★ فسقى خناصرةَ الأحصِّ وزادها	عديّ بن الرقاع العاملي	الأموي	249
سقى ربنا من دير سمعان حفرة ★ بها عمر الخيرات رهن دفينها	كثيّر الخزاعي	الأموي	249
كم في الربيع بساتينًا ومنتزهًا ★ فالنور مختلفٌ والروضُ مشتبهُ	الفضل بن صالح العباسي	العباسي الأول	259

البيت	الشاعر	العصر	الصفحة
رُبَّ غداةٍ للقصفِ في حلبٍ ⋆ يجني ضُحى وردها وسوسنها	البحتري	العباسي الأول	266
يا علوُ علّ الزمان يُعقبنا ⋆ أيام وَصل نظلّ نشكرها	البحتري	العباسي الأول	267
أَرَتْكَ يدُ الغيثِ آثارَها ⋆ وأعلَنَتِ الأرضُ أسرارها	كشاجم	الحمداني	290
وقلعة عانق العيّوق سافلها ⋆ وجاز منطقة الجوزاء عاليها	الخالديّان	الحمداني	297
يا ريمُ قومي الآن ويحكِ فانظري ⋆ ما للربى قد أظهرتْ إعجابَها	الصنوبريّ	الحمداني	319
احبسا العيسَ احْبساها ⋆ وسَلا الدار سَلاها	الصنوبريّ	الحمداني	340
أوْهِ بَدِيلٌ مِنْ قَوْلَتِي وَاهَا ⋆ لِمَنْ نَأَتْ وَالبَدِيلُ ذِكْرَاهَا	المتنبّي	الحمداني	356
يا برقُ طالع من ثنيّةِ جوشنٍ ⋆ حلبًا وحيِّ كريمةً من أهلها	ابن سنان الخفاجي	المرداسي	380
وصبحتَ شهباء العواصم مُصلتًا ⋆ قواضبَ عزمٍ لا يُفَلُّ شهيرها	سعيد بن محمد الحريري	الزنكي	408
أمالكَ رقّي سرّح الطرف غاديًا ⋆ على أهل بطنان سقتها سحابُها	ابن القيسراني	الزنكي	414
من زار قبري فليكنْ موقنًا ⋆ أن الذي ألقاه يلقاهُ	ابن منير الطرابلسي	الزنكي	417
أعطاه رب العالمين دولةً ⋆ عزّة أهل الدين في إعزازها	العماد الأصفهاني	الأيوبي	418
فحبَّذا في حلبٍ مسارحٌ ⋆ للحُسنِ روحُ الروح في عيانِها	ابن المفرج النابلسي	الأيوبي	424
أحبُّ ربىً فيها ربيتُ مكرّمًا ⋆ ويعجبني كثبانها ورمالها	عز الدين ابن شداد	الأيوبي	425
قد قلتُ لما رأيت الثلجَ منبسـطًا ⋆ على الطريق إلى أن ضلّ سالكها	ابن مماتي	الأيوبي	433
وردتْ مبرزّة على أقرانها ⋆ يدعو لسان الشكر عذب لسانها	البهاء السنجاري	الأيوبي	435
كم من رسومٍ ما كدتُ أعرفُها ⋆ أوحش مُحْتَلَّها ومَأْلَفُها	راجح الحلّي	الأيوبي	436
حلبٌ تفوْق بمائها وهوائها ⋆ وبنائها والزُّهْرِ من أبنائها	سعد الدين ابن عربي	الأيوبي	441
مررتُ بجرعاءِ الحمى فتَلَفّتَتْ ⋆ لحاظي إلى الدار التي رحلوا عنها	الناصر يوسف الثاني	الأيوبي	458
اللهَ اللهَ لا تبقوه في حلبٍ ⋆ يا أهلَ مصر، وفينا راقبوا اللهَ	ابن الوردي	المملوكي	481

البيت	الشاعر	العصر	الصفحة
حيا حمى الشهباء حقًا إنها ⋆ مدينةٌ يرتعُ في نعيمها	ابن مشرق الماردیني	المملوكي	490
يا فرقةً فرقوا وعن حلبٍ نأوا ⋆ وتباعدوا لما رأوا زلزالها	ابن حبيب الحلبي	المملوكي	515
ما لليالي تمادي في مساويها ⋆ والدهر كدَّرَ لذّاتي وصافيها	تقي الدين المطلبي	المملوكي	518
هي النفسُ نفسُ الحرِّ للخير سِيستْ ⋆ تقاد جنيب القلب في غزو سيسه	أبو الفضل بن العجمي	المملوكي	521
زلزلتْ الأرضُ بنا زلزالها ⋆ وقال كلّ مَن عليها: ما لها؟	شاعر غير معروف	المملوكي	520
دارٌ لِلَمياءَ كنتُ أعهدها ⋆ يجمع شملَ السرورِ معهدها	أحمد بن محمد الكواكبي	العثماني	547
حلب الشهباء في الأرض علتْ ⋆ سائر الأمصارِ في أقطارها	حسين الجزري	العثماني	554
تَقول لَنا الشَهباءُ وَالدَهرُ نادِبٌ ⋆ وَأُمُّ اللّيَالي إِشتَدَّ صَوتُ نَواحِها	الأمير منجك باشا	العثماني	572
يا حَبَّذا حلبُ المُنِيفةُ إنها ⋆ أرضٌ تناهى حُسنُها وبَهاؤُها	نقولاوس الصائغ	العثماني	573
من سادة شرّفت أقدامهم حلب ⋆ الشهبا فماست على الدنيا بسؤددها	أحمد العصائبي	العثماني	579
سلامٌ على تلك الديار وأهلها ⋆ ديار بعين القلب صرتُ أراها	الأمير الصنعاني	العثماني	588
فقدّرَ الله أن أموتَ غريبًا ⋆ في بلاد أُساقُ كرهًا إليها	رزق الله حسون	العثماني	601
قفوا ساعةً نشمّ رائحة الحمى ⋆ هنا علقتْ روحي وطال هيامُها	فرنسيس مرّاش	العثماني	602
هذا الذي اختبر الغازي درايته ⋆ بالحكمِ حتى على الشهباءِ ولّاهُ	جرمانوس الشمالي	العثماني	607
شهبُ المَعارف قَد تبلَّجَ نورُها ⋆ وَتَلألأتْ في الخافقين بُدُورُها	جرمانوس الشمالي	العثماني	608
شهباء وافتْ من الشهباء ترتعُ في ⋆ بردِ الجمال فكان القلبُ مرعاها	بطرس كرامة	العثماني	614
عرّجا في ربوعها وسلاها ⋆ كيف تسلو متيّمًا ما سلاها	ابراهيم اليازجي	العثماني	631
ضاءت مناقب والينا ملألئة ⋆ واليمن أقبل إذا وافى البشير به	محمد سعيد الغانم	العثماني	635
وبالكلام القديم أرّخ ⋆ قد جاء أن الصلاة تنهى	شاعر غير معروف	العثماني	648
قد بنى مسجدًا ونال ثوابًا ⋆ صافي الأجر ليس بالمتناهي	شاعر غير معروف	العثماني	651
مجدّد هذا المسجدِ النيّر الذي ⋆ بطيلون يدعى بالمهابة والبها	شاعر غير معروف	العثماني	651

البيت	الشاعر	العصر	الصفحة
ما أصعب العيش على بائسٍ ★ معاشه في حلب النحوُ	أبو الحسن التلّعفري	الحمداني	294
شعْبَان قد صَار نضوا ★ وَلم نفد فِيهِ لهوا	عبيد الله بن أبي الجوع	الحمداني	308
يا فرجةً ما مرّ بي مثلها ★ عدمتُ فيها العيشةَ الراضيةْ	ابراهيم بن الحسن البليغ	المرداسي	384
لم تنعش الشهباء عند عثارها ★ لو لم تجدك لطرد حلمك مرْسيا	محيي الدين الشهرزوري	الزنكي	407
حظيتَ من المعالي بالمعاني ★ ولاذ الناس بعدك بالأسامي	ابن منير الطرابلسي	الزنكي	416
وبعت بسنجار قلعة حلب ★ عدمتك من بايع مشتري	شاعر غير معروف	الأيوبي	418
سلْ وميضَ البروق حمل التحيّةْ ★ من محبٍّ أشواقه عذريّةْ	حمدان بن يوسف البابي	الأيوبي	428
للهِ يومٌ مدّ في صدره ★ قويق مقصور جناحيه	محمد الخضري	الأيوبي	450
وأدُ القضاءِ أشدُّ مِن ★ وأدِ البنات عمىً وغيّا	شاعر غير معروف	المملوكي	496
مدارسُ درسهِ اشتاقت إليه ★ وحنّ العلمُ والعلما لديه	حميد الضرير	المملوكي	510
حلبُ معهد الصبا والتصابي ★ فسقاها الرسميّ ثم الوليُّ	محمد الخضر المعري	المملوكي	510
وشيخُنا في حلب المحميّةْ ★ لا زال محروسًا مع الذريّةْ	أبو اللطف المالكي	المملوكي	527
فسقى ديارك غير مفسدها ★ صوبَ الغمامِ وديمة تهمي	محمد بن عبد الله كبريت	العثماني	549
قد زان زينُ الدين ماجد عصْره ★ آثارَ خيرٍ للقيامةِ باقيةْ	أبو الوفا العرضي	العثماني	558
برُوحِي غزالٌ راح يُـتْرِع قهـوةً ★ براحتِه البيْضاءِ تحكِي الغواليَا	محمد بن عمر العرضي	العثماني	560
حيّا الحيا حلب العوا ★ صمِ والقلاع الأعصميّةْ	موسى الرامحمداني	العثماني	564
سَقى عَهدَ الصِبا عَهدُ الوَلِيِّ ★ رَوىً وَحَبا حِماه ذو حَبِيِّ	أبو المعالي الطالوي	العثماني	590
نسيمَ الصُّبح خذْ أزكى تحيَّهْ ★ من النائين عن حلبَ البهيَّةْ	جرمانوس الشمالي	العثماني	606
زرْ من بني الصيّادِ خيرَ وليٍّ ★ من آل أشرفِ مرسلٍ ونبيِّ	مصطفى الأنطاكي	العثماني	612

البيت	الشاعر	العصر	الصفحة
لقد شِيْدَ في الشهبا منارةُ ساعةٍ ⋆ بعصر حميدٍ عن علاه غدتْ تروي	عبد الفتاح الطرابيشي	العثماني	621
قد تركْنا أحبَّ أرضِ الدنيا ⋆ وركبنا الهوادجَ العصريَّةْ	قسطاكي الحمصي	العثماني	630
لله رمْسٌ ضمَّ مولى ماجدًا ⋆ للمرتضى صهر النبي سميًّا	بشير الغزّي	العثماني	638
ربِّ هَبْ لي مكانةً قادريّةْ ⋆ وتقبّلْ ما شدته للبريّةْ	شاعر غير معروف	العثماني	655
أنعمْ بحمامٍ مبانيها زهيّةْ ⋆ وقد ازدهتْ حسنًا معانيها البهيّةْ	شاعر غير معروف	العثماني	658

الفصل السادس

فهارس الموضوعات في مجلّدات الموسوعة

فهرس موضوعات المجلد الأول: (حلب في الشعر القديم)

	الصفحة

الفصل التمهيدي

1 هذا الكتّاب / بقلم: محمد قجّة 1

2 هذه الموسوعة / بقلم: حسن قجّة 6

2-1 منهجية تأليف الموسوعة:

2-1-1 بيانات المجلدات 9

2-1-2 معايير اختيار النصوص الشعرية 9

2-1-3 هيكليّة الكتب 10

2-1-4 المراجع والمصادر 11

2-1-5 مجلّد الفهارس 12

2-1-6 أبرز الشعراء الأعلام في الموسوعة 13

2-2 منهجية تأليف المجلّد الأول:

2-2-1 هيكلية الكتّاب 15

جدول يتضمن بيانات المجلّد بالأرقام 16

جدول يبين التصنيف الزمني للعصور التي شهدتها حلب 17

 | DOI:10.1163/9789004504905_007

فهرس موضوعات المجلد الأول: (حلب في الشعر القديم)

الصفحة

2-2-2 مقدمات الفصول 18

2-2-3 محتوى الفصل الختامي 19

2-2-4 معايير اختيار النصوص 21

الفصل الأول/ مواضيع النصوص: دراسة تحليلية

1- تحليل النصوص والارتباطات الموضوعية 23

2- مواضيع النصوص 27

3- أولاً/ انطباعات الشعراء حول حلب 29

3-1 مديح حلب وإكبارها 29

3-2 وصف أبناء حلب وسكّانها 39

3-3 الفخر بالانتساب إلى حلب 46

3-4 شكوى الفراق والحنين 49

3-5 شهباء العواصم 67

4- ثانياً/ وصف حلب ومزاياها 71

4-1 الطبيعة في حلب 71

4-1-1 بساتين حلب ورياضها 71

4-1-2 شتاء حلب وأمطارها 83

4-1-3 القهوة وجلساؤها 87

4-2 العمارة الحلبيّة 89

4-3 معالم وأماكن في حلب 93

4-3-1 قلعة حلب 93

4-3-2 أبواب حلب 96

فهرس موضوعات المجلد الأول: (حلب في الشعر القديم)

الصفحة

4-3-3 جامع حلب الأموي	100
4-3-4 جوامع في حلب	101
4-3-5 جبل جوشن	103
4-3-6 ضاحية بطياس	108
4-3-7 رياض حلب ومنتزهاتها	111
4-3-8 حيّ بانقوسا	115
4-3-9 حيّ الفردوس	117
4-3-10 أحياء في حلب	118
4-3-11 نهر قويق	120
4-3-12 أديرة في حلب ومحيطها	128
4-4 تأريخ مناسبات	132
5- ثالثاً/ عوامل الصبر والمشقّة	145
5-1 النضال ضدّ الغزاة	145
5-1-1 مدح البطولة ودحْر الغزاة	145
5-1-2 رثاء حلب بعد تخريب الغزاة لها	150
5-2 أهوال الزلازل والأوبئة	152
5-3 رثاء أعلام	156
5-4 شكوى بعض الزائرين	163
6- رابعاً: الربط بعناصر متعلّقة بحلب أو مُناظِرة لها	165
6-1 ذكْر أعلام	165
6-1-1 أعلام الشعر والأدب	167

فهرس موضوعات المجلد الأول: (حلب في الشعر القديم)

	الصفحة
6-1-2 أعلام القيادة والحكْم	171
6-1-3 أعلامٌ من التاريخ العربي	180
6-1-4 رُسُل وأنبياء	182
6-1-5 قبائل عربية	185
6-1-6 أعلام غير عرب	189
6-2 ذكْر مُدن وبلاد وبقاع جغرافية	191
6-2-1 مدن من أعمال حلب	191
6-2-2 مدن شامية وعربية	202
6-2-3 أنهار البلاد	223
6-3 استلهامات مجازيّة	229
6-4 تضمين اقتباسات	235

الفصل الثاني: قبل الإسلام وصدر الإسلام والعصر الأموي

1) حلب في القرن الأول للهجرة		239
2) المناخ الأدبي للعصر		242
3) قصائد العصر		244
امرؤ القيس	رحلة إلى قيصر الروم	244
عمرو بن كلثوم	ذكر بلدات من أعمال حلب	245
قسّ بن ساعدة الإيادي	في قرية روحين	245
كعب بن جعيل	في ذكر منبج	246
عمرو بن الأهتم	في ذكر الأحصّ وشبيث	246
النابغة الجعدي	في الأحصّ وشبيث	247
ابن الأعرابي	في ذكر دابق	247

فهرس موضوعات المجلد الأول: (حلب في الشعر القديم)

		الصفحة
الحارث بن الدؤلي	الوليد وسليمان ودابق	247
زياد بن حنظلة	قبيل فتح حلب	248
الأحـوص	مساكن بني عمرو	248
عكرشة العبسي	رثاء أبنائه	248
عدي بن الرقاع العاملي	ذكر خناصرة	249
كثيّر الخزاعي	رثاء عمر بن عبد العزيز	249
شاعر غير معروف	في ذكر دير سمعان	249
جرير الخطفي	في ذكر الأحصّ	250
حاجب بن ذبيان المازني	في دير خناصرة	250
الأخطل التغلبي	وقعة الجاف	251
الأخطل التغلبي	في ذكر جبل البشْر	251
الصِّمّة القشيري	في جبل البشْر	251
عبيد الله بن قيس الرقيات	ذكر جبل البشْر	251
عمير القُطامي	ذكر عاجنة الرحوب	251

الفصل الثالث: العصر العباسي الأول

1) حلب في العصر العباسي الأول		252
2) المناخ الأدبي للعصر		254
3) قصائد العصر		259
الفضل بن صالح العباسي	وصف الربيع والبهار	259
علي بن الجهم	على رقعة قبل وفاته	259
إسحاق الموصلي	في «حنّة» ابنة القسّ	260
إسحاق الموصلي	في دير إسحاق	260

فهرس موضوعات المجلد الأول: (حلب في الشعر القديم)

		الصفحة
بشار بن برد	إِنَّا مُلُوكٌ لَمْ نزلْ	260
الأصمعي	ذكر بلدات من أعمال حلب	261
صالح الهاشمي الحلبي	مديح «ابن طولون»	261
أبو عبد الرحمن القرشي	في يومٍ ماطر	262
الـوالـه	أحد أديرة جبل سمعان	262
عمران الحلبي	في الشتاء الحلبيّ	263
محمد بن عاصم الموقفي	وصف دير القصير	263
محمد بن عاصم الموقفي	شاطئ البركتين	264
أبو القاسم الزجّاجي	تَفَوُّق الشهباء على سواها	264
صرّدرّ بن صرّبعر	تبتغي حلَبَ الثغورِ	264
الأحنف العكبري	فاصعد إلى حلب	265
البحتري	وصفٌ لطبيعة حلب	265
البحتري	تعلّقٌ برياض حلب	265
البحتري	مناشدة «لعلوة» بالوصال	266
البحتري	رُبَّ غداةٍ للقصفِ في حلبٍ	266
البحتري	شوقٌ إلى «علوة»	266
البحتري	ذكريات قويق و«علوة»	267
البحتري	ذكريات باب قنسرين	267
البحتري	مديح الخليفة المتوكل	268
البحتري	مديح «أبي الحسن الهاشمي»	268
البحتري	اعتلالٌ دواؤه الوصال	269
البحتري	في مديح «المعتز بالله»	269
البحتري	في مديح «الكلابي»	269

فهرس موضوعات المجلد الأول: (حلب في الشعر القديم)

		الصفحة
البحتري	في مخاطبة «الناظر»	270
البحتري	مديح «ابن عبد الوهاب»	270
البحتري	ممازحة أبي عمران الحلبي	271
البحتري	تلفَّتْ إلى الشرق	271
البحتري	هجاء يعقوب الجهبذ	272
البحتري	الفخر بأسرته	272
البحتري	في جوشن وبانقوسا وقويق	273
البحتري	مع «علوة» وبطياس	273
البحتري	بين القصور إلى قويق	274
البحتري	ترحيب بسيما الطويل	274
البحتري	في مدح ابن هارون	274
البحتري	دار عَلْوة	275
البحتري	ضاحية بطياس المترفة	275
البحتري	بطياس في مدح المعتز	275
البحتري	بطياس في مدح المهتدي	276
البحتري	بطياس في مدح ابن دينار	276
البحتري	رسالة لطاهر الهاشمي	277
البحتري	ردٌ على طاهر الهاشمي	277
طاهر بن محمد الهاشمي	أبياتٌ إلى البحتري	277

الفصل الرابع: العصر الحمداني

1) حلب في العصر الحمداني	278
2) المناخ الأدبي للعصر	282
3) قصائد العصر	285

فهرس موضوعات المجلد الأول: (حلب في الشعر القديم)

		الصفحة
أبو فراس الحمداني	سقى ثرى حلبٍ	285
أبو فراس الحمداني	في بيوت بني كلاب	285
أبو فراس الحمداني	ذكر قويق ومنبج	286
أبو فراس الحمداني	حلب عُدَّتي وعِزّي والمَفخَرُ	286
أبو فراس الحمداني	في أسْرِه وشوقه إلى حلب	287
أبو فراس الحمداني	ومعتكفٍ على حَلب	287
أبو فراس الحمداني	غلظة القعود عن الوقائع	288
أبو فراس الحمداني	في تجافي سيف الدولة	288
أبو فراس الحمداني	ذكر أرتاح وجوشن	289
أبو فراس الحمداني	افتخار ببلده وقومه	289
كشاجم	كما أمتعتْ حلبُ جارها	290
كشاجم	تغزّلٌ بنهر قويق	291
كشاجم	ذكر بانقوسا ودير البريج	292
كشاجم	وصف ثلج حلب	293
كشاجم	خطابٌ للصنوبريّ	293
أبو الحسن التلّعفري	بائسٌ معاشه النحو	294
أبو العباس الصفري	مِن مُبْلغٍ حلبَ السلامَ	294
أبو العباس الصفري	سقى أكنافَ مِن حلبٍ	294
أبو العباس الصفري	في ذكر بعاذين	294
أبو العباس النامي	يمدح سيف الدولة	295
أبو العباس النامي	دارة العلا يا بني حمدان	295
الناشئ الأصغر	في وداع سيف الدولة	295
شاعر غير معروف	أنتَ عليٌّ وهذه حلبُ	296

فهرس موضوعات المجلد الأول: (حلب في الشعر القديم)

		الصفحة
الخالديان	قلعة حلب	296
الخالديان	في صفة القلعة	297
أبو بكر الخالدي	بقاعٌ أشرقتْ	297
أبو بكر الخالدي	وصف دار الأمير	298
أبو الفرج الببغاء	وصف الربيع في حلب	298
أبو الفرج الببغاء	وصف مجلس أنس	299
سليمان النصيبي	ناعورة في حلب	299
أبو القاسم الواساني	يا ساكني حلب العواصم	299
أبو القاسم الواساني	استرداد دار وحمّام	300
أبو عبدالله بن مقلة	ألم الذكرى	300
ابن الزيعي	وصف أحد الأديرة	301
ابن أبي العصام	في دير القصير	301
ابن أبي العصام	ذكريات دير القصير	301
أبو عمرو الطرسوسي	في فضل الأنهُر	302
شاعر غير معروف	نهرا جيحان وسيحان	302
أبو بكر المصيصي	في الثغور المنكوبة	302
أبو القاسم الزاهي	في وصف الطبيعة	303
ابن وكيع التينسي	وصف ربيع حلب	303
ابن وكيع التينسي	وصف الروض	304
أبو القاسم بن مبارك	دير قزمان	304
الوأواء الدمشقي	في قَوس قزَح	305
ابن نباتة السعدي	مديح سيف الدولة	305
ابن نباتة السعدي	الفداء بملطية	306

فهرس موضوعات المجلد الأول: (حلب في الشعر القديم)

		الصفحة
ابن نباتة السعدي	مديح عضد الدولة	306
صالح بن مؤنس	في يومٍ شديدِ البرد	306
الخليع الشامي	فراق الجيران	307
أبو الحسن العقيلي	الربيع في حلب	307
أبو القاسم الشيظمي	في رحابة البلاد	307
عبيد الله بن أبي الجوع	دعوةً إلى نزهة	308
أبو حصين بن القاضي	من وداع أخوان	308
أبو السداد الجزري	أيا حلب الغرّاء	309
أبو الصقر الزهري	في دير قنّسرى	309
ابن عبد الرحمن الهاشمي	في دير إسحاق	309
ابن عبد الرحمن الهاشمي	ذكر دير إسحاق	310
الحسن الشهواجي	في جلساء القهوة	310
أحمد بن محمد العقيلي	نهج طردية أبي فراس	310
الناشئ الأحصّي	حادثة أولى مع سيف الدولة	311
الناشئ الأحصّي	حادثة ثانية مع سيف الدولة	311
أبو الحسين الوامق	إلى الأمير «بنجوتكينِ»	312
عبد المحسن الصوري	الغيثُ ما مطرتْ	312
عبد المحسن الصوري	أرى الخطوبَ ثكولاً	312
المنتجب العاني	خِلٌّ منْبتُهُ في حَلَب	313
المنتجب العاني	إذْ دارُنا حُلَبُ	313
حسين بن حمدان الخصيبي	سئمْتُ المُقامَ بنادي حلَب	313
السريّ الرفّاء	مديح سيف الدولة	314
السريّ الرفّاء	اعتذار لسيف الدولة	315

فهرس موضوعات المجلد الأول: (حلب في الشعر القديم)

		الصفحة
السريّ الرفّاء	عمارة سور حلب	315
السريّ الرفّاء	دار ابن الفياض	316
السريّ الرفّاء	وصف السوسن	316
السريّ الرفّاء	مديح سيف الدولة	317
السريّ الرفّاء	وصف حمّام	317
السريّ الرفّاء	وصف روضة	318
السريّ الرفّاء	من وقائع خرشنة	318
الصنوبري	في سحر الطبيعة	319
الصنوبري	في مرابع حلب	319
الصنوبري	درّ السرور في حلب	320
الصنوبري	وصف الربى والرياض	320
الصنوبري	في طريق إلى حلب	321
الصنوبري	حلب بين الفصول	321
الصنوبري	في شهر آذار	322
الصنوبري	بعد يوم ماطر	323
الصنوبري	في طبيعة حلب	323
الصنوبري	ثلج حلب	324
الصنوبري	في صفة حلب	324
الصنوبري	في النرجس	325
الصنوبري	وصف طبيعة حلب	325
الصنوبري	يوم ممطر في حلب	325
الصنوبري	في نهر قويق	326
الصنوبري	على جانبَي قويق	326

فهرس موضوعات المجلد الأول: (حلب في الشعر القديم)

		الصفحة
الصنوبري	عهود قويق	327
الصنوبري	تدفّق مياه قويق	328
الصنوبري	في مدّ قويق	328
الصنوبري	قويق في الربيع	328
الصنوبري	دلبتان في بستان	329
الصنوبري	مداعبة قويق	329
الصنوبري	قويق بين الصيف والشتاء	329
الصنوبري	بكاء الربوع	330
الصنوبري	في حلب والرقة	330
الصنوبري	مرثيّة أولى لابنته ليلى	331
الصنوبري	مرثيّة ثانية لابنته ليلى	332
الصنوبري	مرثيّة ثالثة لابنته ليلى	332
الصنوبري	مرثيّة رابعة لابنته ليلى	332
الصنوبري	مرثيّة خامسة لابنته ليلى	333
الصنوبري	مديح ابن كيغليغ	333
الصنوبري	مدح علي بن سهل	334
الصنوبري	مدح أبي إسحاق السلماني	334
الصنوبري	تشوّق صديق مسافر	335
الصنوبري	مدح أبي الحسين الهاشمي	335
الصنوبري	ليلةً في الناعورة	336
الصنوبري	عتاب صديق	336
الصنوبري	خطاب صديق	336
الصنوبري	هجاء ضيعة	337

فهرس موضوعات المجلد الأول: (حلب في الشعر القديم)

		الصفحة
الصنوبري	ذمُّ حمّام	337
الصنوبري	إلى أبي الحسن العسقلاني	338
الصنوبري	وصف الفستق	338
الصنوبري	وصف السفرجل	339
الصنوبري	في (بعاذينِ)	339
الصنوبري	احبسا العيسَ احْبساها	340
سيف الدولة الحمداني	وصف قوس قزح	344
ابن جنّي	رثاء أبي الطيب المتنبي	344
أبو الطيب المتنبي	استنجاد بمحمد بن طغج	345
أبو الطيب المتنبي	مديح مساور الرومي	346
أبو الطيب المتنبي	مديح المغيث العجلي	346
أبو الطيب المتنبي	أُولى قصائد السيفيّات	347
أبو الطيب المتنبي	في شعراء سيف الدولة	348
أبو الطيب المتنبي	في مجلس سيف الدولة	348
أبو الطيب المتنبي	استنقاذ «أبي وائل»	348
أبو الطيب المتنبي	نصرة «ناصر الدولة»	349
أبو الطيب المتنبي	فيضان قويق	349
أبو الطيب المتنبي	رثاء «خولة»	350
أبو الطيب المتنبي	حَلَبٌ قَصْدُنَا	351
أبو الطيب المتنبي	تذكُّر وشوق	352
أبو الطيب المتنبي	خشية الفراق	353
أبو الطيب المتنبي	معركة الحدث	353
أبو الطيب المتنبي	بناء مرعش	354

فهرس موضوعات المجلد الأول: (حلب في الشعر القديم)

		الصفحة
أبو الطيب المتنبي	آخر قصائد السيفيّات	354
أبو الطيب المتنبي	جواب كتاب سيف الدولة	355
أبو الطيب المتنبي	لا أهْلُ وَلا وَطَنُ	355
أبو الطيب المتنبي	رحيلي كان عن حَلَبٍ غَدرا	356
أبو الطيب المتنبي	ذكرى الأيام في حلب	356

الفصل الخامس: العصر المرداسي والسلجوقي

1) حلب في العصر المرداسي والسلجوقي		358
2) المناخ الأدبي للعصر		363
3) قصائد العصر		365
أبو العلاء المعري	انهضْ طالباً حلباً	366
أبو العلاء المعري	حلبُ جنةُ عدنٍ	366
أبو العلاء المعري	تشوّق حلب من بغداد	366
أبو العلاء المعري	إياك والخمرُ	367
أبو العلاء المعري	مكاتبة أبي إبراهيم الحلبي	367
أبو العلاء المعري	مديح أبي إبراهيم الحلبي	367
أبو العلاء المعري	رثاء أبي إبراهيم الحلبي	368
أبو العلاء المعري	قويق وبقية الأنهر	368
أبو العلاء المعري	في وصف قويق	368
أبو العلاء المعري	حيازة المرداسي لحلب	369
أبو العلاء المعري	حصار المرداسي للمعرة	369
أبو العلاء المعري	في مخطابة للمتصوّفة	370
أبو العلاء المعري	حلَبِيّةٌ في النّسبتينِ	370

فهرس موضوعات المجلد الأول: (حلب في الشعر القديم)

		الصفحة
أبو العلاء المعري	وما أمنتُ زماني	370
أبو العلاء المعري	ذكر كفرطاب وبالس	371
ابن أبي حصينة	مديح أمير حلب	371
ابن أبي حصينة	نقش في داره	372
ابن أبي حصينة	في مديح المرداسيين	372
ابن أبي حصينة	بين الحكمة وحبّ حلب	373
ابن أبي حصينة	في محبّة حلب	373
ابن أبي حصينة	عن العيس	374
ابن أبي حصينة	عن رحلة إلى مصر	374
ابن أبي حصينة	في مديح أحد الأمراء	375
ابن أبي حصينة	في طريق الإياب إلى حلب	375
ابن أبي حصينة	يا عائدين إلى الأوطان	375
أبو القاسم الوزير المغربي	تشوّق حلب وذكرياتها	376
أبو القاسم الوزير المغربي	مِلْ بي إلى حلبٍ	376
أبو القاسم الوزير المغربي	نسـيم الريح من حلب	377
أبو القاسم الوزير المغربي	معالم «بابلّا»	377
أبو القاسم الوزير المغربي	قلبي تنازعه وطناي	377
المفضّل بن سعيد العزيزي	وقود القلعة ليلة الميلاد	378
ابن سنان الخفاجي	حنين إلى مرابع الصبا	378
ابن سنان الخفاجي	مدح ناصر الدولة المرداسي	379
ابن سنان الخفاجي	رسالة إلى نخر الدولة	380
ابن سنان الخفاجي	تشوّق رياض حلب	380
ابن سنان الخفاجي	ذكر جبل جوشن	381

فهرس موضوعات المجلد الأول: (حلب في الشعر القديم)

		الصفحة
ابن سنان الخفاجي	رَعى اللّهُ مَن تيَّمتهُ العُلى	381
ابن حيّوس	مديح عز الدولة المرداسي	382
ابن حيّوس	في مديح بني مرداس	382
ابن حيّوس	مديح مسلم بن قريش	382
ابن حيّوس	في مدِّ قويق	383
أبو الفضل المعري	مدح شبل الدولة المرداسي	383
الشريف الرضي	رثاء عمر بن عبد العزيز	383
الشريف الرضي	ذكر بني حمدان	384
إبراهيم بن الحسن البليغ	منتزها بعادين والعافية	384
إبراهيم بن الحسن البليغ	ذم «أرمانوس» الرومي	385
علي الفُكيك	مدح ناصر الدولة المرداسي	385
حميد بن مالك بن منقذ	مباهج بلدة	385
زائدة بن نعمة	مديح الملك الرضوان	386
زائدة بن نعمة	أطلالُ ربْعٍ خالي	386
أبو بكر أشكهباط	مقام غريبٍ في حلب	386
أبو نصر المنازي	وادي (بطنان)	387
منصور بن تميم بن زنكل	فتح حصنين معاً	387
منصور بن مسلم النحوي	أوجاع مشتاق	387
منصور بن مسلم النحوي	التشافي بعين (أشمونيث)	388
هبة الله بن أحمد	مدح ابي الفضائل المرداسي	388
أبو المكارم بن عبد الملك	عزاءٌ في الاغتراب	388
أبو المكارم بن عبد الملك	خطاب النائين	389
صاعد بن عيسى	مدح حسام الدولة المرداسي	389

فهرس موضوعات المجلد الأول: (حلب في الشعر القديم)

		الصفحة
أبو عبد الله بن عطية	مديح الخليفة القائم بأمر الله	389
أبو الفضل الربعي	مدح عز الدولة المرداسي	390
أبو طالب الواعظ	عند قبر أخيه	390
أبو طالب الواعظ	إلى «أبي الحسن بن مرشد»	390
أبو الحسن بن مرشد	جواب «أبي طالب الواعظ»	390
أبو الفضل القمي	ألب أرسلان ونظام الملك	391
أبو منصور بن بابا الحلبي	مديح الوزير «نظام الملك»	391
أبو محمد الأموي	شكوى غريب	391
ابن جناح	في دير قزمان	392
أبو القاسم بن عبدان	مديح آل مرداس	392
أبو القاسم بن عبدان	إنكم ما سكنتم حلباً	393
الحسن بن المعلّم	تشوّق الديار	393
أبو العلاء الطبراني	في مديح أمير	394
أبو الفتح البالسي	شكوى يوم النوى	394
شاعر غير معروف	مفاضلةٌ بين البلاد	395
أبو الحسن الفرّاء	ذكر الأحباب	395
ابن مسعر التنوخي	فراق الأخوة والديار	395

الفصل السادس: العصر الزنكي والأيوبي

1) حلب في العصر الزنكي والأيوبي 396

2) المناخ الأدبي للعصر 402

3) قصائد العصر 405

عيسى بن سعدان الحلبي	شوقٌ لدار «علوة»	405

فهرس موضوعات المجلد الأول: (حلب في الشعر القديم)

		الصفحة
عيسى بن سعدان الحلبي	يا حبذا التلعات الخضر	405
عيسى بن سعدان الحلبي	نواحي حلب وساحاتها	406
عيسى بن سعدان الحلبي	اشتياقٌ البعيد	406
عيسى بن سعدان الحلبي	على باب الجنان	406
عيسى بن سعدان الحلبي	حثٌّ على تحرير حلب	407
كمال الدين الشهرزوري	إلى ابنه محيي الدين	407
محيي الدين الشهرزوري	خراب داره إثر زلزلة	407
ابن قسيم الحموي	مديح عماد الدين زنكي	408
ابن عساكر	مخاطبة نور الدين زنكي	408
سعيد بن محمد الحريري	إشادة بنور الدين زنكي	408
الحسن بن علي الجويني	فضل حلب والكرخ	409
ابن العظيمي	قبل معركة ساحة الدم	409
ابن العظيمي	بعد معركة ساحة الدم	409
الحسن بن أبي جرادة	إلى أخيه عبد القادر	410
ابن القيسراني	مديح عماد الدين زنكي	410
ابن القيسراني	مديح نور الدين زنكي	411
ابن القيسراني	بطولة نور الدين زنكي	411
ابن القيسراني	في وقعة إنّب	411
ابن القيسراني	في مديح نور الدين	412
ابن القيسراني	ضمّ دمشق إلى مملكة حلب	413
ابن القيسراني	تشوّق حلب من العراق	413
ابن القيسراني	في دير سمعان	414
ابن القيسراني	ذكر بطنان والباب	414

فهرس موضوعات المجلد الأول: (حلب في الشعر القديم)

		الصفحة
ابن القيسراني	ذكر بالس ودير حافر	414
ابن القيسراني	ذكر تادف والنيرب	415
ابن القيسراني	ذكر الأثارب	415
ابن منير الطرابلسي	من أبيات غنائيّة	415
ابن منير الطرابلسي	الظفر بانطاكية	416
ابن منير الطرابلسي	نصر حارم	416
ابن منير الطرابلسي	بعد معركة حارم	416
ابن منير الطرابلسي	ابنٌ مجاهدٌ لأبٍ مجاهد	417
ابن منير الطرابلسي	على قبر الشاعر	417
شاعر غير معروف	في تبادل حلب وسنجار	417
شاعر غير معروف	استنكار لتسليم سنجار	418
محيي الدين بن الزكي	بشرى فتح القدس	418
العماد الأصفهاني	مديح صلاح الدين الأيوبي	418
العماد الأصفهاني	أهل براق حلب	419
ابن سناء الملك	تحرير بلاد الشام	419
ابن الساعاتي	حثٌّ على قصد حلب	420
ابن الفراش الدمشقي	حثّ على تحرير حلب	421
يوسف البزاعي	في استقبال صلاح الدين	421
ابن أبي طي النجار	حلبُ شامةُ الشآم	421
القاضي الفاضل	إمساكَها يُفضي إلى حَلَبِ	422
القاضي الفاضل	ما رُمتُ مِن حَلَبِ	422
القاضي الفاضل	شَوقاً إلى ذاكَ الجَلالِ	422
رمضان بن صاعد	في طريق الملك الناصر	422
ابن حميد الحلبي	شوق حلب لصلاح الدين	423

فهرس موضوعات المجلد الأول: (حلب في الشعر القديم)

		الصفحة
فتيان الشاغوري	في حَلَبٍ رُسلُ المُنى حَلَبُ	423
فتيان الشاغوري	رثاء الملك الظاهر غازي	423
فتيان الشاغوري	عَجَباً لِأَحدَبَ	424
ابن المفرج النابلسي	حبَّذا في حلبٍ مسارحُ	424
عز الدين بن شدّاد	حلب أعظم البلاد	425
عز الدين بن شدّاد	أحبُّ ربىً فيها ربيتُ مكرّماً	425
ابن أبي المنصور	وصف قلعة حلب	425
علي بن يوسف القفطي	مدح الملك الظاهر غازي	426
الحسين بن هبة الله	مدح الملك الظاهر غازي	427
ابن سُنَيْنير	جرّ قناةٍ لرفدِ قويق	427
حمدان بن يوسف البابي	في أيام الظاهر غازي	428
علي التنوخي	نبذ الترحال عن حلب	428
ساطع بن أبي حصين	مديح الملك الظاهر	431
تاج العلى	رثاء الملك الأشرف	432
سالم بن سعادة	إلى الملك الظاهر	432
محمد بن هاشم الخطيب	إن غرّبتْ حلبُ الشآم	433
ابن مماتي	لما رأتْ عيني الثلج	433
ابن مماتي	رأيت الثلج منبسطاً	433
ابن مماتي	الثلج قد غطّى الوهاد	433
ابن مماتي	نثرَ الثلجُ علينا	434
ابن مماتي	لما رأيت الثلج	434
ابن أبي الحجاج	في ثلج حلب	434
ابن العارف	ألمُ المُفارِق	434
البهاء السنجاري	مكاتبة «ابن التابلان»	435

فهرس موضوعات المجلد الأول: (حلب في الشعر القديم)

		الصفحة
مزيد الحلي	اثنينا بركبنا إلى حلب	436
راجح الحلّي	رثاء الأمير أبي الحسن	436
راجح الحلّي	حنين للرسوم والآثار	436
راجح الحلّي	مديح الملك الأشرف	437
راجح الحلّي	مديح الملك الظاهر	437
راجح الحلّي	في مديح الظاهر غازي	438
راجح الحلّي	رثاء الملك الظاهر	438
ابن علوان الأسدي	إنْ بعُدَت الديار	438
ابن علوان الأسدي	إنْ بعُدَ اللقاء	439
تاج الملوك	حنين إلى مصر	439
رشيد الدين النابلسي	وصف قصرٍ أيوبي	439
محيي الدين بن عربي	شرح (ترجمان الأشواق)	440
سعد الدين بن عربي	تفوّق حلبٍ على سواها	441
سعد الدين بن عربي	حلبُ ذات العماد	441
جعفر بن محمود	شكوى النوى عن حلب	441
أبو حفص الشافعي	رسالة إلى فقيه الحرمين	442
جمال الدين بن مطروح	تحية إلى حلب الغراء	442
كمال الدين عمر بن العديم	فخرٌ بالأهل والنسب	443
كمال الدين عمر بن العديم	بكائية لدمار حلب	443
كمال الدين عمر بن العديم	إلى ابنه «مجد الدين»	444
كمال الدين عمر بن العديم	خلوّ الديار من الأحبة	444
كمال الدين عمر بن العديم	وصف نهر قويق	445
كمال الدين عمر بن العديم	في مشقة الوداع	445
عبد الرحمن بن العديم	ربع الصبا	446

فهرس موضوعات المجلد الأول: (حلب في الشعر القديم)

		الصفحة
ابن سعيد المغربي	عرّج على حلبٍ	446
ابن سعيد المغربي	في منتزهات حلب	447
القاسم الواسطي	موطنٌ يستفادُ العزُّ منهُ	447
ابن عنين	مديح الملك الأشرف	448
ابن عنين	مديح «بني أيّوب»	448
ابن عنين	لا عادَ في حلبٍ زمانٌ	449
الحسن بن أسد الفارقي	الجفنُ مِن حلبٍ	449
ابن خروف القرطبي	في طلب فروة	449
محمد الخضري الحلبي	افتتان بطبيعة حلب	450
محمد الخضري الحلبي	في نهر قويق	450
التاج الكندي	رسالة إلى «ابن الخيمي»	451
ابن الخيمي	جواب إلى «التاج الكندي»	451
ابن الفارض	تلغيز في اسم حلب	451
السهروردي	عزمُ الرحيلِ عن الديار	451
عمر بن إسماعيل الفارقي	هروب أسيرٍ من القلعة	452
ابن نفادة	طبيعة يبتغيها أهل كل البلاد	452
شُميم الحلّي	أمنية الإقامة في حلب	452
ابن النبيه	مديح الملك العزيز	452
ابن النبيه	مديح الأشرف موسى	453
الشيباني التلعفري	مديح الملك العزيز	454
أبو الحسن النَصْوري	تشوّق حلب من العراق	454
موفق الدين الكاتب	إن الدواء بعيدُ	455
ركن الدين بن قرطاي	سلامٌ على الحيّ	455
ابن الحلاوي	تهنئة «ابن قراطاي»	455

فهرس موضوعات المجلد الأول: (حلب في الشعر القديم)

		الصفحة
محمد بن حرب الخطيب	لم أرَ كالشهباء في الأرض	456
العرقلة الكلبي	ما أقفرت حلبُ	456
الملك الناصر الأيوبي	تشوّقٌ حلب	456
الملك الناصر الأيوبي	سلامٌ إلى حلب	457
الملك الناصر الأيوبي	تحيات مع السحب	457
الملك الناصر الأيوبي	بكاء الهجر	457
الملك الناصر الأيوبي	أيا ساكني الشهباء	458
الملك الناصر الأيوبي	ألمٌ لتغيّرِ المعالم	458
الملك الناصر الأيوبي	سقى حلبَ الشهباءَ	458
الملك الناصر الأيوبي	تذكّرُ أيامِ (بطياس)	459
كمال الدين بن العجمي	تلك أوطاني ومعهدُ أسرتي	459
كمال الدين بن العجمي	عهد الوفاء مع النوى	459
شرف الدين الأنصاري	مديح الملك الناصر	460
شرف الدين الأنصاري	احتماء بالملك الناصر	461
نور الدين الإسعردي	تهنئة الملك الناصر	461
نور الدين الإسعردي	وصف بستان خصيب	461
ابن قزل المشدّ	ثغور لا يعزّ مناالها	462
سليمان بن بليمان	زمان الملك الناصر	462
صفي الدين قنابر	بلاط الملك الناصر	462
السيف الشطرنجي	رثاء الملك الناصر	462
محمد بن نباتة الفارقي	مديح صلاح الدين الأيوبي	463
ابن دنينير	ولا حلبي قد درّ من حلَبِ	463
يوسف الشوّاء	التمشّي في الجامع الكبير	464
ابن المرصّص	في خطّ «ابن العديم»	464

فهرس موضوعات المجلد الأول: (حلب في الشعر القديم)

		الصفحة
محمد بن حمير الهمداني	جار بني حمدان	464
محمد بن صغير القيسراني	في نهر قويق	465
داوود بن رسلان	كتابة على حائط مسجد	465
أحمد بن عبد الله بن طاهر	في جبل السمّاق	465
أبو محمد بن سنان	ذكر قرية من أعمال حلب	466
شاعر غير معروف	في وصف شتاء حلب	466
ابن خلّكان	ما لي أربٌ سواكَ	466
ابن المقرّب العيوني	أصحَبَ المُجتازَ مِن حَلَب	466
أبو الربيع سليمان الموحدي	فلئِن حَلّتْ بِكُمُ إِبلٌ	467
الأبله البغدادي	سقى حلباً حلبُ المعصرات	467
أبو الفوارس البزاعي	خراب دير سمعان	467
أبو الفوارس البزاعي	في أديرة جبل سمعان	468
أبو الفوارس البزاعي	دير عمان ودير سابان	468
أبو الفوارس البزاعي	في أديرة حلب وقراها	469

الفصل السابع: العصر المملوكي

1) حلب في العصر المملوكي		470
2) المناخ الأدبي للعصر		473
3) قصائد العصر		476
ابن الوردي	أيا أرضَ الشمالِ	476
ابن الوردي	عليك بصهوةِ الصهباءِ	476
ابن الوردي	عتابٌ لمغادرة حلب	477
ابن الوردي	حثٌّ على سكنى حلب	477

فهرس موضوعات المجلد الأول: (حلب في الشعر القديم)

		الصفحة
ابن الوردي	مديح «ابن الزملكاني»	478
ابن الوردي	وصف ثلج حلب	478
ابن الوردي	رثاء «ابن العجمي»	478
ابن الوردي	حسرة على تقلّب الدهر	478
ابن الوردي	في زلزال حلب المدمّر	479
ابن الوردي	وصفٌ للزلزلة	479
ابن الوردي	في وباء الطاعون	479
ابن الوردي	أثر الطاعون	480
ابن الوردي	دعاء لدرء الطاعون	480
ابن الوردي	في نبذ الجور المستبدّ	480
ابن الوردي	قاضٍ فاسد	481
ابن الوردي	قاضٍ ظالم	481
ابن الوردي	قاضٍ جاهل	481
ابن الوردي	والٍ فاسق	481
ابن الوردي	قاضٍ يحب التنقّل	482
ابن الوردي	عن حمَلة النعوش	482
ابن الوردي	كثرة تعاقب الولاة	482
ابن الوردي	عزل حاجبٍ مذموم	482
ابن الوردي	عزل قاضٍ نزيه	483
ابن الوردي	عزل الوالي «لؤلؤ»	483
ابن الوردي	موت الوالي «أرقطاي»	483
ابن الوردي	عزل الأمير «ألطنبغا»	484
ابن الوردي	تنصيب سلطان يافع	484
ابن الوردي	تلغيز في حلب وبلخ	484

فهرس موضوعات المجلد الأول: (حلب في الشعر القديم)

		الصفحة
ابن الوردي	رد على «ابن فضل الله»	484
شهاب الدين بن فضل الله	سيول دمشق وحلب	485
ابن جابر الأندلسي	شأن الغيدِ في حلب	485
ابن جابر الأندلسي	منازل الأحباب في حلب	485
ابن جابر الأندلسي	في العمامة الخضراء	485
أبو جعفر الألبيري	حنين إلى غرناطة	486
ابن العفيف التلمساني	مديح السلطان «قلاوون»	486
ابن العفيف التلمساني	في مديح حلب وأهلها	486
ابن العفيف التلمساني	وَا عَجَبًا وَالدُّمُوعُ في حلَب	487
السراج المحار	حسرة على أيام السرور	487
السراج المحار	في وصف حمّامٍ	488
محاسن الشهاب الحلبي	شوقٌ شديدٌ للقاء حلب	488
ابن حجر العسقلاني	حنينٌ إلى امرأته الحلبية	489
ابن التيتي الآمدي	سقى حلباً ومن فيها	489
ابن التيتي الآمدي	ذكرياتٌ في (بانقوسا)	489
ابن مشرق المارديني	نسيم حلب وأهلها	490
محب الدين بن الشحنة	وهي الشهباء حقاً	490
محب الدين بن الشحنة	ترحيبٌ بحلول قاضٍ	490
عبد الرحمن بن الشحنة	تشوّقٍ نازحٍ بعيد	490
عبد الرحمن بن الشحنة	رثاء «ابن خطيب الناصريّة»	491
عبد الباسط بن الشحنة	رسالة شوقٍ إلى ابن أخته	491
إبراهيم بن الحنبلي	ردٌ على رسالةِ خاله	492
بوران بنت الشحنة	رثاءٌ لأخوين	492
خاطر الحلبي	مديح «ابن الشحنة»	492

فهرس موضوعات المجلد الأول: (حلب في الشعر القديم)

		الصفحة
يوسف الجمالي الحنبلي	كتابة على رفرف إيوان	493
يوسف الجمالي الحنبلي	مخاطبة «الأشرف قايتباي»	493
ابن قصيبة الغزالي	رسالة ميزان الاستقامة	493
ابن قصيبة الغزالي	أفضال «ابن الشحنة»	494
شاعر غير معروف	وصف «ابن الشحنة»	494
ابن الزيرباج	مديح «ابن الشحنة»	494
صدر الدين النويري	بحثٌ عن «ابن الشحنة»	495
شاعر غير معروف	عزل القاضي «السويني»	495
عبيد الله المالكي	مديح «ابن الشحنة»	495
عبيد الله المالكي	أرجوزة إلى «الكمالي»	495
شاعر غير معروف	دفن قاضٍ في القلعة	496
شهاب الدين العزازيّ	مدح الظاهر وابنه السعيد	496
شهاب الدين العزازيّ	مدح الأمير شهاب الدين	497
أبو المحاسن بن نوفل	أملٌ بلقاء حلب	497
ابن الوكيل	مدح «قراسنقر المنصوري»	498
صفيّ الدين الحلي	مدح السلطان «ابن أرتق»	499
صفيّ الدين الحلي	تحفيز على صدّ المغول	499
صفيّ الدين الحلي	مديح السلطان المنصور	499
صفيّ الدين الحلي	مديح السلطان الصالح	500
ابن الصاحب	وصف السحاب والمطر	500
ابن الصاحب	وصف البرق والرعد	500
عماد الدين أبو زيد تاج	مناشدة لعزل قاضٍ	501
شاعر غير معروف	تدمير تيمورلنك لحلب	501
جابر التنوخي	مدح القاضي الشافعي	502

فهرس موضوعات المجلد الأول: (حلب في الشعر القديم)

		الصفحة
ابن الخراط	في آل «السفاح»	502
علي بن العلاء الموصلي	هجاء القاضي المنوفي	503
علي بن العلاء الموصلي	أحجية في «عين تاب»	503
علي بن العلاء الموصلي	تلغيز في الثلج	503
علي بن العلاء الموصلي	مديح القاضي «أبي المحاسن»	503
علي بن العلاء الموصلي	مساجلة مع «السيوفي»	504
بدر الدين السيوفي	مساجلة مع «الموصلي»	504
إبراهيم بن والي	أبيات إلى «ابن الحنبلي»	504
رضيّ الدين بن الحنبلي	جواب «ابن والي»	505
رضيّ الدين بن الحنبلي	رثاء «الشهاب الهندي»	505
رضيّ الدين بن الحنبلي	تأريخ تولّي قاضٍ	505
رضيّ الدين بن الحنبلي	مديح عز الدين الرومي	505
رضيّ الدين بن الحنبلي	وفاة الأميرة كوهر	506
رضيّ الدين بن الحنبلي	مكاتبة مع الكومي التونسي	506
رضيّ الدين بن الحنبلي	رثاء الكومي التونسي	506
رضيّ الدين بن الحنبلي	مديح ابن قطب الدين	507
عمر بن المهاجر	مشقة فراق الوطن	507
عمر بن خليفة بن الزكي	رثاء «الشهاب الهندي»	507
عمر بن خليفة بن الزكي	استقبال «ابن علوان»	507
علي بن محمد العبي	وصف الجلّنار	508
الحسين بن علي التميمي	دير (مار ماروثا)	508
شاعر غير معروف	وصف دير (مار ماروثا)	508
شهاب الدين بن الصوّا	سبقت شهباؤنا كل سابقٍ	509
ابن القطان العشاري	مدح القاضي «الحسفائي»	509

فهرس موضوعات المجلد الأول: (حلب في الشعر القديم)

		الصفحة
علي بن عبد الله البيري	ليلة مقمرة في حلب	509
حميد الضرير	تأبين القاضي أبي الرضا	510
محمد بن الخضر المعري	معهد الصبا والتصابي	510
ابن منصور الأنطاكي	انقضاء الشتاء	510
بهاء الدين بن النحاس	تشوُّق زمان ربا حلب	510
بهاء الدين بن النحاس	تشوُّق أيام الصبا	511
تقي الدين بن حجة	بستان النصيبيّ	511
شهاب الدين أبو الثناء	في أحد البساتين	511
شهاب الدين أبو الثناء	توريةٌ في سفن البحر	512
شرف الدين بن أبي الثناء	رسالة لأخيه «بدر الدين»	512
عبد الله بن السفاح	شكوى من نفوذ اليهود	512
برهان الدين الحلبي	في تعاظم نفوذ اليهود	513
ابن أبي العشائر	حنينٌ إثر اضطرارٍ للسفر	513
عمر بن إبراهيم الرهاوي	شكوى الغياب	513
عمر بن إبراهيم الرهاوي	كتابة على منبر جامع	513
شرف الدين الحسيني	جرّ ماء الساجور إلى قويق	514
علي الدباغ الخطيب	جرّ مياه الساجور	514
شاعر غير معروف	جرّ مياه الساجور	514
شاعر غير معروف	جرّ مياه الساجور	514
شاعر غير معروف	جرّ مياه الساجور	515
ابن حبيب الحلبي	فيضان نهر قويق	515
ابن حبيب الحلبي	جرّ الساجور إلى قويق	515
ابن حبيب الحلبي	الخائفون من الزلازل	515
ابن حبيب الحلبي	ترحيب حلب بضيوفها	516

فهرس موضوعات المجلد الأول: (حلب في الشعر القديم)

		الصفحة
ابن حبيب الحلبي	فتح مدينة (سيس)	516
ابن حبيب الحلبي	في وباء الطاعون	516
ابن حبيب الحلبي	رثاء «عمر الباريني»	517
ابن حبيب الحلبي	المستشفى الأراغوني	517
ابن حبيب الحلبي	تمييز الأشراف	517
لسان الدين بن الشحنة	العمامات الخضراء	517
محمد بن إبراهيم الدمشقي	علامات الأشراف	518
تقي الدين المطلبي	من أهوال الزلزال	518
شاعر غير معروف	زلزلت الأرض زلزالها	520
شاعر غير معروف	زلزلة العقبة	520
شاعر غير معروف	رياحٌ تقوّض الخيام	520
محيي الدين المحيوي	مديح ابن قطب الرومي	520
سليمان بن داود المصري	رسالة إلى «ابن العجمي»	521
أبو الفضل بن العجمي	جواب إلى «ابن داوود»	521
أبو القاسم بن حبيب	في جامع «ألطنبغا»	521
شهاب الدين البُردي	أَنِخْ في ذرى الشهباء	522
شهاب الدين الحسيني	مديح كاتِبَيْ السرّ	522
إبراهيم بن الشهاب محمود	رسالة شوق إلى أبيه	522
الحسين بن سليمان الطائي	وصف الهلال	522
المهذب العامري الحموي	واحة (الجبّول)	523
أحمد بن موسى الأريحاوي	تهنئة بالعيد	523
ابن نوفل الحلبي	أمالَ الورى طُرّاً إلى حلب	523
كمال الدين التادفي	شوقٌ بعد بَيْن	523
كمال الدين التادفي	رجاء باجتماع الشمل	524

فهرس موضوعات المجلد الأول: (حلب في الشعر القديم)

		الصفحة
شهاب الدين الوادي آشي	مديح «ابن الزملكاني»	524
شمس الدين الدمشقي	ترحيب بابن الزملكاني	525
محمد بن عبد الله الأزهري	استعجال جائزته	525
محمد بن عبد الله الأزهري	أبطأ عليه جائزته	525
محمد بن عبد الله الأزهري	رثاء ابن الشحنة	525
علاء الدين الدمشقي الحنفي	وداع ابن الشحنة	526
علاء الدين الدمشقي الحنفي	نزهة على شاطيء قويق	526
شهاب الدين المرعشي	وصف ضفة قويق	526
أحمد بن بكر سراج الدين	رثاء الشهاب المرعشي	527
أبو اللطف محمد المالكي	لوامع تنوير المقام	527
أبو بكر بن الترجمان	ناعورة على نهر قويق	527
ابن مليك الحموي	مديح القاضي المالكيّ	527
برهان الدين بن زقاعة	رثاء على ضريح	528
سراج الدين الوراق	مديح ملك مصر	528
أحمد بن ماجد العماني	الأرجوزة السبعية	529
شاعر غير معروف	رثاء شهاب الدين الأذرعي	529
ابن نباتة المصري	إلى حلبٍ رمت السرى	530
ابن نباتة المصري	في صفة قاضٍ	530
ابن نباتة المصري	في الشريف أبي الركب	530
ابن نباتة المصري	رثاء القاضي «السبكي»	531
ابن نباتة المصري	جوابٌ لصفي الدين الحلّي	531
ابن نباتة المصري	مديحٌ وحنين للصبا	532
ابن نباتة المصري	مدح الصاحب شرف الدين	532
ابن نباتة المصري	قاضي القضاة «محمد»	532

فهرس موضوعات المجلد الأول: (حلب في الشعر القديم)

		الصفحة
ابن نباتة المصري	قصيدة بيدمريّة	533
ابن نباتة المصري	مديح الملك المؤيد	533
ابن نباتة المصري	كاتبًا سرّ حلب	534
ابن نباتة المصري	مديح «ابن الشهاب محمود»	534
ابن نباتة المصري	مديح «شمس الدين الصايغ»	534
ابن نباتة المصري	مديح «ابن ريّان»	535
ابن نباتة المصري	مديح «سيف الدين»	535
ابن نباتة المصري	حيّتْ حمى حلب أنفاسُ غاديةٍ	535
شهاب الدين بن المرحل	على رقعة قبل وفاته	536
شاعر غير معروف	في تنظيم البريد	536
شاعر غير معروف	من أرجوزة الفراسة	536

الفصل الثامن: العصر العثماني

1) حلب في العصر العثماني		537
2) المناخ الأدبي للعصر		541
3) قصائد القرون 16-17-18 ميلادية		545
سرور بن سنين	وصفٌ لمنتزهات حلب	545
سرور بن سنين	مديح الشيخ «العُرضي»	546
سرور بن سنين	ترحيب بالشيخ «الكواكبي»	547
أحمد بن محمد الكواكبي	بياض قلعة حلب	547
أحمد بن محمد الكواكبي	وصفٌ وشوقٌ لأحد الدُوْر	547
حجيج بن قاسم الوحيدي	وداع الشهباء إلى البيت الحرام	548
أبو بكر العطار الجلّومي	رثاء الشيخ «العمادي»	548

فهرس موضوعات المجلد الأول: (حلب في الشعر القديم)

		الصفحة
أحمد العناياتي	تأريخ وفاة شيخ السلطانية	548
فتح الله البيلوني	شكوى العيون	549
دنيا بنت أبي بكر الماراديني	وصف شقائق النعمان	549
كبريت	حلب وجنّة الخلد	549
كبريت	سقى ديارك	549
كبريت	طاب لنا المقام	550
مصطفى البابي	تشوُّق من القسطنطينية	550
مصطفى البابي	حالُ الفاقدِ حلباً	551
مصطفى البابي	مديح ابن الحسام القاضي	551
مصطفى البابي	في القاضي ابن الحسام	552
مصطفى البابي	في ذكر حلب و«الباب»	552
أبو سعيد بن العزّي	مواطن ذكريات حلب	552
حسين الجزري	مديح الشيخ «أبي الوفا»	553
حسين الجزري	مديح الشيخ «نعمة»	554
حسين الجزري	حلبٌ علَتْ سائرَ الأمصار	554
حسين الجزري	وازدانت علا حلبُ	554
حسين الجزري	ما درَتْ حلبٌ ما درَّ	554
حسين الجزري	في مديح «ابن أبي اليُمْن»	555
حسين الجزري	في مديح الوزير «مصطفى»	555
شهاب الدين الخفاجي	كلها أسماء	555
شهاب الدين الخفاجي	رسالة «للنجم الحلفاوي»	556
نجم الدين الحلفاوي	إجابة لرسالة «الخفاجي»	556
شاعر غير معروف	مدح الحلبيين و«الحلفاوي»	556
حسام زادة الرومي	في خطاب «الحلفاوي»	556

فهرس موضوعات المجلد الأول: (حلب في الشعر القديم)

		الصفحة
علي بن عنبر الحلوي	أمنية رحلة إلى حلب	557
علي بن الأوجلي	رسالة للشيخ «العُرضي»	557
علي بن الأوجلي	مديح الشيخ «العُرضي»	557
أبو بكر الحنفي	تأريخٌ لميلاد نجل «العُرْضي»	558
أبو الوفا العُرْضي	الجامع الأموي الكبير	558
أبو الوفا العُرْضي	مدح الشهباء و«الخفاجي»	558
محمد بن عمر العُرْضي	مكاتبةٌ من بلاد الروم	559
محمد بن عمر العُرْضي	تشوّقٌ حارق للشهباء	559
محمد بن عمر العُرْضي	حنين إلى الشهباء وقويقها	560
محمد بن عمر العُرْضي	وصف القهوة	560
محمد بن عمر العُرْضي	في مقاهي حلب وحاناتها	560
محمد بن عمر العُرْضي	افتقاد الخلّان	561
خالد بن محمد العُرْضي	في مديح قاضٍ حلبي	561
خالد بن محمد العُرْضي	مديح أحد قضاة حلب	561
زين العابدين البكري	في مديح «الكواكبي»	562
سليمان الحفسرجيّ	في وداع الشيخ «الحسين»	562
عبد الغني النابلسي	رثاء «طه زادة»	562
شمس الدين القمريّ	بناء جامع الخسروية	563
أسعد البتروني	من مكاتبة إلى «الرامحمداني»	563
موسى الرامحمداني	جواب لمكاتبة «البتروني»	563
موسى الرامحمداني	حلب فاقت على الدنيا	564
موسى الرامحمداني	يا دير سمعان	564
يوسف البديعي	في منزل «النجم الحلفاوي»	565
يوسف الأنصاري	وصف نهر قويق	565

فهرس موضوعات المجلد الأول: (حلب في الشعر القديم)

		الصفحة
عبد الرحمن العابدي	في مديح «الأمين المحبي»	565
محمد القاسمي	يا جيرتنا في حلب الشهباء	566
محمد القاسمي	في الوداع والنوى	566
محمد القاسمي	البين عن الديار والأحباب	566
فتح الله ابن النحاس	حلب ودار الاغتراب	566
فتح الله ابن النحاس	ذكرى الصبا في حلب	567
فتح الله ابن النحاس	في كثرة الأسفار	567
فتح الله ابن النحاس	وصف الربيع	568
فتح الله ابن النحاس	الشوق يلحّ	568
محمود بن عبد الله الموصلي	في «أبي الوفا العُرْضي»	569
ابن النقيب	وداع صديق يغادر حلب	569
ابن النقيب	مديح قاضي قضلة حلب	569
ابن النقيب	من مكاتبة إلى «الرامحمداني»	570
الأمين المحبّي	في مديح «الكواكبي»	570
الأمين المحبّي	رسالة إلى «عبدالله حجازي»	571
عبد الله بن محمد حجازي	جواب لرسالة «المحبّي»	571
مصطفى الزيباري	رسالة إلى «عبدالله حجازي»	572
عبد الله الزيباري	تهنئة في عيد الأضحى	572
الأمير منجك باشا	تَقول لَنا الشَهباءُ	572
الأمير منجك باشا	صَبا مِن حَلَبْ	573
نيقولاوس الصائغ	يا حَبَّذا حلبُ المُنِيفةُ	573
إلياس يوسف إدّه	مديح أحد أبناء الشهباء	574
شاعر مجهول	استقبال الشيخ السويدي	574
شاعر مجهول	مديح سنان باشا	575

فهرس موضوعات المجلد الأول: (حلب في الشعر القديم)

		الصفحة
أحمد الوراق الحلبي	مديح «عمر الرفاعي»	575
قاسم البكرجي	مدح القاضي «حسين الوهبي»	575
سليمان بن خالد النحوي	وصف روضةٍ من رياض حلب	576
محمد عيّاد	رثاء «محمد الترمانيني»	576
يوسف الحسيني النقيب	سكنى باب الفرج	576
يوسف الحسيني النقيب	في وصف حديقة حلبيّة	576
حسن التفتنازي	مديح «أبي السعود الكواكبي»	577
شاعر غير معروف	في بردِ خريفِ حلب	577
ابن بيري البتروني	وصف الكواكب والسماء	577
ابن بيري البتروني	وصف قوس قزح	577
ابن بيري البتروني	وصف البرق والسحاب	578
عبد الرحمن البتروني	إهداء صديق في صدر كتّاب	578
نور الدين الحسيني	أفضال الشهباء	578
أحمد العصائبي	تهنئة قاض بمنصبه	579
أحمد العصائبي	تهنئة «الكواكبي»	579
عمر اللبقي	شهباء العواصم	579
عمر اللبقي	زلزال حلب	580
أبو بكر الكوراني	ديار الحيّ في الشهباء	580
أبو بكر الكوراني	جواب على رسالة صديق	581
عبد الله العطائي الصحاف	رثاء صديق	581
عبد الله العطائي الصحاف	دارٌ قرب مرقد «النسيميّ»	581
عبد الله العطائي الصحاف	دار «حسن الكواكبي»	582
عبد الله العطائي الصحاف	تهنئةٌ بالشفاء من المرض	582
محمد عبد الله الميقاتي	تأريخ إنشاء مدرسة	582

فهرس موضوعات المجلد الأول: (حلب في الشعر القديم)

		الصفحة
محمد بن علي الجمالي	مديح نقيب أشراف حلب	582
محمد بن علي الجمالي	في صاحب المدرسة الأحمدية	583
علي الدباغ الميقاتي	موشحة في أدباء حلب	583
علي الدباغ الميقاتي	أبياتٌ على صمدية الضريح	583
نعمة بن توما الحلبي	في وداع الشهباء	584
المهمنداري الحلبي المفتي	رسالة إلى «الأمين المحبي»	584
جرمانوس فرحات	ذكر حلب في مكاتبة أخيه	584
جرمانوس فرحات	روضة في سفح نهر حلب	585
جرمانوس فرحات	رثاء «إرسانيوس»	586
يحيى العقاد الحلبي	في جامع البهرمية	586
إبراهيم الحكيم الحلبي	وصف رياض الشهباء	586
إبراهيم الحكيم الحلبي	مني السلام عليكِ	587
إبراهيم الحكيم الحلبي	سقياكِ يا حلب الفريدة	588
الأمير الصنعاني	سلامٌ على تلك الديار	588
الأمير الصنعاني	عن إمامِ علمٍ وأدب	589
أبو المعالي الطالوي	عن إمامِ علمٍ وأدب	590
فتح الله القادري الموصلي	أرجوزة «ملحمة الموصل»	590
خليل البصير	الحدباء وَالشّهباءِ	591

4) قصائد القرن 19 ومطلع العشرين:

محمد الصابوني	عن ضريح الشيخ الرفاعي	591
عبد الحميد العمري	زيارة «الرفاعي» إلى بغداد	592
محمد آغا الميري	إلى «أبي الوفا الرفاعي»	592
سعيد القدسي	رثاء «أبو الوفا الرفاعي»	592

فهرس موضوعات المجلد الأول: (حلب في الشعر القديم)

		الصفحة
أبو الوفا الرفاعي	من منظومة أولياء حلب	593
أبو الوفا الرفاعي	فتنة جامع الأطروش	594
محمد أفندي الحسرفي	فتنة الأشراف واليكيجارية	595
فاضل الإسطنبولي	فتنة جامع الأطروش	595
محمد الوراق	في مديح «جميل باشا»	596
يوسف الدادة	وصف حَبّة حلب	596
نصر الله الطرابلسي	وداع قنصلٍ غادر حلب	596
أمين الجندي	انحَلَّ عقد الظالمين	597
المفتي فتح الله	مديح إمام فاضل	597
المفتي فتح الله	عُجْ بِالسَّواحِلِ	597
محمد بن عيسى آل خليفة	بنو تغلب	598
عبد الرحمن المؤقت	آغوات الانكشارية	598
شهيد الدرعزاني	نصيحة للإقامة في حلب	598
عبد الغفار الأخرس	مديح أحد الولاة	599
أحمد فارس الشدياق	في مديح أحد فضلاء حلب	599
عمر الخفاف	في دار المفتي «الجابري»	600
عبد الله اليوسفي الحلبي	رثاء «طه مهنا»	600
أوغسطين عازار	تهنئة «بولس الحكيم»	600
مسعود الكواكبي	وصول خط الحديد إلى حلب	601
رزق الله حسّون	فخرٌ بالنشأة الحلبية	601
رزق الله حسّون	خشية الموت في الغربة	601
فرنسيس المرَّاش	رعياً لكم يا ساكني حلب	601
فرنسيس المرَّاش	ذكريات الصبا في حلب	602
فرنسيس المرَّاش	للوالي «جودة باشا»	602

فهرس موضوعات المجلد الأول: (حلب في الشعر القديم)

		الصفحة
فرنسيس المرَّاش	لمزيد من الارتقاء لحلب	602
أحمد العمري	جواب على قصيدة «المرّاش»	603
فرنسيس المرَّاش	جوابٌ دريّ للفضول العمريّ	603
إلياس صالح	في مساجلة المراش والعمري	603
جبرائيل الدلال	شوق إلى حلب من باريس	604
جبرائيل الدلال	رسالة إلى فرنسيس المراش	604
جبرائيل الدلال	ثَرَى الحبيبة	605
عبد القادر الحسبي	تهنئة لوزير في حلب	605
عبد القادر الحسبي	تهنئة «هبة الله الأفندي»	606
هبة الله الأفندي	جواب على تهنئة «الحسبي»	606
جرمانوس الشمالي	من النائين عن حلبَ البهيَّةْ	606
جرمانوس الشمالي	صاحب الدولة «حسن باشا»	607
جرمانوس الشمالي	في والي حلب «حسن باشا»	608
جرمانوس الشمالي	في والي حلب «عثمان باشا»	608
جرمانوس الشمالي	تشييد مدرسة للمعارف	608
جرمانوس الشمالي	تهنئة «بولس الحكيم»	609
جرمانوس الشمالي	تهنئة «جرجس شلحت»	609
جرمانوس الشمالي	كتابة على أبواب المقابر	610
جرمانوس الشمالي	ترحيب بزيارة صديق	610
جرمانوس الشمالي	رَسْمي لأني غائبُ	610
جرمانوس الشمالي	في زفافٍ حلبيّ	610
عطاء الله المدرّس	رسالة للمطران «الشمالي»	610
عطاء الله المدرّس	مرآة المجلة	611
صدّيق الجابري	تأريخ مرآة المجلة	611

فهرس موضوعات المجلد الأول: (حلب في الشعر القديم)

		الصفحة
مصطفى الأنطاكي	رثاء «حسن الصيادي»	612
ميخائيل الصقال	في تولّي «جميل باشا»	612
ميخائيل الصقال	عَلَمٌ سَمَا	612
عبد الحميد الرافعي	مديح أبي الهدى الصيادي	612
صالح التميمي	برق مجتاز على حلب	613
عمر الأنسي	سَقى حَلب الشَهباء	613
محمد الديري	في مدرسة الفردوس	614
بطرس كرامة	شهباء وافت	614
أحمد الحجّار	حَلَلْتُمْ فؤادي	615
ناصيف اليازجي	كنز العلوم	615
ناصيف اليازجي	حيّا الحيا حلب الشهباء	616
خليل الخوري	مطْلَعُ عزّةٍ	616
خليل الخوري	تَهلَّلَ فيكَ الشَرقُ	616
أبو الهدى الصيادي	ثار بنا الوجد	617
أبو الهدى الصيادي	في الشهباء قِبلة مهجتي	617
أبو الهدى الصيادي	باب أهل الله في حلبِ	617
أبو الهدى الصيادي	نناجيكُم يا ساكني حلب	618
أبو الهدى الصيادي	علّلِ القلبَ بذكْرِ العربِ	618
أبو الهدى الصيادي	رعى الله أطلالاً بشهبائنا	619
عبد الرحمن السويدي	الشوق لم تحصه الأوراق	621
عبد الفتاح الطرابيشي	ساعة باب الفرج	621
عبد الفتاح الطرابيشي	تأريخ بناء ساعة باب الفرج	621
أحمد بن الشهيد	ساعة باب الفرج	622
أحمد بن الشهيد	مديح الوالي «جميل باشا»	622

فهرس موضوعات المجلد الأول: (حلب في الشعر القديم)

		الصفحة
مريانا المرّاش	تهنئة «حسين جميل باشا»	622
مريانا المرّاش	تهنئة القنصل الروسي	623
مريانا المرّاش	ترحيب بالقاضي الأمين	623
عبد المسيح أنطاكي	صدور مجلة «الشذور»	623
عبد المسيح أنطاكي	الوالي «حسن حقي باشا»	624
عبد المسيح أنطاكي	الوالي «محمد رائف باشا»	624
عبد المسيح أنطاكي	بشراكِ شهباءَ الحِمى	624
أحمد أزهري شهيد زادة	المستشار «جمال باشا»	624
سيد شهاب أفندي	صدور جريدة «الفرات»	625
محمد طاهر العياشي	صدور جريدة «الفرات»	625
جرجس شلحت	صدور مجلة «الورقاء»	625
شاعر غير معروف	تدشين جسر عفرين	626
قسطاكي الحمصي	قف بالديار وحيّها	626
قسطاكي الحمصي	قصدية (الحلبيّة)	628
قسطاكي الحمصي	وصفٌ وشوقٌ للشهباء	628
قسطاكي الحمصي	حدِّثْ عن الشهباء	629
قسطاكي الحمصي	مباركة جمعية العاديّات	629
قسطاكي الحمصي	رحلة قطار من حلب	630
قسطاكي الحمصي	الفرار من برد حلب	630
قسطاكي الحمصي	موشح (ميلاد الربيع)	630
إبراهيم اليازجي	بيتان على تمثال	631
إبراهيم اليازجي	عرّجا في ربوعها وسلاها	631
فكتور خياط	تقريظ كتاب (منهل الوارد)	631
جرجي الكندرجي الحلبي	في وداع قسطاكي الحمصي	632

فهرس موضوعات المجلد الأول: (حلب في الشعر القديم)

		الصفحة
جرجي الكندرجي الحلبي	حنين إلى حلب من باريس	632
جرجي الكندرجي الحلبي	شكوى أوجاع الغربة	633
نقولا الترك	تولّي المطران «مكسيموس»	633
عطاء الله الصادقي	رسالة تلغيز في اسم	633
إبراهيم الكيالي	جرّ مياه عين التل إلى حلب	634
إبراهيم الكيالي	تأريخ جرّ مياه «عين التل»	634
أحمد شهيد الترمانيني	مدح «عبد الرحمن المدرّس»	634
محمد بن شيخان السالمي	في مديح أحد الأمراء	635
محمد سعيد الغانم	تهنئة «نخري باشا»	635
السيدة حصلب	تهنئة «جعفر باشا»	635
شاعر غير معروف	رؤية عين التلّ	636
كامل الغزي	افتتاح مشروع جرّ المياه	636
كامل الغزي	على قبلية حجازية الجامع	636
كامل الغزي	كتابة على رفرف قبّة الجامع	637
كامل الغزي	كتابة في مسجد «نور الدين»	637
كامل الغزي	إعادة بناء مئذنة	637
كامل الغزي	تجديد جامع الحدادين	637
بشير الغزي	كتابة في مسجد «البختي»	638
بشير الغزي	تاريخ وفاة والي	638
بشير الغزي	ليلة في قرية كفر أنطوان	638
جواد الشبيبي	قمريّة الدوح	639
نقولا النقاش	ظبية الأنْس	639
حسن بن علي قجّة	حلبُ بيتي، حلبُ بلدي	640
جعفر الحلي	شَكَتْ خُيولكَ	641

فهرس موضوعات المجلد الأول: (حلب في الشعر القديم)

		الصفحة
شاعر غير معروف	إنْ وصلتَ إلى حَلَبْ	641
محمد عثمان جلال	حِكايةٌ عَن ثَعلب	641

الفصل التاسع: على صفحات الحجر

مقدمة الفصل 643

الباب الجنوبي للجامع الأموي 645

الباب الشمالي للجامع الأموي 645

ترخيم الجامع الأموي 646

جامع الكيزواني 646

جامع أبي يحيى الكواكبي 647

قبلية جامع الكريمية 647

جامع بانقوسا 647

منبر جامع تغري بردي 648

منبر جامع الأميري 648

قبلية جامع الأميري 648

دهليز جامع التوبة 649

قبلية جامع التوبة 649

قبر في جامع بربك 649

قبلية جامع بردبك 650

باب جامع بردبك 650

مسجد الأربعين 650

مسجد قسطل المشط 651

المسجد العمري 651

فهرس موضوعات المجلد الأول: (حلب في الشعر القديم)

الصفحة

مسجد طيلون 651

مسجد النبي 652

المدرسة السيافية 652

باب قبلية المدرسة الأحمدية 653

باب مدخل المدرسة الأحمدية 653

إيوان المدرسة الظاهرية 654

المدرسة الخسروية 654

المدرسة الحلوية 654

باب الزاوية الهلالية 655

ضريح في الزاوية الهلالية 655

باب التكية الإخلاصية 655

باب زاوية الكيالي 656

ضريح في زاوية الكيالي 656

نافذة قاعة العرش 657

باب قاعة العرش 657

باب دار الحديث 657

حمام الصالحية 658

مشهد الأنصاري 658

سبيل قسطل الحجارين 658

قصر بميدان حلب 659

الفصل العاشر: قصائد مترجمة من لغات أخرى

مقدمة الفصل 660

قائمة بشعراء الفصل 663

فهرس موضوعات المجلد الأول: (حلب في الشعر القديم)

		الصفحة
جلال الدين الرومي	حلب	664
سعدي الشيرازي	روضة الورد/باب2/حكاية 31	665
سعدي الشيرازي	روضة الورد/باب3/حكاية 1	666
سعدي الشيرازي	روضة الورد/باب3/حكاية 23	667
نور الدين الجامي	في الزجاج الحلبيّ	668
ويليام شكسبير	عطيل (الفصل 1/ المشهد 3)	669
ويليام شكسبير	مكبث (الفصل 5/ المشهد 2)	670
نابي يوسف	حلب منزل الإلهام	671
نابي يوسف	ما أكثر أشعار العرب	672
كريستوف مارتن فيلاند	أوبيرون/ XXVI	673
ألفونس دي لامارتين	إلى سيدة في حديقة حلب	674
ريتشارد هاريس براهام	المنطاد	676
بنجامين هال كينيدي	زلزال في حلب	677
والت وايتمان	تحية إلى العالم	678
روبرت براونينغ	خبرة الطبيب العربي كارشيش	679
جيمس إيلوري فليكر	بوّابات دمشق	680
كلينتون سكولارد	أناشيد عاشق سوري/ VIII	682

الفصل الختامي

معجم تراجم الشعراء 683

نبذة عن مؤلفي الكتاب 749

المراجع والمصادر 751

1- الدواوين الشعرية 751

فهرس موضوعات المجلد الأول: (حلب في الشعر القديم)

الصفحة

2- كتب التاريخ والدراسات والنقد	753
3- مراجع الأعلام والتراجم	763
4- الكتب المترجمة	766
5- الجرائد	766
6- المجلات	767
7- الكتب الأجنبية	769
8- الدوريّات الأجنبية	770
فهرس القوافي	772
الفصل التمهيدي باللغة الانكليزية	

فهرس موضوعات المجلد الثاني: (حلب في الشعر المعاصر والحديث)

الصفحة

الفصل التمهيدي

1- هذا الكتاب	1
2- منهجية التأليف والتحرير	1
هيكلية الكتاب	1
جدول يتضمن بيانات المجلّد بالأرقام	2
محتويات الفصل الختامي	3
معايير اختيار النصوص	3
تصنيفات المراجع والمصادر وأعدادها	5
3- حول شعراء الكتاب	6
أعداد الشعراء وفقاً لبلادهم	6
أبرز الشعراء الأعلام في الكتاب	7
4- الحياة الأدبية والفكرية المعاصرة في حلب	9
4-1 حلب في القرن العشرين	9
4-2 من انطباعات زوّار حلب في القرن 20	13
4-3 الدور الريادي الأدبي لمدينة حلب	17
5- تطوّر المجالات الفنّية في حلب خلال القرن العشرين	24
5-1 المسرح	24
5-2 الفن التشكيلي	25
5-3 الموسيقى والغناء	26
5-4 السينما	28

فهرس موضوعات المجلد الثاني: (حلب في الشعر المعاصر والحديث)

الصفحة

6- أبرز الكتّاب الباحثين في حلب 28
7- الحركة الشعرية المعاصرة في حلب 30

الفصل الأول/ مواضيع النصوص: دراسة تحليلية

تحليل النصوص والارتباطات الموضوعية 34
مواضيع النصوص 35

أولاً/ حول تاريخ حلب وعراقتها: 36
1- الإشادة بتاريخ حلب العريق 36
2- استحضار رموز التاريخ القديم والميثولوجيا 45
3- الفخر بالانتساب إلى حلب 48

ثانياً/ انطباعات الشعراء حول حلب: 59
4- بين حلب والشعر 59
5- مديح حلب وإكبارها 62
6- وصف أبناء حلب 78
7- استلهامات مجازيّة 87

ثالثاً/ بين حلب وأبنائها: 90
8- شكوى الفراق والحنين 90
9- التعدّدية والتآخي 103
10- النضال الوطني 108
11- مناسبات حلبيّة 112
11-1 مناسبات استقبال وترحيب 112
11-2 مناسبات تكريم شخصية واعتبارية 113

فهرس موضوعات المجلد الثاني: (حلب في الشعر المعاصر والحديث)

	الصفحة

11-3 احتفال بمؤسسات ثقافية وتربوية	114
12- احتفالية حلب عاصمة الثقافة الإسلامية 2006	116
رابعاً/ وصف حلب وفضائلها:	120
13- الأدب والعلم	121
14- الفنّ والعمارة	128
15- الموسيقى والطرب	135
16- الطبيعة في حلب	143
17- المطبخ الحلبي	147
18- أسواق حلب	149
19- معالم وأماكن في حلب	152
19-1 قلعة حلب	152
19-2 أبواب حلب	162
19-3 نهر قويق	167
19-4 أحياء حلب القديمة	170
19-5 أحياء حلب الحديثة	173
19-6 أماكن أخرى في حلب	175
خامساً: الربط بعناصر متعلّقة بحلب أو مُناظِرة لها	177
20- استحضار أعلام	177
20-1 المتنبي	179
20-2 أبو فراس الحمداني	188
20-3 البحتري	192

فهرس موضوعات المجلد الثاني: (حلب في الشعر المعاصر والحديث)

الصفحة

20-4 المعرّي	194
20-5 الصنوبري	195
20-6 شعراء آخرون	196
20-7 أعلام التصوّف	197
20-8 مؤرخون وكتّاب	200
20-9 سيف الدولة الحمداني	203
20-10 قادة وحكّام	217
20-11 أنبياء	217
20-12 أعلام التاريخ القديم	221
20-13 اعلام حلبيّون معاصرون في الفكر والأدب	222
20-14 أعلام حلبيّون معاصرون في النضال الوطني	226
20-15 أعلام حلبيّون معاصرون في الموسيقى والطرب	229
20-16 أعلام معاصرون عرب وعالميون	231
21- ذكْر مُدن وبلاد أخرى:	232
21-1 مدن سورية	232
21-2 مدن عربية	237
21-3 مدن عالمية	249
21-4 أنهار البلاد	254
22- تضمين اقتباسات	257
22-1 من قصائد «المتنبّي»	258

فهرس موضوعات المجلد الثاني: (حلب في الشعر المعاصر والحديث)

	الصفحة
22-2 من قصائد شعراء قدامى	264
22-3 من نصوص أدبية نثرية	268
22-4 من قصائد شعراء معاصرين	269
22-5 من موشحات وقدود حلبيّة	271

الفصل الثاني: قصائد النصف الأول من القرن العشرين

بشارة الخوري	المتنبي والشهباء	276
بشارة الخوري	شهباءُ يا ولَهَ الزمان	279
جبران خليل جبران	في رثاء أديب حلبيّ	279
جبران خليل جبران	في تهنئة أسقف حلبيّ	280
جبران خليل جبران	جاءت المنجة البديعة	280
جبران خليل جبران	نجمان مع الشعر	281
جبران خليل جبران	في مناجاة شاعر	281
جبران خليل جبران	دَيْن هذا الجميل كيف يؤدى	282
عمر أبو ريشة	سيف الدولة	282
عمر أبو ريشة	هذه أمّتي	283
عمر أبو ريشة	بلادي	284
عمر أبو ريشة	قيود	285
عمر أبو ريشة	المتنبي شاعر الحكمة	286
عمر أبو ريشة	زاروا بلادي	286
عمر أبو ريشة	الروضة الجائعة	287
شارل خوري	خذْ كتّاباً يلُهيكَ عن كلّ هَمّ	288
بدوي الجبل	الشهيد	289
بدوي الجبل	آلام	289

فهرس موضوعات المجلد الثاني: (حلب في الشعر المعاصر والحديث)

		الصفحة
بدوي الجبل	البلبل الغريب	290
بدوي الجبل	وفاء القبور	291
بدوي الجبل	إن تهتف الشام	291
خليل مطران	حلب وأهلها	292
نصر سمعان	وهزيج الشهباء	293
إيليا أبو ماضي	إلى الفاتح	294
إيليا أبو ماضي	كمنجة «الشَوَّا»	294
معروف الرصافي	إلى أمير الكمنجة	295
معروف الرصافي	في طريقي إلى حلب	296
معروف الرصافي	اليتيم في العيد	297
معروف الرصافي	أبو الطيب	297
معروف الرصافي	سياسة لا حماسة	298
معروف الرصافي	في موقف الأسى	298
فوزي الرفاعي	إيْهِ شهباء	299
أحمد شوقي	في فتاةٍ حلبيّة	299
أحمد شوقي	كم في الفتح من عجب	300
أديب التقي	إلى الملك فيصل	300
شاعر غير معروف	يا فيصلاً	301
شاعر غير معروف	شاهدتُ الشمس	301
أسعد خليل داغر	لم يفِ الاتحاديون إذ حكموا	302
أحمد خوجة	ترحيب بالمفوّض السامي	302
مصطفى الكيالي	إلى زائرٍ للجامع الأموي	303
جورجي خياط	تهنئة رئيس الدولة	303
يوسف فضل الله سلامة	امتنانٌ لتكريم الحلبيين	303

فهرس موضوعات المجلد الثاني: (حلب في الشعر المعاصر والحديث)

		الصفحة
جرجي شاهين عطية	ترحيب بأسقف	304
قسطندي داود	ترحيب بالبطريرك	304
أسعد طراد	في مديح «ناصيف اليازجي»	305
إبراهيم ناجي	إلى «سامي الكيالي»	305
محمد مهدي الجواهري	إلى الشباب السوري	306
محمد مهدي الجواهري	الشاعر الجبار	307
بتراكي الخياط	نشيد الشهباء	307
بتراكي الخياط	مصرع الظلم	308
بتراكي الخياط	يوم العيد	309
شبلي الملاط	لو الشهباءُ داري	309
زكي قنصل	ناجيتُ طيفكِ	310
زكي قنصل	حلبٌ بدعةُ العصورِ	311
إلياس قنصل	المتنبي وسيف الدولة	311
رشيد أيوب	حنين	312
سليمان الظاهر	في ذكرى المتنبي	312
شكيب أرسلان	بين مشتَبِكِ الأغصان	313
شكيب أرسلان	حتّامَ تجذبني القُدود	313
خليل مردم بك	ذكرت حيناً من الدهر	314
وديع ديب	الشهباءُ دارةُ الشهبِ	314
محمد خير الدين إسبير	يا بلدةَ الشَّهباء	315
نيفون سابا	يا سيفَ الدولة	315
إبراهيم الأسود	إذا ذكروا الشهباء	316
إبراهيم الأسود	أحنّ الى الشهباء كل ساعة	317
إبراهيم الأسود	إلى «اسكندر»	317

فهرس موضوعات المجلد الثاني: (حلب في الشعر المعاصر والحديث)

		الصفحة
إبراهيم الأسود	إلى «سلمى»	317
إبراهيم الأسود	ضريح نسيب باشا	318
قيصر المعلوف	سلام على هذي المعالم	318
حافظ إبراهيم	يُرْغِي ويُزْبِدُ	319
شفيق جبري	فارس العرب	319
شفيق جبري	إبراهيم هنانو	320
خليل هنداوي	في قلعة حلب	321
علي محمود طه	يوم الملتقى	321
صالح المارعي الحلبي	الجمال الخالد	322
أحمد عز الدين البيانوني	كم قضينا في حماكم	323
جميل بطرس حلوة	نادي الإخاء الحلبي	323
محمود حسن إسماعيل	من مرج عبقر	324
حليم دموس	إلى الشاعر عمر أبو ريشة	324
عادل الغضبان	نُثِرَتْ على جَنَبَاتِكِ الشُّهُبُ	325
عادل الغضبان	رجعتُ إلى الشهباء	325
عادل الغضبان	ذكرى البحتري	326
عادل الغضبان	أديبكِ يا شهباءُ	326
عادل الغضبان	الفستق الغيران	327
محمد علي الحوماني	حلب الشهباء واليمن	327
بدر الدين الحامد	كل شعرِ يفنى وشِعرُكَ باقٍ	328
جميل صدقي الزهاوي	في ألفيّة المتنبي	328
أنور إمام	شهباء في ذروة التاريخ	329
أحمد الصافي النجفي	في رثاء «هنانو»	330
محمد جميل العقاد	حلب دار الأدب	330

فهرس موضوعات المجلد الثاني: (حلب في الشعر المعاصر والحديث)

		الصفحة
مصطفى الماحي	حلب موطن الكرام	331
عمر أبو قوس	في يوم الجلاء	331
عمر أبو قوس	رسالة حب من الشهباء	332
محمد عبد الغني حسن	في تكريم فتح الله الصقال	332
هند هارون	رأيت في حلب بارقةً	333
طاهر النعسان	في وداع عمر أبو ريشة	333
باسيل الفرّاء	يا زائراً شهباءنا	334
سامي الكيالي	مناجاة الشرق	334
ممدوح مولود	الأرض أرضي	334
محمد راغب الطباخ	تقديم كتاب «إعلام النبلاء»	335
عبد الله عتر	أخو العلم	335
مفدي زكريا	من قمم الأوراس	335
محمد عارف الرفاعي	خيالي عند قومي	336
محمد عارف الرفاعي	يَدان	336
إلياس فرحات	يا بني الشهباء	337
إلياس فرحات	في معركة حطين	337

الفصل الثالث: النصف الثاني من القرن العشرين (قصائد الشعر العمودي)

سليمان العيسى	إلى مدينتي الخالدة	338
سليمان العيسى	إلى ثانوية المأمون بحلب	339
سليمان العيسى	في مهرجان الكواكبي	340
سليمان العيسى	على الصخرة	340
سليمان العيسى	الطريق والمعري	341
سليمان العيسى	تحية للمطران كبّوجي	342

فهرس موضوعات المجلد الثاني: (حلب في الشعر المعاصر والحديث)

		الصفحة
سليمان العيسى	رسالة إلى صدقي إسماعيل	342
سليمان العيسى	في مهرجان المتنبي ببغداد	343
عبد الله يوركي حلاق	جثم الجلال على رباها	343
عبد الله يوركي حلاق	إني حننتُ إلى الشهباء	344
عبد الله يوركي حلاق	عصير الحرمان	345
عبد الله يوركي حلاق	فتاة الشهباء	345
عبد الله يوركي حلاق	في تأبين سامي الكيالي	346
عبد الله يوركي حلاق	وثبة قلب	347
عبد الله يوركي حلاق	شهباء يا ذات الدلال	347
عبد الله يوركي حلاق	مطايا الشوق	348
عبد الله يوركي حلاق	حننتُ إلى رُبى الشهباء	348
عبد الله يوركي حلاق	عيد الفداء	349
عبد الله يوركي حلاق	ذكرى حلب	349
عبد الله يوركي حلاق	منبت الأبطال	350
جلال قضيماتي	ربّة الخصب	350
جلال قضيماتي	شراع اليقين	352
جلال قضيماتي	في البدءِ كنتِ	353
زكي المحاسني	الشاعر في صورة بطل	354
محمود غنيم	في ذكرى «الكواكبي»	355
حنا الطباع	شهباءُ طابَ لي السمرُ	356
أحمد علي حسن	حلبٌ ومن أسمائها الشهباءُ	357
محيي الدين الحاج عيسى	حلب أرض الكرامة	359
محيي الدين الحاج عيسى	الدار داري	359
محمد الحريري	تحية إلى المطران «كبوجي»	360

فهرس موضوعات المجلد الثاني: (حلب في الشعر المعاصر والحديث)

		الصفحة
داود تركي	مطران العروبة	361
عدنان النحوي	لوحةٌ من صفد	361
محمد منلا غزّيل	سبعٌ خِصاب	362
نزار الكيالي	حنين إلى الشام	363
نزار الكيالي	رؤى	364
علي الناصر	أمي حكايتي	364
علي الزيبق	وطني	365
علي الزيبق	أهلي	365
محمد كمال	الشهباء الفاتنة	366
محمد كمال	تحيّة	367
محمد كمال	شاعر الغربتين	367
عائشة الدباغ	شهباءُ يا واحةً غنّاءَ	368
عائشة الدباغ	شابةٌ في الخامسة والسبعين	368
قدري مايو	إلى حبيبتي حلب مع الاعتذار	369
قدري مايو	ذكرى ثانوية (المأمون)	370
نبيل سالم	حلب وذكريات ثانوية المأمون	370
محمد خطيب عيّان	في ذكرى (المأمون)	371
سعد زغلول الكواكبي	نضال (المأمون)	372
مصطفى ضمامة اللولو	تكريم مربّي (المأمون)	372
فاضل ضياء الدين	طيوف على شاشة الذكريات	372
أنطوان شعراوي	في سما الشهباءِ	373
أنطوان شعراوي	لغة الجدود	373
عبد الرحيم الحصني	حلب في ذكرى أبي فراس	373
حسن السوسي	حلبيّة	375

فهرس موضوعات المجلد الثاني: (حلب في الشعر المعاصر والحديث)

		الصفحة
فواز جحو	في رحاب سيف الدولة	376
زهير أحمد المزوِّق	الهوى حلب	377
لطفي الياسيني	بطاقة حب إلى الشهباء	377
عبد العليم الرحمون	إلا من رأى حلبا	378
ظريف صباغ	صُبّي المُدام	379
ماجد الملاذي	أحبُّكِ.. ولكن	380
عدنان مردم بك	أبو عبادة البحتري	381
نجم الدين الصالح	في إحدى ليالي الشهباء	382
جميل حداد	صدى الحنين	382
محمد سعيد نحرو	إلى حلبٍ تحياتي	383
محمد سعيد نحرو	يا حلب الأماني	383
محمد سعيد نحرو	باب المقام	384
محمد سعيد نحرو	على تاج الزمان	384
عمر بهاء الدين الأميري	أب	385
وجيه البارودي	دارها الشهباء	385
علي الأحمد	حلب الشباب	386
هاشم ضاي	الدرة العصماء في الشهباء	386
محمد محمود الحسين	إليك يا شهباء	387
أبو الهدى فؤاد الأسعد	قبل الشروق	387
صالح سروجي	إلى أهلي في حلب	388
أحمد البراء الأميري	حنين إلى الشهباء	388
سحر كيلاني	شهباءُ حيّاكِ الغمام	389
محمد مضر سخيطة	شهباء يا أرج التاريخ	390
محمد مضر سخيطة	حلب موطني ودياري	390

فهرس موضوعات المجلد الثاني: (حلب في الشعر المعاصر والحديث)

		الصفحة
أنور خليل	من وحي المهرجان	391
مصطفى التل (عرار)	ما قهوة البن بصافية	391
جورج شدياق	نأيتُ عن وطني	392
جورج شدياق	حروفي في هوى وطني	392
جورج شدياق	تهنئة فنانٍ حلبيّ مهجريّ	392
محمد ضياء الدين الصابوني	إنما العلم والآداب في حلب	393
محمد نديم خديجة	المعلقة الحلبيّة	393
محمد نديم خديجة	جَلَّ مَن سوَّى مناحيها	394
محمد نديم خديجة	حمّام «يلبغا الناصري»	395
عبد الله البردوني	وردة من دم المتنبي	395
محمد جواد الغبان	تحية إلى المتنبي الخالد	396
أجود مجبل	نقوش على حقيبة المتنبِّي	396
مصطفى الشليح	أبو الطيب المتنبِّي	397
صلاح داود	حمم الصمت	397
حمد خليفة أبو شهاب	العروبة بالإسلام عزتها	398
صلاح الكبيسي	عندما يموت المعتصم	399
أكرم جميل قنبس	مَقْتَلُ صَفُّورِّية	399
عبد الرحمن بارود	أطلق يدي	400
حسن السبتي	يا مدلج السير	400
علي الجارم	حنين طائر	401
المتوكل طه	قصيدة القدس	401
جوزيف ريّال	بين الثلج والقلب	402
فاروق جويدة	وسافر فارس العشق	402
عبد الفتاح قلعه جي	بعضُ العشقِ تخليدُ	403

فهرس موضوعات المجلد الثاني: (حلب في الشعر المعاصر والحديث)

		الصفحة
محمد خليفة بن حاضر	تيهي بسحركِ	403
صباح الدين كريدي	جنة الأمل	404
منصور الرحباني	يا حلب البهيّة	404
عبد الرحمن السماعيل	الشهباء والشهب	405

الفصل الرابع: النصف الثاني من القرن العشرين (قصائد التفعيلة والشعر النثري)

خير الدين الأسدي	للذكريات	406
خير الدين الأسدي	رفع المقال	407
خير الدين الأسدي	سورة الفناء	408
صباح الدين كريدي	أغنيةٌ على أرصفة حلب	409
نزار قباني	كل دروب الحب إلى حلب	410
نزار قباني	من مفكّرةِ عاشقٍ دمشقيّ	412
نزار قباني	حبٌّ بلا حدود	412
أدونيس	أمس المكان الآن	413
أدونيس	طلّسمات	425
أدونيس	أبواب	428
محمود درويش	من روميّات أبي فراس	433
محمود درويش	رحلة المتنبي إلى مصر	434
محمود درويش	مديح الظلّ العالي	436
محمود درويش	رَبّ الأيائلَ يا أبي.. رَبّها	437
محمود درويش	مِن فضّة الموت	438
محمود مفلح	رسالة إلى محمود درويش	439
سميح القاسم	الجواد العربي	440
سميح القاسم	أصوات من مدن بعيدة	441

فهرس موضوعات المجلد الثاني: (حلب في الشعر المعاصر والحديث)

		الصفحة
سليمان العيسى	وأنتِ في حلب	442
حسين علي محمد	أغنية خضراء إلى حلب	445
فاروق شوشة	أصوات من تاريخ قديم	446
توفيق اليازجي	غربة	447
مصطفى النجار	قدود حلبية جديدة: القلعة	448
مصطفى النجار	قدود حلبية جديدة: قويق	449
مصطفى النجار	قدود حلبية جديدة: الزيارة	450
مصطفى النجار	البراءة تسكن قلعة حلب	451
مصطفى النجار	من سيرة مدينة وشاعر	452
ندى الدانا	قلعة حلب يا مرآتي	455
ندى الدانا	فستق حلبي	457
سمير طحان	النبع	459
سمير طحان	الرافد الوافد	460
سمير طحان	من هنهونة الماء الصلب	461
محمود كلزي	دخول حلب من باب الفرج	463
عبد القادر أبو رحمة	طقس الطين	464
عبد الإله عبد القادر	حلب مقامُ أغنيةٍ وقلعة	467
أمل دنقل	أيلول	469
أمل دنقل	مذاكرات المتنبي في مصر	470
عبد الوهاب البياتي	بستان عائشة	471
سعدي يوسف	شرفة فؤاد الطائي	472
مظفر النوّاب	نهنهني الليل	473
مظفر النوّاب	وتريّات ليليّة	474
مهدي محمد علي	كتابة (بصرة حلب)	474

فهرس موضوعات المجلد الثاني: (حلب في الشعر المعاصر والحديث)

		الصفحة
مؤيد الشيباني	أسئلة أكثر سذاجة	475
أحمد عنتر مصطفى	هكذا تكلم المتنبي	476
موسى حوامدة	أتقن حرفة المتنبي	477
عز الدين المناصرة	راهب العزلة	479
أحمد منير قجّة	مع الهمسات	480
محمد الماغوط	حداء العيس	481
أورخان ميسر	حنين الأرض	482
أورخان ميسر	بلادي	483
فاتح المدرس	قمر شرقي على شاطئ الغرب	484
رياض صالح الحسين	هيروشيما	485
عبد القادر الحصني	لها كل هذا الغناء	486
كيفورك تميزيان	بلا عنوان	487
فيليب توتونجي	العودة إلى أرض الوطن	488
كمال سلطان	الوطن	489
بسام لولو	رقص على غناء بعيد	490
بسام لولو	مـوّال شرقاوي	490
ممدوح عدوان	حلبُ قصدنا	491

الفصل الخامس: مطلع القرن الحادي والعشرين (قصائد الشعر العمودي)

محمد قجّة	حبيبتي حلب	492
محمد قجّة	مهرجان الشهباء	494
محمد قجّة	حلب المحروسة الجميلة	495
محمد قجّة	لقاء في حلب الشهباء	496
محمد قجّة	تحية العاديّات	497

فهرس موضوعات المجلد الثاني: (حلب في الشعر المعاصر والحديث)

		الصفحة
محمد قجّة	عودة قويق	498
محمد قجّة	مرحباً دمشق	499
محمد قجّة	باقة محبة لحمص	499
هارون هاشم رشيد	قصيدة حلب	500
سميح القاسم	حلبة الفرسان والشعراء	501
الطّاهر الهمّامي	الرحّالة الصّبّ في مَغَاني حلب	502
الطّاهر الهمّامي	الحلبية	502
الطّاهر الهمّامي	استئنافٌ في عيون الحلبية	503
الطّاهر الهمّامي	استئناف همزيّة الحارث	504
خالد الخنين	مَجْدُ الشَّهْباء	505
نبيلة الخطيب	وقفت بالباب	506
محمود علي السعيد	جوهرة القلب	507
محمود علي السعيد	عادت ضفاف الصبا	509
عبدالله الصالح العثيمين	الشهباء المتدفقة عطاءً	509
عبدالله الصالح العثيمين	عرس الشهباء	510
عبد العزيز التويجري	منبع الحضارة والإبداع	511
عبد العزيز المانع	تحية إلى حلب الشهباء	511
حسن إسماعيل	أحب حبيبتي حلبا	512
حسن شهاب الدين	مئذنة في سماء الله	513
وليد محمود الصراف	معلقة حلب	514
أمان الدين حتحات	شهباءُ أنتِ	515
عبد الرزاق عبد الواحد	دُرَّة الشّرق	515
محمود محمد الدليمي	شهباء كحلٌ على الأهداب	516
ماجد علي مقبل باشا	حلب جنّتي وداري	517

فهرس موضوعات المجلد الثاني: (حلب في الشعر المعاصر والحديث)

		الصفحة
نذير طيار	حلب أثينا الشرق	518
عبد الرحيم محمود	تحية للشهباء وأهلها	519
بهيجة مصري إدلبي	كلّ البلاد أنا	520
بهيجة مصري إدلبي	في صمتها الطرب	520
بهيجة مصري إدلبي	وعاودني الحنين	521
بهيجة مصري إدلبي	شهباء	521
بهيجة مصري إدلبي	حوار خلف باب الغيب	522
بهيجة مصري إدلبي	عروس المشرق	522
عبد المنعم الحاج جاسم	يا قاصداً حلبَ الشهباء	523
أحمد ديبة	بردة الخيلاء	524
أحمد ديبة	شمس بلا إمساء	524
أحمد ديبة	حمّام الناصري	526
أحمد ديبة	صلاة في محراب (المأمون)	526
محمد الزينو السلوم	حلب قصدنا وأنت القصيد	527
محمد الزينو السلوم	قلعة حلب	528
محمد الزينو السلوم	شهباء المجد	529
أحمد دوغان	آتٍ إليكِ	529
أحمد دوغان	أهواك عشقاً	531
محمد بشير دحدوح	آية الكبر	531
سليم عبد القادر	أشواقٌ حلبيّة	533
عبد الحكيم الأنيس	حلب وبنو أيوب	534
عبد الحكيم الأنيس	في الشهباء آثارٌ خوالد	535
قاسم المشهداني	وأخيراً إلى حلب	535
محمد سيد الجاسم	حلب ملكة الشرق	536

فهرس موضوعات المجلد الثاني: (حلب في الشعر المعاصر والحديث)

		الصفحة
محمد سيد الجاسم	عاصمة الحبّ	537
محمد سيد الجاسم	سيدة الربى	537
عادل بكرو	رسالة إلى أمويّ حلب	538
عادل بكرو	تلألأ الغار	539
عبد الرزاق معروف	لأنها الأم	540
عبد الرزاق معروف	ماذا يقول المولّه	541
أحمد بدر الدين الآغا	رمز الحضارة	541
أحمد بدر الدين الآغا	طيف الحواري	542
بكري شيخ أمين	للسنا زُفَّتْ حلب	543
محمد حسام الدين دويدري	أريقي دِنانَ السّحر	544
محمود كحيل	ما بـال طـيفك يا شهباءُ	545
نزار بني المرجة	شـهبـاءُ أرّقني البعاد	546
مهى زاهد	قِف في ذويها	546
رفعت زيتون	إنها حلب	547
لمى الفقيه	قبس من الشهباء	548
أحمد منير سلانكلي	حلا حلب	549
إبراهيم الصغير	أهوى شموخك يا حلب	550
خالد معدل	موطن العزّ	551
واصف باقي	باقة حبّ وشعر	552
محمد حسن عبد المحسن	إليكِ يا شهباء يا حبي	552
مصطفى عكرمة	فاتنتي حلب	553
ملحم خطيب	شهباءُ إليكِ مني سلام	554
عبد الغفور داوود	أترينَ يا شهباءُ أني مُوْلَعُ	555
مجيب السوسي	أشهباءَ النجومِ	555

فهرس موضوعات المجلد الثاني: (حلب في الشعر المعاصر والحديث)

		الصفحة
عمر فاروق خطيب	شمس الحضارة الإسلامية	556
سعيد فارس السعيد	تاريخ حلب	557
زهير ناعورة	تعالي أقبّل منك الجبين	558
عمر خلوف	أنتِ المجْدُ يا حلَب	559
إبراهيم الهاشم	خذني فديتُك للشهباءِ	560
عدنان الدربي	حلب تعاتبني	561
عصام مرجانة	تجليات المتنبي في حلب	561
محمد بكري والي	من الفرات إلى قـويق	562
محمد وفاء الدين المؤقت	المدينة الخالدة	562
محمد وفاء الدين المؤقت	وأصبح النهرُ دفّاقاً	563
محمد هلال نخرو	أمامَ نعشِ قويق	563
عبد الغفور عاصي	عودة النهر	564
محمد ماجد الخطاب	سيرة المجد	564
عبود كنجو	أم المدائن	565
عبود كنجو	مرسومة كقوس الغمام	565
رياض حلاق	شكراً أنجم الشهباء	566
رياض حلاق	أتيْتُ من حلب الشهباء	566
رياض حلاق	في تكريم أديب	567
محمد صالح الألوسي	حلب في العصور الغابرة	567
المأمون قباني	أرض الإباء	568
فيحاء العاشق	ابنة النور	568
فيحاء العاشق	على دروب النـور	569
أحمد الهويس	عروس الشمال	569
أحمد الهويس	عفواً.. إنها حبيبتي	570

فهرس موضوعات المجلد الثاني: (حلب في الشعر المعاصر والحديث)

الصفحة

أديل برشيني	ربيع حلب	570
أديل برشيني	نَاداكِ قلبي	571
أحمد علي بابللي	قلعة حلب في عيون الدهر	571
أحمد علي بابللي	باب انطاكية	572
أحمد علي بابللي	باب الجنان	572
مطانيوس مخّول	عروس الشرق	572
محمد خليفة	أم الحضارة	573
فخري قدورة	شهباء تعالي ضمّينا	574
زكريا الصالح	القلعة الشمّاء	575
أحمد فوزي الهيب	إلى حلبٍ ما أحيلى الإياب	575
أحمد فوزي الهيب	كيف الرحيل	576
أحمد فوزي الهيب	غريبٌ في صحارى العمـر	576
عمر حماد هلال	قلبي لسان آخر	577
نسيبة قصاب	أمُّ المعالي والرتب	577
فراس ديري	غربة	578
عبد الرزاق التاجر	عروس الثقافة	578
عبد الرزاق التاجر	حلب أمّ الأدب	579
محمد الحسناوي	هل من عود إلى حلب	579
طارق محمد الحمادي	شهباء	580
هاني درويش	يا عاشقَ الشهباء	580
رياض سليمان	الحبّ.. حلب	581
محمد عدنان علبي	دمعة عاشق	581
عبد المضحي ناصر	شهباءُ عفّرْتِ الندى	582
محمود السيد الدغيم	تعلمتُ منكِ الحبّ يا حلب	582

فهرس موضوعات المجلد الثاني: (حلب في الشعر المعاصر والحديث)

		الصفحة
محمد سروجي	إدمان الحب	583
عبد الرزاق حسين	حديث الشام	583
محمد ولد سيدي محمود	إلى شنقيط من حلب	584
عثمان قدري مكانسي	عنوانُ الهوى حلبُ	584
أحمد جمعة الفرّا	شهباء أعياني السفر	585
خليل محمود كركوكلي	عاصمة الثقافة	585
محمد نجيب المراد	الهجرة الخامسة	585
محمد صبحي المعمار	حلب المجد	586
محمد صبحي المعمار	أم الشمال	587
إلياس هداية	قِفْ بِنا، هُنا حَلَبُ	587
جاك شمّاس	يمّمتُ حسْنَكِ	588
محمد نور ربيع العلي	شهباء يا سُحُبَ المُزُونِ	588
محمود خياطة	أحبك يا ربا الشهباء	589
صفوان ماجدي	أَمَـــل	589
عبد الرحمن دركزللي	لله درك يا حلب	590
محمد رياض حمشو	أنتِ حقيقتي	590
ابتسام الصمادي	بغدادُ حرّتُنا	591
ابتسام الصمادي	عرس	592
ابتسام الصمادي	شام العشق	592
علي الزينة	حرفي انتشى	593
عز الدين سليمان	اسمها حلبُ	593
محمد علاء الدين	أتِ الجمال	593
عمار القحطاني	تحية إلى حلب	594
محمد الكبيسي	هل أجمل من الشهباء؟	594

فهرس موضوعات المجلد الثاني: (حلب في الشعر المعاصر والحديث)

		الصفحة
محمد أكرم الخطيب	امضِ إلى حلب	594
عصام ترشحاني	بـرقيّةٌ إلى حلب	595
عمر سليمان علي	سمراء من حلب	595
عبد القادر الأسود	مُعاتبِة بيني وبين الشهباء	596
محمود أبو الهدى الحسيني	العروس حلب	597
عبد الله عيسى السلامة	يا صَبا الشهباء	598
أحمد تيسير كعيد	شهباء يا بلدَ المكارم	599
أحمد تيسير كعيد	الحنين إلى حلب	599
رمضان الأحمد	وطنٌ وحُبّ	599
بشير العبيدي	أيُّ قلبٍ لا يحبّ حلب؟	600
عامر الدبك	المتنبي يبحث عن حلب	601
كمال لجّة	دروب الحرير	603
كمال لجّة	حلب التاريخ والحقب	603
محمود محمد أسد	حرفي من نداها شارباً	604
محمود محمد أسد	تجلياّت أبجدية الحب	605
تميم البرغوثي	ياسمينُ التي من حلب	606

الفصل السادس: مطلع القرن الحادي والعشرين (قصائد التفعيلة والشعر النثري)

عامر الدبك	فصول وأصداء من السيرة	607
محمود محمد أسد	من مقامات العشق الحلبي	608
محمود محمد أسد	مِن عبَقِ أبوابِها	611
محمود محمد أسد	من وحي أزقّتها	613
محمود محمد أسد	حلب تغفو على ساعديه	615

فهرس موضوعات المجلد الثاني: (حلب في الشعر المعاصر والحديث)

		الصفحة
أحمد دوغان	قراءة في أبجدية قلعة حلب	617
كمال جَقّة	طريق الحرير	618
زكريا مصاص	بطاقة إلى حلب	620
زكريا مصاص	إليك أزفّ القصيدة	622
يوسف طافش	قلعة تستحم بقطر الندى	623
حسن إبراهيم الحسن	مشكاة على الفردوس	626
حسن إبراهيم الحسن	من أوراق أبي الطيب	628
صهيب عنجريني	صلاة	629
إبراهيم محمد كسّار	قصيدة سفر برلك	630
محمد السموري	أحلام راحلة	631
غفران طحان	حلب قِبلةُ النجوم	634
مصعب الرمادي	رسالة حب الى حلب	635
إهاب السيد عمر	والحديثُ عن حلب	637
لميس حجة	القصر المضاع	638
صالح الرحّال	إليها كل هذا الغناء	640
غسان زقطان	لا شامة تدل أمي عليّ	641
عبد الكريم الدالي	تأملات في عيونٍ حلبية	642
هناء صقّور	حلب العزّ والفخار والجمال	644
يوسف أبو لوز	لِنحبَّ حلب	645
راتب سكر	مجرد مدن لكننا نعرفها	646
محمد منار الكيالي	الحب العظيم	648
تميم البرغوثي	في القدس	650
ليلى أورفه لي	الحياةُ حلب	651
إلياس شامي	أحبك يا شهباء	652

فهرس موضوعات المجلد الثاني: (حلب في الشعر المعاصر والحديث)

		الصفحة
هاشم شفيق	فطار حلب	652
إلياس أفرام	حسناء التاريخ	654
إلياس أفرام	ظلٌّ نبيل	657
رغدة حسن	قلبٌ على شكل قارب	659
مصطفى الحاج حسين	ندى عمري	660
مروّح الكبرا	لي في حلب	662
أحمد حسين حميدان	يـوم آخر لمدن الشوق	663
جاكلين سلام حنا	محبرة حلب	664
حميد سعيد	ثمّ وجَدَ الكولونيل مَن يُكاتبه	668
بيانكا ماضية	منذ متى أنتَ هنا؟	669
جورج كدر	طُهْر الخطايا	671
حسن قجّة	دموع القبطان	672
حسن قجّة	اجتياب الجواب	676

الفصل السابع: نصوصٌ نثرية بنفحةٍ شعرية

هنري زغيب	انطباعات حلبية	682
غادة السمان	خلاخيل شامية	684
فيض الله الغادري	حلب لؤلؤة التاريخ	685
بشير العبيدي	رسالة مفتوحة إلى حلب	685
هاشم منقذ الأميري	الشهباء: غربة ودروب	687
عصام قصبجي	حلب إيقاع التكوين	689
بغداد عبد المنعم	حلب بيتٌ بخصوصيّة فائقة	691
بغداد عبد المنعم	غسقُ الشرق.. غسقُ حلب	693
بغداد عبد المنعم	في حروفيّة حلب وحداثتها	694

فهرس موضوعات المجلد الثاني: (حلب في الشعر المعاصر والحديث)

		الصفحة
بغداد عبد المنعم	حلب في جمهورية الورد	696
غسان نبهان	حلبُ حبي ونبضي	697
محمود عادل بادنجكي	حلب المعشوقة أبداً	699
ميادة مكانسي	حلب أيقونة السحر	700
ميادة مكانسي	حروف مبعثرة	702
محمد صبحي السيد يحيى	لن أعود لهجرك	703
نجم الدين سمّان	تُعرَفُ مِن روائحها وأرواحها	704
نجم الدين سمّان	تُعرَفُ مِن حناجرها وأقلامها	707
أشرف أبو اليزيد	حلب موسيقى البشر والحجر	709
مروان علي	حنين	710
ياسر الأحمد	الدخول إلى حلب	711
فارس الذهبي	دفتر شاعر المسرح	712
أنس الدغيم	يعرفها الخالدون	715
أمينة خشفة	عروس تترنّم حبّاً وطرباً	716
أحمد بوشناق	حلب خزّان الحضارة	718
فايز مقدسي	مرثيّة ضياء السكّري	719
سمير عدنان المطرود	اللقاء الأول بحلب	721
عزّت عمر	صندوق الساحر: حلب	723
عزّت عمر	حيث دخلَ عشّاقُك	724
أمجد ناصر	الطريق إلى حلب	726
محمود عكام	حلب مدينة نحبُّها وتحبُّنا	727
محمد جمال طحّان	حلب: أمُّنا الرؤوم	728

فهرس موضوعات المجلد الثاني: (حلب في الشعر المعاصر والحديث)

الصفحة

الفصل الثامن: قصائد مترجمة من لغات أخرى

حلب في الشعر العالمي المعاصر		729
قائمة بالأدباء العالميين وبلادهم ولغاتهم		731
محمد إقبال	نصيحة الأب الصحراوي	732
فلاديمير نابوكوف	ذات مرة في حلب	733
ناظم حكمت	سيرة ذاتية	734
ناظم حكمت	قصائد التاسعة والعاشرة	734
أوجينيو مونتالي	سورية	735
أنترانيك دزاروغيان	حلب الأثيرية	736
أليك ديرونت هوب	الناي الخيزرانيّ	738
جاين أوين	تَوْق الحنين	739
بيتر بورتر	عودة مراقب	740
سيلفيا سوتون	حدث في حلب	741
روبرت بيري	أيّ صلاة	742
ماجد نفيسي	في شارع باعة الكتب ببغداد	743
ساشا ستينسن	استدراك	744
ياكي سيتون	أعرف حلب	745
أنجيه ملينكو	متّسع سيمفوني	746
بيآته ريغيرت	الدليل السياحي	747
أوليفييه سالمون	حلب ملكة قلبي	750
أوليفييه سالمون	رحلة الكشف	751
أنتوني دي ناردو	ذلك اليوم في كانون الأول	753
لوتشيا كوبرتينو	تلك الجدران الشائنة	755

فهرس موضوعات المجلد الثاني: (حلب في الشعر المعاصر والحديث)

الصفحة

الفصل الختامي:

معجم تراجم الشعراء 756

نبذة عن مؤلف الموسوعة 826

المراجع والمصادر 827

1- الدواوين الشعرية 827

2- كتب التاريخ والدراسات والنقد 831

3- مراجع الأعلام والتراجم 836

4- الدوريّات العربية (الجرائد) 837

5- الدوريّات العربية (المجلات) 839

6-1 مواقع وصحف إخبارية 843

6-2 مواقع وصحف ثقافية وفكرية 844

6-3 مواقع وصحف أدبية وشعرية 844

7- المناسبات 845

8- الكتب الأجنبية 847

9- الدوريّات الأجنبية 848

الفصل التمهيدي باللغة الانكليزية

فهرس موضوعات المجلد الثالث: (حلب في شعر الرثاء المعاصر)

الصفحة

الفصل التمهيدي

منهجية التأليف والتحرير:

هذا الكتاب	1
هيكلية الكتاب	1
جدول يتضمن بيانات المجلّد بالأرقام	2
محتويات الفصل الختامي	3
معايير اختيار النصوص	4
تصنيفات المصادر وأعدادها	5
أعداد القصائد وفق مصادرها	6
أعداد القصائد وفق تواريخ صدورها	6
أعداد الشعراء وفقاً لبلادهم	7
لمحة عن رثاء المدن في النصوص الشعرية:	11
1- رثاء مدينة حلب في الشعر العربي القديم	14
2- رثاء المدن العربية في الشعر العربي القديم	20
3- رثاء المدن الأندلسية	26
4- رثاء المدن العربية في القرن العشرين	28
5- رثاء المدن في الشعر العالمي المعاصر	34

فهرس موضوعات المجلد الثالث: (حلب في شعر الرثاء المعاصر)

الصفحة

الفصل الأول/ مواضيع النصوص: دراسة تحليلية

تحليل النصوص والارتباطات الموضوعية 38

مواضيع متصلة بوصف حلب ومزاياها 39

مواضيع متصلة بأبناء حلب وسكّانها 41

مواضيع متصلة بوصف الحرب وتداعياتها 42

الربط بعناصر متعلقة بحلب أو مُناظِرة لها 43

القسم الأول: مواضيع قصائد الرثاء العربية: 45

1/ مواضيع متصلة بوصف حلب ومزاياها: 46

1-1 الإشادة بتاريخ حلب العريق 46

1-2 مديح حلب وإكبارها 48

1-3 الموسيقى والطرب في حلب 54

1-4 الأدب والعلم في حلب 59

1-5 الفنّ والعمارة في حلب 61

1-6 الطبيعة في حلب 62

1-7 المطبخ الحلبي 64

1-8 ذكر أماكن في حلب 65

2/ مواضيع متصلة بأبناء حلب وسكّانها: 78

1-9 الفخر بالانتساب إلى حلب 78

1-10 وصف الحلبيين 82

1-11 شكوى الفراق والحنين 85

فهرس موضوعات المجلد الثالث: (حلب في شعر الرثاء المعاصر)

الصفحة

3/ مواضيع متصلة بوصف الحرب وتداعياتها: 93
1-12 وصف دمار المدينة 93
1-13 التعبير عن الحزن وعن العجز 103
1-14 لوم المتسبّبين والمتخاذلين 111
1-15 الإشادة بالصبر والصمود 116
1-16 التفاؤل والاستبشار بالخير 122
1-17 الدعاء ومناجاة الربّ 128

4/ الربط بعناصر متعلقة بحلب أو مناظرة لها: 131
1-18 ذِكْر مدن وبلاد أخرى 131
1-19 استحضار أعلام 141
1-20 تضمين اقتباسات 161

القسم الثاني: مواضيع قصائد الرثاء العالمية: 171

1/ مواضيع متصلة بوصف حلب ومزاياها: 173
2-1 الإشادة بتاريخ حلب العريق 173
2-2 وصف حلب قبل الحرب 174
2-3 ذكر أماكن في حلب 176

2/ مواضيع متصلة بالحلبيين خلال الحرب: 177
2-4 وصف حال الحلبيين 177
2-5 التحدث بلسان أبناء حلب 181
2-6 عن أطفال حلب 183
2-7 سرد قصص إنسانية 192

فهرس موضوعات المجلد الثالث: (حلب في شعر الرثاء المعاصر)

	الصفحة
3/ مواضيع متصلة بوصف الحرب وتداعياتها:	197
2-8 وصف دمار المدينة	197
2-9 التعبير عن الحزن وعن العجز	202
2-10 لوم المتسبّبين والمتخاذلين	204
2-11 الإشادة بصمود الحلبيين	206
2-12 التفاؤل والاستبشار بالخير	208
2-13 الدعاء ومناجاة الربّ	210
4/ الربط بعناصر متعلقة بحلب أو مُناظِرة لها:	211
2-14 مقاربات مجازيّة	211
2-15 ذكْر مدن وبقاع جغرافية أخرى	213
2-16 استحضار أعلام	214

الفصل الثاني: قصائد الشعر العمودي		216
محمد حسام الدين دويدري	ناحَ الحَمَام	216
رضوان صابر	قلبي على حلب	217
رضوان صابر	رسائل الدّم	218
بدر رستم	ترصيعُ ذهب على رخام الدهر	219
عصام علوش	ماذا جنيتِ أيا شهباء؟	220
الغربي المسلمي	حلب والمتنبي مرّة أخرى	221
جواد يونس	يا سيّدي «المتنبي»	222
جواد يونس	شريط الذكريات	223
محمد نجّة	حلب والعيد	223

فهرس موضوعات المجلد الثالث: (حلب في شعر الرثاء المعاصر)

		الصفحة
محمود السيد الدغيم	حلب الكارثة	224
عبد الرزاق حسين	حلبٌ لنا	225
رنا رضوان	أسطورة حلب	227
أحمد فراج العجمي	شهباءُ يا أختَ العُلا	228
إسماعيل عمر منصور	ماذا سأكتب عنك يا حلب	229
حسن حوارنة	الهجران	230
محمد دوبا	مدينة بطعم القصيدة	231
عبد المضحي ناصر	يا أختَ مهدِ الشمسِ	232
بشار رضا حسن	حلب تخلى عنك العرب	233
بلقاسم عقبي	أغيثوا حلب	234
عبد الرحيم جداية	غنّي حَلَبا	234
حكمت العزة	بكائيةُ حلب	235
عبير الديب	شامةُ خَدِّ حلب	236
ناصر الحاج حامد	شهباءُ حبي والأشواقُ تحملني	237
وطن نمراوي	إلى السيدة الشهباء	238
علي حمد طاهري	أوّاه يا حلب	239
بسام الرمّال	على أطلال ساحتها	240
كمال لجّة	رمى بك شوقٌ	241
عدنان الفرزعي	حلب والقصف	241
مبروك عطيّة	مجزرة حلب	242
مبارك بن شافي الهاجري	بكاء حلب	243
محمد نجيب المراد	حلب وطن السيف والقلم	244
أبو جواد محمد الأهدل	على ضِفافكِ أُزْجي الشعر	245
أبو جواد محمد الأهدل	لأنها حلب	246

فهرس موضوعات المجلد الثالث: (حلب في شعر الرثاء المعاصر)

		الصفحة
إيمان محمد ديب	أبكيكِ شهباء الإباء	247
عبد الغني الحداد	ذكريات في حلب	248
عبد الغني الحداد	ما لم يقله المتنبي في حلب	248
محمد سنان المقداد	حلب: عزّةٌ وشموخ	249
مصطفى عكرمة	حلبُ أمُّ الأكوان تحترق	250
مصطفى عكرمة	هذه حلب	251
مصطفى عكرمة	حلب.. صمودها قدر	251
نجم العيساوي	صبراً أيا حلب	252
نجم العيساوي	عُمرانُ.. يا وَطني	252
سالم الضوّي	عذراً حلب	253
علي حسين الجاسم	كيف السبيلُ إلى لقياك يا حلب	254
إنعام عريف	أنا حلب	255
أمين عمر	نسيم الشرق	255
محمد فريد الرياحي	حلب انفري واصبري	256
محمد نجيب نبهان	شهباء يا جنّة الماضي	257
محمد نجيب نبهان	سورية تتحدث عن نفسها	258
حامد العلي	درر مضيّة للأبطال الحلبيّة	258
حامد العلي	سبائك الذهب في مدح حلب	259
حامد العلي	جرح الأمة في حلب	259
عالي المالكي	بعزّة الشهباء	260
عالي المالكي	أيّ قولٍ يداوي الجرح	260
ليلى عريقات	يا حَلب!	261
ليلى عريقات	لِما تلّقيْنَ يا حلب	261
محمد النعيمي	بثّتْ شَجْوَها حلب	262

فهرس موضوعات المجلد الثالث: (حلب في شعر الرثاء المعاصر)

		الصفحة
محمد النعيمي	لستِ النهايةَ يا شهباءُ	262
منذر غنّام	شهباءُ يا بنتَ المَدى	263
منذر غنّام	حلب مأوى الحِمى	263
خديجة وليد قاسم	حلب تناديكِ أمّتي	264
خديجة وليد قاسم	أترى تسامحنا حلب؟	264
علي محمد زينو	تحيات إلى الشهباء	265
علي محمد زينو	بشرى حلب	265
طارق بن زياد حجي	ابن شهباء العروبة	266
طارق بن زياد حجي	يا جارة الدار	266
باسم عطا الله العبدلي	والآنَ اكتوت حلب	267
باسم عطا الله العبدلي	على دربِ الجراح	267
محمد الخليلي	رثاء طلاب جامعة حلب	267
محمد الخليلي	بعد عام من الرثاء	268
عمار تباب	صمت الرحيل	268
عمار تباب	في حبّ الوطن	269
الشيخ ولد بللعمش	أقسمتْ شرفاتُ الحيّ	269
الشيخ ولد بللعمش	إلى شعب سورية	270
عبد الله العنزي	حلب الإباء	270
عبد الله العنزي	صَرَخوا	271
محمد طكّو	عزاء الشهيد	271
محمد طكّو	مواسم الموت	272
عبد السميع الأحمد	أحْرِقوا إن شئتُمُ حلَبا	272
عبد السميع الأحمد	كلنا حلب.	273
عبد السميع الأحمد	حلب تناديكم	273

فهرس موضوعات المجلد الثالث: (حلب في شعر الرثاء المعاصر)

		الصفحة
ريم سليمان الخش	حلبُ بقلبيَ لا تغادر مجدها	273
ريم سليمان الخش	لن نهون يا حلب	274
ريم سليمان الخش	شهباء أنت عروس الشرق	274
أروى نحاس	ما للعيشِ طعم بعدها	275
أروى نحاس	حلبُ تئنُّ	275
أروى نحاس	شهباءُ لو تُسْليكِ قافيتي	275
أروى نحاس	كيف أُنسيكِ الأسى؟	276
يحيى الحاج يحيى	حلب الأبيّة	276
يحيى الحاج يحيى	لَأكادُ أُنكِرُ أنها حَلَبُ	276
ياسين عبد الله السعدي	نكبة حلب	277
ياسين عبد الله السعدي	سورية الحبيبة	277
حسان قمحية	حلب تبكي	278
حسان قمحية	حيُّوا مَعِي حَلَبَا	278
عبد الله ضراب	كَثُرَ التَّباكي يا حلب	279
عبد الله ضراب	عودي الى الحضْنِ يا حلب	279
عبد الرحمن العشماوي	أمام جامع حلب الأموي	279
عبد الرحمن العشماوي	ماذا أصابكِ يا حلب؟	280
عبد الرحمن العشماوي	تمسحُ دمعَها حلبُ	280
عبد الرحمن العشماوي	رسالة إلى نور الدين زنكي	281
الطيب الشنهوري	لما هفَتْ روحي	281
الطيب الشنهوري	شهباءُ يا أرضَ السماء	281
الطيب الشنهوري	شهباءُ يا أمّ المواجِع	282
الطيب الشنهوري	شهباءُ في عينِ الزمان	282
الطيب الشنهوري	حياتُنا مؤجلّةْ	283

فهرس موضوعات المجلد الثالث: (حلب في شعر الرثاء المعاصر)

		الصفحة
همس الياسمين	ضفائر الحروف: ضفيرة أولى	283
حنان شبيب	ضفائر الحروف: ضفيرة ثانية	284
بديعة السعد	ضفائر الحروف: ضفيرة ثالثة	284
بديعة السعد	أنجل من دمعي	285
مؤيد الشامان	اسم مِن الذهبِ	285
رشيد عبد القادر	حلبٌ درّةُ الشرق	286
محمد ولد إمام	الشّهْباء أمْ الحمْراء؟!	286
محمد ولد إدوم	احملني إلى حلب	286
عبد الله جدي	مرثية حلب	287
علاوة بيطام	رثاء الشهباء	287
بهاء الدين أبو جزر	حلب.. ألمٌ وغضب	288
هلال العيسى	إن ودّعت حلب	288
محمد ذيب سليمان	شهباء كانت عروس الفجر	289
إسماعيل حمد	الخصم والحكم	289
داود قبغ	عذراً يا شهباء	290
محمود عثمان	خبز الوغى	290
تغريد بدندي	لله درّك يا حلب	291
حسين خالد مقدادي	صرخة حلب	291
هبة الفقي	صبراً حلب	292
عبد السلام دغمش	من تحت رِدْمِكِ يا شهباء	292
أحمد عموري	نشيد حلب	293
وائل حمزة	حلب تحترق	293
عمر الشهباني	حمراء البسوس يا شهباء	294
محمود عبده فريحات	تاريخنا في ملحمة	294

فهرس موضوعات المجلد الثالث: (حلب في شعر الرثاء المعاصر)

		الصفحة
محمد غسان دهان	تحية لحلب الصامدة	294
أمين الخطيب	أرض المكارم	295
عبيدة طرّاب	غربة	295
مصعب علي أشكر	على لسان الوطن العربي	296
عبد المجيد العُمري	مأساة حلب	296
أميرة محمد صبياني	حلب تنتصر	297
مثنى إبراهيم دهام	هنا حلب	297
إيمان طعمة الشمري	قصصت جدائلي	298
أبو الفضل شمسي باشا	حلباًأَيَا نبعَ الأصالة	298
محمد الحمادي	يمّمتُ وجهي إلى الشهباء	299
رأفت عبيد أبو سلمى	لكِ الرحمن يا حلب	299
عبد الكريم أبو عرام	منازل الشهباء	300
عثمان قدري مكانسي	فَرِّجْ إلهي عن حلب	300
مصطفى الزايد	حلب الشهيدة	301
معتصم الحريري	لكِ الله يا حلب	301
بسمة الفراية	ناديت يا حلب	302
محمد عدنان علبي	أنا الحلبي	302
توفيق آل ناصر	حلَبٌ على دربِ الجِراح	303
حسن الكوفحي	قنديل ليلي	303
محمد الحمد	يا درّةَ الحُسْنِ	304
إبراهيم منصور	لستِ وحدكِ	304
عبد الله نجيب سالم	سيرجِعُ الباغي	305
غفران سويد	حلب نبض الفؤاد	305
منال محمد	مآسي حلب	306

فهرس موضوعات المجلد الثالث: (حلب في شعر الرثاء المعاصر)

		الصفحة
أحمد تيسير كعيد	لتشهدِ الأرضُ أنّا كلنا حلبُ	306
صلاح حلبوني	يا حلب.. يا شهباء الخير	306
زهير محمود حموي	يا غرّةَ المجد	307
أحمد شعبان	يا موطنَ الخير	307
إبراهيم عبد الكريم	نار الأسى	308
فلاح العنزي	يا داريعرب	308
محمد وليد الحسن	يا خيلَ الله	309
حسن الأفندي	حلب لها ربٌّ كريم	309
أنس الدغيم	صباح الخيريا حلب	310
طلال الخضر	حلب في العالم العلوي	310
محمد خليفة	لأنها الشهباء	311
محمد عبد الله البريكي	تراتيل على نخيل العذراء	311
سليمان الأحمد	ولادة الفجر	312
إبراهيم الهاشم	مجد الشام في حلب	312
رفعت ديب	حلب تميس قدّاً	312
محمد ناصر	إلى حلب بالدمع راحل	313
عبد الرحمن دركزللي	عروسَ الشمالِ أنتِ المُرادُ	313
نور الدين اللبّاد	إلى «أبي تمام»	314
سعيد يعقوب	قفْ بي على الشهباء	314
فوزات زكي الشيخة	الموتُ يأخذ في طيّاته حلبا	315
معتز أبو هشهش	رباعيات الشهباء	315
محمد ربيع جاد الله	كما أنت يا شهباء صامدةً	316
مجاهد العبيدي	أيا شهباء	316
نادر سعد العمري	دمعة على أعتاب حلب	317

فهرس موضوعات المجلد الثالث: (حلب في شعر الرثاء المعاصر)

		الصفحة
عبد الرزاق الأشقر	غيمٌ ومطر	317
لميس الرحبي	يا حلب الشهباء انتفضِي	318
جميلة الرجوي	النصر تعزفه حلب	318
معتز علي القطب	في الشهباءِ ملحمةٌ	319
محمد الغباشي	أعراس حلبيّة	319
سلطان إبراهيم	حلب الحبيبة تشتكي	320
أحمد حسن المقدسي	يا شام صبراً	320
وائل الأسود	أشرقْ بِطُهْرِك	321
رداد الثمالي	ما آلَتْ له حلبُ	321
منير الفراص	حلب سليلة المجد	322
سعود الشريم	لكِ الرحمنُ يا حلب	322
محمد قصّاص	حلب الأشباح والجراح	323
صلاح دكاك	قلبي على حلب	323
شفيق ربابعة	وامعتصماه من حلب	324
خليفة بن عربي	ظِلّي على خدّيكِ	324
أحمد جنيدو	سوريّة عربيّة	325
أحمد راشد بن سعيد	نامت على أشواقها حلب	325
نادين خالد	ذابت شموعي	326
منى الحسن	يا شهباء الإباء	326
عبد الستار حسن	إلى الشهباء قد زاد اشتياق	327
عبد الصمد الزوين	حلب.. لا تهوني	327
صدام الجعمي	نزيف الجرح في حلب	328
أديب عدي	إذا قَضَتْ حَلَبُ	328
عمرين محمد عريشي	مات الصغير	329

فهرس موضوعات المجلد الثالث: (حلب في شعر الرثاء المعاصر)

		الصفحة
هناء محمد	تسيّد الجبناء!	329
عبد الرحيم بدر	حَاءٌ وَلَامٌ وَالنِّهَايَةُ بَاؤُهَا	330
أنمار فؤاد منسي	زُفي يا حَلَبَ الشهباء	330
عمر السيد أحمد	قصيدة الحرب	331
عبد العزيز الجاسر	كل شعرٍ فيكِ ينتحبُ	331
عبد الرزاق العباد البدر	شامُنا الجريح ودعاؤنا لحلب	332
عبد الرحيم محمود	إلى الشهباء بكل الحب	332
محمد عدنان الكمال	المجد في أرْجائِها	333
جلال عدي	أيا شهباء صبراً	333
أسامة سالم	في العيد	334
وليد الرشيد الحرا كي	زجع النوى	334
مأمون إدريس	قلبي على الشهباء ينتحِبُ	335
صباح الحكيم	صباح الحبّ يا حلب	335
علي حتر	تطـربين تباهياً	336
داوود العرامين	أنقذوا حلب العرب	336
سيدي ولد الأمجاد	ابيضّـت عيناك من الحـزن	337
عبد السلام حامد	حلبيـّة	337
مذكر الشلوي	نزف على أديم حلب	338
عبد الله شلبي	فيكِ الحياة وفينا الموت	338
عبد العزيز فريج	انتحَبَ اليراع	339
خالد شرادقة	تكاثرت الهموم	339
جمال حمد	الشهباء والوطن الممزق	340
أحمد الأعرج	الله أكبر يا حلب	340
موسى جبران الفيفي	ناديت صنعاء	341

فهرس موضوعات المجلد الثالث: (حلب في شعر الرثاء المعاصر)

		الصفحة
ريم السالم	هزّي رماحَكِ يا حلب	341
عبد العزيز بشارات	مذبحة الشهباء	342
عبد العزيز بشارات	تعالتْ حولها الشهبُ	342
خالد قاسم	عيون الشعر دامعةً	343
محمد ربيع	كم يبكي بروض بهائك	343
وليد صالح	فؤادي يكتوي ألماً	344
سامح أبو هنود	كتبنا الشّعرَ يا حلبُ	344
تحسين الكعبي	ستبقى يا ثرى غالياً	345
فارس العبيدي	يا عيني على حلب	345
ثروت صادق	دماءُ الوردِ تنسكب	345
ضمد كاظم الوسمي	رأيتُ الأرضَ داميةً	346
صلاح العشماوي	وا أسفاه يا حلب	346
أحمد دواية	ألا فلْتبْكِنا الدنيا	347
ثناء شلش	عين الكون باكية	347
إسلام يوسف	وقلبي بين أضلعه	347
إبراهيم الكبيسي	إلى الشهباء نرسلها	348
عمر خضراوي	قلوب الأهل	348
إبراهيم بقندور	سيأتي الفجر	348
عبد القادر التكريتي	إنكِ فخرُ أمتنا	349
لطيفة الشابي	حماكِ اللهُ يا حلبُ	349
وسام الشافي	فدا عينيكِ يا حلبُ	349
نجاة الماجد	مساء الحزن يا حلب	350
بو يحيى محمد	وماذا بعد يا عرب؟	350
عبد الفتاح لعاج	لك الدمعات يا حلب	350

فهرس موضوعات المجلد الثالث: (حلب في شعر الرثاء المعاصر)

		الصفحة
محمد أبو راس	دماءٌ ماؤها حلبُ	351
فاطمة صابر	مساء الدمع ملتهب	351
سيد عبده أبو أمجد	وفي حلب رواحلها أناخت	351
عيسى دعموق	أيا شهباء في مؤقي	352
عيسى دعموق	يا صرخةً	352
عماد الكبيسي	لمن يا قلبُ تنتحبُ	352
عماد الكبيسي	يا أوّل الأرض	353
سعود أبو معيلش	إن الحال مضطرب	354
سعود أبو معيلش	حلب رمز الإباء	354
مصطفى راشد المعيني	يا مهجة القلب	355
مصطفى راشد المعيني	شهباء في العين	355
محمد يحي قشقارة	دمعٌ على خدّها	356
محمد يحي قشقارة	الآه آهاتٍ يا حلبُ	356
محمد جرادات	الشام تنزف	357
محمد جرادات	حثّوا المسير إلى الشهباء	357
أحمد القسوات	ماذا نقول	358
حسام الوارفي	جفّ المداد	358
بسام القحطاني	ماذا سأكتب عنكِ	359
عبد الرحمن عبّود	كَمْ تُدْمَيْنَ يا حلب	359
شاكر الحسيني	حلب في قلبي	359
شكري شرف حيدرة	لن يصدأ السّيف	360
رولا شاهين	شهباء لا تتألمي	360
عمرو خيري الصّاوي	ارتقي للمجد يا حلب	361
عدنان الحمّادي	صفراً أراكم	361

فهرس موضوعات المجلد الثالث: (حلب في شعر الرثاء المعاصر)

		الصفحة
أماني محمّد	لا ينفع الحزن	362
سليم القدور	صرخة حقّ	362
علي الصّاغر	نكبة الشّهباء	363
عبد الوهاب العدواني	سأحكي عنكِ يا حلب	363
منصور الخليدي	حرفي يئنّ	364
قائد الحشرجي	ضمّي المواجع	364
غالية أبو ستّه	سلمتِ يا حلب	365
رياض المصري	فدتْكِ الرّوحُ يا حلبُ	365
عبد القادر عبد اللطيف	هنا جهنم	366
عبد النّور محمّد	ماذا أقول لها	366
ريما الدّرة البرغوثي	لك الله يا حلب	367
محمد أسامة	في الأعماق يا حلب	367
أحمد عبد الحليم قطيش	نيران محرقة	368
عبد المجيد الفريج	لَنْ تَعزِفَ النَّارُ	368
إيهاب السّامعي	أُهرق الدمع من عينيكِ	369
خيري خالد	الجريمة الكاملة	369
محمّد العلّاوي	حلب الطهارة والنسب	370
عماد إبراهيم النّابي	بوحي أنين	370
أحمد مراد	ها هنا حلبُ	371
أسامة المحّمد	دار الحضارة	371
أحمد عبد الحميد	ليلٌ جسيم	372
محمد عليوي فياض	هبّوا سراعاً	372
محمد علي النّاصر	صباحُكِ المجد	373
ابتسام أحمد	آيات عزّ	373

فهرس موضوعات المجلد الثالث: (حلب في شعر الرثاء المعاصر)

		الصفحة
خالد سامح	دمعي على الشهباء مُنسكِبٌ	374
هيثم الرّصاص	حوارٌ حلبيّ عربيّ	374
نبيل النفيش	صبراً يا شهباء	375
ماحي عمر	أبكيكِ بالدمع	375
السيد مراد سلامة	جراح حلبية	376
يزن نور الدين	أمطار دمٍّ في سماء حلب	376
إبراهيم الشويخ	يا دار العزّ	377
فاضل الكبيسي	جراحات حلب	377
شحدة البهباني	أين الأخوة	378
عبد الله ملندي	شهباء صبراً	378
عبد الرحمن سليم الضيخ	يا قبلة المدن الأرقى	379
محمد الخلف	نزف الوجد يا حلب	379
حسن ضامر ظافر	يدمي فؤادي يا حلب	380
عيسى شويخ	إلى شعبنا البطل	380
محمّد زهير أحمد	لهيب النّار	381
شادي الظّاهر	حلبُ الحضارةُ والأنوار	381
أليسار حمدي	أيا حلباه	382
زين العابدين الضبيبي	حـلبٌ تئنُّ ونحن نتوجّعُ	382
مها الحاج حسن	الشهباء صامدة	383
يسرى هزّاع	يا وحيَ الدواوين	383
أحمد بخيت	قصيدة روما	384
زاحم محمود خورشيد	في حلب	384
زهدي حنتولي	غريقٌ في بحارِكِ يا حلب	384
كرم محمد مصطفى	جراح حلبية	385

فهرس موضوعات المجلد الثالث: (حلب في شعر الرثاء المعاصر)

		الصفحة
محمد لطفي الدرعمي	حلب الجريحة	385
عادل سالم	نصر حلب	386
عبد العزيز بن أحمد	بأيّ طبٍّ أواسي الجرْح؟	386
عبد العزيز خوجة	هولاكو يغزو حلب	387
حمد طواشي	كبرياء الشهباء	387
محمود مفلح	حلب يا درّةَ التاج	388
براء بربور	حلب تحترق	388
عمر العلاونة	يا رب	389
أيمن شيخ الزور	حلبٌ تُضام	389
نجيب بن علي	هنا حلبٌ قِبلة البلدِ	390
محمد سعيد محمد	لا تجزعي شهباءُ	390
ساسي فرفاش	حلب الجريحة	391
أنس الحجّار	أيـا حَـلَـبَ العِزِّ التَّليد	391
يوسف أبو ريدة	عن عينيك يا حلبُ	392
صبري إسماعيل	حلب ناديتُها	393
إبراهيم دغيم	حلب في قلوب محبّيها	393
بليغ حسن العامري	حلب.. حكاية أمّة	394
فوزي الشيخ	آلام الربيع	395
شرف أحمد عبد الناصر	خانوكِ يا حلب	395
عارف حجاوي	حلب الشهباء في عيوني	396
عادل درهم الرعاشي	اعذريني يا بلادي	396
عامر السعيدي	كي أرى حلبا	397
ماجدة ندا	امنحي الشهباءَ	397
ماجدة ندا	هلْ يفيدُ القيدَ شِعر؟	398

فهرس موضوعات المجلد الثالث: (حلب في شعر الرثاء المعاصر)

الصفحة

عادل ناصيف	في خدَّيكِ يا شهباء	398
ياسمين دمشقي	هنا حلب	399
شاعر غير معروف	يا ليلةَ العيد	401

الفصل الثالث: قصائد التفعيلة والقصائد النثرية 402

محمد إبراهيم أبو سنة	حلب على مرمى سحابة	402
أدونـيـس	تنويعات على آلام المتنبي	405
أدونـيـس	فضاء حلب	406
أدونـيـس	ذكريات في حلب	407
سعدي يوسف	رسوم حلب	408
سعدي يوسف	قلعة سمعان	409
حسّان عزت	معلّقة حلب	410
عباس حيروقة	ألا مِنْ مُجيبٍ يردّ علي؟	417
نجاة عبد الصمد	رجــوع	422
سمير طحان	مـرائي حلب	424
يحي ملازم	أنا من وطن	425
فؤاد محمد فؤاد	حدث ذات مرة في حلب	426
صهيب عنجريني	الحياة قصيدتنا الأخيرة	428
مصطفى الحاج حسين	العصيّة	429
مصطفى الحاج حسين	حلب.. سماء من الندى	430
مصطفى الحاج حسين	حلب.. أطراف الحلم	431
مصطفى الحاج حسين	حلب.. عطر النبض	433
مصطفى الحاج حسين	حلب.. ضياع الرّوح	435

فهرس موضوعات المجلد الثالث: (حلب في شعر الرثاء المعاصر)

		الصفحة
مصطفى الحاج حسين	لا تقتلوا حلب	437
مصطفى الحاج حسين	يا حلب	439
حسن إبراهيم الحسن	الأحد	440
حسن إبراهيم الحسن	طفل	441
عصام ترشحاني	برقيّة إلى أم المدائن حلب	443
حسن عاصي الشيخ	حلب تتزنّر بالعشب	444
زينة هاشم بيك	قدود حلبيّة مكسورة	446
عدنان حسين عبد الله	هامشٌ أولي عن خرائبِ حلب	448
وداد نبي	حلب.. موت أخضر	450
وداد نبي	الحُبُّ كدماتٌ على الجسد	451
سميحة خليفة	كيف السبيل إلى عهدك الأول	455
حسن برما	حلب لا تستسلم	456
عبد المجيد شعبان	هنا حلب، حيث سجد القلب	458
دعاء كيروان	حلب التي كانت	460
زهير ناصر	حلب على قارعةِ القدَر	461
فاطمة شاوتي	حلب.. لا تبردي	463
فاطمة شاوتي	هنا حلب.. هنا بغداد	465
عصام ناصر	حلب والبعد	467
صلاح الطميزي	حلب يا أهازيج الصباح	471
نعمى سليمان	كانت حلب.. وكنتُ أنا	473
حسين أحمد المحمد	مرثيّة إلى حلب	475
متصرف محمد الشيخ بانن	قصيدة حلب	477
ياسر رحيمي	حلب اليتيمة	478
مهجة قحف	القلادة انكسرت	479

فهرس موضوعات المجلد الثالث: (حلب في شعر الرثاء المعاصر)

		الصفحة
عبد السلام حلوم	كل الدروب تمرّ من حلب	480
عبد السلام حلوم	حلب مسقط القلب	482
جيهان بسيسو	ما بعد حلب	483
ماريانا سواس	يا حلب لم أكن أدري	484
عبد الرحيم جداية	حلب تنادي	485
غالية خوجة	حلب مدينة من الندى	489
أحمد صالح سلوم	حلب.. بلاغة الإنسان المُقاوِم	490
عبود سمعو	طيور مذعورة في حلب	491
عبود سمعو	ظلّان لموتٍ واحد	493
أديب البردويل	رُعافُ وردِ الشام	494
محمد سليمان الشاذلي	دفتر فتاة في أزقة حلب	495
يوسف غانم	تاج الغار وريحانة الزمان	498
معتز دغيم	مطر من تراب	500
فواز قادري	كوابيس حلب	501
يوسف بو يحيى	وَلِيْ هناك في حلب	505
فواز العاسمي	في براري الكهولة	506
نادر القاسم	حمام	510
نادر القاسم	قوس	511
نادر القاسم	غبش	512
فاروق شريف	نزيفٌ من الكوكبِ الحلبي	513
فاروق شريف	قبّعاتٌ من الغيم	517
موسى صالح الكسواني	ياسمين	520
موسى صالح الكسواني	أشتاق أن تسّلمي على حلب	522
نورس يكن	حلب.. خمرة الحرب	524

فهرس موضوعات المجلد الثالث: (حلب في شعر الرثاء المعاصر)

		الصفحة
نورس يكن	في رثاء صديقٍ شاعر	527
جميلة عطوي	شهباء يا أبيَة	528
أسامة شاش	حلب.. وللحجرِ روح	529
رضوان صابر	حلبٌ أنا	530
ثناء حاج صالح	قلت: ما بك؟	532
ثناء حاج صالح	هان الوداع	535
كريم عبد السلام	الملائكة من حلب	537
ريما محفوض	سورية تصلي لحلب	538
محمد حازم	بكائيات فراسيّة	540
أحمد كامل القريناوي	ماتت «رنا».. ماتت حلب	542
رمضان مصباح الإدريسي	أطفال لا يلعبون	545
أمل سعيد العربي	حلب وردة الشام	546
أمل سعيد العربي	حلب.. هنا.. حلب	548
فريد غانم	خُمُول	550
محمد فياض	وقالت حلب	551
عيسى حبيب	يا حلب	552
ثريا نبوي	والقلب يُحرَق يا حلب	553
ثريا نبوي	طلَعَ النّهارُ بِلا ضياءٍ	554
هزار طباخ	حلب.. ليالي الشمال الحزينة	556
هزار طباخ	في بيتي هناك	557
ساندرا أكوبيان استانبولية	عاشقةٌ لمدينتي	558
معن القطامين	مساء الخير يا حلب	560
خميس رضا الحمد	ها هنا حلب	561
خالد أمين	عذراً حلب	563

فهرس موضوعات المجلد الثالث: (حلب في شعر الرثاء المعاصر)

		الصفحة
سعيد بلفقير	حلب والعرب	564
شريف صعب	قلبي عليكِ يا حلب	565
روان أبو نبعة	حلبُ يا وجع القلب	566
مصطفى حزوري	كي تمرَّ إليك	568
مصطفى حزوري	في الحرب	569
اليسار حمدي	حلب تنزف	572
نرجس عمران	حيِّ الشهباءَ	574
فريال حقي	حلب تنادي فيرتدُّ الصدى	575
الطاهر الصوني	حلب.. كبش الفداء	576
جيهان السنباطي	اصمدي يا شهباء	577
وفاء شويح	حلب الشهباء والشهداء	578
أمين جياد	حلب.. آلهة من ذهب	579
علي الخولي	بين ألسنة اللهب	580
رسميّة رفيق طه	بسمة الصباح حلب الشهباء	581
عفاف يحيي الشبّ	ويركع التاريخ إجلالاً	582
يسرى الرفاعي	آه يا حلب الشهباء	587
محمد علي فرحات	رائحة الحرب	588
نوري الجرّاح	مراثي هابيل	590
ميس الريم قرفول	نسقطُ مع نباتِ الكرز	591
مها الشعار	صرخةٌ سوريّة	592
جمال مرسي	للموت رائحة الرغيف	593
عبد الحميد السيد يحي	أنا ابن القدس	594
لين الأبيض	معكِ دائماً	595
محمد الزهراوي	إنها وطن	596

فهرس موضوعات المجلد الثالث: (حلب في شعر الرثاء المعاصر)

		الصفحة
خليل الوافي	أنسى كل شيء	597
علي ميرزا محمود	ما جديدك	598
نزيه حسون	قلبي على الشام	599
ليلى لطوف	شهباء هل صحيح ما يقال؟	600
خالد أبو العلا	أنا من حلب	601
مصطفى عبده السعدني	عذراً حلب	602
أحمد العراقي	حلب مدينتي	603
سهيلة أفرام	حلب.. أنا الفداء	605
عمار نقاز	ألفُ عذرٍ يا حلب	607
مها الكاتب	حلب .. صمت وخذلان	608
طريف يوسف آغا	قالوا أنَّ حلباً تحترق	609
محمد حميدي	شهباء عشقي ووصلي	610
جمال الدين العماري	بأرضكِ الطاهرة يا حلب	611
جمال قارصلي	ماذا أقول لك؟	612
أزهر دخان	تعالي يا حلب	613
غباري المصطفى	حلب جرحٌ دامٍ	614
منتصر فاعور	في حلب	615
ناصيف الإبراهيمي	دماء حلب	616
عبد الله الشريف	دمٌ كَذِب	617
محمد محمود عبد الله	هنا حلب الشهباء	618
إبراهيم أحمساني	نامت عيون القوم	619
جمال عبد المؤمن	وصيّة طفلٍ من حلب	620
ناصر توفيق	تسألين يا حلب	621
شريطي نور الدين	صبراً حلب الشهباء صبراً	623

فهرس موضوعات المجلد الثالث: (حلب في شعر الرثاء المعاصر)

		الصفحة
كفاح الغصين	مدينتي حلب	624
فيصل سليم التلاوي	وقفات على الأطلال	625
موسى الشايب المناصرة	في حلب	627
هشام الفقي	أنا حلبيٌّ من حلب	628
هاني مصبح	هامتُكِ تعلو السحاب	629
قدري مصطفى الفندي	حلب الجريحة	630
أحمد عبد المجيد	مقام سيدي العرب	631
ماهر علي جبارين	حُرِّقَتْ بالنار حلبْ	632
بشير الشريع	يا حلب المغدورة	633
محمد بلحاج	يتيمٌ من حلب	634
مروان علي	حين غادرت حلب	636
مروان علي	غريباً في بلادي	636
أنور الشعر	قاسيون يلمُّ أشلاءه	637
ياسر كركوكلي	ضاج الحنينُ يا حلب	637
محمد بكرية	آهٍ يا حلب	638
أسماء عزايزة	لا تصدّقوني	638
أحمد مصطفى	على أبواب حلب	640
محمود سنكري	سلاماً عليك يا شهباء	640
عبد السميع الأحمد	لي قلبان	642
مهدي الصالح	رَشْفة	643
محمد خليفة	لَيتَني	644
ليلى مقدسي	غربة قلعة حلب	645
ليلى مقدسي	حلب يا قديسة الضنى	646

فهرس موضوعات المجلد الثالث: (حلب في شعر الرثاء المعاصر)

الصفحة

الفصل الرابع: نصوص نثرية بنفحةٍ شعرية 647

زاهي وهبه	عِمْتِ حُبّاً حلب	647
ميسون شقير	حلب لا تذهبي لليل وحدك	650
شوقي بغدادي	من ينقذ حلب؟	652
ناهيا كنج	يا رايحين عَ حلب	654
نصير شمه	أنا عراقي من حلب	655
عبد الفتاح قلعه جي	رثاءٌ لعروس المآذن	657
بهية كحيل	قلعتنا ليست كَكُلِّ القلاع	660
عبد المحسن خانجي	كلام الحياة	662
علي كيخيا	هبة السرّ الخفيّ	663
وسام الخطيب	الهاربة	665
وسام الخطيب	كيف أشفى من حلب	666
بيانكا ماضيّة	خارج النافذة	667
ريحان يونان	حلب السلام والطرب والفرح	669
نذير جعفر	سوناتا الحجر وسجادة السماء	670
عبد الرزاق دياب	الموت على كرسي متحرك	671
عبد الرزاق دياب	جدران الموت والجنون	672
عبد الرزاق دياب	أوسع من موت معلن	675
رياض الدليمي	مداحُ القمر	678
علي حسن الحمد	القناع الثالث: الحياة	679
مرزوق الحلبي	قصص حلبية	681
مرزوق الحلبي	نهاية	683
إكرام حنين	ما الحب إلا بثورة	683

فهرس موضوعات المجلد الثالث: (حلب في شعر الرثاء المعاصر)

		الصفحة
محمود عبد المنعم	حلب والموت	685
رائد وحش	الصمت الذي يليق بحلب	686
حسام هلالي	الجو كريحرق	689
جان بصمه جي	حلب تعود	690
جان بصمه جي	كل عام وأنتِ بخير	691
أسمهان الطاهر	حلب تاريخ الشعر والحضارة	692
صالح الصرفندي	مدينتي الشهباء	694
روان محمد	يا مدينة المبتغى	695
محمد صبحي السيد يحيي	في قلب حلب الشهباء	696
محمد صبحي السيد يحيي	الأسلاك الشائكة	698
هشام لاشين	كلنا حلب	700
زياد سبسبي	عشق الحبيبِ الأول	702
زياد سبسبي	يا غربتي الحزينة	704
عمرو الديب	تلك الشهباء	705
الفصل الخامس: حلب في شعر الرثاء العالمي		707
مقدمة الفصل		707
شعراء من آسيا		709
يبين كهاتشيوادا	حلب بأسوأ أوقاتها	709
روهان تشيتري	حزن وطنيّ	709
بيترا كامولا	زيارة قلعة حلب	710
ديزيانا رحمة	يوم في حلب	710
روبرت فيلفس	حلب	711

فهرس موضوعات المجلد الثالث: (حلب في شعر الرثاء المعاصر)

		الصفحة
كارولين نازارينو غابيس	خير الإنسانية	711
إليزابيث كاستيللو	أنقذوا أطفال حلب	712
إنغا	لأطفال حلب	712
جوناثان ب. أكابو	ملاك صغير في حلب	713
س. توسكار	حلب تسقط كضباب الشتاء	713
سيثوراج بونراج	حلب كانت تمر هنا	714
بارتندو شوبام	حلب قد أتقنت المعاناة	714
مانفي شارما	الحنين المسالم	715
إنعام فاطمة	بكاء على حقيقة مقموعة	715
آكريتي كونتال	الإنسان الجديد	716
سوكريتا كومار	حلب	716
أكانكشا فارما	حلب	717
ريشيم راجان	نجوم حلب	717
أبو الكلام آزاد	مرثيّة لحلب	718
أبو الكلام آزاد	رماد المطر	718
ماهيثا كاسيريدي	عزيزتي حلب	719
فيجاي سيشادري	القتال بالهراوات	719
حارس خالق	قارئ الكف الحلبي	720
عثمان أرشَد	حلب	720
صامد خان	مرثية لحلب	721
تشنغتشو	حلب	721
ديلانثا غوناواردانا	تحوُّل والتفاف	722
ديلانثا غوناواردانا	المسيح الصغير	722
أليس مليكة أولغيزير	في ذكرى حلب	723

فهرس موضوعات المجلد الثالث: (حلب في شعر الرثاء المعاصر)

		الصفحة
حُلية يلماز	لقد أحببت المدرسة	723
ناسي فيشارا كي	حلب	724
كماند كوجوري	حلب	724
ميمي خلفاتي	الفهم المؤجّل	725
شاهه مانكيريان	لا تنسوا حلب	725
شعراء من أفريقيا		726
كوندا تشاماتيتي	ترانيم حلب	726
مبيزو تشيراشا	في الطريق إلى دمشق	726
كيورا كبيري	حلب، كذاكرة حزينة	727
جوزيف أورتوا	اهرب مثل الغزال	727
ديزينا ب.ك	ابن حلب	728
زبيدة إبراهيم	حصار حلب	728
أوتشي أوتشيمي	رسالة قرمزية من حلب	729
ديفين إيديونغ	إيقاعات العالم	729
جون شيزوبا فنسنت	طفل القمر	730
جون شيزوبا فنسنت	مقطّعات الحرب	730
كلينتون أوبا	صلاةٌ لأجل حلب	731
كوفي أحمد	حريقٌ من حلب	731
كاي ميشيل نيومان	أعطنا خبز يومنا	732
برنارد ماير	ما اتقوله حلب عنكم وعني	732
إسماعيل كامارا	الشمس تشرق من جهتك	733
كونسيسو ليما	أيامٌ للموت	733
ماجي عمر	أبكيكِ يا حلب	734

فهرس موضوعات المجلد الثالث: (حلب في شعر الرثاء المعاصر)

		الصفحة
هناء علي	حلب	734
شعراء من أوقيانوسيا والمحيط الهادي		735
غراهام كيرشاو	أطفال حلب	735
مارك هالّام	عالقون في حلب	735
سكوت ب. ميتشيل	لأجل حلب	736
جون باسانت	من كسر هذا؟	736
ميريديث واتيسون	الصرخة	737
جانيل طوق	ماذا تكون حلب	737
تيسّا لوني	ذاك الصبيّ الحلبي	738
مارشال غيبي	يا لها من سنة!	738
كارين ستايسي بانم	لقد خسرت كل شيء	739
شعراء من أمريكا الوسطى والجنوبية		739
إيشيون هتشينسون	عجلةُ النار	739
ميليسا دوران	ابنٌ من حلب	740
أناندا ليما	السقوط	740
سو ليتلتون	الهروب من حلب	741
نامايا	حلبُ جميلتي	741
شعراء من أوروبا		742
يان أوسكار هانسن	جمعة تشرينية	742
يان أوسكار هانسن	حوّاء	742
آرلين كوروين	فوائد أصدقاء الفيسبوك	743

فهرس موضوعات المجلد الثالث: (حلب في شعر الرثاء المعاصر)

		الصفحة
ستيفان باين	إلى «اللورد بايرون» وحلب	743
إيزابيلا باديللو أولسون	حلب	744
ريللا	حلب	744
فالتر هولبيلينغ	حلب: أين ذهبت الأزهار؟	745
زيتا إيجو	مسكين	745
صوفيا كيوروغلو	بكاؤها على أطفالها	746
بول كالوس	حلب المدينة المسمومة	746
فخر الدين شيهو	النحل في حلب	747
لورا لوث	رسائل حب إلى سورية	747
ماريو ريغلي	حلب، القلب ينزف	748
ساندرو مينيسيني	الحياة تستحقك	748
فالنتينا ميلوني	(12) أغنية لحلب	749
فالنتينا ميلوني	لأطفال حلب	749
دومينيكو لومباردي	أطفال حلب	750
توني غرانيل	عاصفة على حلب	750
دافيد أريستي	ذئاب ضارية	751
روبين وولي	جميعهم سقطوا	751
ماجو دوترا	لأجل أطفال حلب	752
مانويلا باروسو	أبكي لشهيد حلب	752
أنطونيو غاسبار كونيا	خمسة دموع لحلب	753
جوزيه إيفي	لا يمكن للخوف	753
أنالويزا أمارال	حلب.. بكلمات أُخرى	754
هونزا ديبيتانزل	حلب	754
أوريل بروتوبوبسكو	ملاك حلب	755

فهرس موضوعات المجلد الثالث: (حلب في شعر الرثاء المعاصر)

		الصفحة
فرانسواز سوليس	نحيب حلب	755
لُو غراي	طفل من حلب	756
جان بول لا بيس	حدائق حلب	756
غابرييليتش	نداء حلب	757
سيبستيان سميرو	حلب	757
هينك فان زاودن	نارُ أمي	758
داكويريا	هجوم على حلب	758
رود خروتفيلد	حلب	759
ماريون فان ديرفيخت	البطل الحلبي	759
هانز سيريمانز	الأطفال في حلب	760
مادراسون رايتر	لا موسيقى بعد في حلب	760
كين دي فيليمز	أبو الزهور الحلبي	761
آرت ويلغوس	مجزرة في حلب	761
بيوتر ماتيفيسكي	ليست قابلة للدمار	762
فويتشخ بونوفيتش	عندما يعودون	762
جيرزي كرونهولد	حلب	763
ماثيوس أزيدور	حلب الفندق	763
ماريك سكالسكي	حلب	764
يوانا روزاك	أفكار سرية ليوسف الحلبي	764
بيتر كارلان	الهروب من حلب	765
إيمون ماك-غينيس	سبّاك في حلب	765
جون هيرليهي	حلب على الأطلال	766
جون هيرليهي	ذعر حلب	766
جيسيكا ترِاينور	في الكاتدرائية	767

فهرس موضوعات المجلد الثالث: (حلب في شعر الرثاء المعاصر)

		الصفحة
مات موني	يتامى حلب	767
فينبر رايت	وفاة حلب	768
دانييل أوهارا	ريفيّ من سورية	768
إيفا ماريا كالاغان	لشفاء العالم	769
باولا غلين	أطفال حلب	769
أليكس ويلان	حلب	770
مرغريت دويل	حلب	770
روسكو لاين	حلب الأولمبية	771
آلون روبرت	الإياب إلى حلب	771
توني كيرك	حلب	772
توني كيرك	حلب والرنين	772
جون ماكولا	«شوبان» في حلب	773
غاري غيبينز	طريق الحرير	773
سونيا بنسكين ميشير	بينما هم في الجحيم	774
ياسمين بلندي	أطفال الحرب	774
توني سترينغفيلو	مدينة من الغبار	775
كونور كيلي	ذات مرة في حلب	775
بيتر بالاكيان	مغادرة حلب	776
أوليفيا كينت	مرحباً بكم في حلب	776
ستيفان هانكوك	بستانيّ حلب	777
دان أوبرين	مراسل في مقاهي حلب	777
مارثا إدواردز	صامت	778
برونوين غريفيثس	مرثيّة لحلب الشرقية	778
فينسنت كوستو	مستشفيات حلب	779

فهرس موضوعات المجلد الثالث: (حلب في شعر الرثاء المعاصر)

		الصفحة
ماثيوس أزيدور	حلب	779
مايكل وولف	لا مزيد من الحب	780
كريستوفر فيرني	بكائيات حلب	780
آنيا ترافاسوس	إنهم يسقطون	781
إيلينا هورنبي	القنابل	781
بيتر بالكوس	صبيٌّ سوريّ	782
روي بيت	الحرب كانت آتية	782
سارة راسل	موت حلب	783
صفية بوردي كوفي	في مدينة عريقة	783
شونا روبرتسون	حلب والخبَز	784
فيليب غروس	قطّة في حلب	784
آرون هيوز	هل من أحد هنا؟	785
ديفيد أندرسون	العودة إلى الأطلال	785
داريل آشتون	أطفال حلب	786
ليزلي رايدر	الليلة الأخيرة	786
شعراء من أمريكا الشمالية		787
براندون مارلون	حلب	787
تشيلسي جين	رائحة المانغو الفاسد	787
آمي ستراوس فريدمان	حلب في غرفة المعيشة	788
جون ديريك هاميلتون	انكسار آخر للروح	788
ماريا نيدل	ليتني أراك يا حلب	789
جاك مارشال	شتاء حلب	789
ديفيد آلباه	أبـداً	790

فهرس موضوعات المجلد الثالث: (حلب في شعر الرثاء المعاصر)

		الصفحة
تشارد دي نيورد	أطفال حلب	790
جيمس آتور	حلب هنا وهنا	791
فرانسيس سميث	معـركة حلب	791
داناي ويلكين	الشرعيّة	792
كورت كارمان	صبيٌّ من حلب	792
دارا براون	ليالٍ في حلب	793
داوغ بوتر	خذلان البشرية في حلب	793
جيمس بول	حلمٌ من حلب	794
إريكا سورينسن	واحد مقابل واحد	794
كيفين إيلي	بندقيات حلب	795
كيفين إيلي	هجاء النجمة اللامعة	795
جون بو دوم	الظلام المفاجيء	796
جون بو دوم	حلب	796
بيرسون بولت	بانة	797
بيرسون بولت	تابوت	797
روبرت تريزيس	مذبحةٌ في حلب	798
روبرت تريزيس	خوذ حلب البيضاء	798
سكوت مينر	ترجمةٌ في حلب	799
سكوت مينر	رياض	799
دون بيكوورث	الرصاص والرخام	800
دون بيكوورث	إنه يبقى	800
دون بيكوورث	شاحنات عبْر الغبار	801
دون بيكوورث	صورٌ بآلاف الكلمات	801
دون بيكوورث	أبٌ في حلب	802

فهرس موضوعات المجلد الثالث: (حلب في شعر الرثاء المعاصر)

		الصفحة
دون بيكوورث	حدائق متساقطة	802
لين ليفشين	الحياة في حلب	803
لين ليفشين	كما كانت حلب جميلة	803
لين ليفشين	حلب التراث العالمي	804
لين ليفشين	حلب.. فردوس الجمال	804
لين ليفشين	الأصدقاء	805
مايكل ماركيز	مثيرو الشغب	805
ستيفان يوكوم	جرائم العار	806
ويليام س. بيتر	إنهم يموتون في حلب	806
إد روبرتس	برهان من حلب	807
أ.ف. ليفاين	حلب	807
جوديث ديم دوبري	طريق لمغادرة حلب	808
غايل ويستون شازور	حجر.. ورق.. مقص	808
جين وولز	أحرار	809
لونيس ويكس بادلي	قلوب من الحب	809
هاوي غوود	حلب	810
لورا فيرغريف	العبور من حلب	810
ميغان ميرشانت	حلب، طرق مغلقة	811
هنري شيران	صبي من حلب	811
روبرت ميلي	عشاء في حلب	812
نينا زاركا	من أجل حلب	812
إيماري دي جيورجيو	انتشال طفل من الأنقاض	813
إليزابيث برادفيلد	بذور حلب	813
سكوت ف. همنغواي	حفلة شاي	814

فهرس موضوعات المجلد الثالث: (حلب في شعر الرثاء المعاصر)

		الصفحة
ماثيو آنيش	أغنيات من أجل حلب	814
ليديا هيرش	الانتصار	815
ليلي غيبونس	هزلية مطولة للعام الفائت	815
أنايس سارة أياشي	الألم الشعريّ	816
ساندرا م. هايت	رجل الهررة الحلبي	816
جون بارالي	حلب	817
سهام كرامي	مرحباً يا حلب	817
ناتاشا تريذيوي	حلب	818
دانييل بونهورست	في حلب	818
جون فريمان	حلب	819
رُوث إيلورا	لأجل حلب	819
ديفون بالويت	صورة لحلب	820
دايف ويل	تقلّب الشتاء في حلب	820
ماري آن مورفيد	حلب	821
ساندي إيفانز	حلب.. طفولةٌ ذهبت	821
دينيس بروس	عندما يتصادم عالَمان	822
ألسي رينغيفو	حلب تحترق	822
شريف عبد الرشيد	زهور	823
ريتشارد أوسلر	الاستشراف المأساوي	823
مولي سبنسر	كما سقطت حلب	824
جون هيوي	وحش قاس	824
كايل كوين	هروب لحفظ حياتي	825
بولا بوهينس	عندما سقطت حلب	825
إيفان بتي	حلب أوسلو جوس بوسطن	826

فهرس موضوعات المجلد الثالث: (حلب في شعر الرثاء المعاصر)

		الصفحة
جين هيرشفيلد	بداية يوم	826
جي دي سميث	مرثية حلب	827
كولن هالوران	أبو عمر	827
تشانسي غانيت	سبع سنوات كارثية	828
جنيفر فرانكلين	بعد حلب	828
هلا عليان	حلب	829
جون تومبسون	مدينة اختار العالم نسيانها	829
آنا أنينو	قلعة حلب	830
أليسِه كُون	ليست حلب	830
كارولين فورتشه	رجل القارب	831
شعراء بألقاب مستعارة		832
راوي القصص	بستانيّ حلب الأخير	832
رجل السوناتا	حلب	832
حالات الحب الإغريقية	حلب: نحن نتأوه	833
س.ج.ر. ألف	الحالة الإنسانية	833
ما لن أبوح به	أشياء حلموا بامتلاكها	834
وودي (الخشبي)	حلب	834
طائر الطنان	فوضى السياسة	835
رؤية شاعر	حلب	835
السين. ب	ربما أكون أنا يا حلب	836
سكوتي	فوضى السياسة	836
الراعي الوحيد	المطر والألم المتلاشي	837
إن واي إم	الأرق	837

فهرس موضوعات المجلد الثالث: (حلب في شعر الرثاء المعاصر)

الصفحة

لو لو	ولع التجوال	838
حنّا	السلام في الدنيا	838
غايه	الورود والبعوض	839
مات	حرب مزّقت حلب	839
غودو أوريفيس	حلب	840
الحفيد	معزوفة في حلب	840
الشبح الساكن	ليلة الميلاد	841
يالنايال	حلب	841

النصّ الأخير

حسن نجّة	ولا يمكن المكانَ الرحيلُ	842

الفصل الختامي

معجم تراجم الشعراء	850
نبذة عن مؤلف الموسوعة	910
المراجع والمصادر	911
1- الدواوين الشعرية	911
2- كتب التاريخ والدراسات والنقد	913
3- مراجع الأعلام والتراجم	915
4-1 الدوريّات العربية (الجرائد)	917
4-2 الدوريّات العربية (المجلات)	919
5-1 مواقع وصحف إخبارية	921
5-2 مواقع وصحف ثقافية وفكرية	922

فهرس موضوعات المجلد الثالث: (حلب في شعر الرثاء المعاصر)

الصفحة

5-3 مواقع وصحف أدبية وشعرية	924
6- المناسبات	925
7- الكتب الأجنبية	926
8- الدوريّات الأجنبية	927
9- مواقع الكترونية أجنبية	928
الفصل التمهيدي باللغة الانكليزية	

نبذة عن مؤلّف الموسوعة

د. حســن قجّة

- باحث وكاتب ومحاضر في القضايا الفكرية والتنموية.
- عمل لمدة عقدين في مجال التنمية البشرية والحضارية والتطوير المؤسساتي، بالتعاون مع مؤسسات دولية متخصصة. وشارك في عشرات الندوات والمؤتمرات الإقليمية والدولية. نُشر له أكثر من أربعين مقالًا ولقاءً، وله أكثر من خمسين لقاء تلفزيوني وإذاعي.
- يعكف على إنهاء شهادة الدكتوراة في التراث الثقافي من جامعة لايدن في هولندا، ويحمل دبلوم عالي في الإدارة والقيادة من المعهد الملكي البريطاني للإدارة (2015) ودبلوم عالي في دراسات الأعمال من معهد (City& Guilds) البريطاني (2002) كما يحمل إجازة دكتور في طب الأسنان من جامعة حلب (1994).
- حصل على جوائز في التطوير الإداري من فرنسا وسويسرا وألمانيا وإيطاليا والولايات المتحدة.
- من أبناء مدينة حلب، ولد عام 1971، يقيم حاليًا في المملكة الهولندية.
- مؤلفاته (في الإبداع الأدبي): زفرات ضائعة، أيّها الزاجل، تنهَّدَ النهار (مطبوعة).
  فصول الغيوم الزرْق، سَيْبٌ من الروح، بِلَون السماء، حكاياتٌ مَنْسيّة (قيد الإنجاز).
- مؤلفاته (في دراسات السيرة الذاتية): الباحث المبدع محمد قجّة، براعم أرجوانيّة (مطبوعة).
- مؤلفاته (في التاريخ والتراث): حلب في كتابات المؤرّخين والباحثين والزوّار والأدباء، حلب في الشعر المعاصر، حلب في شعر الرثاء المعاصر، حلب في الشعر العربي القديم (مطبوعة).
  فصول من حضارة الأندلس (قيد الإنجاز/ بالاشتراك مع محمد قجّة).
- مؤلفاته (في التنمية والإدارة): قرابة ثمانين كتيّباً تدريبياً باللغتين العربية والانكليزية. الموردُ الأثمن، التنمية والثقافة والقيم الحضارية (قيد الإنجاز)، القيادة الإيجابية، التخطيط الاستراتيجي، إدارة الأداء والتميّز المؤسسي، تطوير وتنفيذ السياسات العامة، نظام إدارة تنفيذ الاستراتيجية، أفضل الممارسات الإدارية الحكومية (بالاشتراك مع مؤلفين آخرين).

 | DOI:10.1163/9789004504905_008

Chile, Jamaica, Costa Rica, China, Japan, Sri Lanka, Zambia, Zimbabwe, Ghana, Sierra Leone, São Tomé, Chad, New Zealand, Hawaiian Islands, Norway, Sweden, Austria, Hungary, Greece, Malta, Kosovo, Ukraine, and Czech Republic. In addition to that are 51 poets whose nationality is unknown to me.

The final poetry chapter of each volume focuses on poems not written in Arabic. Some of these poems were published in their original language alongside Arabic translations. The author translated other poems from English (some of the poems were originally written in English, and others were translated into English). The chapters of the back matter comprise the following: Poet Biographies, References, and Index of Rhymes.

3 Contents of the Index Volume

Chapter 1: Statistics and General Data
Chapter 2: List of Poets (Names, Eras, Volumes, Number of Poems)
Chapter 3: Indexes of People: Poets, Persons (both in Arabic and Latin script)
Chapter 4: Indexes of Places: Countries, Cities, and Natural Landscapes (both in Arabic and Latin script) and locations within Aleppo
Chapter 5: Indexes of Rhymes: Classical poetry rhymes (in Alphabetic order)
Chapter 6: Index of Topics of the three volumes, that include: Chapter Classifications and Titles, Titles of Poems and Poets, and Contents of Introductions and Back matter.
Total number of persons: 4127, including 1273 poets, 1702 persons (Arabic) and 1152 persons (Latin).
Total number of places: 1478, including 934 countries, cities, natural landscapes (in Arabic), 259 countries, cities, natural landscapes (in Latin) and 285 locations within Aleppo.
Total number of mentioning Persons and Places (with all repetitions): 22900.

4 Number of Poets by Nationality

219 Poets from Syria (poets from Aleppo), 196 poets from Syria (poets from other cities), 75 poets from Palestine, 73 poets from the United States of America, 67 poets from Egypt, 49 poets from Iraq, 36 poets from England, 31 poets from Saudi Arabia, 30 poets from Yemen, 27 poets from Jordan, 25 poets from Lebanon, 22 poets from Morocco, 12 poets from Algeria, 11 poets from India, 10 poets from Tunisia, Ireland and Australia, 8 poets from the Netherlands and France, 7 poets from Italy and Poland, 5 poets from Sudan, Kuwait, Mauritania, Portugal, Philippines and Canada, 4 poets from Germany, Kenya, Nigeria, Pakistan, Turkey and Iran, 3 poets from the United Arab Emirates, Spain and Denmark, 2 poets from Argentine, South Africa, Nepal, Indonesia, Scotland, Armenia, Russia; one poet from Qatar, Bahrain, Libya, Somalia, Mexico, Brazil,

Introduction

1 Overview of the Three Volumes

The three volumes comprise the following:

Volume 1: Aleppo in Classical Poetry (7th–Early 20th Century)
500 poets / 937 poems / 844 pages / 12 chapters

Volume 2: Aleppo in Contemporary Poetry (Early 20th–Early 21st Century)
369 poets / 530 poems / 888 pages / 10 chapters

Volume 3: Aleppo in Contemporary Elegiac Poetry (2011–2020)
707 poets / 812 poems / 956 pages / 7 chapters

2 Structure of the Volumes

Each volume contains an introduction which explains the methodology and editorial practices of the book, in addition to the historical and literary timeline they cover. The first chapter of each book addresses the topics of the poems with an analytical study that includes hundreds of examples, while the opening of each chapter aims to provide readers with a general sense of Aleppo across each generation, which in turn is reflected in the written texts. It also lists the most significant historic events witnessed by Aleppo over time, influencing a number of factors in Aleppo and its people. It also discusses the intellectual, cultural, and literary scene of each era, as well as poetic traits, topics, and aesthetic qualities.

Running through the poems begins in the second chapter of each volume, closing with the final chapter. The poems are classified and organized according to different eras in Aleppo, poetic style, and the original languages of the poems. In each chapter, poems are organized chronologically as much as possible, particularly in longer eras, while keeping in mind that there were prominent poets who lived through more than one era. The order also places poems by the same poet one after another, with no interruptions from poems by other poets, in order to ensure the exploration of each poet's relationship with Aleppo. Seeing as time plays a significant role in the poems of both volumes, *Aleppo in Contemporary Poetry* and *Aleppo in Contemporary Elegiac Poetry*, it was only natural to include poems by the same poets in both volumes.

 | DOI:10.1163/9789004504905_001

Contents

Introduction VII

Arabic Section

1 **Statistics and General Data** 1
1 Overview of the Four Volumes 1
2 Indices of the Volumes' Data 2
3 Structure of the Volumes 5
4 Number of Poets by Nationality 11

2 **Lists of Poets** 15

3 **Indexes of People** 84
1 Index of Poets 84
2 Index of Persons (Arabic) 110
3 Index of Persons (Latin) 137

4 **Indexes of Places** 154
1 Index of Countries, Cities, and Natural Landscapes (Arabic) 154
2 Index of Countries, Cities, and Natural Landscapes (Latin) 171
3 Index of Locations within Aleppo 174

5 **Index of Rhymes** 180

Index of Topics 232
1 Index of Topics in Volume 1: Aleppo in Classical Poetry 232
2 Index of Topics in Volume 2: Aleppo in Contemporary Poetry 278
3 Index of Topics in Volume 3: Aleppo in Contemporary Elegiac Poetry 306

About the Author of the Book 346

Front cover illustration, clockwise starting from the top left: (1) Aleppo by Alexander Drummond, Scottish traveler and painter, 1754 (2) Aleppo by Cornelis de Bruijn, Dutch traveler and painter, 1682 (3) The great Citadel of Aleppo (Archive of Al-Adyyat archaeological society in Aleppo/ No. Ad.AC.N.591) (4) The great Citadel of Aleppo (Archive of Al-Adyyat archaeological society in Aleppo/ No. Ad.AC.N.090)

Back cover illustration: View from the Western wall of the citadel, towards the ancient city of Aleppo (Archive of Al-Adyyat archaeological society in Aleppo/ No. Ad.AC.N.423)

LC record available at http://lccn.loc.gov/2022016101

Typeface for the Latin, Greek, and Cyrillic scripts: "Brill". See and download: brill.com/brill-typeface.

ISSN 0169-9423
ISBN 978-90-04-50483-7 (hardback, vol. 1)
ISBN 978-90-04-50484-4 (e-book, vol. 1)
ISBN 978-90-04-50485-1 (hardback, vol. 2)
ISBN 978-90-04-50486-8 (e-book, vol. 2)
ISBN 978-90-04-50487-5 (hardback, vol. 3)
ISBN 978-90-04-50488-2 (e-book, vol. 3)
ISBN 978-90-04-50489-9 (hardback, vol. 4)
ISBN 978-90-04-50490-5 (e-book, vol. 4)
ISBN 978-90-04-50491-2 (hardback, vol. 5)
ISBN 978-90-04-50492-9 (e-book, vol. 5)

Aleppo through Poets' Eyes

VOLUME 4

General Indices
(Places, People, Topics, Rhymes)

By

Hasan Kujjah

TUTA SUB AEGIDE PALLAS · 1683 ·

BRILL

LEIDEN | BOSTON

Handbook of Oriental Studies

Handbuch der Orientalistik

SECTION ONE

The Near and Middle East

Edited by

Maribel Fierro (*Madrid*)
M. Şükrü Hanioğlu (*Princeton*)
D. Fairchild Ruggles (*University of Illinois*)
Florian Schwarz (*Vienna*)

VOLUME 164/4

The titles published in this series are listed at *brill.com/ho1*

Aleppo through Poets' Eyes

Volume 4